現代国際法叢書

法と力

国際平和の模索

寺沢 一 著

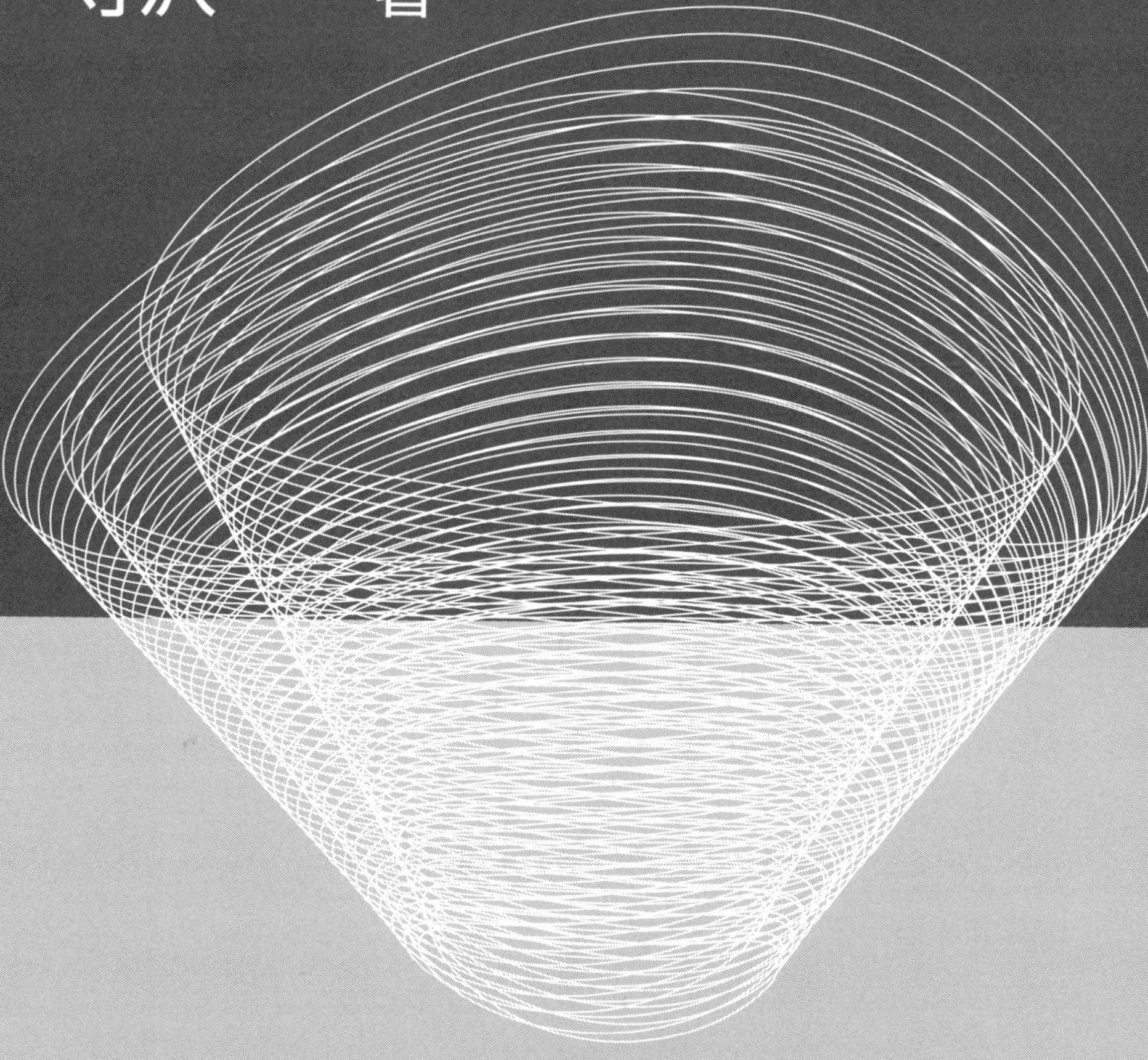

東信堂

はしがき

本書は、故寺沢一東京大学名誉教授の主な著作を一書としたものである。先生の主要な著作を一書にして出版する企画は、既に先生のご存命中にあり、先生ご自身もそのことを承知しておられた。しかし、具体的な内容について検討を始めようとしていた矢先に、先生は病の床に臥せられてしまわれた。先生の生命力を信じ、亡くなられることは夢想だにしていなかったので、先生の回復を待ち、お元気になられた上で再度企画を進めることができるものと疑ってもいなかった。しかるに、先生は、病から癒えることなく逝去された。先生が亡くなられた後、企画を実現したいと考え、生前、先生との間でこれについて若干の話をしていた私の方で、ご遺族の了解の上、奥脇直也東京大学教授の協力を得て実現する運びとなったのが本書である。

寺沢教授の略歴・著作については、後掲の通りであり、生涯を国際法の研究と教育に捧げられた。先生が一貫して関心を持たれてきたのは、国際法における法と力との関係の問題であり、現実の国際現象における法の関わり方であったと思われる。日米安保条約、北方領土問題を初めとして、様々な外交問題に、今日でも十分通用する多くの発言をされてきたことは、このことをよく示している。また、東大大学院の授業において、数年にわたって国連憲章が取り上げられ、その条文解釈のみならず、個々の実態との関わりに多くの時間を割かれた。方法論においても、社会経済史的観点、社会学的観点、純粋法学的観点など、当初から強い関心を持たれてきた。いずれにしろ、一読して頂ければ、先生の立場・主義主張は伝わると思われる。特に、若い読者に読んで貰いたいものと切望している。この点、本書の構成及び選定した論文は、奥脇教授と私とで相談の上、決めたものである。寺沢教授の立場をよく表すものとなっているかどうかの判断は、読者の批判に待つものであるが、本書の構成等の基本的責任は、我々二人にある。選定との関連で、先生の意図に反するかもしれないと思われる二つの点をお断りしておきたい。

一つは、論文の中に、「生の問題」という学術論文とは異なるものを入れたことである。先生は、未発表の原稿を幾つか残されていたが、これはそのうちの一つであり、終戦の翌々年、復員の翌年の八月中旬頃までに書かれたものと思われる。先生は次のように述べておられる。「私は、いつの年も、八月もいまごろになると、きまって、机のひき出しのいちばん下に、ひそやかに置いてある原稿を取りだす。そして、何回か繰り返して読む」。「私の一年有半にわたるソ連抑留中の体験談を書いたものである。同時に、その苦しみを通して、平和の法——国際法——を研究しようとの決心をるる書きつづったものである。『初心忘るべからず』みずから書きながら、みずからの戒めの書としている」(『毎日新聞』一九六三年八月一三日)。この原稿は、先生ご自身は発表する気がなかったものであるが、先生の思索の原点、徹底した平和主義者としての先生の初心を示すものとして、欠かすことができないと判断した。もう一つは、先生の書かれたものは本書に編んだ以外にも多数にのぼるのであるが、特に、新聞に発表された小論は膨大なものがあり、一般の読者にわかりやすく国際法・国際問題を説かれた先生の面目を示すものでもある。先生ご自身は、それら小論を何らかの形に再構成・編集することを意図されていた。種々検討はしてみたものの、そのような作業は先生ご自身を抜きにしては不可能であると判断し、貴重な多くの論稿を含めることができないことを残念に思いつつ、断念した次第である。

なお、文章についてであるが、でき得れば元のものをそのままの形で掲載することが最も望ましいと考えたが、若い読者の便宜を考慮し、今日では使用されていない漢字は新しいものに置き換えた。多少の理解しにくさはあるものの、仮名使いや文体そのものは、凡例に示したものを除き、改めることをしなかった。

本書の刊行にあたっては東信堂の二宮義隆、松井哲郎両氏に、また電子入力の原文との照合や校正については、川副令、西元宏治（いずれも東京大学ＣＯＥ特任研究員）、東京大学大学院院生の和仁健太郎、入江久恵、西本健太郎、許淑娟（日本学術振興会特別研究員）および伊藤一頼（静岡県立大学専任講師）各氏の助力を得た。とくに西元、許の両名には、作業全体にわたり常に目を配っていただいた。記して感謝申し上げる。末筆になるが、学術書の出版状況が厳しい中、出版を快諾して下さった東信堂の下田勝司社長に心よりお礼を申しあげたい。

二〇〇五年三月

成蹊大学教授
広部　和也

法と力　国際平和の模索（寺沢一著作集）／目　次

第二部　国際平和と安全保障　167

凡　例

一　部および各部の構成は編者の責任において決定した。
二　原文で使用されていた旧漢字はすべて現在の慣用に改めた。
三　原文の仮名遣いは左の(1)〜(3)を除いてすべてそのままにした。
(1)　促音、拗音「つ」「よ」などは、右付活字「っ」「ょ」に、重文字を示す「ゝ」は通常の平仮名に修正した。
(2)　年数、条約番号等では単位数字の「十」「百」等は原則として用いないかたちに統一した。
(3)　注等の条約表記や文献引用は一定の形で統一した。
四　明らかに校正漏れと思われるものは訂正した。
五　共同執筆論文の一部または複数回に分けて掲載された雑誌論文などについては，章節を変更もしくは掲載回数の番号を省いた。

法と力

国際平和の模索（寺沢一著作集）

第一部　国際法と強力

一　血讐論

二　国際紛争と強力

三　復仇制度の成立

一　血讐論

＊「血讐論（一）（二・完）」『法学協会雑誌』七〇巻一号、二号（一九五二年、五三年）

（おことわり）本稿は、最近筆者の試みた「血讐と国際法における力」と題する論文の一部を構成する部分である。事情により本誌にはこの第一部を、近刊の『国際法外交雑誌』に第二部の一部を掲載することとした（編者注―第二部は公刊されなかったが、本書第一部三が実質的にこれに相当すると思われる）。そこで、両者の関連をできるかぎり害わないよう、論文全体の展望を掲げて、「はしがき」とする。

一　はしがき

国際法を法構造として把握しようとするさい、それが、きわめて顕著に、二つの次元の間に奇異な組成をもってなり立っていることが注意されねばならない。かかる次元を解明すれば、一方は、国際法を法規範として妥当せしめるための、妥当基盤に対して超在的な、いわば上から課するための必要な契機たる、法そのものの内包する「制裁基準」であり、他方は、これに対し、対峙的に、ときには対角線的に存在すべき、また現に存在するところの妥当の場である。前者において、国際法は、きわめて遅れた段階の法とみなされることが一般的である。さらに、学者によっては、国際法は、かかる制裁を欠くとのべることにより、その法たる地位に疑惑をすら開陳している。いずれにせよ、その〝遅れ〟がいかなる程度のものか、未だ、決定されないままであった。

これに反して、後者の性格は、前者と比して、早急に決定を許されないきわめて微妙なものがある。ここにいわゆる妥当の場として取扱われるのは、いうまでもなく、国際社会である。国際社会は、国際法の制裁基準の〝遅れ〟のよってきたる源泉から同じ視角をもって眺めれば、これを組成する国家の公権の反射作用の結果として、世界地図の上に国境をもって区画づけている線がそのままに、その内部深く画され、これを共同社会ということを可能ならしめないほどの、寸断された姿を露呈する。国内政治の要請は、国際政治を支配し、政治のみならず、経済をも、国家の公権力、換言すれば、国家主権の照明力の範囲として包括すべく、アウタルキーが主張される。かかる視角から眺めれば、国際社会もまた、これを規律しようとする国際法と同じく、統一に背反する後進性を包蔵しているというべく、法と基盤とのズレは、それほど甚しいものとは考えられない。ところが、事実において、国際社会に、営まれている「機能」は、いな、より正確にいえば、国際社会の営む機能は、かかる視角からの片面的決定を許すごとき性格に止まらないことを表示している。政治にせよ、経済にせよ、その当初においてあくまで、「国家的」という修辞を冠したものとしてあらわれながら、一たび「国際の」坩堝に投ぜられるとき、すでに、かかる「国家性」は規制され、逆に、「国家性」が「国際性」に規定されざるをえなくなってくる。この現象は、とくに、一九世紀そして二〇世紀の、いわゆる「近代」の国際社会において著しい。資本も、その流通の初期において、「国家の」資本として投下されながら、国際流通の過程において、漸次、その国家性を捨象し、抽象的「資本」として、国家の力の照射範囲を逸脱した、資本そのものの運動過程に入りこむのである。

近代国際法は、極言すれば、かかる国際社会の機能とかかわりなく、単に国家性の照明の交叉的事実の上にたてられた未発達の制裁基準を軸とする点に、その根本的欠陥を包蔵する。と同時に、かかる欠陥は、さらに次の点にもあきらかである。すなわち、国際法は、その誕生にさいし、そしてその後も長く、かかる制裁の段階的低位にもかかわらず、国内私法の体系化にならい、学者の努力が、もっぱら、その体系的構成にそそがれたという点に。

国際法は、以上の、二重、三重の矛盾、欠陥をはらみながら、構造としては、たてに綾なす制裁と、よこに織りなす妥当基盤の複合形式として、その発生より現段階まで、溶解され燃焼され、螺旋段階的に発展してきたのである。

このよう思惟をもって、国際法の構造を模索してきた筆者にとり、きわめて興味深い印象を与えたのが、ケルゼンの国際法の制裁規定であり、国際法の性格決定である。ケルゼンは、非常にはやくから、国際法の「遅れ」を指摘してきた。*Allegemeine Staatslehre*, 1929, S.126 で、「国際法は、きわめて原始的な法」であるといい、*Das Problem der Souveränität, u.s.w.*, 1920, S.260 で、「国際法団体はまだ原始法団体」であるとのべた。ただそのさい、かれは、国際法が原始的であるとはいいながら、未だ、それが原始法であるとハッキリと規定したわけではなかった。ところが最近において、かれは、文化社会学的立場から、原始法における血讐を考察し、その自助的制裁性に著目し、これと国際法上の戦争、復仇を、概念連関をもって結合することにより、きわめて明確に、「国際法は原始法である」という命題を確定しているのである。[1]そこで筆者は、国際法の法構造を、カテゴリー的に分析をすすめるに当って、そのまえにまず、国際法の制裁基準の「遅れ」がいかなる段階にあるのか、はたして、ケルゼンのいうような「原始法」の段階にあるのか、確定する必要に迫られた。ここに、この研究の端緒があった。このことは、なによりも、力の段階の国際実定法的分析を根幹とする。そしてその前提として、ケルゼンにより、自助的制裁として復仇、戦争と概念連関により結びつけられた血讐の性格規定を必要とする。もっとも、このさい、かれによる血讐の性格規定を鵜のみにして、国際法の力の定在形を分析確定して、国際法の発展段階を規定する方法も可能ではあった。が、まず直観的に、かれの血讐規定は、余りにも概念的に割切れすぎているように感ぜられた。そして次に、もし国際法の現段階を法発展段階的に規定しうるとすれば、国内法の自助手段とされる血讐規制の方向は、この試みにおいて、示唆するところ多いのではないかと考えられた。ここに、まったく門外漢でありながら、血讐を主として法史的に分析してみようと企てた要因があった。そのさい、すくなくも法を、抽象的法としてでなく、社会的基盤との関連において考えるかぎり、国内法における血讐とその規制、国際法における力とその規制を、直ちに比較法的方法により連関させることに対しては、両法体系の性質乃至基盤社会の構成の相異から、正面からこれをとりあげるべく、多分の疑念が存在した。それ故に、この論文は、あくまでも第一義的には、ケルゼンの血讐を根拠とする国際法原始法論の解明の形をとりつつ、国際法の力の現段階を、実定法的に確定することを意図したものである。そして、右の両法体系における力とその規制の照応関係は、いわば潜在的問題意識として、論文構成そのものの背景におかれたのである。その結果、この論文においては、意識的に両者を第一部と第二部にわけ、これをほとんど独立した構成をもつ研究の部分とした。かかる構成の当否は、筆者ののちに残された、国際法の基盤社会としての、国際社会の性格分析の結果を俟たなければ、すくなくも筆者自身にとり、リュードの石の上で試みるという結果をもつにすぎなかろう。

さて、筆者は、第一部において、はじめに、学者の血讐の性格叙述に対する種々の矛盾を瞥見し、かかる矛盾を切開する方法は、血讐を特定の現象としてでなく、その規制の素笨な段階から精緻に規制された段階まで、血讐を規制過程において表示するよりほかにないことを指摘した。そして、かかる規制過程叙述の中心を、主として、ゲルマン法の発展に求めた。

そのさい、ゲルマン法史の問題としては、血讐の最初期の段階は、遠く歴史の彼方に消えており、これを捉えることは不可能である。そこで、かかる段階の血讐としては、相互に並列した団体の上に、より高次の団体の存在を意識しない、極小概念としての団体間の血讐が規定され、考察された。もちろん、ここに考察の対象とされた社会は、歴史的には、一八、九世紀乃至現代のわれわれの世界に、近代社会と並列的に存在するいわゆる未開社会である。それゆえに、筆者は、かかる規制を歴史的過程としてよりも、むしろ、正確には論理構造としての血讐の規制過程として、これを把握しようと意図したのであり、かかる構成は、暗黙のうちに、国際社会の発展にともなう力の規制過程を予想したものである。

かくて、筆者は、血讐を、その名をもってよばれるすべての現象を包括して理解するという立場から、これを規制過程において、主として法史的事実のなかに跡づけるとともに、ケルゼンの原始的自助的制裁としての血讐規定に対して、若干の異論を表明した。そして、血讐が、法技術という点からみても、必ずしも、原始的なものではなく、一方、必ずしも、自助的制裁と呼びうるものではないことに、注意を喚起した。

第二部においては、さらに進んで、かれにより原始的自助的制裁としての血讐と、概念連関により結合された復仇、戦争を、概念的にのみでなく、該制度形成の過程として、制度史的に綿密に跡づけることに努めた。とくに、復仇については、これを私的復仇にまで遡って理解することにより、血讐との事実的連関を図ろうとも試みた。さらに、復仇、戦争が、国際法の制裁と目されながらも、その自助的性格のゆえに、国際法が法体系として自己を主張しうるためには、窮極的には、完全に規制され、その制裁性を代行する力が、組織の手の中に確保されねばならないことを指摘した。と同時に、かかる目的への方向が示唆されながらも、かかる力の規制は、通常考えられているよりも、より遅々とした歩みを辿り、きわめて最近、漸くにして、その自助性を脱皮しえたことを、憲章において位置づけ、その発展段階は、第一部において最終的段階として規定した血讐に相応することを示した。そして、最後に、この研究を契機づけたケルゼンの命題の妥当性の、現段階の国際法における「不在証明」を呈示したのである。

これが、概略的なこの論文の骨子である。

1　この命題をいささか敷衍すれば、次のごとくである。——

その技術的な面からいうと具体的事情に法規範を適用する任務を帯びた特別の機関を、まったく欠いていることがなによりも示している通り、一般国際法は原始法である。原始法では、法律上保護される利益を侵害された個人自身が、法秩序の規定する一切の強制手段をもって、不法行為者に相い対するよう、法秩序により権限づけられている。これは、自助と呼ばれる。すべての個人が、法を自己の手におさめている。血讐は、この原始的法技術のもっとも特色ある形態である。違法行為の存在を確認することも、制裁の執行も、いずれも、当事者もしくは利害関係者と区別された、権威者に諮《はか》られるのではない。これら二つの面で、法秩序は完全に分権化されている。裁判所もなければ、集権的な執行権も存在しない。被害者の親族、嘆き悲しむ者が、みずから、復讐行為がなさるべきか、もしそうなら、なんぴとに対してなさるべきかを決定する。……

依然として、自助の原理から一歩もふみ出さないような社会秩序は、ずいぶん不完全な事態を示すであろう。にもかかわらず、……われわれは、原始社会の未だ分権的な強制社会秩序を、……〝法〟と呼びうる、正当の事由をもっている。なぜなら、この分権化された秩序は結局において、国家の法——集権的な強制秩序——へと導く進歩の第一段階を構成しているからである。母胎中の胎児が人間であるのと同様、分権的な原始的自助なる強制秩序も、すでに法である。生成状態にある法(law in *statu nascendi*)である。……

以上のべたことから、自助なる法律技術により特色づけられる一般国際法が、血讐制度により特色づけられる原始法秩序と同じように解釈されうると推論される(Hans Kelsen, *General Theory of Law and State*, 1949 (3rd Printing), pp.338-339; *Law and Peace in International Relations*, 1942, pp.49-52; ケルゼン、鵜飼信成訳『法と国家』五七―六〇頁)。

二　血讐の意味

では、血讐(Blutrache, blood revenge, vengeance du sang)とはいかなる現象であるか。果して、ケルゼンのいうように、そこでは、違法行為としての殺人と復讐義務の実行としての殺人が、明らかに、区別されていたであろうか。そして、その結果として、殺人は、復讐義務の実行として行う場合、すなわち、その行為が法秩序の執行として行われる場合にのみ、許されるといった風に、意味されていたであろうか。いわば、血讐は、法的かつ道徳的な制度[1]の意味をもつものと、直ちに規定することが許されるのであろうか。

われわれが、法史の中に、あるいは、民族学、人類学の書物の中に、血讐の意味と役割とを尋ねようとするとき、右の規定の仕方とは異った数々の叙述に接し、迷路の前に立たされたかのような感じをうける。そして、われわれに、いずれの路に踏みいったなら、血讐の真の意味に到達しうるのかと、いいようのない混乱を覚えしめる。いまこのような混乱の原因の一つ二つをあげてみよう。しかし、そのまえに確定しておかねばならないことがある。それは、いかなる事実が血讐と呼ばれるかについてである。この点については、争いがあるわけでなく、ほとんど一致した見解が示されている。ヴィルダは、これを、「殺したひとに対し、殺されたひとの親族により行われる復讐」[2]とし、ビンディングは、「血讐は、血の復讐(die blutige Rache)ではなくて、殺されたひとの血を、殺したひとから奪う復讐である」[3]と規定している。また、K・チュッキングは、タキトスの『ゲルマニヤ』の註解において、「古ゲルマン法によれば、殺人は血讐を要求する」[4]とものべている。いずれにせよ、それは、殺人に際して行われる復讐である。しかも、血縁者により行われる復讐である。しかし、こうのべることによって誤解されてならないのは、それが、血縁者による復讐であるから、血讐なのではなくて、飽くまでもそれは、殺人がなされたさい、殺されたひとの血を殺したひとから奪うが故に、血讐と呼ばれるということである。またついでに、それと、いわゆる私讐(Privatrache, private revenge, vengeance privée)との関係についても、ふれておかねばならない。血讐は後にみるように、私犯領域における復讐である。その意味では、私的復讐である。しかし、血讐が私讐なのであって、私讐が血讐であるのではない。ランベールが適切にものべているように、私讐の中に、もっぱら血讐をみることは誤っている。私讐は、殺人以外の原因、すなわち、名誉に対する重大な侵害、……財産相続の問題、その他あらゆることからも生じうるからである。[5]勿論、血讐が、私犯領域の復讐でありながら、古ローマにみられるごとく、一般にいわゆる私讐とは、その基底にある団体責任思想の故に、厳密に区別されねばならないことは別として。[6]

かくて、われわれは、血讐が、殺人にさいし、被殺害者の親族により、集団的に、殺人者およびその親族に加えられる復讐なることをみた。そこで、われわれが迷路の前に立たされるといったのは、このような事実の説明についてではないのである。それは、血讐の法史における位置づけ、いわば血讐の性格についての叙述の相異についてである。これが、次に示されるであろう。

1 Hans Kelsen, *Society and Nature*, 1940, p.57.

別の場所でケルゼンは、「血讐制度は、殺人が最古の犯罪であるのみならず、最古の社会的に組織された刑罰であることを明らかに示している」(*ibid.*, p.54)。また、「復讐への欲望において、それ自身を表明するものは、純粋に本源的な自己保存本能ではない。復讐は、社会的に決定された行為である」(*ibid.*, p.52)とものべている。ケルゼン自身の血讐論を詳しくのべるべきであるが、これについては、右の書および、拙稿、ケルゼン「社会と自然―社会学的考察―」『国家学会雑誌』第六四巻七・八・九号、八三頁以下の参照を乞い、ここには、これ以上はふれないこととする。

2 W.E. Wilda, *Das Strafrecht der Germanen*, 1842, S.169.

3 Karl Binding, *Die Entstehung der öffentlichen Strafe im germanisch-deutschen Recht*, 1909, S.18.

4 Cornelii Taciti, *Germania, erklärt von Karl Tücking*, 1885 (Sechste Verbesserte Auflage), S.37.

血讐が、いかなる事実を指すかについては、ほとんど、争いがなく、これ以上、文献による傍証は不要であろう。一般の法史の教科書においても、とくに、血讐を、このような意味では説明する労をはぶいている。

5 Jacques Lambert, *La vengeance privée et les fondements du droit international public*, 1936, p.28, n.11.

ランベールは、このように血讐を私讐の一形式として取扱っている。が、その叙述にみられるのは、一般的に復讐としてのべられながらも、本質においては、もっぱら血讐である。故に、後にあらわれる彼による私讐の性格規定は、ほとんどそのまま、血讐に妥当する。しかも、ライストのいえるように、「殺人の問題は、あらゆる法問題のなかで、ほとんどもっとも重要な問題である。人類は、殺人の問題において、まず、善と悪、法と不法との対照の試みをなした。故に、この領域において、法史の最古の部分が求められるべきである」(Leist, *Gräco-italische Rechtsgeschichte*, 1884, S.423)。以上、復讐一般のなかで、とくに、血讐がとりあげられることは、至当である。血讐は、原始社会における、もっとも重要な復讐形式である。

6 Max Kaser, *Das Altrömische Ius*, 1949, S.184.

まず、ケルゼンののべる血讐の性格規定とは逆の、所論の二、三を覗いてみよう。

ランベールは、次のようにのべている。——

私讐は、法的性格をもたない。なんびとも、私讐に法的性格を帰することを主張しはすまい。それは、あらゆる手段をもって行われる生のための闘いである。放埒な暴力、かくて私讐は、獣的であり、盲目的である。[1]

また、デュルケムも、復讐が、「実際には、一の真正な防衛行為であ」[2]りながらも、「復讐それ自体が、一の無目的な機械的反作用であり、一の激情的非理知的運動であり破壊せんとする非理性的欲求である」[3]こと、「復讐本能とは、危険によつて激発された保存本能にすぎない」[4]こと、そして更に、「私讐が、刑罰の原型であるということは、全く誤謬である」[5]とのべ、その認識において、ランベールと軌を一にしているのである。

さらに、シュタインメッツは、「全ての原始人の復讐は、犯罪者を威嚇して、害をなさせまいとの努力よりは、むしろ、自己の感情を昂揚させて、直接満足をえようとの欲求にみたされていた」[6]ことを指摘している。ここに、力は、集団内においては、厳格に規律された内部法による義務を負うとも、一たび、集団の外に対するときは、無規制の暴力としてあらわれたのである。

1　Lambert, *op. cit.*, p.37.
　フランス慣習法の偉大な親、ボーマノワールの私的戦争の法制化に捧げられた一節も、私讐において、あらゆる手段が善であることと、また、これを消滅するまえに、社会は、それを、人間化(humaniser)するよう努力しなければならないとみとめることを余儀なくされている(Chénon, *Manuel d'Histoire de Droit Français*, I, p.755)。Cf. Carsten Niebuhr, *Beschreibung von Arabien*, 1772, S.33.

2・3・4 Emile Durkheim, *De la Division du Travail Social* (4me éd.), 1922, p.56(井伊玄太郎訳『社会分業論』一一四—一一五頁、田辺寿利訳、一四六—一四七頁).

5 *Ibid.*, p.60(井伊訳、一二二頁、田辺訳、五五頁).

デュルケムのこれらの叙述は、刑法が、その起源において本質的に宗教的であったことを論証するための駁論としてのべられている。勿論、これは、彼の刑罰に対する根本的考え方——すなわち、たとえ刑罰を宣告するものが、社会であっても、刑罰を適用する主体が、社会でなければ、それは、一の完全な刑罰ではない——にもとづくものではある。しかし、復讐を危険により激発された自己保存本能とみるごとき認識そのものは、次のシュタインメッツと同様、完全に、ケルゼンのそれと対立するものである。

6 S. R. Steinmetz, *Ethnologische Studien zur Ersten Entwickhung der Strafe*, I, 1928, S.361.

このような血讐の性格規定に対して、正面から対立するのは、ゲルマン時代はもとより、遠く中世に至るまでの、ドイツ民族の国家生活、法生活に封する血讐の影響力を考察した、フラウエンシュテットの見解である。彼は、『血讐の起源と概念』にふれて、次のようにのべている。——

オスカー・ペッシェルがその"Völkerkunde"にのべており、法史も次の点でこれに賛同している。血讐はわれわれの嫌悪に価する制度ではなく、そこに、われわれはむしろ、権利保護の基礎づけのための最初の試みをみうる制度である。適切にも、Laveleye(*De la Propriété et de son Formes Primitives*)は、血讐を、〝司法の根源形式〟と名づけている。……既に血讐が、あらゆる若い民族の間に存在するという事実、および、血讐はすべての民族が、文化発展の途上で、あるものは長く、あるものは短く、経過する局面であるという事実は、われわれが、血讐の中に、粗野な、野蛮な、放縦な殺害欲望でなくて、むしろ、より高次のもの、すなわち、〝殺害〟の場合に適用される〝権利保護〟の最初の、本源的な形式を認識しなければならないということを示している。血讐は、家構成員の殺害により妨げられた法状態を、自己防衛の道において再確立することであり、われわれが、文化発展のより高次の段階において、血讐に対して国家を闘わしめているのをみる闘争は、野蛮に対する文明の闘いではなくて、処罰権能を自己に対してのみ要求する国家的法秩序の、自助に対する闘いである。[1]

このような考え方は、血讐を単なる力関係とみず、そこに権利保護の最初の本源的な形式を認める点で、そしてさらに、血讐を法秩序により許された力の行使とみる点で、ランベールらの見解とは、明らかに対立している。それは、また、たとえ血讐が法の支配の現われ出でるもっとも素野な形式であるにせよ、血讐は、法意識の最初の表明であるとするヴィルダらの認識[2]と同一の基盤に立つものである。この意味では、血讐は、法の、そして刑罰の起源とされる[3]わけである。

さらになお注目されることは、タリオ主義(同害報復)、それ故に応報原理もまた、血讐の属性とされていることである。[4]利未記(le Devitique)には、次のように記されている。「ひとを殺すものは、必ず誅(ころ)さるべし。獣畜(けもの)を殺すものは、獣畜をもて獣畜を償うべし。生命は生命を、挫(くじき)は挫を、目は目を、歯は歯をもて償うべし」。[5]しかも、かかるタリオにおける類似性、対応性は、これを厳格に貫くときは、単に、害の内容の同一だけに止まらず、態様の同一においても存在しなければならないし、死に死をもって報いる場合に、殺されたときと同一の兇器をもって殺し返すがごときは、この態様の同一性を伴ったタリオ主義の場合であり、比較法制史上珍しくないともされる。[6]
このタリオこそ、衝動の動くがままに加える、無反省、無制限の復讐を制限して、受けた害と同一の害を加えるだけに止めた点で、最古の状態から一歩前進した発展段階と考えられるものである。[7]
このタリオにより、血讐が規制されているという表現は、ランベールなどの所論にかんがみるとき、いかに受けとられればよいのであろうか。ことに、「血讐は、最古の社会規範――殺したひとは殺されなければならない――を適用する。それは、もっとも明らかな応報原理の表示である」とする極めて一般的な、ケルゼンの血讐把握[8]は、まさにランベールらの所論と、真向から矛盾するものと言わなければならないのではなかろうか。

1　Paul Frauenstädt, *Blutrache und Todschlagssühne im Deutschen Mittelalter*, 1881, SS. 1-2.
O・プロクシュも、イスラム以前のアラビア人にとりいれられた血讐を、生きる姿のまま叙述しようとした書物の中で、次のようにのべている。――

百年前にひとは、血讐の中に、人間性に背く慣習をみたが、いまや判断は完全に転化して、ひとは、そこに、一種の自然的法則を見出した。そこで、われわれは、イスラム以前のアラビヤ人に行われていた血讐の叙述において、無規則的現象および事情をえがこうとするのではなくて、全く一定せる発展をもったSitteをえがこうと望むものである(Otto Procksch, *Über die Blutrache bei den vorislamischen Arabern und Mohameds Stellung zu ihr*, 1899, S.1)。
2　Wilda, a.a.O., S.157.
3　原田慶吉『楔形文字法の研究』二四九頁。
4　Wilda, a.a.O., S.158. ただし、かれは、かかるタリオが、他民族の血讐に、一般的であるにもかかわらず、ゲルマン人には未知のものであったことを指摘し、タリオは、文献として、われわれが用いている純ゲルマン的性格からかけはなれた法律書――グルアティング法、ウプランド法、ヴィジゴート法のなかに、その痕跡を探りうるのみだとのべている。また、ホッブハウスは、タリオ主義につき、それは、Exodus の章から、われわれに馴味のあるものであるが、その最初の形成は、Exodus よりも、はるかにはやいこと、最近発見された「ハンムラビ法典」の一九五、一九六、一九七、二〇〇条(原田慶吉訳「ハンムラビ法典」前掲書、三三一—三三二頁参照)がそれであることを指摘している(L. T. Hobhouse, *Development of Justice*, Evolution of Law Series, II, p.122)。なお、タリオの詳細については、原田、前掲書、二四九頁、および、二六五—二六九頁。*Deutsche Rechtsgeschichte*, II, 1906, S.768. 応報原理として、これを血讐にみるものについては、Richard R. Cherry, *Primitive Criminal Law*, Evolution of Law Series, II, p.126; Kelsen, *op. cit.*, pp.49-66.

5　XXIV, XVII, XVIII, XX.

6・7　原田、前掲書、二六五頁。

8　Kelsen, *op. cit.*, p.54.

しかし、われわれがこう結論する前に、注意しなければならない二つの点がある。

まず第一に、イェーリングが指摘しているように、比較的古い法では、復讐は、非常に広い概念として作用していたということである。「比較的古い法の精神は復讐の精神であり、およそ、わが身に受けたいかなる不法にも、満足を求める精神である。故意または過失によってなされた不法のみならず、故意または過失によらない不法に対してまで、満足を求める精神である。……被害者は苦痛を感じ、そうして、その苦痛がかれを復讐へとかりたてる。権利感情がなお苦痛の激情の虜となっている」[1]。そこでは、未だ自助と復讐との区別は生じていない。「かかる区別は、われわれ現代の科学からの借り物である」[2]。しかも、このような歴史的なものの背後にある理念的な本質からとともに、比較的古い法で、復讐が非常に広い概念として作用していたということは、法史的事実からも示されうるのである。

すなわち、復讐は、それが偶然かつ恣意的なものであった段階から、贖罪金制度の段階をへて、公刑罰に転化される過程において、変貌しながら随所にあらわれているのである。それ故に、ひとが、ある時期の復讐をもって、その全ての性格規定をしようとするときは、木を見て森を見ないという誤りをおかすことになる。

次に注意されるべきは、一口に、復讐あるいは血讐といっても、それが見られる場所によって、異なった性質のものとしてあらわれるということである。その意味で、血讐にも、他の文化型式と同様、「地理性」[3]がある。

たしかに、ヴィルダのいったように、「復讐行使の種類と方法に、民族の性格があらわれている」。[4]そして、この事実は、さらに、観察者の「判断」[5]により、そのとらえ方が異ってくることにより、益々複雑にされる。一般的にいえば、法が、時代の函数であり、場所の函数であるごとく、血讐もまた、その例外ではないのである。

1　Jhering, *Geist des römischen Rechts* (7-8. Aufl.), I, SS.126-127（原田慶吉監修訳『ローマ法の精神』第一巻1、一八六―一八八頁）.
　既述したごとく、血讐は復讐の範疇にぞくするから、以下復讐についてのべることは、その一領域である血讐に適用をみる。Cf. Wilda, a.a.O., S.169.

2　Jhering, a.a.O.（訳、一八九頁）.
　なお、このような意味で、ブルクハルトの次の叙述はきわめて興味あるものといえよう。「法史家はその時代の一回的な事情と思想に自己を移して考え、その時代のひとの眼をもって、法を観察せねばならない」と。――勿論、後につづく次のような叙述はきわめてヘーゲル的ではあるが――。「しかし、もし、かれが、法を意欲として、すなわち、拘束的秩序として、理解しようとするなら、かれは、この中になお、理性的なるもの――隠された意味――を見なければならない」(Burckhardt, *Methode und System des Rechts*, 1936, S.19)。

3　Clark Wissler, *Man and Culture*（赤堀英三訳『人類と文化』五七頁）.

4　Wilda, a.a.O., S.157.

ブルンナーもまた、同じゲルマンでも、西と北で、Rache にせよ、Friedlosigkeit にせよ、異った性格のものとして現れるとする(Brunner, *Deutsche Rechtsgeschichte*, I, SS.239-240)。

5　同じアラビヤの血讐現象がニーバーとプロクシュでは異った取扱いをされていること、しかも、プロクシュが、「いまや、判断は完全に転化して」といっていることについては前に述べた。またランベールが、集団間の私讐を単なる力関係とみているに対し、ビュスケが、「均衡を再権立しようとの思想がそこに介在するなら、それは債権者、債務者関係において意味される法的意味においてである」としていることも、単なる事実よりも、認識の相異であろう。けだし、両者にとって認識の対象は同一事実であるからである(Busquet, *Le Droit de la Vendetta et les Paci Corses*, 1920, pp.27-28)。

そこで、右のような血讐の性格規定の相異のなかから、われわれが、なにか、統一的な一条の光を見出しうるとすれば、それは、次のような方法によってであろう。すなわち、ランベールなどの規定する素笨な、自然的衝動に委せられた血讐は、歴史的には、法史の彼方に消えているとはいえ、――タキトスの時代にすら、殺人は賠償により償われている！[1]――血讐の構造からいえば、その段階のもっとも初期の階層として存在し、漸次、制約をうけつつ、遂に公刑罰の中に吸収されて行ったのであると。このような血讐の全構造――論理構造としての血讐といえようか――を知ることによって、はじめて、血讐の真の意味と性格が知られるであろう。そして、この構造の階層を分析することは、また同時に、メインのいわゆる国際法の相貌を有する原始社会の法[2]において、裸の力が法化され、公刑罰の中に蠶食されて行った過程を表示することにもなり、パラレルとはいえないまでも、国際社会における力の法化、組織化のためにも、興味ある理論を提供することになるのではあるまいか。

以下、法史学的考証に耐えるものでないにせよ、このような観点から、血讐の構造を解明し、その本質に触れてみたいと思う。

1　Cornelii Taciti, *op. cit.*, c. 21.

2　H.S. Maine, *Ancient Law*, p. 138（安西文夫訳『古代法』一二六頁）.
E. Ehrlich, *Die Rechtsfähigkeit*, 1909（川島武宜・三藤正訳『権力能力論』一三頁）.

三　血讐の構造

（一）　規制されない血讐

かかる性格の血讐の妥当の場は、相互に並列した団体の上に、より高い団体の存在を意識しない、極小概念としての団体（communitates superiores non recognoscentes）間の関係にみいだされる。このような団体は、ときに、家族であり、氏族であり、種族である。ゲルマンにおけるように、古い氏族制度が家共同体の勃興によって解体されたとされるところ、[1]すなわち、氏族よりも家共同体が後からあらわれたとされるところでは、かかる団体は、氏族として規定される。また古代ローマ[2]についてみれば、かかる団体はすくなくも家共同体の対外関係において、家共同体すなわち家長、家長すなわち家共同体といった、家長の強大な権力発生以前の、家共同体と家構成員が一つのものとみられる、[3]そのような家共同体として規定される。ともかくも、ここでは、自集団より高次の団体の存在を意識しない、並列的な集団間の外部関係が想定されれば充分である。なぜなら、ここにのみ、この節にのべられる血讐一般を可能ならしめる二つの条件が充たされているからである。第一の条件は、集団の連帯的統一性(die solidarische Einheit)である。これは、集団構成員を他の構成員に対し、責任あらしめるものである。他の条件は、集団の自律性(Autonomie)である。相互に並列した団体の上に、より高次の共同体が法的に発展するや、直ちにみとめうるのではないにせよ、血讐権は、次第に、このより高次の権力(souveräne Gewalt)の手に移り、かくて刑法となる。[4]

以下に右の二つの条件について考察を与えよう。まず集団の自律性について。

かかる集団の外部関係に対して、その内部法は無能力である。集団の内部法の基盤は、その集団の血縁であり、あるいは、クーランジュのいうように、「竈と祖先との信仰」[5]でありうる。しかし、かかる内部法の権威は、血縁の、あるいは神の権威として、集団の境界内に止ってしまう。それ故に、異集団の構成員との闘争が行われるときには、力以外に、各自の利益を尊重させるべき他の方法は存在しないのである。異集団の構成員に対して犯されるかぎり、殺人すら、もはや非難されるべき行為ではない。もし、かかる殺害が、行為者に反映されるべきであるなら、それは、かれの名誉を傷つけるためよりも、むしろ、かれに対する尊敬の増加をもたらすものとしてであろう。原始人にとっては、その活動により、一定数の殺人をなすことは、尊敬の念を起さしめる勇気と男らしさの標示ですらある。[6]

かかる集団の自律性、自己より上に権威をみない独立性は、血讐においては、集団の連帯的統一性の凝集としてあらわれる。

1　E. Ehrlich, a.a.O.(訳、一一頁). なお、氏族と家のいずれが、時間的に先在するかは、民族学者の間にも、法制史学者の間にも、大きな争いがある(参照・原田慶吉「民法親族編の歴史的比較法的研究」(一)『国家学会雑誌』第六〇巻七号、一八頁、註(1)。がともかく、ここに、エールリッヒのいうように、民族が家族に先在するなら、家族は、その存在の基盤を、一定の秩序の中にもっていることが予想される。問題なのは、このような秩序、自集団より、より高い秩序を予想しえない、集団の関係なのである。かかる意味で、ここでは、それが家族であるか、氏族であるかは、それほど意に介する要はない。

2　通常、ローマ法の権利主体は、個人であるといわれる。しかし「原始ローマ法では、初期家族共同体の多くの痕跡がある」。Achille Loria, *Economic Foundations of Law*, Evolution of Law Series, II, p. 241, translated from his *Les Bases économiques de la Constitution.*

3　Ehrlich, a.a.O.(訳、三五頁).

4　Procksch, a.a.O., S.2.

5　Fustel de Coulanges, *La Cité Antique*, 1864(田辺貞之助訳『古代都市』(全)、八八頁).

6　Lambert, *op. cit.*, p.25.

しかし、このような、集団の連帯的統一性の血讐への具現をみる前に、次のような原始社会にもっとも特徴的な事実、すなわち、原始社会においては、いずこにおいても、個人が存在しなかったということを確定しておく必要がある。この事実こそ、血讐全般を規定し、更に古代法を蔽いつくしている、「団体責任」思想の淵源であるからである。メインは、『古代法』で次のようにのべている。——

> あらゆる地方において、原始時代の社会は、今日そうであるとみとめられている「個人」の集積でなかったことを、きわめて明確に示す事例に充ちている。実際において、またこの社会を構成するひとびとの見解において、それは、「諸家族の集合」であった。この対比は、次のようにいえば、もっともよく表現される。古代社会の「単位」は、家族であり、近代社会のそれは個人である。[1]

ポストもまた、「太古の氏族団体には、いずこにおいても個人が存在しない。個々の人間は、国家生活がはじめて、発見したものである」[2]とのべている。このことは、ゲルマン社会についても真実といえるようである。たしかに、この事実は、かつて、「ゲルマン人の自由」として、ロッゲ[3]により争われはした。そしていまなお、ドープシュ[4]により、異った観点から、疑問を提出されている。その疑点は、主として、カエサルにのべられた「ゲルマン人の不羈独立性」[5]を根拠としているようである。しかし、ともかくも、ヴィルダは、ロッゲの体系に対して、「すばらしい」[6]命題をもって反対している。「国家、法、刑法の始まりは、私法よりもすくなからず、あらゆる歴史の彼方にある。歴史の中にあらわれている国家と法とは、人間の創造物でもなければ、人間の意思により呼び出されたものでもない。人間は、その意識を目覚まされたとき、国家の成員としての、また、法の支配の中にある自己を見出したのである。最初の歴史文献は、常に、われわれに、このように人間を示している。……無制限の主観性、換言すれば、全ての自由人が、これを行使すべく、その意思を、そしてまた、親族および友人の助けによりその力を、もっていたとされる『自由の概念』は、ゲルマン共同体の基本を決定すべきではある。しかし、共同体とかかる自由とは、非常にあい背馳した概念である。それ故に、かかる自由をともなった共同体の可能性は、ゲルマン人の生活から、とりのけられるのみならず、かかる共同体の発展しうる萌芽すら絶滅される」[7]。「個人が、より高い権限ある全体——家族、Gemeinde、国家——に従属するということは、ゲルマン法とくに私法自身に、深く刻印づけられている」[8]と。そして、これはさらに、法史上のこの問題に終止符を打つかのように、ブルンナーによって、次のようにいわれたのである。「古ゲルマン法の顕著な特徴は、それが、個々の人格を支配的な生活関係に、個々の法的事件を全体という観念に服せしめている、不撓の峻厳さである。ひとが、稀ならず、わが古法に属せしめようとする個人主義的性格は、徹頭徹尾欠けている。……

ゲルマンの原始林の自由(Urwaldsfreiheit)という夢想的な理想は、平和喪失者、追放者として、共同体の圏外に放逐されたものにのみ適合する。[9]……個人の自由でなくて、自由なる法団体の平等性が、古ゲルマン法に特有のものである。しかし、後者は、個人に対し行使される強制によってのみ、正しく保持されるのであり、個人が、この強制を、まったくもしくは殆んど、苛酷および拘束とうけとらないことは、言うまでもない。なぜなら、個人は、全体の成員として、その(全体の)観念の中において、生きかつ死するものだからである」。[10]

それ故に、個人が利益を侵害されたということは、これを包含する集団が、その利益を侵害されるということなのである。かような関係は、加害者についてもいうことができるのであり、加害者が個人であるという場合、その個人はやはり、個々の人間ではなく、加害者の属する集団である。両者の関係は、団体と部分という弁証法的な結合は考えられないで、[11]集団はすなわち構成員そのものと考えられていたのである。

1　S. H. Maine, *op. cit.*(訳、一〇〇頁).

2　Alb. Herm. Post, *Der Ursprung des Rechts*, 1876, S.31.

3　Rogge, *Über das Gerichtswesen der Germanen*, 1820, S.1.

4　Alfons Dopsch, *Wirtschaftliche und Soziale Grundlagen der europäischen Kulturentwicklung*, I, 1923, SS.63-65.
　ドープシュは、カエサルの以下の叙述を、当時ゲルマン人の問に、個人本位の土地の個別有があったことの論証として使用している。すなわち、彼によれば、従来主張されたゲルマンの農業共産制は、戦時における"Staatssozialismus"として軍事的要請を充たすための例外的手段である。カエサルにおけるゲルマン人の不羈独立性はかかる強い共産主義的共同生活と結びつくことが困なんであり、また強い社会的拘束性とも相応しないというのである。かく、カエサルの叙述を、例外的事態として、タキトスのそれとの矛盾を解消しようとしたドープシュの業績、そして、かれの経済発展段階説の成果は、それ自身としては、きわめて卓越せるものであるにせよ、増田教授もいわれるように、「これは、結局、所有関係の内容をいかなる概念をもって把握するかの問題であり、ローマにおけると全く同様の、私有財産観があったとみることは、固より誤謬である」(増田四郎『ゲルマン民族の国家と経済』一六頁)。このような個別有の概念は、あきらかに、個人の完全なる法人格への発展とともに形成されるのである。「法人格と所有とは、論理的観点からもまた、直接的、客観的となった自由意思という同一概念の異れる面に他ならない」(Gerhard Dulckeit, *Philosophie der Rechtsgeschichte*, 1950, S.63)。われわれは個人の法人格の存在しなかった社会において、歴史的にも、論理的にも、個人的所有を、そして、個人の自由意思を想定することはできないのである。「財産能力の承認による権限付与をもって初めて、個人は、法に対して、本来の人格となる。これをもって、初めて、必然的に、(なお原始的ではあるが)普遍妥当的かつ本来の意味における、国家的法秩序……が成立する」(Derselbe, S. 7., Anm. 1)。

これら、ゲルマン社会がある程度の文化段階の高さに達しているというドープシュの論述は、きわめて興味があるが、ここでは、法史において、きわめて有力とされているゲルマン共同体への個人の没入がみられれば足りる。逆説的にいえば、ドープシュにのべられる、かかる発展段階にある社会においてすら、法生活の現象としては、個人が団体に没入していた事実は、それ以前の段階——いまのべられている段階——ではなおのこと、個人的人格が存在しなかったということの有力な論証ですらある。

5

Alfons Dopsch, a.a.O., S.65.

カエサル『ガリア戦記』(Caesar, *De Bello Gallico*(近江金次訳、岩波文庫))の問題の箇所は次の点である(訳、一七四頁)。「この事情はその食物の種類により、日常の訓練により生活の自由——少年時代より義務にも規律にも熟らされていないので、意に添わぬことは何もしない——によって、体力を養うとともに、巨大な体格をつくる」。

モンロー・スミスによれば、タキトスもまた、近代のドイツ史家により初めて発展させられ、ある程度、一九世紀において英の著述家によりうけいれられた、近代ヨーロッパの自由は、その源を、ゲルマンの森にもつという考え方に対し、大いに責任があるとされる(Munroe Smith, *The Development of European Law*, 1928, p.5)。

因みに、「ゲルマン人の自由」(Germanorum libertas)は、われわれの法的観点とは別に、増田、前掲書、八六—八八頁に、国家的「自由」として、第一に、民会が国家の政治的独立性の核心をなしているごとき状態、第二に他部族または他民族から民会の開催および運営が、なんらの干渉制肘をうけていない状態として分析されている(cf. Dopsch, a.a.O., SS.14-30)。

6 G. von Below, *Der deutsche Staat des Mittelalters*, 1914, SS.39-40.

7 Wilda, a.a.O., SS.116-117.

8 Derselbe, S.151.

9 Brunner, a.a.O., I, S.153.

10 Derselbe, I, S.154.

スミスも、ブルンナーと同一の表現を用いている。生活状態が単純であり、ひとびとの習慣も感情も、単一であるから、個人は鐵の慣習の圧迫により押しつけられているなどとは感じもしないし、事実上、意識してはいない。われわれが、内部と外部の圧力が同じため大気の圧力を感じないのと同じようなものであると(Munroe Smith. *op. cit.*, pp.67-68. Cf. Durkheim, *op. cit.*, p.252)。

フレーザーもまた、「未開人は、人類のうちでもっとも自由であるとの従来の説は、全く事実の逆である」とし、次のようにのべている。—啻に、見ゆる主人の奴隷であるばかりでなく、過去の奴隷であり、また生まれおちてから死に至るまで、常にあとにつきまとい、鐵の鞭をもってかれを監視する、死せる祖先の奴隷である。祖先のなしたことは、正義の規範であり、疑を許さぬ盲目的服従を強いる不文律である。James George Frazer, *The Golden Bough*(永橋卓介訳『金枝篇』第一冊、一一二—一一三頁).

11 石本雅男『不法行為論』二一頁。

では、このような団体責任思想は、血讐の上にいかにあらわれたか。これは、二つの面から考察されねばならない。集団構成員の血讐への義務づけの面からと、血讐受容の態様の面からとである。前者を、集団の積極的連帯(Aktive Solidarität)とすれば、後者は、集団の消極的(受身的)連帯(Passive Solidarität)と規定されえよう。

集団は、尊敬されるためには、恐れられていることが必要である。親族の中の一人の復讐のために、かれらを結合する積極的連帯こそ、義務の第一のものであった。ヴィルダのいうように、「血讐義務は、親族および血縁の義務よりも、より破りがたいものであった」。[1] あらゆる犠牲が、慣習の指定する復讐者、そしてまた彼が斃れた際、直ちに代りにさせられる復讐者をみいだすことを、確信している必要があった。かくて、血によって結ばれている全てのひとは、かれらがそうすることを欲するにせよ、欲しないにせよ、その親族の一人の行為に報いるべく招かれる。「復讐は、復讐者のぞくする集団に対する義務に他ならない。……復讐は、威嚇に他ならず復讐者の役割は、恐怖を刺戟させることにある」。[2] そしてよりよく恐怖を刺戟するために、ひとは、もっとも惨忍な方法で復讐をなす。復讐には法則がない。それは、生き残るためには、勝つことの必要な戦いである。あらゆる方式が善であり、あらゆる裏切り行為が許されている。原因の高尚さ、集団の防衛ということが、もっとも不信な手続を許している。寛容とか、騎士道というものは、復讐の中では、その処をえていない。他の点では、これらは尊重されなければならないにせよ、かれが復讐をなすという理由で、名誉は、これらを遠ざけることを許しているのである。[3] では、なにが、かく、血讐を義務づけるのであろうか。いかなるモチーフによりかかる義務が拘束力をもつのであろうか。エスキレスは、Choéphoresの悲劇において、祖先の魂をみいだした。そして、次のように叙べている。

血は養いの土により吸いとられる。
しかし、死は不滅に存続し、復讐を叫ぶ。
血で汚された手を清むべく、
川床にすべての河の流れは注ぐ。
しかし、いかにその血を洗うといえど、
所詮、無駄事にすぎぬ。……

古の格言はいっている、
死は死が償い、悪は悪が償うと。[4]

まさに、ビンディングのいうように、「死者の霊魂に対する不安、およびPietätspflichtの中に、神聖にとりおこなわれる血讐の根拠は、みとめられるべきである」。[5]しかも、共同体に対する絶対的献身こそ、かれら集団構成員の道徳の全てである。[6]ヴィルダもまた、これを次のようにいっている、「ほぼ少年期にある民族が、多分にそうであるような、死者に対する恐怖と尊敬により、血讐は支えられ、担われている。民族の宗教的信仰、永続と未来の生命の観念に根拠をもつ死者に対する恐怖と畏敬のかかる連関により、血讐と信仰との間には、一種の媒介的結合が成立する」[7]と。だがヴィルダは、これに加えて、次のようにいうことを忘れていない。「しかし、次のようにいわれてはならない――すくなくともゲルマン民族については――。血讐自身が宗教的基礎をもっているとか、血讐が法自体よりも、緊密に、敬神にむすびついているとか、血讐は宗教的義務であるとか等々。血讐を行おうとするひとが、この義務を強化するため、また、この義務を生々と保持するため、重要かつ重大な企てのさいにするように、しばしば、血讐を神々への祈願のさいに約束したということから、フィリップスがなしたように、血讐の宗教的性格を導き出すことはできない。ひとが親族の不法な死を、叱責せず、懲罰せず、報復しないままに放っておくなら、当時の考え方からすれば、容易に次のような意味のものとされた。殺されたものは、その親族自身により、民族の不名誉な成員として侮蔑されたのであり、彼は、みずからの罪の結果、破廉恥行為をうけたのであると。それ故、ひとは、死者の榮誉と死後の名誉のために、その死に対し満足を求めるべき責任を負っている」。[8]かかるヴィルダの見解は、血讐と法との結びつきを説く点で、ここに述べられている段階よりも、より後期に属する血讐についてである。しかし、ともかくも、死者に対する宗教——死者礼拝（Totenkultus, le culte des morts）——が、集団の構成員と死者とを結びつける永続的紐帯として、全段階の血讐を貫ぬいていたことは真実であろう。[9] このように、血讐の義務が苛酷であればあるほど、血讐をなしとげたことにともなう喜びの爆発が、いかばかり大きかったかということも想像されるところである。それは、長い遺恨をはらしたという名誉とともに、遂にやりきれない重荷をおろしたという満足を示すものと考えてもよかろう。ここに、アラビヤの復讐者の慰めの叫びがある。《さきに、われに酒禁ぜられ、いま、われこれを飲み能う。——こそ、Allahに対する罪のおそれなく、陽に、われに酒そそげと求める——。わが誓い果され、わが復讐充たされ、われいま、享楽とのまじわりを戻しう》と。[10]

1　Wilda, a.a.O., S.172.

2　Lambert, *op. cit.*, p.31. グロッツも「血讐は権利であるよりも、業務である」としている（Glotz, *op. cit.*, p.54）。

3　Lambert, *op. cit.*, p.32.

4　Glotz, *op. cit.*, p.47.

5　Karl Binding, *Die Entstehung der öffentliche Strafe*, 1909, S.18. ブルンナーも「ゲルマンの宗教的かつ宗教に彩られた観念の中で、死後まで人間の生命がつづくという解釈が、特別の法史的意味をもっている。……血讐は、殺されたものが、その死に報復されないままだと永眠できないとか、血縁者に不幸がもたらされるということを、その思考の根拠としている」とのべている（Brunner, a.a.O., I, S.89）。

6　Glots, *op. cit.*, p.60.

7　Wilda. a.a.O., SS.170-171.

8　Derselbe, S.171.

9　血讐と死者の宗教との関係については、さらに Kovalewsky, *Coutume Contenmporaine de Loi Ancienne*, 1893, pp.237-244; Steinmetz, a.

a.O., I, S.251, S.280ff.を参照されたい。

ビンディングは、血讐のかかる宗教的観念と、無過失責任とを結びつけている。すなわち、「かかる宗教的観念は、単に意思なき殺害、偶然の殺害……の際も復讐へとかり立てる」(Binding, a.a.O., SS.18-19)とのべているのがそれである。

10　Henri Lammens, Le Caractère religieux du Tar ou Vendetta chez les Arabes Preislamites(*Bulletin de l'Institut Français d'Archéologie Orientale*, t. xxvi(1), 1925), p.121, cited in Lambert, *op. cit.*, p.30.

かかる集団の積極的連帯は、相手方に対しては、各人を血讐にさらす受身的連帯をもつ。まさに、血讐が、個人の存在でなくて、集団の存在を前提とする集団的暴力[1](une violence collective)なる所以である。それ故に、復讐しようとする当の行為者の属する集団を殲滅することが、血讐の真の目的である。[2] これこそ、あらゆる危険を、集団から免れさせる唯一の復讐である。事実、相手方のあるひとのみを殺すということは、その集団を、継承された **Vendetta** の危険にさらすことを意味する。後イスラムのひと、**Zohair ibn Abi Solma** は、《味方の血が流されるとき、われらはかれらに復讐し、その死は、運命的に、新しい血の流出を誘う》[3]といっている。けだし、これこそ、「血讐が、相手方を恐怖させようとして、これに訴える当事者に、将来の安全を確保することを本質的目的とする」[4]ことの当然の結果である。そして、この相手方に、より強い恐怖を与えようとすることは、その集団の最有力者、または、もっとも大事なひとに血讐を加えるに至らしめる。[5] ——これは、おそらく、血讐段階として、より後期にぞくしようが——。ハインリッヒ・ブルンナーもかかる例を、一四世紀のホルシュタインの農民のフェーデにみている。[6] しからば、かかる段階の血讐は、いわば、集団間の戦争にほかならないものであろうか。プロクシュは、これを否定している。「たしかに、われわれが、血讐を単に戦争と考えるなら、その現象の全ての謎は解決される。しかし、事実上、この謎は、こうすることによっては解かれていない。すなわち、戦争から、刑罰の概念を発展させうるということは困難なことである」と。[7] かれは、盲目的種族憎悪が剣を用いるところでは、社会習俗――そこに刑罰なる傑出した倫理的現象を指示する要素が、無意識にまどろんでいる――を認識しうる、あらゆる可能性が断ち切られているというのである。[8] そして、「血讐は、むしろ、戦争とは別に、個々の生命の価値にもとづいている」[9]、「血讐の法則によれば、個人は、まったく、個人の等価物であ」[10]り、それ故に、平和締結のさい、両者で死者が数えられ、自分の方の未だ復讐されていない、すなわち、相手側の統計の中に存在しない死者のために、相手に贖罪金を支払うのだという。[11] しかし、かかる血讐は、そこに、応報というか、タリオというか、そのような原理の働きをみうる点で、そして贖罪金という考え方があらわれている点で、われわれが、いま、この段階のものとして規定している血讐より、すこしくズレた後の段階にぞくするものといえよう。しかも、プロクシュは、「方法論的に、個人のために、非常に多数のひとが殺される血讐のすべての場合を、その叙述から切りはなすよう強いられた」[12]という。しかし、方法論的に、切りはなされたものも、やはり、血讐という概念に包括されていた現象なのである。われわれは、むしろ、方法論的に、かかる粗笨な暴力としての血讐を、もっとも初期のものとして眺め、その変化、発展を跡づけようとしているのである。故に、われわれの規定するこの段階ではすくなくも、血讐は、生のための闘争、事実上の戦争に他ならなかったのである。たしかに、戦争から刑罰を発展させることは困難ではある。「戦争」という現象そのものにのみ着目すれば、そうかもしれない。しかし、われわれは、いまこの戦争を規制する「方法」と「過程」のなかから刑罰を見出そうとしているのであり、また生み出そうとしているのである。血讐から戦争を区別するいわれはなく、われわれは、むしろ、この段階の血讐を戦争とみることによって、「この現象の謎を解決」しようとする。集団の外では、唯、力が支配している。いかなる高度の組織原理も、個々の団体の上には、支配していない。

1　Lambert, *op. cit.*, p. 34.
2　*Ibid.*, p.36.
3　Henri Lammens, *op. cit.*, p.111.
4　Lambert, *op. cit.*, p.85.
5　M. Smith, *op. cit.*, p.29; Hobhouse, *op. cit.*, pp.139-140.
6　Brunner, a.a.O., S.224.
7　Procksch, a.a.O., SS.5-6.
8　Derselbe, S.6.
9　Derselbe, S.7.
10・11・12　Derselbe, S.6.
一九世紀にすら、アルバニヤのある地域において、その成人の四二%が復讐の過程の中に死んでいる(Picared, L'Ancien Droit Héllenique et la Vendetta Albanaise, *Revue d'Histoire des Religion*, 1920-1, pp.286 et seq, cited in Lambert, *op. cit.*, p.37)。

しかし、その内に暴力の支配している社会は発展することがない。血讐に対し抵抗することなくして、あるいは、血讐を消滅させる前に、すくなくも、それを恣意的暴力から手続に変えることなくして、社会は、かかる閉鎖的体制が許容しうるかぎりの、社会的経済的発展段階をこえることはできない。[1]

それでは、かかる集団が、血讐を、恣意的暴力から手続に変えて行った契機はなんであったか。われわれは、これを探ぐるに、きわめて乏しい資料きり持ち合わせていない。かかる過程は、法史の問題としては、遙かに遠く歴史の彼方にある。それ故、われわれの頼りうるのは、更に後の段階における血讐規制要素か、たかだか貧弱な人類学的文献による、未開社会の統合過程における諸要素からの類推のみである。

後述するように、原始社会においては、「血縁」が、きわめて重要な意味をもっていた。それ故に、婚姻による異集団との結合が、血讐をも、ある程度、緩和するに役立ったであろうことが想像されるのである。エマヌエル・カンターは、族外婚の存在が、未開社会における戦争防止のための主要素であったことを説き[2]、ブルンナーも、氏族間の婚姻が、より高次の部族への統一に役立ったことをのべている[3]。しかもなお、ヴィルダのように、次のようにいわれもする。すなわち、血讐は、兄弟間にも生起した現象であり、それ故に、血讐義務は、親族および血縁帯の義務よりも破りがたいものであったと[4]。たしかに、これは事実である。そして、このことは、既にわれわれの指摘したところでもある。だが、それにしても、一つの血縁集団に成長した場合の、その内部における血讐は、ここに示した段階の異集団間の血讐よりも、ある程度の規制を伴っていたであろうことは、想像に難くないのである。そして、これは、次節にわれわれが考察しようとする段階の血讐でもある。このような過程の反覆のうちに、かつて異集団であったものが、次第に、同集団となり、順次かかる集団自体が拡大して行ったであろうことが推測される。もとより、かかる婚姻のみによって集団の拡大がもたらされたというのではなく[5]、その間には、征服、支配による拡大もみられたであろう。しかし、血讐そのものが、あくまでも、血縁的連帯関係を主要なる基盤の一つとした現象であるだけに、かかる婚姻要素こそ、過小評価されてはならないものである。その上、血讐は、むしろ、征服、支配なる原理が、出現するとともに、かかる原理の中に包合され組みいれられてしまったのである[6]。それにしても、婚姻のごとき結合原理による異集団の包摂には限度がある。かかる限度を越えた集団間の関係における血讐は、いかに調整されていったのであろうか。勿論、かかる調整においても、上にのべられたことが、関連ないわけではない。すなわち、かかる集団間における血讐にさいして、当該集団は、すでに、自集団内における血讐規制の方法を知っていたということである。そして、それよりも更に重要なことは、繰返しいうごとく、血讐が、集団の「連帯的統一性」を基盤としているということ、そしてその帰結である。すなわち、集団の拡散的拡大は、その連帯性をも稀薄化し、血讐義務を該集団内の最近親集団に限定する。かりに、義務の一般化により、該集団自体が他集団との闘いに入るさいも、それは、闘いの過程のうちに次第に、集団の一員の死が、該集団の全員の死を賭するに価しないものと意識するに至るのである。デュルケムの「けだし、ひとが、連帯を結んでいる様式が変化するとき、社会構造は変化せざるをえない。分子的親和力が異ってくるとき、物体の形体は、必然的に変化する」[7]といっているのは、この場合にも、非常に真実性を含んだ言葉としてうけとれるのである。それに、両集団の一方が、唯一人の生存者もないという風に、現実に他方を絶滅することに成功しないなら、一定数の殺害の後に、両集団が協定を締結するということは、きわめてありうることである。この間の事情を、ランベールは、次のようにのべている、「ときには、両者が、本来の理由すら知らない継続的復讐につかれはてて、当事者は、折あらば、休戦をうる方法を受けいれる」[8]と。

しかし、復讐が自己集団の防衛のため、相手方を恐怖させることを目的としている以上、そして、これは、同時に、相手に対する恐怖を原因とするものである以上、二つの集団の各々が、かかる和解への最初の歩みをなすのに、しかるべき躊躇を示すのも当然である。交渉を提議することは、ひとが、もはや、勝利を希望しないことを証明する。ひとは、かかる行為が相手方に新しい力を与えはしないかと恐れる。かくて、当事者自身が、平和に導く交渉のイニシアチーブをとることは、比較的困難である。ここに、注目されるのは、この間にあって果した仲介者の役割である。たとえば、もっとも勢力あり、そしておそらくは、かかる血讐の一般化により、もっとも脅かされる中立者のあるものは、かれらが危険を犯すことなくして、それをなしうると考える限度において当事者が平和条約の前提要件たる商議を速めるべく、中立者の調停をうけいれようとするときには、いつでも、これを提議するよう試みるに至ったことであろう。ひとは、マホメットが説教をはじめたときに程近いころのアラビアの詩のなかに、かかる変化のあるものを読みとることができる。かつて、血に復讐するひとの栄誉を、もっぱらうたうことにつとめ、その近親の血を購うひとの不名誉をうたった詩人たちが、いまは、贖罪金にて平和を贖うひと、なかんずく、社会の利益のために、平和を容易にするよう媒介する仲介者の精神の偉大さを、高らかに、うたっているのである。[9] また、フランクの非常に数多い慣例[10]は、偉大な文明の一つとして、この調停者の存在を、われわれに確信させるのである。勿論、仲介者にとっては、当事者に血讐を止めさせるよう強制することが問題なのではない。仲介者は、ただ、かれら当事者の間に、平和の結論を容易にするよう、仲介に立つ。この結論をうけいれようと拒けようと、それはまったく、当事者の自由である。われわれは、かかる仲介者の働きを示すものとして、コルシカの平和条約をみることができる。それは、和解(compromesso)と仲裁宣告(sententia)の二部にわかれている。[11] しかも、かかる形式は、コルシカの平和条約にのみ特種なのではない。アラビヤ、ゲルマンの、あるいは聖書、ギリシヤの、平和条約もまた、この例外ではない。[12]

おそらくは、かかる調停乃至仲介は、事実においてはむしろ、氏族を包摂する部族または領土的都市のごときある一つの構成社会の内部において、もっとも、重要な役割を果したものではあろう。しかし、近世の国際社会が逆にこれを示すように、一つの社会という意識が未だ完全に成長しているのではないが、なんらかの利害関係の網が形づくられつつあるところでは、歴史の漸進的発展の相の中で、仲介者の機能が、可成りの役割を果したであろうことも予想されるのである。これは、かかる段階の血讐規制においても真実であったであろう。

そして、仲介から協定により折合われた結果が、賠償金の支払であるにせよ、犯罪人引渡[13]であるにせよ、かくして伝えられた先例の総体が、法の真の実体を形成するのも、ほど遠いことではなくなってこよう。ガストン・リシャルドも次のようにいっている、「われわれは、仲介の存在しない紛争に、法の非存在をみる。われわれは、仲介の存在する紛争に、法の存在をみる。われわれは、法が仲介とともに始まり、仲介とともに進み、仲介とともに後退するのをみる」[14]と。

以上、われわれは、その上に高次の団体を意識しない、集団間の外部関係における血讐を考察し、さらにこれを規制する要素としてのあるものをみた。

次に考察されるのは、この段階より一歩進んで、組織社会の萌芽を示している――とはいっても、未だ支配なる社会原理は出現していない――社会内における血讐である。ここでは、既に贖罪金により、殺人が贖われるという思想がみえている。故に、ある意味で、ここでの血讐は、慣習により、規範――宗教的、道徳的規範であるにせよ、法規範であるにせよ――により規制された、または許容された血讐である。

1　Lambert, *op. cit.*, p.28.

2　Emanuel Kanter, *The Evolution of War*, 1927, p.65.

3　Brunner, a.a.O., I, S.128.
　ヴィノグラードフも、「婚姻が幾多の家族団体を連結する輪を準備した」とのべている(Vinogradoff, *Custom and Right*(青山道夫訳『慣習と権利』岩波文庫、六一頁))。

4　Wilda. a.a.O., S.172.

5　婚姻は、このようにして結合の要素たりえたと共に、平和条約においても、両集団を結びつける機能をいとなんだ。コルシカの平和条約には、かかる婚姻条項(les clauses matrimoniales)が、しばしばみられる。これは一九世紀には、稀になったが、一八世紀には未だ頻繁であった。その例をあげれば、一五八八年の仲裁判決は、殺害者たるChristianoの息子Andreaに犠牲者たるPierreの娘Seglidoniaを娶るよう義務づけている。また、次の判決は、一そう奇異なものである。Anton Francescoが一六〇八年に、妻——Giacomantone　d'Alessandriの娘——を殺した。Giacomanitoneは、Antonが自分の二番目の娘を嫁にすることを条件にかれを許した(Busquet, *op. cit.*, pp.222 et seq)。

　婚姻条項について、ランベールは、次のようにのべている、「かくて婚姻条項は、犠牲者の親族に、真正の賠償を供するに成功したようである。ひとは、かれらから生を奪った。そして、かれらに、生を与えた。これが、真正のタリオである。生に対して生という」と。と共に、かれは、次のような事実をみることを忘れていない。すなわち、「かかる婚姻条項の背後に、ひとは、しばしば、金銭条項のかくされているのをみる。犠牲者の親族を娶る義務は、平和をうける集団にとっては、結納を出す義務と重なり合っているという事実である」(Lambert, *op. cit.*, p.62)。

6　たとえば、ローマ都市の出現のごとし。Cf. Eugen Ehrlich, *Grundlegung der Soziologie des Rechts*, 1913.

7　Durkheim, *op. cit.*(井伊訳、二二七頁).

　もっとも、かれのいう、分業による連帯意識の発生は、血讐においては、より後期にぞくする。なぜなら、分業による連帯意識は、かかる血縁による連帯、デュルケムのいわゆる「機械的連帯」の稀薄化したところから、始まるといいうるからである。

8　Lambert, *op. cit.*, p.49.

9　Lammens, *op. cit.*, p.124.

10　われわれは、フランク法の歴史のなかには、具体的な平和条約をほとんどもたない。しかし、これに反して、非常に多数の平和条約のモデルをもっている。われわれは、これらを、実務家が実際の事件に適用すべく保持していた法令集により知ることができる。ドゥ・ロツィエール出版になる方式集は賠償についての四章——犯罪者が平和条約により負った義務を知る文書——と、九つの保障規定(securitates)——復讐者が許容を確認する文書——を包含している。この二つの形式の文書は、一般に(平和条約締結に至る)動機をも記している。前者のうち三章が、後者のうち七章が、平和条約が有名人または僧侶の介入により結ばれたことを明らかにしている(Lambert, *op. cit.*, p.72)。

11　Busquet, *op. cit.*, annexe, XLI.

12　Lambert, *op. cit.*, p.80.

13　*Ibid*, pp.40-42; Glotz, *op. cit.*, pp.42 et seq.

14　Gaston Richard, *Arbitrament and Guaranty in the Origin of Law*, Evolution of Law Series, III, p.489, translated from his *L'Origine de l'Idee de Droit*, 1892.

（二）許容された血讐

（イ）古ゲルマン社会における血讐

かかる段階の血讐として、主として[1]、ここで考察しようとするのは、法史上において、そのもっとも生々しい初期的形姿をとどめていたといわれる、古ゲルマン民族の血讐である。

ところで、われわれは、この段階の血讐を、組織社会の萌芽を示しながらも、未だ支配なる社会原理の出現していない、社会内における血讐というように規定した。タキトスの叙述によって知られる古ゲルマン民族は、まさに、このような相貌をもって、歴史の上にあらわれている。ここでは、部族成員の社会的、法的地位は、血縁、とくに、かれがその出生により帰属させられているジッペ（Sippe）とよばれる氏族団体に、その根元をもっている。[2]このジッペこそ、古ゲルマン社会において、自然的・血縁的社会団体であり、集団に対しなされた法違反に復讐し、攻撃された成員を防衛してその集団の平和を保障した、最古の平和団体[3]であった。しかも、この血縁ということ、ことに、男系の血縁ということが、この共同体の唯一の紐帯であり、権利帰属の基礎であり[4]、その血縁の範囲すなわちジッペの限界が無限と考えられ、血縁なきひとは、事実上、法を失ったひととほとんど区別されなかったということ、そしてさらに、この共同体の内部では、各構成員の間において、平和が支配しており、あらゆる私闘や、相互の侵害乃至加害が禁じられていたということは、[5] ジッペが、前に記した血讐の担い手たる要件を充足していることをも示している。しかし、この段階のゲルマン民族においては、当時において既に、このジッペを越えて、国家運営の中枢をなすともいわれるべき民会(concilium)[6]を中心としたキーウィタース(civitas)なる政治的団体[7]も存在していたのである。そして、この民会においては、首長の選挙、[8] 自由民男子に対する武装資格授与(Wehrhaftmachung)、成年式挙行[9]とならんで、訴訟の提起、生死判決の督促[10]もなされていたのである。といっても、かかるゲルマン社会に、支配なる原理が行われていたというように、直ちに結論されてはならない。[11] かかる民会それ自体は、自治的協同体ともいわれるべきものであって、これに対する刑罰権の完全な帰属は、未だみられず、刑罰に対する私的権限がこれと競合していた。いな、競合というよりは、むしろ、本来的には、刑罰権は、ほとんどもっぱら、ジッペの手にあったといった方がより適切であろう。すなわち、ジッペは、対内的には、平和の担い手であると共に、平和の支配者であり、その保護者でもあったが、[12] 対外的には、一つの主体として、他のジッペに相い対し、その間にフェーデ(Fehde)がおころうとも、関係のない **Volksgenossen** の全体および、国家的団体自体は、これに傍観的態度をとっていたのである。[13] その意味で、かかる古ゲルマン社会は、組織社会の萌芽を示しつつも、未だなお支配なる社会原理のあらわれていない社会としての、われわれの規定にまさしく合致したものである。以下に、この社会における血讐とその規制の過程を眺めてみよう。

1　「異った制度の下では、異なった行為が犯罪となる。しかし、全ての基底となっている一般原理が復讐原理である」ということは正当である(Richard. R. Cherry, *Primitive Criminal Law*, Evolution of Law Series, II, Primitive and Ancient Legal Institutions, p.128, cited from his *Lectures, Growth of Criminal Law in Ancient Communities*, 1890)が、ヴィルダもいうごとく、血讐行使の種類と方法、そし

てその規制にも、夫々の民族の性格があらわれており(a.a.O., S.157)、一律に論じ去ることは許されない。ここに、「主として」古ゲルマン民族の、そして、その発展を通じての血讐の考察に問題を限定するいわれがある。このことは、ゲルマンの血讐をより正確に把握するため、後に考察しようとするローマのそれが、きわめて、対比的にあらわれていることによっても知られよう。

2 Brunner, a.a.O., I, S.111.

なお、増田四郎『西洋中世世界の成立』一九頁は、「氏族が構成単位たる前述のキーウィタースの本質も、タキトス時代に人的結合の要素強く、二世紀中葉、すなわち、プトレマイオスの地理書以降に至って、漸次ポレイス的団体形成に変質し、移動後の定着とともに、益々地縁的結合にすすんだ」とみている。かかる地縁的結合こそ血縁的連帯に基盤をもつ血讐が、はじめて分裂を示し、相い斗う氏族団体が妥協に有利なように一致せる場である。Cf. Post, *Der Ursprung des Rechts*, 1876, S.89.

3 Derselbe, S.119.

4 古ゲルマン民族において、父権的統整が、社会の基礎と考えられていたことについては、Brunner, a.a.O., S.129; Schwerin-Thieme, *Grundzüge der deutschen Rechtsgeschichte*, 1950. SS.18-19 を参照されたい。また、ヴィノグラードフ、前掲書、五五頁は、「タキトスの場合が、母権の段階から父権の段階へわたる一つの過渡的現象であ」ったことを示している。

5 Brunner. a.a.O., I, S.111.

6 パウル・ロートは、ゲルマン社会の構成についてふれたなかで「民会」につき次のようにのべている、「民族移動以前にもまた、……中部ドイツ種族の大部分では、主権は、民会にあった。これは、フランク王国における王に相当する地位をもっていた。各個人は、これに対し従順であるべきだったし、その決議は各人を拘束した」。また「すべてのものが、自治の原理により貫ぬかれていた。個人が、その家族を自ら治めると同じく、マルク協同体、ガウは自ら治めた。しかし、この多元構造の形象に、一つの共通の中心がないわけではない。すべての自由人から形成された民会は、種族の最高機関であり、その手に、全体の指導がおかれている」(Paul Roth, *Geschichte des Benefiziahwesens*, 1850, S.29ff. Cf. Dopsch, *Wirtschaftliche und Soziale Grundlagen der Europäischen Kulturentwicklung*, I, 1923, SS.27-28)。しかし、当時の民会の構成が同権の自由人によるものであったか、いなかについては、最近の研究は異論を唱えている。ドープッシュは、当時、マルク協同体、すなわち、農業共産制が崩れていたことを指摘するとともに、『ゲルマニヤ』にみえる貴人が多くの妻をもったこと、従士の扶養も Herr の財産を前提とすることから、当時における財産区別を指摘し、これは民会において、政治的にあらゆる決定に干与する同権の自由人を想定する説と撞著するとしている(A. Dopsch, *Beitrage zur Sozial-und Wirtshaftsgeschichte*, 1938, SS.80-81)。

かかる構成はともかく、当時、民会が、国家——もちろん近代的なそれではない——運営の中枢をなすものであったという点については、異論がないようである。

7 Brunner, a.a.O., S.157.

8 上原専禄「古ゲルマン民族の国家生活」『独逸中世史研究』一四—一五頁。

9 増田、前掲書、五七頁以下。

上原教授は、ジッペにつき、それが「古ゲルマン民族の法律生活においてのみならず、国家法制上にも、無視することのできない、自然的、血縁的社会団体」であることをみとめると同時に、「しかしながら、氏族主義または血族主義のごとき、自然関係は国家構成の原理としては、すでに、西暦紀元前後においても、働くところ、予想外に少かったのではないかと考えられる」とのべている。ここにも、われわれは、血縁の連帯性のみを、その基盤とした前段階の血讐が、古ゲルマン社会において、次第に脆弱化し、規制をうけざるをえなくなった一つの契機をうかがうことができるわけである。

10 Tacitus, *Germania*, c.12.

Ibid., c.13.

11 *Ibid*., c.12. ここでの法は、法以外の文化領域と未分化の関係にあり、法の中には、これら諸種の文化的要件が法と不可分に織りなされている。もとより民衆法であって、法曹法ではない(久保正幡「ゲルマン法の象徴主義」(一)『国家学会雑誌』第六二巻三・四号、九—一〇頁)。

増田、前掲書、九〇頁も、「すくなくも、民族大移動前においては、ゲルマン諸族の国家は、首長制の場合は、もちろん、王制国家においてさえ、特殊の事例を別とすれば、未だ完き『支配者国家』になっていない」とのべている。

12 Gierke, *Das deutsche Genossenschaftsrecht*, I, S. 18, Anm. 19.

13 Brunner, a.a.O., I, S.219, S.223. なお、フェーデについては、後述。

かかる血讐の考察に当っては、ゲルマン刑法発展の出発点とされる次のような思想が、きわめて重要である。すなわち、犯罪とは、平和《フリーデ》の破壊であり、かかる平和を破壊したひとは、自ら自己を平和の外においたのであるという思想、または、一一五八年の皇帝フリードリッヒ一世の Landfriedensgesetz が表明しているように、平和を保持しないひとは、かれの側から平和を享受すべきでないという思想[1]である。ここにおいてもまた、古ゴート語の sibja が、同時に、平和、盟約(Bund)、親族関係(Verwandtschaft)を意味したということが、そのまま、妥当したのである。[2] それゆえに、平和の担い手は、自然的血族団体たる氏族であり、また、誓約により、血縁類似関係を創出した氏族[3]であった。そして、ヴァイツのいうように、「平和《フリーデ》の破壊は不法《ウンレヒト》であり、法の侵害は、平和破壊《フリーデンス・ブルッフ》であった」[4]のである。

かかる平和破壊は、その法的結果からみて、次の二つの群《グルッペ》に分かたれる。行為者を、被害者またはその氏族の敵対に委ねるか、すべての Volk の成員が、かれを敵とするかという二つの群である。そのいずれの場合にも平和は、被害者およびその氏族との関係においてのみ、失われたのである。それに、法秩序は、かれらが、かくすることにより、自ら平和破壊を犯すことなしに、自助の方法により、復讐を行う権限を与えていた。また、犯行の第二の群は、一般的な平和喪失(Friedlosigkeit)をもたらした。[5] しかも、ビンディングのいうように、この後の平和喪失の認識とともに、直ちに、復讐の法生活への組み入れがあきらかとなって来たのであり、いわば、かかる平和喪失は、あらゆる許容された復讐の必要な前提であったのである。それ故に、いま、いささか、図式的にのべることが許されるとすれば、平和喪失は、復讐一般の後の段階を構成し、復讐の中に含まれていた刑罰的要素を、次第に自己の中に包含しつつ、遂には、復讐中のもっとも根強い部分、血讐をも自己の中に組み入れて、古ゲルマン社会における公刑罰の確立を用意したものということができる。それ故に、平和喪失が、罰金という例外をもった、あらゆる後の刑罰の母であったというビンディングの主張も[6]、それほど、誇張ではなくうけとれるのである。けだし、あらゆる後の刑罰は、平和喪失の独立せる部分である。

1 Brunner, a.a.O., I. S.211.

2 Paul Wilutzky, *Vorgeschichte des Rechts*, III, 1903, S.67.

3 Schwerin-Thieme, *Grundzüge der deutschen Rechtsgeschichte*, 1950, S.19. ちなみに、S.19, Anm. 3 は、かかる氏族をギルドの起源としている。また、ポストの人工的血縁(Künstliche Verwandtschaft)は、これに相応するものである。Post, *Afrikanische Jurisprudenz*, I, 1887, SS.36-42.

4 Waitz, *Deutsche Verfassungsgeschichte*, I, 1880, S.421.

5 Brunner, a.a.O., S.219.

6 Binding, a.a.O., S.21.

英国においては、その実例は、全ての田舎の住民が、犯罪者に対して叫ぶ"hue and cry"にみられる。これは制度としては、人格剥奪(outlawry)とよばれる。チェリーは、人格剥奪を、社会により、科せられた最初の刑罰であるとする(Cherry, *op. cit.*, pp.126-127)。また、David Davies, *The Problem of the Twentieth Century*, 1930, pp.156-157 は「人格剥奪」を考察して「社会全成員の犯罪人逮捕にさいし、協力する義務、および、個人に対する犯罪が、社会に対する犯罪なりとの事実の認識は、かかる性質のあらゆる法律制度の本質的要素であった」ことを指摘し、二〇世紀の国際社会に要せられる制裁も人格剥奪であるとしている。

それでは、古ゲルマン社会において、この二つの犯行の群《グルッペ》は、いかに観念され、分化されていたのであるか。また、血讐をも含めて復讐は、ここにおいて、いかなるものとしてあらわれ、いかにして、公刑体系に組みいれられて行ったのであるか。まず、第一の課題から、みてゆきたい。

古ゲルマン社会においては、単に、私法的請求権を伴う軽い法的侵害に対して、あらゆる固有の犯行を平和破壊の観念のうちに、一括した。だが、このうちにあって、重大平和破壊(scelera flagitia)と、一般平和破壊(leviora delicta)が区別された。[1] かかる区別は、スミスの分類によれば、crimeとoffenseの区別であり、犯罪と不法行為との区別である。[2] 前者に対しては、多分に公法的な刑罰(supplicium)が科せられ、すくなくも、社会乃至国家に対する侵害の存するかぎり、官によって制裁がとり行われた。これに反して、後者は、私法的事項であったので、被害者または被害氏族共同体が、これを裁判機関に出訴した場合にのみ、かかる公法的権力は、これに作用したのである。[3] もっとも、古代共同社会一般の例に洩れず、古ゲルマン社会においても、違法行為に対する反撃乃至反作用が、必ずしも、現代意識による公法的、私法的という分化によってあらわされていたわけでなく、むしろ、かかる公法的なものか、私法的なものかの区別の混淆こそ、この社会に特有のものであったとさえいうことができるのであるが、古ゲルマン社会の構造が、次第に、画一的、統一的秩序となるに従って、先にのべた平和破壊の分化も、これに応じて、次第に、あきらかとなっていったのである。

右の重大な平和破壊とみられるのは、公共、軍隊、神殿の平和破壊のような崇高な平和破壊、家の平和の破壊または発墓であり、他方、国に対する叛逆、軍の叛乱、重強盗、建物の放火、他人に損害を与える詐欺のような一般的に危険な行為であり、その他、宣誓された平和の破壊のような、特殊の悖徳の行為乃至は不自然な淫行、軍隊からの逃亡のような怯懦な行為、更に、殺人、すなわち、既遂ののちに隠蔽し否認する殺人行為ならびに重大な窃盗である。この最後の二つのものは、単なる平和破壊たる公然の殺人ならびに公然の窃取に対立するものである。[4] かかる重大な平和破壊の場合には、平和喪失が宣せられる。すなわち、犯罪者は、直接に、与論によって対抗されるのである。[5]

かくて、平和喪失を宣せられたひと、すなわち平和喪失者(der Friedlose)は、平和団体および法団体から放逐される。かれは、Volkの、神の、王の、敵であり、各人により追求され、殺されうるのみでなく、殺されるべきである。[6] それ故に、平和喪失者は、死に帰属せるひとであり、死に近いひとである。勿論、かかる平和喪失者は、殺されても贖罪金をうけることはない。かれは、全体の敵であるから、その血族も妻も、かれを保護することを禁止されている。平和喪失は、氏族の法的絆も、婚姻の紐帯をも断ち切る。妻は、法的には寡婦に、子は、法的には孤児とみられる。さらに、平和喪失は、人格のみならず、財産をも捉える。平和喪失者の財貨は、相続人に相続されるのではなくて、荒廃に帰せられるか、公共に帰せられるかした。平和喪失者は、死から逃れるためには、逃亡しなければならない——もし、ひとが彼を逃れしめるならば——。故に、平和喪失者の故郷は、森である。北部ゲルマンでは、かれは、Waldmannと呼ばれている。また、かれは、しばしば、その遭遇にさいし、ひとが自由にこれを殺すことをえた狼を意味する語で呼ばれた。けだし、かれは、狼と同様、平和喪失とされ、犠牲とされるからである。

平和喪失は、概念的には、前記の重大な平和破壊行為によって発生する。しかし、この根本律は、行為者が行為の現場で捕えられるさいにのみ、その無制約的履行を求めえた。他の場合には、平和喪失の前提として定められている裁判的手続を通じてのみ、確立されえた。しかし、かかる平和喪失も、後には、次第に制限されるに至る。[7] われわれの文献は、既に、平和喪失が、金で贖いえたことを示している。西南ゲルマン法のうちで、サリカのフランク法(die Lex der salischen Franken, Tit. LV. 1)は、死体発掘の場合すら、贖いうるとしている。[8] また、フランク時代のドイツ国法では、犯行をなしたものが、非行につき、法律上の贖罪を拒否するとき、命令拒否行為の帰結として、平和喪失が、規則的にあらわれている。しかし、他方、依然として、非行自体の結果として定められている平和喪失の形跡も存在してはいる。北部ゲルマンの文献には、未だ、非常に数多くの、贖罪しえない平和喪失があらわれている。かかる、ゆるやかな平和喪失を、ブルンナーは、「より新しい時代の法創設の産物として、その成立を、一部は、無制限的平和喪失の弱化に、一部は、血讐の拡大に対する意識的反作用に負っている」[9]とする。ともかくも、前に指摘したように、かかる平和喪失一般の認識とともに、直ちに、復讐の、そしてさらに、血讐の法生活への組みいれが、はじまったのである。

1　Sclröder-Künsberg, *Lehrbuch der deutschen Rechtsgeschichte* (7. Aufl.), S.39.
　Schwerin-Thieme. a.a.O., S.29では、分類の仕方が、若干異る。かれは、一般平和破壊——純世俗的平和喪失を結果する——と重大平和破壊——宗教的死刑を喚起する——とに分け、ここでの一般平和破壊を、相対的平和破壊として、かれの一般平和破壊の一部とする。

2　Smith, *op. cit.*, p.25.

3　Schröder-Künsberg, a.a.O., S. 80.
　また、ガイプは、私法的犯罪と政治的犯罪として、極めて簡明に分化し、かつ、多数の文献を示している(G. Geib, *Lehrbuch des Deutschen Strafrechts*, Bd. I, 1861, S.4, S.156ff.)。

4　Derselbe. S.81.

5　Vinogradoff. *op. cit.*(訳、一一三—一一四頁)は、平和喪失(人格剥奪とよばれているが)より、サリカ法典にのべられている第三者への寄託(intertiatio)の手続の段階をへて、フランク法の国王の bannus(Baubuße にふれて後述)の実行に至る段階が集約的に説明されている。

6　ブルンナーは、ここから、平和喪失と死刑とが密接な歴史的関連のあることを示す。すなわち、平和喪失宣告は、まさに、法協同体の死刑判決として刻印づけられえたし、それは犯罪人の追放と殺害を一定の警察機関にでなくて、全法団体に委ねていたと(Brunner, a.a.O., I, S.243)。ところが、シュヴェーリン・ティーメは、「なるほど、死刑が、平和喪失者に科されはする。が、それは平和喪失の執行ではない。この執行は、個々の部族民の課題であり、死刑は組織のそれである」(Schwerin-Thieme, a.a.O., S.29,

Amm. 3.)といい、ビンディングも「平和喪失と刑罰との深い相異があるが、これは明瞭なるにもかかわらず、あまり、多くのひとにより理解されていない。前者は、後者との絶対的対立物である。ひとは、狼を狩り殺すが、罰しはしない」(Binding, a.a.O., S.16)とのべて平和喪失と死刑の区別されるべきことを説いている。

7 Brunner a.a.O., SS.232-238.

8 Binding, a.a.O., S.19.

9 Brunner, a.a.O., S.240.

さて、そこで、われわれは、私法的事項として、被害者および被害氏族共同体に、その執行を委ねていた一般平和破壊に眼をもどし、その法生活への組み入れを考察せねばならない。かかる一般平和破壊の効果は、その侵害が、現行犯でないかぎり、加害者に対する被害者ならびにその氏族共同体のフェーデであった。非法行為自体が、平和を敵対関係へと変化したのである。平和解消の通告、フェーデの通告は、必要ではなかった。[1] このフェーデ(Fehde, faida)は、敵対する両当事者の斗争ではなくて、かれらの間に存する敵対関係(Feindschaft, inimicitia)を意味する。フェーデは、法秩序により承認された敵対関係である。かかる承認は、合法的なフェーデでは、行われる復讐行為が犯行としてではなくて、贖罪のいらない、処罰されない行為(bußlose und straflose Tat)として、取扱われるという点に表明されている。その反面、このフェーデは、Volk の敵の場合とは反対に、単に私的性格のみをもつのであり、その加害者の平和破壊は、単に相対的な、すなわち、被害者ならびにその氏族共同体に対する平和破壊であるため、加害者は財産を失うこともなく、また、自己の属する親族的結合から解かれることもなかった。そして、重大な平和破壊の場合と異って、なんびとも彼をその追求者から保護することを妨げられないとともに、フェーデは、もともと、その近親者との間にも生ずる結果、かれらは、直接に、その艱難を共に引受けたのである。すなわち、かれらは、その加害氏族共同体に属するかぎり、一面的に相手方と単独に和解することはできなかった。[2] それ故、この場合、フェーデは、加害者ならびにその氏族共同体に対して、法によってみとめられた、被害氏族共同体の復讐乃至自助行為であったのである。[3] ここにおいて、復讐は、はじめて、合法性と違法性の両面をあらわした(ケルゼンの一般的復讐規定の該当しうるものは、まさに、この復讐についてである)。それ故に、フェーデは、単なる報復の限界を越えてはならないとともに、公示された仕方で遂行されねばならぬとされていたのである。だから、復讐が隠密に行われた場合は、違法行為とされたのである。[4] かかる復讐は、フェーデが発生するや、直ちに行われうる。しかし、ここに注意されなければならないことがある。なんびとかが、自己に、「平和喪失」を招く行為を犯した場合、かれは、どの部族民によっても、直接の被害者によっても、贖罪なしに殺されうる。しかし、その際それは、許容された復讐ではあるが、フェーデ権の行使ではないということである。この場合は、V・アミラのいうごとく、平和喪失者の無保護の反映[5]にすぎないからである。

一方において、重大平和破壊に対する与論による規制、そして制裁がありながらも、古ゲルマンのフェーデは、このように、氏族のフェーデとして二つの敵対する氏族の闘いとしてあらわれた。関係のない全部族民は、その終末を、いわば拱手して待っていたのである。[6] また、古ゲルマン観念によれば、復讐する(rächen)ということが、殺すこと、もしくは、むしろ、武器をもって攻撃することであったから、死または傷害がその帰結であったのである。[7] ところが、法律制度自体の変遷とともに、この語の用法も変化した。そして、**rächen**は、**strafen**の意であるということを別にすれば、その本来のものから、離反した意味をもつに至った。

重大平和破壊が、公共に対する犯行とされ、この「公共」の観念が、次第に、包括的、広汎なものとなるとき、その帰結としての平和喪失も、その範囲を拡大するに至る。と同時に、私的事項として、いわば、当事者の自助行為にまかせられた犯行も、その救済方法に変化が、あらわれざるをえなくなってこよう。ここに、ヴィルダにより、本来的には、非ゲルマン的思考様式と規定された、不法と応報とに高度の等量を定めるべく、復讐制限として、タリオも導入されるに至った。もともと、ゲルマン人の無限の復讐は、立腹せるひとの復讐であり、相手の苦痛、または、絶滅にではなくて、相手に屈辱を与えること、男らしさの試練に、その満足を見出したものである。かれらゲルマン人には、冷血、残忍な復讐といったものは、知られていなかった。[8] かれらの復讐は、秘密性をもたず、奸計と秘策をめぐらしてなされたアラビアの復讐[9]とは異なり、堂々、公然と行われたのである。また、些少の犯行においてもなお、かかる行為者を刑罰をうけることなく殺しえたという点で、復讐の範囲は、ある程度、無制限であったにせよ、復讐行使においては、非常に綿密な法的限界が設定されていたのである。[10] かかる限界が拡大され、厳重に規制されればされるほど、恣意が法により制限されるという結果をもたらしたということも、けだし、当然の成行であろう。かかる復讐制限、純粋な恣意の廃止は、とくに、次の点にあらわれている。すなわち、復讐により満足をえたひとは、自己の行為につき責任を負わされ、かつ、かれが相手を殺すことが正当であり、法により規定された限界を越えなかったことを立証せねばならなかったこと、[11] 一言にしていえば、復讐行使についての挙証責任が、復讐者自身にあったということである。かかる復讐は、ある程度、判決以前の執行であった。しかし、このような一定した限界づけをされた復讐は、まさにヴィルダの指摘するように、それ自体、法制度(Rechtsinstitut)であったし、それは、単に、慣習により与えられた刑法の補充であるのみならず、法により承認された刑法の構成要素でもあったのである。[12] さらに後には、復讐は、犯行の現場においてのみ、行為者を殺しうるというように制限されるが、これは、われわれの緊急防衛の観念と、非常に近接した観念である。[13] ここに至ってはもはや、前段階の復讐とくらべるとき、復讐そのものが、性質変異をとげていたといわずしては、その内容の正確な規定は、不可能に近い。すなわち、私的復讐が、公的復讐(öffentliche Rache)に変遷したというように。[14] 復讐者は、重大平和破壊の場合と同じく、ここでもまた、平和喪失の部分執行者(Teil-Vollstrecker)としての役割を果すに至る——事実上、かかる部分執行のみが存在し、公的執行は存在しなかったが——。[15]

かかる復讐規制と並んで注目されるのは、いわゆるフェーデ団体(Fehdegenossenschaft)の形成[16]である。復讐義務は、もと、血により最近親であるひと——古ゲルマンでは、主として、父系的氏族団体——に課せられたのであるが、かれらは、外部の血縁以外のひとびとによっても助援をうけえたのであるし、これらの助力者と、同盟条約をもって、フェーデ団体を形成している。この事実は、犯行乃至殺人が、既に、近親者のみの関係事項でなく、さらに、多くの血縁者以外の関心事となったことを示している。ここに、安全の個々的保障が、集団的保障におきかえられてゆく過程がある。ランベールの指摘[17]を俟つまでもなく、かかる保障が、血縁連帯にのみ基づいていた、私的保障の野獣性にくらべて、ある程度、規制をともなったものであったであろうことは、想像にかたくない。

また、かかる復讐は、裁判上または裁判外(協定上)の贖罪契約(Sühnevertrag)によっても、終了されえたし、再び和解されえたのである。両者の場合においては、ともに、復讐を挑まれた相手方は、牡牛、毛織物、のちには貨幣の支払によって、平和を贖わねばならない。先に、死者礼拝と結びつけて説かれ、神聖に処理されるべき復讐が、金と引きかえに断念されたということは、一見奇異に思われる。金に対する渇望の方が、現実に、敵の血に対する欲望よりも大きかったのであろうか。しかし、金の音色のみが働いていたのでなければ、贖罪金は、蒙った損害を代替するに適しているとの考慮が働いていたのでもない。そうではなくて、贖罪金の提供と罪の告白(Schuldbekenntnis)とは、本来的に結合していたのである。[18] ブルンナーは、贖罪契約締結の次第を、次のようにのべている、「被害を受けた氏族は、軽々と、贖罪契約を締結するわけではない。かかる事情の下では、復讐を、金または、これに相当するもので買いとることは、恥辱ですらあった。被害者側が和解を用意するさいには、それが相手に対する恐怖が動機であるかのごとき外観は、極力、さけられた。それ故、被害者側は、贖罪契約の締結を加害者側の誓約にもとづかしめたのであり、また、加害者側は、これにより、将来、同様の損害を蒙るようなさい、同額の贖罪金をうけとることを確保した」[19]と。かくて、被害氏族共同体は、贖われた非行についての将来の応報を正式に断念する。その代表者は、相手方に対し、平和の誓いを果し、フェーデを解消されたものと宣言して、Urfehde（復讐断念の誓）を誓ったのである。[20]

この贖罪金は、**Buße, compositio**または、**mulcta**とよばれる。それは、広い意味では、**Mannbuße**といわれる**Wergeld**（人命金）を包括した。だが、中世に至っては、**Wergeld**は、狭義の**Buße**と区別され、前者は、殺人に対する贖罪金を、後者は、その他の侵害に対する讐罪金を意味したのである。[21]殺人という、もっとも重い犯行のさいには、責あるものおよびその氏族に、支払義務があった。けだし、氏族もまた、実に、復讐に帰属せるものであったからである。他の場合には、責あるもの、または、その主人が支払義務を負った。また、前者は、非常に高額であり、犯罪人ひとりだけでは、通常、これを調達しえなかったのである。たとえば、自由フランク人は、二〇〇ソルジ（Soldi）で贖われたが、一ソルドス（soldus）は、一頭の牝牛に相当する価値があった。[22]

ゲルマンの法源における贖罪金は、一般に、完全に二様の受領者を知っている。被害者のうけとる狭義の贖罪金、殺されたものの相続人およびその氏族のうけとる殺人賠償金と、裁判官——われわれの言葉では、国家——に支払われるべき一定の金額の二種である。後者は、通常、平和金（fredus, poena pacis, der wite のちの Wedde または Gewedde）とよばれた。これは、のちには、多くの法においては、**compositio**のうちに含まれ、少数の他の法では、その外に存在した。フランク、ランゴバルド、北ゲルマンでは、前者、高地ドイツ、ザクセン、フリーセン、アンゲルザクセンは後者にぞくする。両制度のうち、前者が、より古い形式と考えられる。なぜなら、タキトスは、王またはキーウィタースに帰する compositio の部分を、pars mulctae (贖罪金の一部) とみているからである。[23] これは、当初は、公権力が、平和の再確立に共働した費用[24]として、あるいは、犯罪者が、平和を全体 (Allgemeinheit) から買い戻すための価[25]として、支払われるべきものであった。それ故、裁判外の贖罪金請求にては、その支払いの必要はなかったのであり、ここにもまた、フェーデが、本来的には、私的復讐であったことがあらわれている。[26] のちに、平和金が、一般の平和破壊に対する刑罰として理解され、"Brüche"と名づけられるようになるさいには、後述するように、これは、根本から別の解釈基盤に立ったものである。[27] サリカおよびリブアリヤのフランクでは、全賠償金の三分の一が平和金にあてられ、ランゴバルド族では、賠償金は、王と被害者に等分に分配された。被害者にあてられる賠償金は、その氏族の内部事項として種々分配されたが、はじめは、男系親に、また、既に早くより、母系親にも分配されたが、後者は、むしろ、副次的にしか、これにあずからなかったといえる。およそ、フェーデにさいし、復讐を義務づけられたのは、被殺害者の父系親、母系親の順であり、その中核をなすものは、前者、父系氏族団体であったからであろう。[28]

かかる贖罪金規定と復讐との闘いは、二つの段階で行われたものとみることができる。まず第一には、本来的に、贖罪金請求か、復讐行為の選択が、被害者またはその氏族に委ねられていた段階[29]である。犯罪者自身は選択権をもたなかった。[30] このような状態は、フリジヤおよび低地ザクセンの法においては、一四、一五世紀まで存続している。[31] 次の段階——これは、より大胆な、あきらかに後のものであるが——は、被害者にフェーデが禁止され、もっぱら贖罪金請求の途を指示された段階である。ランゴバルドの法諺は、cessante faida, id est inimicitiaと、これを表明している。このさい、しばしば、犯罪種別による相異があらわれる。そのなかで、殺人および人身掠奪は、もっとも重大なものとして、長く、血讐が保たれていた。[32] もっとも、法制上、原則として血讐行使に代えて、贖罪金受納が決定されたものに、後述する八〇二年のカール大帝の法令(別名、シャルルマーニュの法令)があったが。[33] 承認判決に対して のみでなく、履行判決に対しても、刑法上重要な主観的権利が、請求者のためにみとめられたということは、両段階に共通している。しかし、かかる権利ではなくて、平和秩序の門を再開するために支払われる Kaufgelder よりよくは、Thorgelder、請求の権利である。[34] しかし、のちには、後述するように、この種利は、ドイツ史における刑罰に対する主観的権利となる。最初の段階において、非常に興味ある仕方で、禁止されていない自力(Eigenmacht)—復讐—断念に対する報酬についての主観的権利が成立する。[35] 具体的にいえば、被害者は、かれの断念により、この権利に価し、かつ獲得する。第二の段階では、立法者は、一般的断念を要求する。自由意思による断念に対する報償という思想はすでに没した。といっても、贖罪金は、平和喪失に対し、依然として、補充的であった。これを支払うことのできないひと、または、支払拒否をしたひとは、通常、生死の判定は、請求者に認められ、かくて平和喪失が宣告された。かかる平和喪失は、通常、債奴(Verknechtung)の形式を帯びたのである。[36]

かくのごとく、rächen は、その本来的な意味から離反し、次のような意味、すなわち、それは、もはや殺害するの意味ではなくて、重大平和破壊に対すると同様、犯行者を逮捕し、拘束し、裁判所に連行する、そして次に、法の厳正により訴訟を求めるという意味をもつに至ったのである。[37]

法制の進歩は、さらに、平和喪失に対して、あくまでも補充的であった贖罪金を、さらに制度として、すなわち、贖罪金制度として、われわれに示すに至るのであるが、かかるゲルマンにおける血讐規制から贖罪金制度への変遷を、より適確ならしめるために、一応、古ローマにおいて、この段階における血讐、さらに復讐が、いかに法化されていたかという事情を瞥見することも、あながち、無意味なことではなかろうと思われる。

1 Brunner, a.a.O., I, S.224.

2 Derselbe, S.119.

3 Derselbe, S.225.

4 Derselbe, S.226 ; Wilda, a.a.O., SS.159-160.

5 Karl von Amirra, *Grundriß des Germanischen Rechts*(3. Aufl.), S.238. ビンディングは、ブルンナーが、「フェーデは被害者および氏族の権利である」といっていることに、強く反対し、「狼に対して権利はない。かくてゲルマン人は、復讐の権利、フェーデの権利を知らなかった」とする(Binding. a.a.O., S.18)。しかし、ブルンナーは、本来の意味のフェーデ権を、むしろ、ここにいわゆる一般平和破壊の効果として、被害者ならびに、その氏族共同体に帰せられる権利というように理解しているのであって、かれ自身、平和喪失のさいは「許された復讐行為ではあるが、フェーデ権の行使ではない」(Brunner, a.a.O., S.223)と明瞭にのべている。ビンディングの反対は、その狼といえる点に明らかなごとく平和喪失の場合に対してなされたのであり、この点に関するかぎり、かれの非難は当らない。因みに、ブルンナーとビンディングでは、およそ、「平和喪失」に含ませる意味に広狭がある。

6 Brunner, a.a.O., I. SS.223-224.

7 Wilda, a.a.O., S.157.

8 Derselbe, S.158.

9 Derselbe, S.169.

10 Derselbe, S.160.

11 Derselbe, S.162.

12 Derselbe, S.164.

13 Derselbe, S.166; Brunner, a.a.O., I, S.223.

14 Derselbe, S.167.

15 Binding, a.a.O., S.23.

16 Brunner, a.a.O., S.225, S.121.

17 Lambert, *op. cit.*, p.85.

18 Binding, a.a.O., SS.26-27.

19・20 Brunner, a.a.O., SS.226-227.

21 Derselbe, S.230.

22 Binding, a.a.O., S.26.

23・24 Brunner, a.a.O., S.231; Tacitus, *op. cit.*, c.12.

前掲K・チュッキングの註解によれば(Waitz, a.a.O., I, S.306, S.409 にもとづく)、mulctaは、被害者に対する贖罪金であり、中世のcompositio(buoza)に相当する。

25 Binding, a.a.O., S.28.

26 Bruno Gebhardt, *Handbuch der Deutschen Geschichte*, I, 1930, S.42. なお、Bußeについては、『岩波法律学小辞典』一一六九—一一七〇頁をも参照のこと。

27 S. His, *Strafrecht der Friesen*, S.241; Binding, a.a.O., S.28.

28 Binding, a.a.O., S.28.; Brunner, a.a.O., S.121.

29 Brunner, a.a.O., SS.228-229. アフリカの原住民について考案したポストもまた血讐か贖罪金かの選択権が親族にあったことを示している(Post, *Ursprung*, SS.89-90)。

「フランク時代のゲルマン人の法は、この点でも変遷期にある。東ゴート族、ブルグンド族、バーヴァリ族、アングロ・サクソン族は執行を訴求者に委ね、西ゴート法は、私的執行を禁止し、サリカ法は、当事者に、選択を与えている(Schröder, a.a.O., S.371; Hobhouse, *op. cit.*, p.147)。

30 たしかに、加害者にも選択の余地がないわけではなかった。しかし、贖罪金かフェーデかの選択ではなくて、贖罪金か平和喪失かの選択であった(Brunner, a.a.O., S.229)。

31 Frauenstädt, *Die Blutrache und Todschlagssühne in Deutschen Mittelalter*,1881, S.14.

32 英の場合、第一の段階から、第二の段階へうつる最後のときまで、贖いうる犯罪と贖いえない犯罪との区別が行われていた。Leges

Henriciも、涜聖、裏切りなき殺人を前者に、家屋破壊、放火、公然たる窃盗、重大殺人、君主に対する叛逆、教会または、王の平和の破壊を、後者に、属せしめている(Hobhouse, *op. cit.*, p.135)。

33 Frauenstädt, a.a.O., S.6.

Edward Jenks, *Law and Politics in the middle Ages*, 1913, p.102. なお、英においては、支払、受納強制のため、王はealdmanの協力をえた(Pollock and Maitland, *History of English Law*, I, p.47)。

34 Binding, a.a.O., S.29.

35 Derselbe, S.30.

36 Derselbe, S.30.

ポストも、アフリカの各種族につき、贖罪金支払不能者が奴隷とされたことを例証している(Post, *Afrikanische Jurisprudenz*, II, 1887, SS.36-37)。

37 Wilda, a.a.O., S.168.

(ロ) 古ローマ社会における血讐

ゲルマンにおいて、復讐規制が、主として、民族間の関係を基礎として成立したに対し、ローマでは、これは、家共同体相互間の関係に妥当する規範として成立した。[1] われわれは、まず、家長(pater familias)の下に統一された、多くの家共同体を想定せねばならない。家共同体内部においては、家長――ローマでは、原則として、家構成員(filius familias, filia familias)の家父であった――が、唯一の裁判官である。[2] 家共同体の相互関係は、メインの指摘したように、個々の人間に関するものであるよりは、むしろ、国際的関係に類似している。[3] それ故に、自己およびその成員の権利を主張し、不法に復讐すべき、家長の ultima ratio は、私的戦争である。かれは、自己の力、そして血縁およびその従属者により供せられる力に、たよらねばならない。財産は強力によって確保されるべきであった。このことは、一二表法（紀元前四五一年ごろ）では、ガイウス[4]により示されているごとく、擬制闘争として、係争中の奴隷または動産の上に、槍を交じわすことにより、また、夫々、目的物の上にその手をおくことにより、表明されている。

ここでの法の任務は、すでに以前から家の内部組織に基づいて存在してきたことを、家相互間の関係（取引関係そしてさらには、裁判所における訴訟の関係）において、有効とみとめること以外には存在しない。[5]勿論、かかる関係において犯行がなされたさい、発展の初期段階においては、復讐が、そして、殺人のさいには、血讐が行われたであろうことは想像にかたくない。[6]しかも、フェーデの権利が支配する間は、家長は、前述したような、家の唯一の裁判官、さらに家の唯一の代表者であったというわけではなかったようである。フェーデに先行する談判、または、フェーデののちに来る談判には、フェーデに参加する義務を負う全員が参加しえた。有史時代になっても、家構成員の不法行為によって、家が義務を負ったのであり、だから、刑事訴訟を生ぜしめる契約によっても、常に家が義務を負ったのである。ローマの原始時代は、他の種の契約を、おそらく知っていた筈がないからである。しかし、ともかくも、われわれに知れる段階では、すでに、家長が家の唯一の代表者であるかのごとく現われ、さらに後には、裁判所では、家長のみがかれの家を代表するという原則が確立しているのであるが、その前段階は、ほとんど解らないといってよい。[7]

1　エールリッヒ、前掲書（訳、一二頁以下）、石本、前掲書、二三頁、二七頁。
2　同前、一五頁。
3　Maine, *Ancient Law*, p.138（訳、一二六頁）.
4　Gaius, *Inst.* IV, p.16.

5　エールリッヒ、前掲書、一四頁。
6　P. F. Girard, *Manuel Élémentaire de Droit Romain* (7me éd.), 1924, p.412.
7　エールリッヒ、前掲書、三四—三五頁。

ひとも知るごとく、ローマ法は、大体、慣習法(ius civile)であるか、しからざれば、制定法(ius legitimum)であった。そして、のちに、第三の法体系として、法務官法が出現した。[1] 復讐規制においても、この三種の法体系が、それぞれの役割を果している。まず、かかる慣習の一つとして、古ローマにおいて、ヴィルダにより、ゲルマンには、全く未知のものとされた[2]犯罪人引渡なる制度が発達し、また、ゲルマンにおけると同様、贖罪金により、罪を贖うという考えも、早くからあったようである。[3] もっとも、ゲルマンの後期にあらわれ、また、原始諸民族の間にきわめて恒常的にみられる、殺人賠償金は、原則として、ここにはみられない。チェリーに従えば、法がローマ市民の生命を、金銭をもって贖うには、余りにも神聖なものとみたからであるという。[4] かかる殺人をなした犯罪者は、姦通や聖物冒涜をなしたものと同じく、われわれに知られている段階では、神に対する犯罪として、そのはじめ、人身御供として献げられ、のちには、ゲルマンの平和喪失に相応する追放とされ、死刑とされた。[5] のちにみられるように、復讐一般が、ほとんど、私的刑罰におきかえられ、全く、宗教の圏外——十二表法ですら、そうである——にあったにもかかわらず、[6] カーザーのように、血讐の宗教的性格を指摘するのは、[7] その理由をここに見出しうるのである。ゲルマンにおいて、他の犯行については、贖罪金受納が義務的となってもなお、一般平和破壊とされた殺人につき、血讐が、自助的制度として、一四、五世紀まで存続したという事情は、[8] ここローマにてはみられないのである。ここでは、殺人なる犯罪は、神に対する犯罪と同化され、それ故に、公共に対する犯罪とならんで、早くより、血讐なる私的救済の領域から、公共による処罰なる範疇に移されていたということができる。[9]

では、なぜに、ゲルマン社会その他におけるごとき殺人賠償金なる思想が、ローマにおいてはあらわれなかったのであろうか。また、なぜに、ゲルマン社会において、殺人以外の犯行に因る復讐が次第に規制され、義務的賠償金をもって贖われるに至ってもなお、血讐が、長く、当事者の自助として、その執行——のちの段階では、認定のみは裁判所が担当するに至る——が委ねられているに対して、ローマ社会では、血讐が、まず規制の封象となり——それゆえ、ローマ法では、血讐なる現象をみい出すことは、きわめて困なんである——、公的科刑にとってかわられ、むしろ、殺人以外の犯行に因る復讐の方が、後々まで、私的刑罰の範疇において残存し、公的刑罰に組み入れられることが遅かったのであるか。要約すれば、前者は、殺人に関する問責方法の相異の問題であり、後者は、血讐の公刑組み入れ過程(手続)の相異に関する問題である。前述したチェリーの、ローマ市民の生命神聖観に帰する考え方のごときは、あまりに、後世説かれるごとき、ローマ市民社会の個人義的思潮からの逆解釈のきらいあり——この解釈自身は、それが、血讐の集団性の基盤をうばったというようにいうならば、そのかぎりでは意味があるが——、血讐が本質的には、カーザーのいわゆる集団的、宗教的性格を属性としたという事実の分析に欠けている。また、クーランジュ[10]のごとく、ローマ法の発展の全てを宗教に因由すると説くことは、余りにも宗教とローマ法との原初的結合を過大評価することであり、しかも、こうすることによっては、如上のゲルマン社会のそれとの対比を説明しえてはいない。たしかに、古ローマの意識が、法律制度を、祖先から伝来したものとして、僧侶の手により、慎重に守られるべき遺産と考えていたことは事実である。[11]しかし、たとえ、原始ローマにおいて、ヌマなどの立法者が、その霊感を神性から受けとったとされているにもせよ、従って法と宗教とが当時密接に結合していたにもせよ、一二表法が編纂されたときには、法と宗教のこの結合はなくなっていたのである。なぜなら、この法律は、起源的に、全く、人間的事業としてあらわれており、また、人間的諸関係のみを主眼としているからである。ただし、それには、若干の宗教的儀式に関する規定はある――そして、これにこそ、クーランジュは、ローマ人において、法がはじめ、宗教の一部であったことの根拠の一つをみているのであるが――[12]、しかし、それらの規定は、奢侈禁止法(lois somptuaires)という資格において、みとめられているにすぎないようである。[13]これに対して、反問があるかもしれない。すでに、そのように宗教的圏外にあるとされた一二表法と同時代の考察において、血讐が、私的刑罰と別に、宗教的性格という点で、とくに区別されるべきだということは、ますますもって、血讐の宗教性をあきらかにすることではないかと。この反問それ自体は、当時における血讐の性質のあるものを説明しえている点で、当をえたものではある。しかし、これをもってしてもなお、ゲルマン社会その他における血讐との対比を説明することは困難である。なぜなら、ゲルマン社会においても、その他の社会においても、血讐は、すぐれて宗教的なもの――前述ヴィルダのように限定的に肯定するものもあるが――であり、神と死者礼拝とに担われ、支えられていたことは、既に、われわれのみたところだからである。では、この問題には、いかにしたら答えられるのであるか。問題は二つある。しかし、解答は、両者に対して、次のように用意されよう。

それは、一言にしていえば、公権形成、すなわち、国家意識形成の事情が異なっていたことの反映であると。法団体としての家族および氏族の上に、全体者として存在する国家が、ローマにおいては、個体にも比すべき第三者として、個体に対して独自に存在したのに対して、ゲルマンにおいては、それが、特殊の平和の支配する一つの実在的基盤として存在したにもかかわらず、長くその主体が、氏族という顕著な実在者によって支えられ、個人に対する第三者という意味において対立しなかったのである。すなわち、ローマにおいては、四隣を征服し、異民族を包括する一つの国家を形成するに至ったのに対して、ゲルマンにおいては、その民族の統一を招来したのは、余程後代に属するが、この場合には、ローマのように、他種族を多数に包括する国家としてではなく、却って、多民族との絶えざる闘争のうちに、おのずから、一つの結合が形成され、独自の存在性を獲得したのである。そして、一つの団体として形成されたのは、漸く第三世紀以後のことに属するのである。[14] それ故に、早く、公権の基盤の確立されていたローマにおいては、公共に対する影響のきわめて強い血讐が、まず、公刑にとって代られ、徐々に、私的刑罰の領域におかれていた他の復讐が、公権に吸収されたのに対して、平和支配の主体が、根本的には、長く、氏族により支えられていたゲルマンにおいては、もっとも氏族意識を駆りたてる血讐を規制するには、公権があまりにも弱すぎ、[15] むしろ、氏族意識との抵抗のすくない他の犯行を、まず、後にのべる義務的贖罪金制度をへて、公刑体系にくみいれたのであるということができる。この過程の相異は、第二の問題にも、そのまま反映している。いち早く、公刑体系にくみいれられたローマの血讐においては、贖罪金による賠償の発生する余地が存在せず、公的科罰がこれに代る。これに反して、対氏族関係において発達し、公権により規制されることの遅かったゲルマンの血讐は、他の犯行に因る復讐規制の方法たる贖罪金原理により、徐々に侵蝕されつつ、その二者択一の過程のうちに、これに、とって代られたのである。

ローマにおける法律的事実のこれらの変化の終局的結果は、モムゼンにより、巧みに集約されている、「このときより、私的訴訟による死刑はのぞかれ、ふたたび現われることがない。そのはじめ、個人に対する犯罪のための手続に、効果的に入りこんだ身代金の概念が、後には、この領域(私的訴訟の領域)において至高のものとなった」[16] と。また、ローマ人が金銭賠償と別の方法で処罰しようと欲した犯罪は、かれらにより、公刑体系に移された。モムゼンのいえるごとく、「これは、本質的には、血讐の廃止をもたらしたのである」[17]。

1 エールリッヒ、前掲書、二四頁、註(1)。
原田慶吉「ローマ法の基本原理」『国家学会雑誌』第六一巻二号。

2 Wilda, a.a.O., S.167.

3 Girard, *op. oit.*, pp.412-413.

4 Richard. R. Cherry. *op. cit.*, p.124.
M・ポルキウス・カトーが、追放者の殺害につき、国庫から被害関係者に与えられたBlutgeldを弁済すべきことを規定していること、また、西暦六四年、コルネリア法(lex Cornelia)で、追放者の殺害が罰せられたのではなくて、贖われたことを示すに至っていること、その他、(Rein, *Criminalrecht der Römer*, 1844, SS.414-415)から、われわれは、奴隷または追放者などの非自由人につき、広い意味での殺人賠償金の一形式をみることができるが、ここでは、自由人の殺害につき原則として、チェリー、メインの叙述によった。

5 Maine, *op. cit.*, p.371; エールリッヒ、前掲書、六二頁。
Emil Reich, *The Constitutional Factor of Legal Development*, Evolution of Law Series, I, pp.429-430.

6 Durkheim, *op. cit.*(訳、二八四頁).

7 Max Kaser, a.a.O., S.184.

8 Frauenstat, a.a.O., S.14.

9 Girard, *op. cit.*, p.413.
ラインは、各民族の刑法の発展を、二つにわけ、一方を、私的復讐、贖罪金、公刑という系列において、他方を、宗教法(Sacralrecht)より国家法への直接的連関の系列においてとらえると同時に、ある民族の刑法発展そのものの中にも、犯罪種別に、かかる系列の相異があったことを指摘している(Rein, a.a.O., S.24ff.)。われわれにとっては、殺人なる犯行が、処により、異った系列にぞくせしめられ、ひとしなみに、律せられえないことに、注意が払われねばならない。ちなみに、ローマの殺人についての一般的法規としては、まず、コルネリア法があげられよう(Rein, a.a.O., S.415ff.)。

10 Fustel de Coulanges, *La Cité Antique*, 1864(田辺貞之助訳『古代都市』(全)).

11 Emil Reich, *op. cit.*, p.426.
12 Kaser, a.a.O., SS.10-11.
13 Coulanges, *op. cit.*（訳、三四三頁）.
14 Durkheim, *op. cit.*（訳、一八四頁）.
15 石本、前掲書、二八―二九頁、Brunner, a.a.O., S.5ff.
16・17 Frauenstädt, a.a.O., S.7.
Mommsen, *Römisches Strafrecht*, 1899, S.941.

ここで、われわれは、ゲルマンにおける血讐を、より適確にすること意図して考案しようとした、ローマの血讐の叙述について、一応、筆を擱くことができる。けだし、殺人を契機とするローマの血讐それ自体の考察はこれで終っているからである。が、われわれは、さらに次のような誘惑にさらされる。すなわち、さきに、われわれは、ゲルマンにおいて、血讐規制にまつわり、これを次第に制約しつづけていった、他の犯行領域に確立された贖罪金原理を考察したが、ローマにおいてもまた、この原理の妥当領域たる私的不法の救済方法を概観するよう迫られているということである。強いていえば、この領域の考察を完了しなければ、われわれのローマにおける血讐の考察は、完全ではないともいえるのである。なぜなら、モムゼンのごときは、「血讐」をきわめてひろく、自助乃至復讐一般と同義のようにすら用いているからである。[1] 以下、すこしくこの問題について概観を与えてみよう。

ところで、国家の制裁と個人の制裁の著しい相異は、古い時代にあっては、前者では、犯人は国家に対する敵対者とみられたに反し、後者では、加害者は、国家に対しては、なんらの敵対者でもないという点である。[2] だから、前者においては、その制裁は、その限度からみれば、無限に可能であるに反して、後者においては、自ら限度が考えられねばならなかった。ここにおいて、国家は、民事的制裁に対して、二つの側面から、これを調節せねばならなかった。すなわち、一つは、制裁をいかなる範囲に限定するかということであり、第二は、誰が制裁をうけるべきかということである。そして、第一のものは、制裁が、復讐として被害者個人に委せられるとき、加害者に対する反撃が、却って公共の安寧秩序に反する場合には、これに対して、国家は、その復讐の限度と方法とを制限する過程においてはたらき、第二のものは、加害者すなわち問責者をどのような関係に立つものに限定するか、という過程においてはたらくのである。換言すれば、前の場合は、問責の方法と限度を決定するものであり、後のものは、因果関係を決定するものである。[3] ここでは、主として、前のものに問題を限定して考察を進めてゆく。しかし、その前に、ローマでは、いかなる犯行の制裁が、復讐として、個人に委せられていたのであるか、すなわち、いかなる程度に、原始的自助がローマ刑法の源泉とみとめられるべきかということを確定しておく必要がある。それは、大まかには、いかなる犯罪が、ある歴史的時期に、民事訴訟の形での非行(delicta)として処理されたかを確かめることにより測られる。なぜなら、あらゆる民事訴訟は、古いactio sacramentiからの発展であり、かかるactioはまた、自助の規制から起るものだからである。詐欺、公金費消、信託違反をも含めたあらゆる形の窃盗、すべての人的暴行、攻撃、傷害および侮辱、あらゆる財産侵害、すべての、誹毀、讒謗、偽証、家族員の貞操侵犯が、全体としてまたは部分的に、私的不法として処理されたのである。[4]

さて、かかる私的不法の救済のための私法上の訴訟が、いかにして原始的秩序から発展しているのか。すなわち、私的刑法の復讐からの発展の過程と方法とは、いかなるものであったか。これは、そのまま前述の問責の問題に連なるものである。われわれは、一二表法に最良の解答をみいだす。これは、復讐の支配から国家的調整の支配への変遷時における手続を固定化している。[5]ここでは、復讐は、一、二の痕跡をとどめているにすぎない。すなわち、盗人が夜間盗んだ場合、また、白昼ならば、かれが抵抗した場合等である。また、捕らえられた盗人(fur manifestus〔現行盗〕)は、いかなる事情があろうと、官憲の側から附与されることによって、盗まれた者に帰属してしまう。ある種の身体傷害(membrum ruptum〔折られた四肢〕)に関しては、一二表法は、タリオの制裁があるべきことを記している。習俗がとくに好んでみとめた復讐の形式は、被害者がその相手方の身体を捕えて、後者がその身代金を払うまでは、これを再び自由にはしないということである。[6]ここには、二つの原理が含まれている。それは、さきにも、少しくふれた犯罪人引渡と贖罪金のそれである。

犯罪人引渡は、次のようにあらわれて来たことであろう。すなわち、家族の中の誰かが、他の集団の成員に対し、犯行をなし、家長が他集団の復讐をおそれねばならないとき、そしてかれが、自己のフェーデおよびかれの家族のそれを支えるに充分なほど強力でないなら、かれは、犯罪人引渡により、安全を購わねばならないというように。[7]この過程には、多くの種々の要素が入りこんだため、それは、不規則なものであったにちがいない。かかる現実の不可能性とともに、集団が犯罪者保護を好まなくなっていたという要素[8]も考慮されねばならない。グロッツは、ギリシヤにおける犯罪人引渡の考察において、他の契機を予想している。[9]しかし、かれは、それを発展させようとも、法律化された自助とその関係を跡づけようと試みてもいない。かかる引渡は、集団の連帯性の自然的弛緩の反映であったとともに、さらに、かかる社会において、この連帯性を、外から打ちやぶろうとする——すくなくとも、犯行者に関しては——はたらきが行われていたにちがいない。ここに、すでに、ゾームのいうごとき、市民を氏族成員としてのみ対象として来た伝統的法との断絶[10]をみることができる。比較的後の法から、われわれは、加害者委付(noxae deditio)にともない、次のような原則、すなわち、犯人または債務者をして、被害者または債権者の正当な自力救済を免れさせようとする者は、犯人または債務者の不法に関与し、これと同一の責を負担するという原則を、発見することができるからである。かかる原則の余波は、さらに、vindex（保護者）が、ローマの訴訟において引受けねばならなかった義務の中に見出される。かように進化した司法制度のもとにおいても、なお、vindexが、適法な自力救済に対して、根拠のない異議を挿んだということによって、かかる罰を受ける危険に曝されていたとすれば、自力救済時代においては、さらに一そう、被事者の責ある者に対する復讐に反対した者は誰でも、責ある者と共同責任者となるという原則が通用したにちがいない。ある者が、公的犯罪のゆえに、流謫の刑に処せられた場合に、同人を援助することは、なんびとに対しても、あきらかに禁止され、これを援助する者は、同人の責を分担する——私的債務者または私的不法行為者をして、その当然の運命を免れさせようと試みた者は、まったく、これと同様の関係に立ったのである。[11]

財産闘争において、「文明の進歩におけるある記憶すべき日に、——闘いが相手を致命的に絶滅するまえに——、非常な革新をなしとげるに十分な権能をもった、あるNuma Pompiliusが両当事者に干渉して、事件を仲裁に付せしめた」[12]ように、ひとがひとに対してなした不法の場合も、同じことが起ったことであろう。モムゼンは次のようにのべている、「法務官は、ここで、調停者として、紛争当事者に介入する。一方でかれは、事実問題を解決し、また解決せしめる。他方、不法が証明されたときには、かれは、自助の方向をとらしめるか、被害者に賠償をうけることを考慮して、これを廃棄することを命ずる」[13]と。かく、贖罪金は、復讐のもつ残酷性より加害者を救うという目的から、それに代わるべきものとしてみとめられたのであり、それは、和解の強制という形で行われたのである。

しかもなお、慣習として成立した贖罪金による賠償の方法を新たに法によって規定した、「和解の強制」とならんで、和解の非強制、というよりはむしろ、依然として、当事者の復讐に、刑罰の執行が委せられているという事情も存したのである。一二表法は、身体傷害に対しては、タリオを許し、現行盗として捕らえられた奴隷による窃盗の場合には、無制限の復讐をみとめているのである。これらは、古代アッティカ法において、その他の場合には全て、贖罪金による賠償を規定しながらもなお、重大犯罪(inflagrante delicto)、とらえられた夜間の家屋侵入者および盗賊、姦通者を殺すも処罰されないと規定したことと、軌を一にしている。かかる法の意味は、カルホウンが、適切にも指摘したように、[14]自助よりもむしろ自衛の行使を規定することであり、姦通の場合のごときに至って、はじめて、それは、法律化された自助――ここでは、斬殺は、防衛手段でなくて、処罰である――の意味をもったということができる。ここでは、法務官による科刑は排除されている。かの私的訴訟において、死刑の宣告されるきわめて稀な場合の一つにして、もっとも著名な、偽証の場合も、死は、原始的な私刑法の形式で科せられ、犯行者はTarpeian Rock――法務官の科刑の排除されている通常の執行形式――から投ぜられたのである。[15]法務官は、間接的にのみ行為し、かれの行動は、自助に附随的のものであった。

かくて、一二表法の存在した時代のローマにおいてもなお、一律に、強制的和解手続をみとめた傍に、贖罪金をもってしても、贖いえない、被害者の復讐に、刑の執行を委ねていたある種の犯行が存在していたのである。「ローマ司法裁判所は、被害者が、〝汝のなされしごとくなせ〟(Si membrum rupit, ni cum eo pacit, talio est)の原則にもとづき、自助により、侵略者に立ち向うべく許可を与えた」[16]。そして、それ故に、刑法は、依然として、「血讐に依存していた」[17]とモムゼンのいっているのは、ある程度、真実であったのである。

1　Mommsen, a.a.O., S.940.　なお、ローマ人の復讐一般について、参照、Rein, a.a.O., passim.
2　Brunner, a.a.O., S.18ff.
3　石本、前掲書、三三―三四頁。

4　Strachan-Davidson, *Problems of the Roman Criminal Law*, Vol.I, 1912, p.39.
5　*Ibid*, p.41.
6　原田慶吉監修、イェーリング『ローマ法の精神』第一巻(1)、九五―九六頁。
7　Strachan-Davidson, *op. cit.*, pp.38-39; Lambert, *op. cit.*, pp.40-55.
8　George M.Calhoun, *The Growth of Criminal Law in Ancient Greece*, 1927, p.70, n.49.
9　Glotz, *La solidarité de la famille dans le droit criminel en Gréce*, 1904, p.171.
10　Sohm-Mitteis-Wenger, *Institutionen des Römischen Rechts* (17. Aufl.), 1949, SS.38-39.
11　イェーリング、前掲書、一九七―一九八頁。
12　Gaius, *op. cit.*, p.411, by Strachan-Davidson, *op. cit.*, p.41.
13　Mommsen, a.a.O., S.939.
14　Calhoun, *op. cit.*, pp.70-1.
15　Strchan-Davidson, *op. cit.*, p.41.
16・17　Mommsen, a.a.O., S.940.

しかし、このような事情は、十大官[1]の立法を長くは維持するものでなかった。当時、すでに、ローマ社会構造の農民的性格は、次第に、大都市的――大国家的性格に道をゆずりつつあり、ほぼ三世紀には、すでにして、土地経済は、実物経済的原則から、資本主義的それに転換し、これとならんで、商業と貨幣経済が前面にあらわれてくるに至る。[2]ローマ法のきわめて顕著な現象として、次のように、すなわち、「新しい法制度、法体系、法組織が、古いそれを直接改廃して、自己の単一存在を主張することなく、古いものを残存せしめ、新しいものと古いものとの競争により、古い物を自然淘汰することを常とする」[3]といわれるにせよ、ローマ社会構造の変革は、法制度そのものに影響を与えずには止まなかったのである。国家自体が犯罪の処罰を企てる(一二表法にすら著名な例がある)か、私的刑事訴訟において、自助が完全に埒外におかれ、すべての不法は、被害者のために、国家により規定された強制的賠償に従わせられるかした。かかる賠償の観念は、イェーリングにより、きわめて興味ある叙述において展開されている。いま暫く、それにきくこととする。——

財産が国民によってきわめて高く評価され、……金銭から出発して、もっとも厳酷な罰にまで達しうるところでは、ひとはまた、逆に、罰を加えることから金銭に戻ることをうる。……現代においては、たとえ、いかにひとが利得欲に燃え、また貪婪であるにしても、しかも、財産の人格に対する関係は、低い文化段階において普通にみられるところに比すれば、驚くべく弛いものである、個人およびある時代全部が、財産についてみとめることを常とする価値は、通常、獲得のために要する困難に応じて規定される。身体生命を打ちこんで、または、ひたいに汗して獲得したものは、ひとにとっては、人自身の一部のように思われる。これを侵害するものはその賠償をなしえぬときは、身体をもって贖うのである。かかる考え方に基づいてみるときは、財産法上の侵害に対する満足が、相手方の身体のほうに赴くということは、身体的侵害に対する満足が、相手方の財産のほうに赴くということとともに、いずれも驚くに足らぬことである。金銭の代わりに四肢が、四肢の代わりに金銭がみとめられるのである![4]

私的復讐の行使は、かようにして、両当事者の利益のために、原則として、復讐を金で買いとることで、決着したものと思われる。そして、個々の場合において、示談金額を決定するに当っては、多くの先例がないわけにはいかず、それが当事者にとって、標準として役立ったのである。勿論、そのはじめ、多くの不法行為の和解は全く当事者に委せられていた。後になって、官憲がそのことに当り、たとえば、当事者の一方が余りに多くを要求し、他方が余りにすくなくを提供しているために、タリオに到達せざるをえないような場合に、タリオをなせという判決を与える代りに、裁判官みずからが、示談金額を確定したのである。これが、ローマの私罰(poena)である。[5]

以上において、われわれは、復讐から私罰に至るローマ公刑体系確立への一道程に対し、簡単な素描を試みた。そして、ここにおいては、血讐が、きわめて早く史上から消滅し、殺人(homicium)がいち早く公刑体系にくみ入れられていることをみた。それ故に、最初に定義を与えたごとき、語の厳密な意味での血讐は、明確な形姿としては、古ローマ法の上に、ほとんど、みられない。後述するように、これは、われわれの考察にとり、きわめて重大なことである。すでにふれたごとく、ゲルマン法では、重大平和破壊に帰せられる殺人は別とするも、一般平和破壊たる殺人は、贖罪金との二者択一の形で、その親族の血讐に委ねられ、他の犯行が、のちにのべる贖罪金制度の下に完全におかれるに至っても、なお、ドイツ民族の国家生活、法生活の上に、すぐれた影響を与えていたのである。この点で、ローマ法は、極言すれば、前節に考察したゲルマン法と対蹠的な位置にある。かかる考察の土台の上に、もう一度、眼をゲルマン法に戻し、ローマにおける私罰にも相応すべき、贖罪金制度について眺めてみよう。

1　decemvirs. クーランジュ、前掲書、三四七頁参照。
2　Kaser, a.a.O., SS.9-10.

3　原田『ローマ法の基本原理』三頁。
4　イェーリング、前掲書、一九九―二〇〇頁。
5　同前、二〇三頁。

（三）　贖罪金制度

いわゆる野蛮人の法（leges barbarorum）、すなわち、南および西ゲルマン民族の部族法において完全に重きをなし、その瓦壊を長びかせ、たとえば、フリースランドにおいて、一五世紀に至るまで、その完全なる支配を主張した全[1]賠償金制度は、犯罪に対する法律効果（Verbrechensfolge）の歴史において、犯罪人の法団体からの排斥より、その内部において刑罰を科するに至るまでの、すなわち、追放から刑罰への、もっとも注目に値する移行期である。[2]

根本的には、平和は、なお、行為（犯行）により失われる。しかし、被害者に贖罪金か復讐かの選択は、与えられていない。親族が贖罪金をうけるか、血讐を主張しようとするかは、親族の自由意思ではない。いわば、贖罪金の受領が、被害者またはその親族に義務づけられたのである。かくて、贖罪金は、法団体員でなくなったものに、法的共体への復帰の、道を開き、贖罪金不払のさいにのみ、平和喪失が、非常に弱められた形で、なお、実際的意味をもつにとどまったのである。

ビンディングによれば、贖罪金は、本来的には、刑罰ではない。むしろ、この上なく、貴重な財の再確保のための代償の支払であり、被害者そして同時に、共同体のための満足である。が、それは、犯罪者に対しても、災ではなくて恩恵である。しかし、ノルウェー法源にいわゆる、森から再び平和喪失者を買い戻すという Friedkauf の思想[3]は、ときとともに色褪せた。

かくてここに、歴史は、重大な転換期に立つ。といっても、年代的に正確に、定めうるものでないことは勿論であるが。そのとき、犯罪人は、もはや、自己の行為により、平和を失うことはない。しかも、同じ時期に――これより以前ではなくて――「刑罰」と「刑罰に対する主観的権利」が、はじめて、ゲルマン―ドイツ法にあらわれる。非常に注目すべき結合を示して。なぜなら、いまや、被害者に対する贖罪金は、かれへの真の私刑罰に転化し、平和金は、最初の、共同体に対する、それ故に公的な、刑罰へと転化する。[4] 両者は、常にそうであったというのではないにせよ、通常、あいたずさえて進んだのである。歴史の偉大な刑罰権者は、――一方が、他方を滅したのではあったが――、ここではなお、緊密に睦じく並存している。

ゲルマン民族には、本来的にタリオが未知のものであった結果、応報思想もまた、時の膝の上にまどろんでいた。しかし、贖罪金原理の出現とともに、犯罪とその帰結について、次第に均等性があらわれて来た。[5] 殺人賠償金は、その団体内における被害者の占める地位、年令、性、氏族等によって異る。[6] かれが自由人か非自由人かによって、罰を異にし、下の階級に向うほど軽い。およそ、その額は、三〇〇、二〇〇、一五〇ソルジであった。[7] これに対し、他の贖罪金に価する非行では、一般贖罪金は、一二ソルジであったという。かくて、民族感情は、法のなかに、被害者または、殺されたものの親族の感情が、これに対して拒否をしめしたときもなお、一定額において支払われる贖罪金をもって満足すべきことを規定したのである。ここに、贖罪金制度は、被害者または殺されたものの親族の感情を鎮静すべく、大いなる役割を果したのである。しかし、支払われるべき、かかる多額の殺人賠償金それ自体については、問題がある。ここに、すでにして、この贖罪金制度失墜の原因の一つがはらまれていたのであるが、いま、すこしく、殺人賠償金の内容を省みておく必要がある。

殺人賠償金の調達乃至支払は、全氏族の成員に血讐が義務づけられたと同様、全員の義務であった。相続賠償金(praecium)は、行為者およびこれにぞくするものが、残余(氏族賠償金)は、その残りの血縁者により支弁されねばならなかった。[8]かくて、全氏族は、その受授により、富裕にも貧困にもなりえたのである。とくに、フェーデが調停されたのち、精算の結果、一方にとくに余計の死者が出ているとか、殺害が身分ある人に対して加えられているとか、加重的情状において行われているときには、殺人賠償金は、調達しえないまでに上りえた。この調達不可能性のうちに、おそらくは、氏族結合が――贖罪金原理が支配的になること自体、氏族結合の弱化の一端をしめしているのであるが――、早期に紛砕された原因の一つがある。[9]これにより、氏族に課せられた責任の圧力は、余りにもたえがたいものであったので、氏族成員がこれから逃れようと求めたということも、すでにして、時期尚早ではなかったのである。自己保存という意識が、次第に、親族意識に打ち克った。ジッペ離脱(Entsippung)[10]により、かかる義務から免れることも許されていたのである。すくなくも、古代の性格を保持していたサリカ法典によれば、そうであった[11]――もちろん、かれは、その親族からの保護を失いはするが――。行為者と血縁者との連帯は、個々の氏族において、伝統として継続しえはした。しかし、それは、若干の例外はあるにせよ、法慣習としては、カロ－リンゲン時代以前に消滅した。もちろん、この消滅過程は、一時になされたものでもなければ、到る処で同様な方法でなされたのでもなかった。多くの部族法は、血族のフェーデおよび殺人賠償金関係への干与について、なんらの痕跡もとどめていない一方、サリカ法典は、血族を四等親まで補助しあうものとしている。[12]

それ故に、贖罪金原理が、「制度」として、各部族法に規定されるに至ったころには、氏族の連帯性も、往古のように強固なものではなくなっていた。その結果として、贖罪金制度は、それ自身の性格からして、きわめて偏頗なものとならざるをえなかったのである。制度そのものは、親族による支払義務を規定しながら、事実における氏族結束の弛緩は、犯罪人をして、到底単独では支払いきれない筈の贖罪金の負担を負わしめる結果となったのである。しかも、犯罪人が贖罪不能な場合、すなわち、「なんびとも贖罪金のために、かれを信に取らざりし場合、すなわち、なんびとも、かれが支払わざるものについて、かれを請け出すことあらざりし場合には、かれは生命を以て賠償」[13]しなければならなかったのである。論理的には、すでにこのとき、贖罪金制度を省略した、犯罪から、生命、身体、自由ならびに名誉に対する科罰――いわゆる公刑罰――への直接的帰結可能の地盤が用意されていたのである。氏族の中に埋没してあらわれることのなかった個人が、歴史の中に姿をみせはじめる。いま、かかる氏族結束の弛緩と贖罪金原理の相関関係について、あえていうことが許されるとすれば、それは、次のようになろう。すなわち、氏族結束の弛緩こそ、復讐、血讐による目的追求を、贖罪金による和解をもって代えしめた要因の一つであり、またさらに、贖罪金調達の不可能は、かく亀裂の入りはじめた氏族の結束の弛緩に迫車をかける結果となったのであると。極言すれば、両者はともに、原因たり結果たりえたのである。

1　Binding, a.a.O., S.30; His, a.a.O., S.167.

2　Derselbe, S.31; Wilda, a.a.O., S.475.

3　v. Amira, *Grundriß des Germanischen Rechts* (3. Aufl.), 1913, S.244ff.

4　平和金はBuße からの自立と独立につとめ、のちに、公刑罰となり、次第に、身体、生命に対する刑罰をもっておきかえられるに至る。が、これは、純公法的性格の罰金刑として、メローヴィング王朝時代、突然あらわれた Bannbuße —— 伝統と一般的法観念の枠内で発布された王の命令の不服に対する罰金刑――と厳密に区別されねばならない。Bannbußeは贖罪金でもないし、王に支払わるべき和解金でもない。それは、まず第一に、まったく、贖罪金制度の外にある。それは、全て、王にわたり、被害者らは、これと競合しない。もちろん王は、部族法により、犯罪たる行為をBannbußeで禁止しうるし、有名な八つの大きなBannfällen

のうちの七つは、部族法による犯罪であった。このようなところでは、Bannが古い平和金の代りに登場し、そして、そのときにのみ、Bannbußeは、統治権にもとづいてではなくて、裁判上で徴収されねばならなかった(Brunner, a.a.O., II, S.34ff.; Sohm, *Fränkische Reichs-und Gerichtsverfassung*, S.102ff.)。なお、Bannについては、高柳信一「近代プロイセン国家成立史序説」(一)『国家学会雑誌』六四巻、第一〇・一一・一二号一一頁以下を参照されたい。

5　スミスは、初期の部族法が、大部分種々の特定の不法行為のために支払われるべき、料金または、和解の料金表から成っていることを指摘している(Smith, *op. cit.*, p.31)。

6　Schröder-Kunsberg, a.a.O., SS.345-346.

なお、「ハンムラビ法典」一九八、一九九、二〇〇、二〇一、二〇二、二〇三、二〇四条(原田『楔形文字法の研究』三三一・三三二頁、「ハンムラビ法典」邦訳参照)。

また、現代の未開人の贖罪金制度を考察したものには次のものがある。

Kohler, *Zeitschrift für vergleichende Rechtswissenschaft*, 1897, SS.406-407; Morgan, *League of the Iroquois*, pp.331-332; Post, a.a.O., (Afrikanische—)II, SS.30-37, u. s. w.

ちなみに、ポストは、一般的には、アフリカ刑法の発展段階が、この贖罪金制度の段階であるとしている(II, S.20)。

7　Binding, a.a.O., S.33; Wilda, SS.398-438; Smith, *op. cit.*, p.27ff. and p.110ff.

8　かかる血縁者の範囲が、ときとともに、せばめられたことについては後述、また、註10参照。

9　Frauenstädt, a.a.O., S.5.

10　Brunner, a.a.O., I, S.129.

11　サリカ法典は、その成立を、五〇一年乃至五一一年と推定されているが(久保正幡訳『サリカ法典』二頁)、デュルケムは、四世紀のローマより未開の社会のものとして、性格を規定している(デュルケム、前掲書、一八七頁)。本文に関係あるジッペ離脱にふれたのは、「第六〇章、親族より別れんと欲するものについて」である。参照、久保、前掲書、一〇二—一〇四頁、Sutherland, *Origin and Growth of the Moral Instinct*, II, p.167.

12　Frauenstädt, a.a.O., S.6. なお、サリカ法典「第五八章、土塊投げについて」(前掲書、九八—一〇〇頁)。

血讐を義務づけられるひと、血讐をうけるひとの範囲も、これに準じて考えられた。もともと、血讐義務を負う血縁の範囲は、処により、また社会発展の相異により、まちまちであったことは事実である。たとえば遊牧生活を事としていたある時期のアラビア人は、その種族感情にのみ依存し、系譜によってのみ、一人の人間が規定されるが、その血縁連帯の範囲は、遊牧の故に不確定である。これに対し、種族が耕作へ移行しているところでは、古い親族感情にもとづいた統一体の代わりに土地所有で結びつき、それにより永続性をかちえた新しい統一体があらわれるため、比較的容易に、連帯範囲が規定される(Procksch, *Über die Blutrache*, u. s. w., S.14)。

が、贖罪可能性の増加が、血讐を義務づけられ、血責を負う親族の数を制限したという事実だけは、到る処で同様のようである。アフリカのボゴスで、父の子たちが、七等親まで、血讐を義務づけられるとともに、血責を負ったのに対し、ロシヤのプラウダによれば、血讐は、たかだか、従兄弟に対してまで行使されたという(Post, *Ursprung*, S.90)。なお、ポストはこれにつづけてゲルマンの部族法は、血讐を、殺したものの息子または、殺害者自身に制限したとのべているが、どの部族法か詳らかでない。

13
サリカ法典第五八章(久保、前掲書による)。

さらに、ゲルマン人とローマ人とが、互にラインとダニューヴを境に向き合っていた数世紀の間に、重要な変化が、ゲルマン世界にも、ローマ世界にも起りつつあった。ローマ世界と密接に接していたゲルマン人は、軍事学、農耕方法を学ぶ[1]とともに、重犯罪に対する罰の不適切、不十分なることを、ローマの模範から、明瞭に意識せしめられるに至ったのである。ブルグンド法(Lex Burguridiorum, Tit. II, 1)は、とくにあきらかに、このことを、われわれに示している。[2]かかる贖罪金制度が、自己崩壊したにちがいないといわれる[3]ことは正当である。

と同時に[4]、これらの部族法の時代に、王権もまた強力になった。ここに、王の課題が発生する。とくに、カール大帝は、血讐を制限し、あたうかぎりこれを除くことに、絶えず努力した。Capitulare von 779 で、かれは、殺人賠償金の受領を拒む被殺害者側を、示された責により、贖罪金支払に同意しない加害者に対すると同様、追放をもって脅している。Capit. Aquisgran. von J. 802 では、被殺害者の両親に、フェーデが禁ぜられ、両当事者に事件の示談が命じられている。また、Capit, in Theod. villa von J. 805 で、皇帝は、フェーデにあるひとびとが、自らの意思で平和に同意しようと欲しないところでは、平和は、強制により確立されるべきなることを規定している。もしも、皇帝の臣下の力が、かくするまでに伸長していないさいには、皇帝は、自己の命令に敬意を払わせ、服従をなさしめるべく、不服従者を、個人的干渉をもって脅したのである。[5] かくて、刑罰による懲罰の思想が確立し、身体および生命に対する刑罰の力ある適用にあずかるに至るのも、程遠いことではない。ヴィルダが、「公刑罰の本質を決するのは、刑罰手段ではなくて、その適用にさいし、公刑罰の使用法を規定する思想である」[6]といっていることは、きわめて正しい。しかも、かかる贖罪金制度の欠陥の認識とともに、前に、重大平和破壊に対する、また、贖罪金支払不能者に対する効果としてふれた、平和喪失自体に対しても、これを改めんとの気運起り、これまた、身体、生命に対する真の刑罰へと転化するに至る。平和喪失は、その帰結において無量のものである。これを宣告されたものは、なんびとによって殺害されるも自由であり、平和喪失すなわち、死を意味することについては、前に詳しくのべた。[7] かかる平和喪失の無量性、そして、平和破壊者の運命の不確定性は、その変革の過程として、まず、その減少をもたらす方向に向う。いまや、行為者は、平和を失うことなく、法共同体内において、自己の行為を、身体、生命により、贖いうるに至った。かかる緩和は、死刑についての多くの法源により、とくに明らかに示されている。[8] 平和喪失にもっとも近接する重大な死刑とならんで、とくに畸型化(Verstümmelung)があらわれる。これは、すでに早くよりして、人身御供[9]の準備として、別に、役立ってはいた。いまや、これは、死刑の弱体化としてはたらく。[10] ここには、刑罰と犯罪者が犯行をなすに用いたその四肢との関係ができ上がっている。犯罪者は、かかる四肢を喜んで罰せられる。たとえば、貨幣偽造者は、その手を、偽誓者は、宣誓の指をという風に。ここに、ブルンナーのいわゆる反映刑(abspiegelnde Strafe)[11]が発生する。かかる全ての場合に、いわゆる公刑罰は、直接、平和喪失に結びつく。ここでも、贖罪金制度は、省略されるのである。[12]

1　Smith, *op. cit.*, pp.71-72.

2　Binding, a.a.O., S.39, Anm. 1.

3　Wilda, a.a.O., S.486.

4　ジーベルも、主権の形成について、ローマの影響を強調している。しかし、それは、次のような意味においてである。「ドイツ国家の淵源は、ゲルマンの氏族制度であったのでも、いわんや、ローマ帝制であったでもなくて、両者の結合、および、ローマの教養により、ゲルマン人の気質が豊穣になったということである」。H. v. Sybel, *Entstehung des deutschen Königtums* (2. Aufl.), 1881, S.243ff.; G. von Below, *Der deutsche Staat des Mittelalters*, 1914, S.42.

5　Frauenstädt, SS.6-7.
英の場合、Pollock and Maitland, *op. cit.*, II, p.451.

6　Wilda, a.a.O., S.487.

7　本書、四三―四四頁、四七頁註6参照。

8　Binding, a.a.O., S.36.

9　人身御供と死刑との関係について、ブルンナーは「死刑としての人身御供を、公刑体系の意味において、表示するのではなくて、ただ、そこに、真の刑法発展への傾向をみる」。ビンディングもまた、これが、純粋に宗教的行為であり、刑法的行為でないとする。ただ後者は、犠牲が、二面から、刑法発展に寄与しえたとする点で、興味がある。すなわち、第一、いけにえにされるひとの範疇が死刑の該当者決定範囲に理念連関を示したこと、第二、いけにえの殺害形式が死刑罰に転用されたとするのがそれである(cf. Brunner, a.a.O., I, SS.248-250; Binding, a.a.O., SS.10-13)。

10 Brunner, a.a.O., II, S.604.

11 Derselbe, II, S.707.

ブルンナーは、これを、次のように説明している。「生命刑、身体刑の適用に当っては、法慣習、法秩序は、次のような傾向を示している。すなわち、ある犯罪が行われて、それによって、刑罰が実現せられた場合には、刑罰の種類や施行に当って、その犯罪を感覚的な、外部から認識できる表現にもたらそうとするのである。刑罰が、なぜに加えられるかの理由を刑罰自体が語るべきなのである。かくのごとき刑罰は、それが犯罪を反映せしめんとしているので、反映刑と名づけることができる。なお、その説明として、原田『楔形文字法研究』二六九—二七〇頁参照。

12 もっとも、平和喪失が、金の支払により解消されたように、いわゆる公刑罰の解消可能性も、根本的には、全中世を通じてみられた。五三二年のカール五世の刑事裁判規定—「カロリーナ法典」はこれらのいわゆる刑罰免責を完全に却けた。しかし、かかる免責は、近世に至るまで、なお深く、保持されていた(Binding, a.a.O., S.37)。

では、上にのべられたような、氏族の分裂、王権力の発達、そして、その結果としての贖罪金制度の公刑罰による代置は、本稿の課題たる血讐を完全に消滅させるに至ったであろうか。[1] かく結論するには、未だ、早急である。さきに、(一)、(二)の段階に示されたごとき、集団連帯の基盤に立つものではないにせよ、われわれは、一六世紀においてもなお、フリーゼン、ホルシュタイン、スイスで、血讐が、法的に自由なものとされていたことをみるのである。一五七七年、ホルシュタインで、ギュルツォ四兄弟は、その残逆な殺人にもかかわらず、仇に対する復讐—血讐をなしたとの理由で放免されているのである。[2] フラウェンシュテットのように、「くりかえし峻厳になった禁止にもかかわらず、教会のあらゆる努力にもかかわらず、社会および慣習におけるあらゆる変革にもかかわらず、血讐の底に横わっていた権利思想(Rechtsgedanke)が、全中世を通じて生残っていた」[3]からであるということも可能である。しかし、それにもまして、われわれが、注意を払わねばならないのは、ゲルマン―ドイツ的刑事手続および刑事執行にまつわる固有の性格である。

ゲルマン―ドイツ的刑事手続は、インノセント三世によりつくられ、イタリア法学によりさらに形成され、ドイツにおいて一五世紀末から次第に継受されたInquisitions-Prozess（糾問手続）の決定的勝利――この勝利は、一七世紀後半に、はじめてえられた――まで、一般的形式は、いわゆるakkusatorisch（弾劾的）な手続であった。かくて、訴求者のないところでは、裁判官がない。[4] そして訴求者、すなわち、多くの法源にいわゆる「訴訟の立役者」（"Hauptmann der Klage"）[5]は、被害者またはその相続人であった。殺されたものも、元来は、みずから、訴求しえた。かれの屍体、のちには、その手が裁判所にもち出され、最近親たる父系親が、かれに代って語ったのである。われわれは、訴権者の順序が、慎重に規制されているのをみる。しかし、訴権者に、訴求義務はない。ザクセンシュピーゲルの語をもっていえば、全てのひとは、欲するなら、その損傷を黙しえたのである。[6] 決定されるべき権利は、単に、被訴求者に対する訴求者の権利であった。かくて、生命、身体、自由ならびに名誉に対する刑罰手段もまた、実は、数百年にわたって、真の私刑罰であったのだという、一瞥しただけでは、非常に訝しい事実があらわれてくるのである。[7]

しかも、このことと、刑罰執行の奇怪な方法とは、緊密に結びついている。最古のゲルマンの刑事手続は、被訴求者の平和喪失をみとめる判決に至る手続をも含めて、eingliedrig（一項的）であった。その任務からみて、それは、法的に規制された執行手続を知らなかったのである。そして、その形成は、長い間、理解しえないほど遅々たるものであった。公的刑罰執行機関は、後期中世にもなお、いかなる裁判所にも存在しなかった。むしろ、執行は、完全に、勝った訴求者に委ねられていたといいうるのである。[8] 姦通した妻に対する殺害権が、氏族または夫にみとめられているさいには、かれらが、殺害をなしたし、[9] 他の場合も、これと類似的である。われわれは、フリースランドで、盗まれたひとが、盗賊を絞首させるのをみる。一四七〇年にすら、チュービンゲンのブントシュテットで、殺されたものの最年長の男系親が、殺人犯の首をはねている。[10] このことは、きわめて遅々と変化し、公的もしくは非公的国家機関により、執行が行われるに至るわけであるが、フラウェンシュテットは、刑事手続のきわめて奇異な性格から、「この時期の訴求手続は、公的刑罰権力の独立の行為であるよりは、むしろ、国家により是認された形式における血讐である」[11]、とのべ、それ故に、「血讐は、領土高権の完全な発達、家族意識の絶滅をもってはじめて、完全に消滅した」[12]、すなわち、それまでは、血讐は、保持されていたと結論するのである。かれの所論それ自体については、いろいろ疑義がないわけではない。しかし、ここでは、それにはふれない。むしろ、われわれにとっては、血讐が、しかく広汎な、包括的な概念として使用されていたということ、そして、単に、社会発展の初期段階においてのみならず、殺人が私的刑罰の領域にとどまっている以上、そして、公権の完全な発達のない以上、きわめて規制された形であるとはいえ、血讐が、なお、その生命を保ちつづけたということを知りうればよい。けだし、われわれが、血讐を、段階的構造として、初期段階から、その精緻に規制された段階に至るまでを、跡づけねばやまなかった理由も、ここにあるからである。

1　Alfred Vierkandt, *Kleine Gesellschaftslehre*, 1949, S.93.
2　Frauenstädt, a.a.O., S.17ff.
3　Derselbe, S.7.
4　Binding, a.a.O., S.40.
5　v. Amira. a.a.O., S.247.
6・7　Binding, a.a.O., S.41.

8　Derselbe, S.42.
9　Derselbe, S.42.; Jacob Grimm, *Deutsche Rechtsaltertümer* (4. Aufl.), 1899, II, S.526.
10　Derselbe, S.43.
11　Fraucenstädt, S.93.
12　Derselbe, S.7.

四　むすび

以上、われわれは、血讐なる現象を、それが意味されている多くの分野にわたって、跡づけてみた。そして、それが、単に、生のための闘争にすぎないものでないことも、また、必ずしも、法的な制度とのみは、いいきれないものであることも知った。そのいずれか一つのみをとって、血讐を規定しようとすることは、血讐そのものを、真にとらえうる方法でないことがわかった。血讐は、このような、その名をもってよばれるすべての現象を包括して理解されなければならない。それは、社会発展のきわめて原始的な段階から、すくなくも、原始とよばれえない段階に至るまで、犯罪の存在の認定機関、制裁執行機関が確立されうるに至るまで、歴史のなかに、ひろく存在していた現象である。その本質を、野蛮な暴力として、または、法的制度として、一概に規定することは不可能である。それは、かえって、無用の混乱をひきおこすにすぎない。もし、われわれが、このような分析をとおして知りえたことを整理しうるとすれば、たかだか、次のようにいうこときりできないであろう。血讐は公権力の完全には発展しえていない社会において、未だ私的犯罪の領域におかれていた殺人なる犯行にさいし、血縁者により、その救正を求めるため訴えられた自助的(復讐)手段であると。

さて、そこでわれわれは、このような分析を契機づけたケルゼンの命題の第一の系――血讐は原始法における自助的制裁制度である――にもどらねばならない。ここには、次の三つの要素が含まれている。(一)血讐は、原始法の制度である。(二)血讐は、自助的制度である。(三)血讐は、制裁制度である。

第一の要素については、すこしく問題がある。すなわち、原始とはなんぞやという問題である。「原始」の基準をなににもとめるか、学者のあいだに、かなりの異論があるようである。[1] しかし、いま立ち入って、それにふれる余裕もないし、必要もない。われわれにとって問題なのは、ケルゼンのいわゆる「原始」である。かれの「原始」とは、その著『社会と自然』から知りうるところでは、現に存在するいわゆる原始社会の「原始」であるようである。また、法技術的には、かれの論理をさかさまにすれば、違法行為の存在を確認することも、制裁の執行も、いずれも、当事者または利害関係者に委ねられている法技術が、「原始」法である。しかし、われわれの考察によれば、血讐は、かれのいわゆる「原始」社会より、より高度の発展段階ですら存在した。すでに指摘したように、血讐は、領土高権が完全に成立しえていない社会では、そして、裁判機関は存在しながらも、刑の執行機関が存在せず、これが当事者の手にあるといった場合にも、レーゾン・デートルをもっていたのである。もちろん、かかる事態を自助とよぶことは問題であろう。

さらに、それが制裁であるかいなかについても、一言なければならない。制裁なる概念は、不法行為を犯さないことが義務とせられ、この義務履行を怠った場合の帰結、すなわち、法規の定める最後の帰結たる強制手段である以上、そして、さらに、根本観念として、個体という見地からでなくて、社会的見地から、なんらか批難されるべき原因を宿すことを要件とするものである以上、血讐一般について、これを属性とすることはできない。社会全体の利益ではなくて、もっぱら個体の利益を前提とする血讐の存在することは、すでに、われわれのみたところである(三(一))。

ここでは、他集団のなんびとかによる自集団の成員の殺人は、すべて不法であり、自集団から他集団に対する殺人は、すべて合法である。すべて、自集団という個体の見地からのみ認定がなされ、殺人一般についての合不法は問題とされていない。それゆえに、殺人自体は、個体を超越した見地から、不法行為と規定されているわけではないのである。しかも、かかる見地から眺めるのでなければ、違法行為としての殺人と制裁としての殺人の分化は、真の意味では存在しない。われわれの知れるごとく、ある発展段階以上の社会の血讐では、かかる分化も存在した。もちろん、そこでの制裁は、禁止的制裁――刑罰――というよりは、これと損害填補との混淆ではあったが、社会全体の利益を根本観念としてなされた制裁は、正確には、血讐そのものではなくて、平和喪失である。むしろ、かかる分化可能性は、血讐規制の過程のうちに発生したのであり、その意味で、血讐規制の歴史こそ、法体系の創造と発展の歴史なのである。もし、ケルゼンのように、分化可能性にのみ注目するとすれば、かかる分化可能性は、かれのいわゆる「原始」段階よりも、より後期の血讐にも存在しうることは、すでに指摘したとおりである。

これを要するに、かれの考察した血讐が、自助制度であり、右の分化可能性の成立しうる制度であり、なおかつ、それが原始社会にみられたということから、ただちに、血讐を、原始法における自助的制裁制度と規定することは、すこしく妥当を欠くものといわなければならない。いわんや、これを国際法との対比において語る場合においては、なおのことである。

1　姫岡勤『未開社会の構造』高桐書院、一九四六年、九―一一頁。

二　国際紛争と強力[1]

＊「国際紛争と強力」『国際法講座三巻』(有斐閣、一九五四年)

一　強力と国際法

国際法と強力との関係を規定しようとするさい、なによりも注意されなければならないことは、この法そのものの担い手たる国家が、国内社会におけると同様、国際社会においても権力者として立ち現われているという事実である。

権力は支配の能力をもつことによってのみ権力であり、従って、服従を創出することによってのみ権力である。権力なる概念は、つねに、秩序の概念を内包している。[2] それ故に、権力が自己を社会的に現実化すべく強制力を背景にもたねばならないことは不可避である。が、通常いわれるごとく、国際社会にはかかる強制力を背景とした権力――国際権力――は存在しない。国際社会と国内社会の本質的な相異は、秩序を維持し、法を執行しうる国際的政府機構が存在しない点にある。個別国家は、その権利の享有と利益の保護はいうに及ばず、実にその生存をも、主として自己の力と保護者のそれに依存しつづけてきた。国際社会がアトミスティックな相貌を呈しているといわれるのも、[3] 国際的権力なき社会におけるかかる国家――権力――の多元的並在を示すものにほかならない。ここでは、権力のための闘争は、生存のための闘争と同義語であり、相対的権力地位の改善が、国家の対内、対外政策の主要目的となる。[4] かくて、権力の多元的並在という国際社会のスタティクな性格は、この闘争を通じて、重畳的、階層的な、もう一つのダイナミックな性格によって二重化されている。このことは、のちに、強力との対置においてとらえようとする国際法の在り方に重要な意味をもってくる。が、その前にまずここで問題なのは、階層的関係におかれた権力が、つねに相対的地位を保有するものにすぎないという事実である。権力は、それが軍事力、経済力、世論支配力等の複合概念と考えられるにせよ、終局においては、戦いを闘う力であり、戦いに勝利をうる力である。[5] それ故に、国家の権力的地位は、自己の力のみならず、潜在的敵のそれいかんにかかってくる。ここに、勢力均衡をめぐる国際関係の葛藤が現われてくるのである。同盟は、これに対抗する同盟に見まわれ、権力を求めての永遠の闘争において、軍拡は、これに対抗する軍拡にみまわれる。しかも、かかる勢力均衡の構図のなかにおいては、自国の行動分野における安全の限界は、同時に、他国にとっての危険の限界なのであり、それ故に、潜在的な敵と同じように強力なことに、真の安全があるのではなくて、少しばかり余計に強力である点にのみ、国家の安全があるのである。国家にとって望ましい均衡とは、他国を中性化し、自国を決定者とする、自国に有利な均衡である。その上、この均衡上の優位を測定する基準は、戦いののちにおいてのみ、見出される。[6] ここに勢力均衡のジレンマがあり、権力政治の陥る穽がある。過去数世紀にわたって、国際社会を規律するものが力であったという歴史的経験の教えは、このことを示している。国家は、国際的権利の窮極の保護手段を、強力の行使に依存しつづけてきたのである。

近代国際法が、グロチュースにみられるごとく、強力、とくに戦争との対決に、その発生を見出したことは偶然ではない。これとの対決なくしては、国際法の存在は、その根底をゆすぶられるからである。しかし、強力の行使という動態に対し、国際法がもち合わせた尺度は、静態的なそれにすぎなかった。国際法は、権力の多元的並在の反射的構成として体系化されはしたが、かかる権力が階層的関係において位置づけられることを留意しなかったし、また、しえないものとして発生的に運命づけられていたのである。国際法それ自体が、平和という理念へのローマ法理論とその体系の借り衣であり、[7] ローマ国家権力のごとき権力的背景のない場にあって、かかる法の果しえた役割は、たかだか、その法論理を駆使して現実を合理化し、同時に、自己の妥当性を証明するという、むなしい操作の繰返し《リフレイン》にほかならなかったのである。それ故に、力の衝突にかかわる問題、あるいは、かかわると考えられる問題が起るやいなや、その事がらはただちに、「政治的」[8]問題となり、法は疎外されるか、有力国の「平均利益」[9](Durchschnittsinteressen)にもとづく慣習の領域においやられる。戦争の制限・禁止——諸国がその解決をまさぐり求めて来た最後の問題——より以前に、戦争に至らない強力の制限に国際法の努力がそそがれたという明瞭なパラドックスも、このような事情に徴すれば、ジェサップのいうように、驚くには当らないことである。[10]

二　平時における強力の行使

では、強力の制限・禁止はどのようになされたのであるか。戦争については次節にゆずり、ここでは、平時における紛争解決のための強力行使とされた、復仇・干渉をとりあげ、その性格を明らかにしながら、規制の沿革を示していきたい。ただ、そのさい一つの問題がある。すなわち、国際法が規制対象とした復仇のごとき強力が、規制過程のさなかにおいて、なぜ、国際法の「制裁」——戦争が、制裁として、すこぶる疑問の多い地位を占めるに反し、復仇の制裁としての地位は、疑惑の余地なく明白なものとされてきた——として合理化されねばならなかったのか、ということである。このことは、復仇が、前記の「勢力均衡」の枠のなかで、「慣習」として成立してきたことに、至大な関係をもつことであるが、そのほかに、それが、制度発生史的に、応報的理念なる衣をまとって出現してきたことを見逃してはならない。これを行論の過程において明らかにしていきたい。

(一)　復　仇

(1)　法的地位

通常次のように規定される。復仇は、国際法の強制的保障および実現のための典型的手段であり[11]、国際不法行為の中止、または、救正を求めるための被害国による強力行為であると[12]。復仇なる行為は、これが復仇としてなされるのでなければ、当然違法とされるべき行為である。かかる強力の違法性が阻却されるのは、一定の条件の下においてのみとめられる。それ故に、その合法的適用の前提は、復仇の指向される国家の側にある不法行為(Delikt)であり、単なる不当な行為では十分でない[13]。この点が復仇と報復との相異点である。復仇が不法行為——法違反

(Rechtsverletzung)——に指向されるに対し、報復は、相手国の不当な行為(Unbilligkeit)に対して、同様に不当な行為を行うことである。たとえば、船舶、国民、関税などに関して、ある国家が自国に不利益な差別待遇をしたさい、自国もその国家に対し、同一または類似の方法により、不利益な差別待遇をすることである。不当な行為とは、道徳的または政治的に不当な行為であり、不公平な行為または非友誼的行為である。報復の好例は、一八八五年のビスマルクの行為にみられる。[14]

さて、以上は一般的叙述であるが、復仇の法的地位については、さらに注意されなければならないおもな二点がある。これが復仇の特性でもあり、欠陥ともなっている。第一は、復仇が慣習法として成立したという点、第二は、それが被害国による自助行為であるという点、である。

(イ)　復仇法は慣習法である　復仇法は、成文国際法規の確定した様式をもっていない。それは、国際社会における諸国家間の、長い接触の間に、慣行として制度化された。[15]とくに、平時復仇は、戦時復仇が、きわめて最近、戦争法規の成立とともに初めて、国際法の制度となったに対し、私的復仇の形において、すでに中世における国家間の関係に、あるいは、国際法理論に、大きな役割を演じていたのである。[16]復仇は、この私的復仇の内包していた応報理念(Vergeltungsidee)を、近世国際社会の力関係の揉み合いのなかで、徐々に慣習的に現実化したものである。そのため、復仇制度の抽象化された法的構成の周辺には、可成りに多くの力関係的異分子が附着している。復仇を法的抽象面においてみるならいざ知らず、その行使の実際において眺めるとき、この力関係的異分子は、むしろ、正常分子的機能を営んでいる。復仇行為のほとんどすべてが大国対小国の関係に見出されるという事実[17]は、その顕著な例証である。しかし、このように復仇の実現可能性が、しばしば、ひとえに力の問題(Machtfrage)に帰せられるからといって、このことから直ちに、フンク・ブレンターノ、ソレルのように、復仇それ自体を、「純粋に事実的な、法のそとにある方策」とみる[18]ことは、正確さを失した考え方である。かかる見解は、復仇が正当であるために、その要件において、適用の手段において、課された種々の法的制約について、なにものも説明していないからである。かかる制約は、国際社会の法的安定性のために、ということは、煎じつめれば、勢力均衡上の要請として、成立してきたのである。しかも、力の規制のための慣習的国際法こそ、勢力均衡上の要請から成立したという理解に徹するならば、このような要請による制約を、国際法的制約と呼んで不思議はないのである。むしろ、われわれは、復仇がこのような成立過程をもったことそのことにより、法的妥当性をもちえたことに注目しなければならない。復仇は、二〇世紀までの戦争のように、諸国家の自由な権利の、自由な行使を通じてもたらされたものでは[19]なく、それ故に、純粋に事実的な、法のそとにある方策でもない。

　では、一方において、権利実現という同一目的のために、戦争に訴えることが自由であった一九世紀に、右のような制約をともなった復仇が、なぜ、戦争と別の制度として、諸国の慣行のうちに受けいれられるに至ったのであるか。この設問に答えるには、復仇の戦争に対する関係[20]を規定しておくことが必要である。まず、復仇は、平時法の規制の下におかれているという点で、戦争と相互に排他的な関係にある。グロチュースがキケロを引用してのべているように、「戦争と平和の間には媒介体は存在しない」(Inter bellum et pacem nihil est medium)[21]と同時に、戦争の定義を、しぼればしぼるほど、平和の定義、したがって、復仇の限界は拡大する、というように、両者は相対的な関係において規定されている。[22]武力行使をともなう復仇といえども、復仇国ないし被復仇国の一方、あるいは双方が、これを戦争に転化させないかぎり、依然として、平時法の枠内にあり、両国関係は、平和的関係にある。[23]一八八四年、復仇として台湾封鎖政策を実行した仏首相ジュール・フェリー(Jules Ferry)は、復仇の利点を次のようにのべている。[24]「われわれの考えによれば、かかる手段を行うことは、三種の利点をもっている。第一は、つねに、商議のために門を開いておけることである。第二は、宣言された戦争がすべてを無効にするに反し、それは、従来の条約上の地位(……一八六〇年のシナとの条約及び天津条約)を存続させる。最後に、シナとのわれわれの紛争を、中立国との紛糾により複雑にしないことが、根本的に賢明な策であった」と。さらに、ホーガンは、力の懸隔のはなはだしい紛争当事国の関係で、救正されるべき違法——回復されるべき価値——との比較において、近代戦争が交戦国に課した負担のアンバランスを指摘し、なおかつ、違法救正のための強制手段が戦争以外の方法において求められねばならなかったこと示している。[25] 以上の点からみれば、復仇が戦争と別の制度として成立しえたよりどころは、畢意、復仇が戦争との関係において占めた排他的地位——平時的性格——と、すでにして復仇が、私的復仇↓一般的復仇の系列において営んでいた法保護機能に、求められたといってさしつかえないようである。

(ロ)　復仇は被害国による自助行為である　自助では、法律上保護されている利益を侵害された国家自身が、法秩序の規定する一切の強制手段をもって、不法行為に相い対するよう、法秩序により、権限づけられている。そこでは、違法行為の存在を認定することも、制裁の執行も、いずれも、当事国と別の権威者にはかられるのではない。認定・執行が恣意的になり易いうらみがある。原始的発展段階における法において、自助が法的機能を果たすべく役割づけられながらも、ここに、自助が自助なるが故に、運命的にもっている欠陥がある。

(2)　行使の態様

以上、復仇をその法的性格において瞥見したが、現実にこれが行使される態様は、その事情に応じて様々である。船舶抑留、平時封鎖、領土の占領等がこれである。ここでは、それらの諸点の説明を加えることとする。

(イ)　船舶抑留(Embargo)　自国の港に停船している相手国の船舶を、積荷とともに、強力的に抑留することである。Embargoの本来の意味は、かかる船舶の差押えまたは一時的拿捕にある。この方法は、国際義務の承認を強制する手段として、かつて多用されたが、国際法学会(Institut de Droit International)は、一八九八年八月二三日、船舶および乗組員の法的地位についての規則の草案で、これを復仇の手段としてのみとめた。[26]

Embargoと混同されやすいものに、Droit d'angarie(非常徴用権)とArret de princeがある。前者は、交戦国が、とくに輸送に使用するため、損害賠償の義務を負いつつ、中立船を抑留することであり、後者は、重要な政治上の情報の洩れるのを防ぐため、港にある中立船を抑留することである。かかる国家警察的根拠からなす国法上の船舶抑留、あるいは、民事上の船舶抑留との混同を防ぐため、復仇としての船舶抑留は、敵対的船舶抑留(hostile embargo)とも呼ばれる。また、ときにEmbargoは、復仇行為として行われながら、民事上の船舶抑留ときわめて近接した意味で用いられることもある。相手国船舶のみならず、自国船の出港禁止の意味で用いられるのが、これである。かかるEmbargoは、民事上のものとも、単なる相手国船舶の抑留とも区別されねばならない。これは、一七九四年の合衆国による対英措置にみられる。[27]

Embargoに適用される法規範について、前述の国際法学会の決議第三八条第三―五項は、次のようにのべている。「あらゆる場合に、Embargoは、直接、国家の名により、国家の官吏によってのみなされうる。かかる手段の対象となるものに対しては、当該手段のとられる動機および確定期限を、できるかぎり、知らしめねばならない。それは、要求が満たされたさいには、直ちに、撤回されねばならない。要求額をうけとる代りに、Embargoのなされた船舶を売却し、その代償を抑留国のものとすることにより、処理することもできる。かかる規定は、本質的に、復仇の一般的法原則に相応している。しかし、復仇主体は、つねに、違法国側における償いまたは損害賠償のないときにのみ、正式の売却手続を経ずに、Embargoのなされた船舶を没収する権利をもつことに注意しなければならない」と。

復仇手段としてのEmbargoの効果は、特殊の場合にかぎられる。前記の合衆国の対英措置にみられるごとき、自国船を含めての出港禁止のさいの効果は、疑わしい。かかる出港禁止は、違法国に必要な商品の輸出禁止の意味をもつ。しかし、商品の一国による独占支配の例は、きわめてすくないし、さらに、外国への出港禁止は、国内における貿易の犠牲において行われる。貿易利益を熾烈に競争している国際社会において、国家が、得る利益より失う利益の多いかかる手段にたよるには、余りにも多くの障碍がある。事実、それは、紛争の即時調整を進捗させるかわりに、国際的苛立ちと国内的軋轢を生んだ。ここに、救正手段としてのかかるEmbargoは、「当をえない(impolitic)政策」[28]として退けられ、違法国に対する一群の国家によるEmbargoの可能性――これは違法国の経済的孤立を導く――が、第一次世界戦争の間に認識されるに至った。

（ロ）　平時封鎖(Pacific Blockade)　平時封鎖は、比較的新しい国際法上の現象である。最初、英国および、スウェーデンにより、一八一四年ノルウェーに対し適用され、まもなく、しばしば用いられる平和的紛争解決手段となった。その性質についての争いにも拘わらず、今日、平時封鎖は、不法救正のための強力執行として、国際法上争われない種類の一つである。個々の例外を除けば、その概念は確定している。[29]平時封鎖は、平時における封鎖である。すなわち、「平和状態の維持のもとに、一国の港または海岸を、他国の一般的交通から遮断することである」。

平時封鎖には、その実行にさいしての種々の条件が加えられている。この条件を明らかにするためには、争いのあった平時封鎖の性質をのべておくことが便利である。(1)平時封鎖は、戦時封鎖とまぎらわしい地位――混種的地位(Zwitterstellung)――を占めているという理由で、その適法性を否定する説がある。[30]これは、封鎖が一九世紀初めまで、戦時にのみとめられたという事実の影響を多分にうけている。しかし、この点については、すでにのべた復仇と戦争との排他的地位、すなわち、軍事的強力の形式における復仇も、これにより復仇主体と違法国間の平時状態を失わしめることがないということ、を想起することが必要である。平時封鎖の許容性について、ここで問題としているのは、これを復仇手段として理解することである。それ故に、復仇においては直接その手段の対象となるべきでない第三国の船舶について、効果という点で多くの学者の反対があるにも拘わらず、一八五〇年以後は、平時封鎖の対象とされることがなかった。かかる平時封鎖の混種的地位から、封鎖国の第三国に対する通告の義務が発生した。(2)平時封鎖は、直ちに、封鎖国と被封鎖国との間に戦争状態をもたらすという主張がある。これに対しては、オッペンハイムの次の叙述を示せば足りる。すなわち、「ホーガンにより一九〇八年の論文(Pacific Blockade)で分析された、現実のまたは想定された二一のケースのうち、ただの五つのケースだけが、戦争勃発の結果として、戦時封鎖になったにすぎない」と。[31] (3)封鎖が実力を背景としてのみ成立しうるということから、復仇としての封鎖もなお、小国に対する大国の圧迫手段になり果てるのではないかという批判がある。これは正当な批判である。しかし、このことは、封鎖が復仇としてなされるさいもなお、復仇であることのために、復仇固有の性格――自助性――から抜けきれないための結果である。封鎖の実力性そのもののためではない。むしろ復仇が、その先駆的役割を果たした私的復仇におけるごとく「賠償」を目的とするものでなくなり、「強制」手段として用いられるに至ったという歴史的意味を考えるなら、復仇、とくに封鎖のごときは、かかる強制可能の実力を背景としてのみ効果的であったことを知らねばならない。すでに、通告そのものが、「実力的封鎖状態」(etat de blocus effectif)として適用するよう封鎖を特性づけていた。[32] 合法的封鎖の前提としての、この実力性の根本原則には、関係の同一性から、一八五六年の戦時封鎖についてのパリ宣言が適用される。

次にかかげられるのは、一八八七年、ハイデルベルクの会議で、国際法学会により決議された、平時封鎖の規則である。「戦争状態と別の封鎖の確定は、国際法により、次の条件においてのみ許されると考えねばならない。イ、外国旗を掲げた船舶は、封鎖に拘わらず、自由に出入しうる。ロ、平時封鎖は、公式に宣言され、通告され、かつ充分な兵力により維持されねばならない。ハ、同封鎖を尊重しない被封鎖国の船舶は、没収されうる。封鎖が中止されるさい、それらは、積荷とともに、返還されねばならない。ただし、いかなる理由あるも損害賠償を必要としない」。

(八) 領土の占領　相手国の領土の一部を占領することである。正式の敵対行為がないという点でのみ、戦争行為と異なる。かかる軍事占領は、一九世紀末以来、大国により、平時封鎖よりも、より頻繁に、復仇手段として用いられた。危険に陥った在外国民に緊急の保護を与えるため、または、なされた不法の救正、とくに債務回収のため、多用された。前者について、例を米国にとれば、在外米国民保護のため、一八一三年から一八九九年までに、すくなくも四六回、陸海軍の上陸が行われた。[33] 後者の場合は、地方税関の奪取および関税収入の支配が、上陸軍の直接の目的であった。関税収入の支配は、金銭上の要求をなしている国家に、相手国に対する直接の圧力をもたらす機会と債務を回収する直接手段を提供した。多くの場合、負債を支払いえない小国から、他の手段では、債務回収が不可能なためであった。これは、西欧先進国により、頻発する革命と風土病のため、その政治上、財政上の地位が不安定な国、たとえば、南米諸国、メキシコ、トルコなどに対してとられた。しかし、かかる契約上の債務回収のための兵力使用は、一九〇七年ハーグで締結された条約により、制限された。

(二) 干　渉

干渉は、前記の復仇とくらべるとき、性格がきわめて漠然としている。ある場合には権利であり、ある場合には犯罪とされる。また、国際法の原則とも例外ともみられている。それというのも、この概念が非常に多義的に用いられているためである。そこで、ここでの対象となる紛争解決のための強力としての干渉を明確にするため、ウィンフィールドの分析になる干渉の三つの範疇[34]——(1)Internal Intervention(他国の国内紛争への介入)(2)Punitive Intervention(条約義務の履行、不法救正を強制するための、一国または数国による介入）(3)External Intervention（一国が、他の二または数国の関係に、その同意なしに介入すること）——を検討する必要がある。(1)は、ナポレオン治政時代の欧州において、またその後の革命時代に、しばしば行われたが、その目的は、主として他国の政体変更にあり、国際紛争解決のためではない。かかる干渉は、広義の国内事項に対する干渉であり、国家の独立権の概念の確定とともに国際法上禁止された。(2)は、ウインフィールドの掲げる例証によれば、不法をうけた国自身が不法国に対してなす強力行為であり、干渉国が複数の場合は、集合的干渉と呼ばれている。一八六一年の仏、英、西によるメキシコ出兵、一八六六年の米、仏の朝鮮派兵、一九〇〇年の義和団事件等が、それである。これは、すでにのべた、復仇としての平時封鎖、軍事占領と性質上ほとんど異るところがない。強力主体が複数の点に特色がある。もっとも検討に価する干渉は、(3)である。かかる干渉は、干渉される国家間の関係いかんにより、二つにわけられる。第一は、不法をうけた国のために、第三国が右の不法の中止、救正を目的として、不法国に対し強力を使用することである。これは、不法をうけた国の実力が劣っているため、復仇行為を行いえないような場合になされうる。[35] 第三国のなす懲罰的干渉であり、復仇の第三国による代行にほかならない。第二は、第三国が、紛争中の二または数国に対し、自国の示す特定の方法、たとえば、仲裁裁判、または一定条項の受諾の方法によって、紛争を解決するような強力的裏づけをもった要求をなすことである。[36] 前者は、不法行為の中止または救正を求めるための、第三国による強力行為であり、後者は、国際紛争解決のため、第三国がその方法を強制する行為である。ともに、紛争当事国による強力行使でなくて、第三国による強力行使である点に特色がある。また、強力的である点で、第三国の周旋、仲介、好意的忠告と異なる。

かかる干渉は適法である。復仇の場合と同様、具体的な行為そのものは、通常、違法とされるべきものであるが、この場合には違法性が阻却される。もとより、第三国の判定が恣意的になり易いうらみはある。これは、復仇と同様、干渉が、自助としての強力行為であることの当然の欠陥である。第三国が複数の場合、すなわち集団的干渉では、この欠陥はある程度是正される。ここに、国際団体の、国際団体のための干渉の可能性が開かれている。

(三)　国家自助と国際法

これらの平時における強力の行使は、一九世紀の間、国際義務を強制する手段として多用され、復仇・干渉として正当化された。国家は、国際的権利執行のための戦争に至らない必要な窮極的制裁として、これを擁護しようと企て、かかる手段の妥当性は、一世紀の行使ののち、慣習国際法の部分として承認されるに至った。結局、強力の行使は、国家の存在権、自衛権、独立権という模糊とした理論的概念から、ある支持をうけたが[37]、この支持の背景として、かかる名目が、まさに、現実政治において、勢力均衡をもとめて熾烈な葛藤をつづける諸国の要請とマッチしえたものであることを知らねばならない。国際生活の新しい事情が慣習を廃れたものとし、実際上の正当化を除くという可能性、法を執行する新しい、より効果的な手段が見いだされるという可能性、さらには、基本権が常に基本義務に制約されるという可能性を、法律家はいまだ考えていなかったのである。この可能性に着目させ、これを現実化するためには、古い勢力均衡観念に手痛い一撃が加えられることを必要としたのである。

そこでは、国際法は、国家主権原理と同意の原則という二つの強固な支柱の上に構築されていた。国家は、慣習法または条約法により制限されない範囲では、依然として、自己の欲することを自由になしえたし、その意思を制限される範囲といえども、そこには、国家に対し拘束力をもつのは、国家が明示または黙示の承認を与えたものにかぎられるという、同意の原則が支配的であった。[38]しかも、かかる同意は、ある場合には、これに服従する義務と分離されても、怪しまれなかったのである。[39]

近代国際法が、主として、過去三世紀の間の国家の慣習と実行とに基づくことは、みとめられなければならない。しかし、これらの原則は、余りにもしばしば、過去になされた事実を合理化したにすぎない。力の規制のための国際法は、勢力均衡上の要請の反映としてはじめて、その raison d'être（存在意義）をもちえたのである。それ故に、まさにそのことのために、この期における国際法が、権力政治を典型とする国際政治に従属せしめられるか、力の支配の観点から無関係の分野に、制約されるかしたといわれるのも、[40] 理由のないことではない。法的権利の現実の享有が、しばしば権力の所有に依存した結果、権力の概念が、国際政治を、そして国際法を支配したのである。[41] かかる視角からみるならば、復仇・干渉は、その制裁性において、極端にその弱点をさらけ出している。既述のごとく、自助にともなう認定・適用の恣意性は、しばしば、大国による領土拡張政策の武器として、[42] あるいは、きわめて不明確な国家の名誉に対する侮辱を原因として、[43] これらの強制手段を行使する間隙を与えたのである。かかる自助的制裁は、法の実に原始的段階においてのみ、許容されうる。それらの行使は、法と復讐との混同を許し、公平な判定をさけ、かつ、国際的法体系の自由な発達を遅らせる。しかし、かかる近代国際法における国家自助の継続が、個人の法関係における私讐と同じく、アナクロニズムであることの国家による自覚は、野放図な帝国主義的簒奪の跳梁を許す余地の少くなった一九世紀末から二〇世紀初頭を俟って、はじめてなされたのであり、かかる自覚に拍車をかけたのが、第一次世界戦争である。

三　強力と国際組織

強力の規制、これこそ、国際法が、過去数世紀にわたって求めてきた方向であると同時に、国際組織に負わされた課題である。が、強力に内包される全ての機能の規制についてではない。もし、制裁が、国際法の効果的体系の必要部分であることがみとめられるとすれば、強力行使と制裁問題との関係は、あきらかに緊密である。かくて、国際組織にまず負わされた課題は、一方において、強力を規制することであり、他方、強力に内包されている制裁的機能を、自己の手により代行することでなければならない。

（一）強力と国際連盟

古い勢力均衡観念が、世界戦争により手荒い打撃をこうむったことは事実である。にも拘わらず、この打撃は、勢力均衡観念の「質的」転換をもたらすものではなかったし、国際社会の構成を根底から変革したものでもなかった。それ故に、連盟のなした強力の制限・禁止の企ては、それはそれとしての意味をもったにせよ、権力政治に対する反動としての、法万能主義のそしりをまぬがれない。大戦の夢魔に悩まされたひとびとは、一途に、戦争を憎み、のろい、これを地上から抹殺しようとした。過去数世紀にわたってなしとげられなかった大事業を、一挙にして連盟規約の上に実現しようと試みたのである。たしかに規約第一〇条—第一五条は、紛争の平和的解決を唱導し、戦争にiusta causaを必要としないとする従来の自由戦争論に重大な制約を加えた。と同時に、規約第一六条は、規約に違反して戦争に訴えた国に対して、既述のEmbargoの発展とみられる経済制裁を規定した。これは画期的なことである。しかし、規約上の戦争の禁止が、「法律上の戦争」(*de jure* war)の禁止のみを意味するものであるかぎり、規約自体、許された戦争と禁止された戦争の区別をみとめざるをえないという、重要なギャップを生み出したのであり、さらに、強力の禁止が「法律上の戦争」に限定された結果として、戦争に至らない強力は、コルフ島事件[44]についての法律家委員会におけるごとく、多くの疑惑につつまれながらもなお、復仇の名において、依然として合法性の仮面をかぶりつづけえたのである。すでにみた、戦争と復仇の相対性がここで想起されるべきである。ここに、相手国の違法行為に籍口した平時の(pacific)強力手段行使の余地が伏在する。

(二)　強力と国際連合

連盟成立以後二〇年間の政治的教訓は、こう教えている。国家から、戦争にせよ、復仇にせよ、強力に訴える権利を完全に剥奪しないかぎり、そして、かかる禁止を保障するための力を、国際社会に効果的にあたえないかぎり、国際の法と正義は確保されえないと。フェンヴィックが指摘したように、「結果がよい場合ですら、個別国家による強力の行使は、不可避的に、国際社会における秩序と正義の一般構造を弱めるにちがいない」からである。[45]

国際連合憲章は、とくに戦争の禁止を謳っていない。[46] 復仇、干渉についても規定していない。武力の脅威または行使を慎み、紛争を平和的手段によって解決しなければならない(三条三、四項)とのべているだけである。しかし、これは極めて広い包括的な意味をもっている。このように規定することによって、憲章は、戦争のみならず、平和的手段の名において行使される強力を完全に封じた。憲章における武力の行使は、原則として、共同の利益の場合(前文)——平和に対する脅威、もしくは、平和の破壊に対する連合の行動として——のみ許される(三九、四一、四二条)。これは、連合の制裁行動の場合[47]である。ここに、自助性を払拭した復仇の変貌としての、国際組織による制裁がみられる。

かくて、過去数世紀にわたって国際法が対決をつづけてきた、紛争解決を名とする強力の制限・禁止は、国際連合憲章において、はじめてその解決をみいだしたということができる。しかし、この強力を制限・禁止し、他方、強力に内在する制裁性を組織の手に移すという、強力の法化過程は、ここで終わったのではない。一九世紀までの国際法が、現実のあとを追いつつ、その合理化に努めたのに対し、二〇世紀の国際法は、その半世紀に二度までも大きな戦争の惨害をこうむったことにより、現実の是正の方向にひたすらつとめてきた。このことは、一九世紀までの国際法が慣習法的性格を示し、二〇世紀の国際法が立法的性格をたどっていることに、はっきり示されている。かつて、国際法は現実のあとを追った。いま、国際法は現実に追われる立場にある。量的な転換は大幅に進められたにせよ、いまだ質的な転換を示していない勢力均衡観念が、現実政治の側から、国際法による強力の法化過程を脅かすべく、迫っている。強力の法化過程を完成すべき国際法の課題は、かかる現実政治による圧力――社会諸力の緊張――の分析に求められねばならない。

1　国際紛争と強力の関係は、通常、次のように規定される。すなわち、国際法は、紛争を解決するため、強力の使用をみとめてきた。しかし、かかる強力には欠陥が多い。国際組織の発達にともない、最近では、かかる強力の使用は禁止され、強力は、もはや、合法的解決手段とはみとめられないと。ここでは、法と強力と紛争の三者の関係が規定されている。しかし、紛争に対して、法と強力がそれぞれ保持する関係は同一である。それらは、ともに、紛争の解決という目的に指向されている。そこで、問題は、紛争に対処する強力が、法との間に保持する関係に還元されうる。ここでは、紛争を処理するために用いられた強力が、法においていかなる地位を占めたか――強力と法との関係――を規定することに、主題をおきかえた。御諒承ねがいたい。

2　K. W. Deutsch, *Nationalism and Social Communication*, 1953, p.47.

3　田畑茂二郎『国家主権と国際法』(法学理論篇)日本評論社、一五頁。

4　N. J. Spykman, *America's Strategy in World*, 1942, Chap. I.

5　E・H・カー、井上茂訳『危機の二十年』岩波書店、一九五二年、一四六頁。

6　Spykman, *op. cit.*, Chap.I.

7　H. Maine, *International Law*, 1888, p.20ff.; G. Niemeyer, *Law without Force*, 1941, p.142.

8 E・H・カー、前掲書、註5、一三九頁。なお、この点については、cf. G. Schwarzenberger, The Rule of Law and the Disintegration of the International Society, *American Journal of International Law*, Vol.33(1939), p.65. ニーマイヤーは、これを裏返しにして、「国際法が、これに拘束される国家意思――別の言葉を用いれば、Raison d'Etat――に反対して樹立した理想が、本質的に非政治的理想であることを意味する」とのべ、(Niemeyer, *ibid.*, p.150)、モルゲンタウは、これを、政治的国際法と非政治的国際法の分類において、示している(Morgenthau, Positivism, Functionalism and International Law, *American Journal of International Law*, Vol.34(1940), p.250ff.)。

9 Max Huber, *Die soziologische Grundlagen des Völkerrechts*, 1928, S.11.

10 P. C. Jessup, *A Modern Law of Nations*, 1950, p.157.

11 H. A. Schütze, *Die Repressalie*, 1950, S.16.

12 横田喜三郎『国際法』(下)、有斐閣、一二九頁。

13 H. von Bardeleben, *Die zwangsweise Durchsetzung im Völkerrecht*, 1930, S.13.

14 一八八五年、ビスマルクは、ロシアの輸入関税政策を圧迫するため、ライヒス・バンクに対し、ロシア国債を担保として、融資をなすことを禁止した。Cf. Achille Viallate, *Economic Imperialism and International Relations during the Last Fifty Years*, 1923, p.59.

15 Bardeleben, a.a.O., S.20.

16 Schütze, a.a.O., S.17. 私的復仇は、裁判拒否と共同責任理論を支柱とする点で、近代の復仇の理論的先駆としての役割を担っていた。それ故、両者は、きわめて密接な対偶関係を示している。その意味で、私的復仇を復仇制度史上の一系譜としてとらえる方法が、よく行われている。私的復仇に内在していた応報理念も、近代の復仇の法保護機能として、展開された(もっとも、このようにのべたからといって、近代の復仇は、私的復仇の単なる延長であるというのでは、決してない。ここでは、その原理的な点、理念的な点においての関連を指摘したまでである。両者の間には、田畑教授も指摘されたように、要求の性質、態様等において、大きな転換が存在する。また、これに対する規制という点からみても、両者には、根本的な相異がある。すなわち、私的復仇には、主権者の発行する私掠免状という形で、万一の場合における主権者の政治的責任範囲を明確にする意味で働く規制が存在し、しかも、この規制が、外国人に対するものではなくて、自国臣民に対する主権者の公権行使にほかならないという点で、可成りに、その機能を発揮しえたのに対し、近代の復仇には、かかる公権的規制は存在せず、同じく法保護機能を営みながらも、これが、本質的に自助であるがため、国際の法と秩序の効果的保障手段としては、きわめて大きな危険を内包するものであったのである)。

これらの詳細にふれるためには、当然、私的復仇の復仇制度史上の位置づけ、その機能的役割を明らかにしなければならないが、遺憾ながら、紙幅の都合上、割愛せざるをえない。これらの諸点については、註17にかかげる書、および、おもなものとして、次の書を参照されたい。Georg Kappus, *Der Völkerrechtliche Kriegsbegriff in seiner Abgrenzung gegenüber den militälischen Repressalien*, 1936, S.16ff.; Grover Clark, English Practice with regard to Reprisals by Private Persons, *American Journal of International Law*, Vol.27(1933), p.700ff.; C. de Visscher, Le Déni de Justice en Droit International, *Recueil des Cours*, 1935, II, p.371; 田畑茂二郎「外交的保護の機能変化」(二・完)『法学論叢』第五三巻一二号、一二頁以下。

17　かかる復仇の実際は、とくに次の書に詳しい。Hindmarsch, *Force in Peace*, 1933, Part II; E. S. Colbert, *Retaliation in International Law*, 1948, p.61ff.

18　Funk-Brentano et Sorel, *Précis du Droit des Gens*, 1877, p.229.

19　祖川武夫「カール・シュミットにおける『戦争観念の転換』について」(一)『法学』第一七巻二号、八六頁、Schütze, a.a.O., SS.35-36.

20　復仇と戦争とは、同一範疇の語として使われる場合がある。C. S. Bluemel, *War, Politics and Insanity*, 1948, p.10 にみられるロイド・ジョージの言葉もそれである。とくに注意する必要があるので、傍点をうった。

21　Grotius, *De Jure Belli ac Pacis*(Classics of Inernational Law edition) Vol.II, bk.I, ch.I, sec.2.

22　Grob, *The Relativity of War and Peace*, 1949, p.189. 本書、一〇〇―一〇一頁参照。

23　A. D. McNair, *The Legal Meaning of War and the Relation of War to Reprisals*(Transactions of the Grotius Society, Vol.II), p.33. Cf. Hindmarsch, *op. cit.*, p.93. 復仇の対象となった小国が、これを戦争に転化させようとしたことはほとんどない。また史的検証は、小国により大国になされた一方的宣戦の法的効果が不確定なことを示している。

24　Falcke, *Le Blocus Pacifique*, 1919, p.129.

25　Hogan, *Pacific Blockade*, 1908, pp.12-13.

26　第三八条、第一、二項は次の通りである。「外国船に対するEmbargoは、ありうべき戦争の観点からも、宣戦後の最初の敵対手段としても、行われてはならない。それは、法違反に対する保護手段として、復仇の名によって行使されうる」。

27 このとき、合衆国は、英の枢密院令に異議を唱え、合衆国の港に碇船している外国航路の全ての船舶の出港禁止を命令した。

28 G. G. Wilson, *Handbook of International Law* (2nd ed.), 1927, p.230.

29 Holland, *Studies in International Law*, 1893, p.38.

30 P. M. Brownは、次のようにのべている。「国家は、時折、〝平時封鎖〟と呼ばれるものを行う。しかし、これは、実際に、行為において平和的でもなく、また、法的効果において封鎖でもない。他の国家が、平時封鎖を、強制下にある国家との合法的貿易に対する干渉として反対しているのは、適切である」と(*International Society*, 1923, p.92)。

31 Oppenheim, *International Law*, Vol.II (6th ed.), p.123, note 1.

32 Colbert, *op. cit.*, p.75.

33 David Mitrany, *The Progress of International Government*, 1933, p.142.

34 P. H. Winfield, The History of Intervention in International Law, *British Yearbook of Internationl Law* (1922-23), p.130ff.

35 横田喜三郎、前掲書、註12、一三七頁。

36 Oppenheim, *op. cit.*, pp.124-125.

37 Hindmarsch, *op. cit.*, p.85.

38 G. W. Keeton aud Schwarzenberger, *Making Internatioanl Law Work* (2nd ed.), 1946, pp.115-116.

39 D. Mitrany, *op. cit.*, p.142.

40 Keeton and Schwarzenberger, *op. cit.*, p.117.

41 Vinacke, *International Organization*, 1934, p.315.

42 一八八四年の台湾封鎖、一八九三年のシャムの封鎖がそれである。

43 一九一四年の米国のヴェラ・クルズ占領、一八五六年の米国のシナに対する復仇、一八六一年の英のブラジルに対する復仇、一八五〇年の英のギリシャに対する復仇が、それである——勿論、これらのケースの多くにおいて、国家的名誉への侮辱が単独原因として現われたのではないが——。

44　一九二三年八月、アルバニヤ南国境画定委員の一人であるイタリアの将校が、ギリシャ辺境ヤニナの近くで暗殺された。イタリア政府は、ギリシャに謝罪および賠償を求め、ギリシャ政府が全面受諾を躊躇するや、イタリアは、コルフ島を爆撃し、占領した。イタリアは、該行為が復仇であり、国際法にもとづくものであること、かかる行為は規約に違反しないことを主張しつづけた。この問題は決定的解答を下されずに終った。

45　Charles Fenwick, Intervention ; Individual and Collective, *American Journal of International Law*, Vol.39 (1945), p.658.

46　詳細は、参照、前原光雄「国際連合における紛争の処理」(『国際法講座二巻』有斐閣、一九五三年、第九章第一節。

47　武力行使は、連合加盟国の行動としては、例外的に、自衛権の行使(五一条)、または、第二次世界大戦中の敵国に関する行動(一〇七条、五七条)としてのみ許されている。

三　復仇制度の成立
——慣習法成立の契機を探る手がかりとして——

＊「復仇制度の成立(一)(二・完)」『国家学会雑誌』七六巻五・六号、一一・一二号(一九六二年、六三年)

〝国際法は一七、八世紀の思想家の法的思弁から発生し、ある程度、諸国の勢力均衡の法則との接触の上に乗って形成された。特定の時期に、特定の事項について、どんな程度に、勢力均衡との接触によって形成されたのか、その度合いを検討することは、国際法の社会学の課題である。※〟

一

いわゆるコルフ島事件(the Corfu Incident)が起ったのは一九二三年のことである。この年、八月二七日に、アルバニヤ南国境画定委員会のメンバーであったイタリアの一将校が、ギリシア辺境のヤニナの近くで、何者かによって殺害された。イタリア政府は、ギリシア官憲に責任ありとして、謝罪および損害賠償を求めたが、ギリシア政府がこの要求のすべてを受けいれるのに躊躇を示したとき、ギリシア領のコルフ島を爆撃し、これを占領した。[1]

事件は、こうしたイタリアの行為が合法か不法か、とくに、国際連盟規約にてらして、連盟国イタリアとして適法な行為をなしたといえるかどうかという問題をひき起した。連盟規約は、復仇の名のもとに行なわれた戦争に至らない武力の行使について直接規定していなかったので、この事件が、規約解釈上の重要なテスト・ケースになったわけである。ギリシアが連盟規約第一二条と第一五条にもとづき、[2]事件を連盟理事会に提訴すると(九・一)、はじめ、イタリアは、大使会議が事件を処理すべきであるとして、連盟が介入することを拒否した。ここに大使会議というのは、在パリのフランス代表とパリ駐在のイギリス、イタリア、日本の大使からなる機構で、一九二〇年一月の連盟理事会の決議では、平和条約実施の責任を負うものとされていた。イタリアは、殺害された者が大使会議の代理者であり、事件は平和条約実施の問題として大使会議に委ねられるべきであると主張した。結局、セシル卿の提案にしたがって、イタリアの行為の法的性格を究明することが先決問題とされ、理事会から法律家特別委員会に対して次のような諮問がなされた。諮問事項第四点がその核心をなすもので、こう述べている。「戦争行為を構成するものと意図されていない強制手段が、連盟国によって、他の連盟国に対して、(規約)第一二条から第一五条に定められている手続を経ずにとられたさい、このような強制手段は、規約の諸条項とあいいれうるものであるかどうか」と。これに対して、法律家特別委員会の与えた解答は非常に散漫なものであって、このような強制手段が合法かどうかは、それぞれのケースの特殊事情によるものとし、事実ののちにおいて争点を決定することを理事会にまかせた。「戦争行為を構成するものと意図されていない強制手段は、規約第一二条から第一五条の諸条項とあいいれることもあるし、あいいれないこともある。紛争が理事会に付託されたさい、事件のあらゆる事情およびとられた手段の性質に対して、しかるべき注意を払って、このような手段を続けてよいか、それとも中止を勧告すべきかを、直接決定するのは理事会の権限である」。[3] こう答えている。この解答は、戦争に至らない紛争解決手段が、どのようなときに規約に適合しているのか、どのようなときに違反になるのか、また、どのような標識が基準となりうるのかについては、完全に沈黙している。この点を、法律家特別委員会の委員であったド・ヴィスケルすら、こう批判している。「解答は、区別の原則を示唆してはいるが、その根拠を示すことをなにもしていない。その結果、規約義務とあいいれないものとみなされるべき手段を確定していない」[4]と。

法律家特別委員会は、なぜ、このように散漫な、どちらともとれるような不確定な、解答を寄せたのにとどまったのであろうか。諮問の仕方自体に関して、はじめは、今回のイタリアのコルフ占領という特殊ケースの合法性を問題にしようとしたのに対して、イタリアの反論のもとに、すでにして、問題を一般論に切りかえて諮問している以上、委員会の解答が政治的な配慮のもとになされたと考えるのは正確ではない。委員会には、およそ、三つの考え方があった。第一は、規約によっても、あらゆる復仇が許されているとするものである。第二は、規約第一二条に規定されている措置が終了するまでは、あらゆる復仇が禁止されているとするものである。第三は、復仇の名のもとに行なわれる強制手段を分類して、規約のもとに許されているものと禁止されているものとを区別するものである。どのような手段が認められ、どのような手段が認められないかについて、委員会でも大きな意見の相異があった。こうした委員会における混沌とした意見を通じて、しかもなお確実なことは、第一には、国際連盟規約が、特定の戦争を禁止したことは明確であるとしても、[5] 平時において、武力の行使を含めて、国際不法行為の中止、または救正を求めるために、被害国が強力行為に訴えることを、直接的に禁止していなかったということである。[6] 直接的に禁止していないからこそ、そこに解釈の相異が生じたのである。第二には、第一の問題以上に、本稿では直接的に関わりのあることであり、したがって、コルフ島事件を冒頭から掲げたわけであるが、ほとんどの委員にとって、一般国際法上、復仇が、制度として、慣習法として確立されていると考えられていたことである。したがって、コルフ島事件を契機とする問題も、確立されていると考えられる復仇制度が、特別国際法たる連盟規約によって、どの程度モディファイされたかという角度から検討されたのであった。第一の点では暧昧であり、第二の点では明確である。このディレンマから、散漫かつ不確定な解答が生れたのであった。

それでは、どの程度に、復仇は制度として確立されているということができるのであろうか。復仇権は慣習法上の権利と規定できるのであろうか。委員たちが明確なものと考えたこの復仇制度の実体に立ち入る前に、このような観念に支えられている委員たちの意識に向けられたイタリアのサランドラの見解をしるしておこう。サランドラはこう述べている。

「平時における占領または船舶の占取の諸例は、非常に多い。イギリス、フランスは、他の国家より、より頻繁に、この手段に訴えた。オーストリア、ドイツおよびアメリカにも、こうした行動の事例がある。このような手段は、国際法からみて、通常、コルフ占領の本来の原因よりも、それほど重要度のない、暴力行為への解答であった。連盟規約は、こうした平和的な阻止手段(peaceful means of repression)を禁止していると考えてはならない。前文には、国際法の原則が、あきらかに、承認されているではないか。これらの原則のうちには、平和的復仇の権利および保障手段としての占領の権利が入っている。それ故、これらの復仇は合法である。連盟規約を詳細に研究したシュッキング、ウェーベルヒ両教授のような、国際法の卓越した権威が、きわめて明白に、復仇および報復は禁止されていないと述べていることが銘記されるべきである(サランドラが典拠としたのは、Schücking und Wehberg, *Die Satzung des Völkerbundes*, 1921 という初版本の二九三頁である。一九二四年に出版された第二版(五〇八頁)

以後のものでは、委員会における考え方として紹介した第三の考え方がとられている―筆者補註―)。それ故、どのような戦争行為も、国際法違反も生じてはいない。われわれすべてが受容し、尊重する規約は、国際法の本質的、不可欠の部分である。が、その全部ではない。ブランティング氏は、この事件が先例になるのではないかと恐れているが、最近世界史に登場したイタリアが、単に顕著な事例にしたがったにすぎないことが忘れられてはならない」[7]と。

サランドラの見解をこれ以上敷衍することは不必要であろう。サランドラが、武力の行使をともなうものであっても、平時関係において適用される復仇の権利を、国際法の原則と考えていたことは確かであり、そのような国際法原則を連盟規約が制約しているかどうかという発想において、彼の抗弁は展開されたものである。こうした論理の展開そのものを否定した委員は存在しなかったし、その基底となった復仇そのものの観念なり、その制度的確立を疑った一般的教科書も見あたらない。[8]

※　Julius Stone, *Legal Controls of International Conflict*, 1954, p.40. どちらかというと、国際法ほど、二つの極端な考え方で塗りつぶされている法部門はすくないということがいえるであろう。一つは、国際法の原理、原則をどの時点、どのような状況のもとにおいても普遍妥当性を主張しうるものであるかのように考えるドグマチストの考え方であり、もう一つは、国際関係においては、法は力のなかに埋没すると考え、法の役割を冷笑的にしか見ようとしない、犬儒的リアリスト、あるいは偶像破壊者の考え方である。しかし、ドグマチストが考えるほどの普遍妥当性は主張しえないにせよ、したがって、特定の時点で、特定の国家の、特定の行為を規制することはできなかったかも知れないが、それでもなお、国際法には、時々移り変る度合いに応じながら、しかもなお、「すべての国家関係に平均的な長期にわたるエッセンス」というものが存在するはずである。特定の時期に、この度合い

がどのようなものであったかを検討することは、国際法の拘束力の基礎、あるいは、国際関係における法意識を探るための不可欠の作業であろう。法と社会的事実という基盤との関係(たとえば客観的法秩序を無視しようとする強国の事実上の権力)の討究の必要性を、マックス・フーバーは、『国際法の社会学的基礎』(一九二八年)において叙述している。

ここに、このような方法の一つの適用の対象として復仇制度の成立をとりあげたのは、主として、次の二つの理由による。第一には、復仇権の「制度的確立」には強大国の力の要素がいちじるしいかかわりあいをもっており、その事実上の権力が法確立にどの程度働いたかを知る恰好の素材となりうると考えられたからである。第二には、こうした力関係のなかにはぐくまれたという性格をもちながら、復仇には、力関係だけで説明することのできない、いくつかの法的制約が課されており、それらは復仇成立の更に巨視的な展望のなかにおさめられる、その前史ともいうべき、私的復仇において生みだされた法意識との連関においてはじめて説明されると考えられたからである。まさに復仇の成立過程こそ、法と力との接点と考えられるのである。

最後に、ここに引用した語句について補註を加えておきたい。引用句では、「勢力均衡との接触によって」と述べられているが、勢力均衡ということばは誤解を招く恐れがある。むしろ正しくは、「協調」もしくは「力関係」とでも置きかえられるべきである。「勢力均衡が国際法の発達を促したということは、部分的にいえるにすぎない」(**Edward Vose Gulick**, ***The Balance of Power***, **1943, p.35**)。勢力均衡の静的(平和維持的)作用と動的(平和破壊的)作用は、別の機会に検討したい。

1　E.S. Colbert, *Retaliation in International Law*, 1948, pp.81-82.

2　立作太郎「『会議外交』附、伊太利のコルフ占領と国際連盟との関係に関する法理」『外交時報』三九巻、二号、一八頁以下。
連盟規約第十二条　一　連盟国ハ、連盟国間ニ国交断絶ニ至ルノ虞アル紛争発生スルトキハ、当該事件ヲ仲裁裁判若ハ司法的解決又ハ連盟理事会ノ審査ニ付スヘク、且仲裁裁判官ノ判決若ハ司法裁判ノ判決ノ後又ハ連盟理事会ノ報告後三月ヲ経過スル迄、如何ナル場合ニ於テモ、戦争ニ訴ヘサルコトヲ約ス。
第十五条　一　連盟国間ニ国交断絶ニ至ルノ虞アル紛争発生シ、第十三条ニ依ル仲裁裁判又ハ司法的解決ニ付セラレサルトキハ、連盟国ハ、当該事件ヲ連盟理事会ニ付託スヘキコトヲ約ス。何レノ紛争当事国モ、紛争ノ存在ヲ事務局長ニ通告シ、以テ前記ノ付託ヲ為スコトヲ得。事務総長ハ、之カ充分ナル取調及審理ニ必要ナル一切ノ準備ヲ為スモノトス。

3　*Official Journal*, League of Nations, 1924, p.524.

4　Charles de Visscher, L'Interprétation du Pacte au lendemain du Différend Italo-Grec, *Revue de Droit International et Législation Comparé*, tom. 51, 1924, p.387.

5　Barandon, *Das Kriegsverhutungsrecht des Völkerbundes*, 1933, S.247. バランドンは規約第一二、一三、一五条を戦争禁止規定、第一〇条を、戦争の間接的禁止規定、すなわち、侵略禁止規定として捉えている。

6　法律家特別委員会で解釈上最も紛議をまき起したのは「国交断絶ニ至ルノ虞アル紛争」の解釈に関してであった。この語句は、一九一九年三月末まで「通常ノ外交手続ニヨリ処理サレナイ紛争」となっていた。この変更は、会議が規約を最終的に採択する直前に、その重要性を考えずに、起草委負会が行なったものであるという。Cf. D.H. Miller, *The Drafting of the Covenant*, I, 1928, pp.651, 661. この草案の語句を、スイスは、どのような紛争にせよ、紛争国間の外交関係が危うくなったときには、危険な点に到達したと認められなければならない意味のものと解釈した。しかし、この解釈は、外交関係が危うくされることなしに、平時における復仇がなされたことに留意すれば、タウトロジーに陥る恐れがある。参照、田岡良一「立博士に質す—連盟規約第十二巻と平時復仇について—」『外交時報』第三九巻四号、六三頁以下。

法律家特別委員会の第二の考え方、すなわち、規約第一二条に規定されている措置が終了するまでは、あらゆる復仇が禁止されているとなす考え方の代表者は、シューマンである(Schumann, *Die Repressalie*, 1927, S. 80ff.)。彼によれば、一定の要求を他国になしている国家が、外交的手続で解決できないとき、これを強制的に実現しようとすれば、あらゆる紛争が国交断絶に至るおそれのある紛争の段階に入るという。別のことばでいえば、外交的手続で解決できないときには、紛争を、仲裁裁判もしくは司法的解決または理事会の審査に付すべき義務が国家にあるのであって、その一つをも利用しないうちは、復仇は許されないということである。彼の考察の中核点は「国交断絶ニ至ルノ虞アル紛争」とは、このなかに、非常に重大な性質の紛争だけを考えるといった、特別の性質決定(Qualifizierung)を必要とするものではなく、穏便な解決の試みが無益になったのち、強制的実現により終了される紛争のことである(立博士の前掲論文も同じ趣旨)。シューマンはさらにこう述べている、「国家が、相手国の履行しようと欲しない要求を実現するならば、それが物理的な力によるにせよ、相手国の法益の別の侵害によるあまり甚しくない方式によるにせよ、平和破壊の事実はなくても、常に危険は存在する」と。しかし、要求主体が、自助によって、要求の実現を強制しようとする紛争は、必然的に、国家間の国交断絶をもたらすという考えは、のちにみるように、史実にてらしても、正しくない。なお、シューマンの見解の論理的矛盾については、Bardeleben, *Die zwangsweise Durchsetzung im Völkerrecht*, 1930, S.44 に指摘されている。

7　*Official Journal*, League of Nations, 1923, p.1314.

8　復仇権の「制度的確立」について、筆者は、多くの文献が一般に認めているほどの確信をもてない。なぜならば、稿を追って明らかにされるが、復仇権は、主要な大国の行動基準ではあったとしても、その時期における国際法団体内の成員の多くによって認められていたとはいえないからである。ある慣行が一般法とされるためには、全成員の **pactum tacitum**（暗黙の合意）を必要とするか、それとも、**opinio juris sive necessitatis**（法的または必要信念）の一致といった漠然とした概念、だがそれにしても、前者とちがって、かならずしも、すべての国家の合意を前提としないとしていることで十分なのか、意見は分かれている。この両者に一致点を見いだしうるとすれば、すくなくも、重要な国家を含む「多数の」国家の慣行が一般的慣習法の要素とされるということである。この基準をもってすれば、復仇の慣習法的基礎は欠けているといわなければならないであろう。だが、他方において、サランドラの見解のなかにみられるように、大国の行為すなわち、国際法の原則といった考え方もある。こうした考え方は、政治的な角度から表明されているばかりでなく、学説としても、カドゥリなどによって、国際法は「国際社会における圧倒的な勢力の決意」に基礎をもつとされている。ここに、「圧倒的な勢力」というのは、「いざという場合に、その権威をおしつけることのできる集団の共通の意思、決意、行動で十分である」（Tunkin, Co-existence and International Law, *Recueil des Cours*, 1958,III—山手治之訳、グリゴリ・I・トゥンキン「共存と国際法」『立命館法学』一九六二年、一号—に引用されている R. Quadri, **Le fondement du caractére obligatoire du droit international public**, 80, *Recueil des Cours*, 1952, I, p.625による）と述べられている。また、次のような事実にもこのことはあらわれている。第一次大戦までは、中立法上の慣習として、中立船の臨検は、交戦国軍艦がこれを停船せしめた場所で行なうべきこと、また、非交戦者の財産に対する爆撃は賠償をともなうとされてきた。しかし、第一次大戦において、商船に擬装したUボートが出現したことから、イギリスは、自国港にともなった上での中立船の臨検をやむなくされるようになったし、戦争の総力戦的展開から戦争目的遂行に効果的かどうかの判断基準が入りこんで、非交戦者の財産に対する損害の賠償責任原則が崩れてきた。このように、変った慣行が新しい法状況を決定したことに着目して、カプランは、「変化は、それが慣習的に行なわれたから起ったのではなくて、大国が支持しうる行動基準に合致していたから起った」(Kaplan and Katzenbach, *The Political Foundations of International Law*, 1961, p.250)と述べる。カプランにとっては、このような変化した慣行というものは、方便・便宜にもとづくもので、およそ慣習とはかけ離れたものと説明されているが、彼自身によって慣習の主たる特徴と考えられるものが明らかにされていないだけに、これらの事例はカドゥリの見解を側面から援護する役割をになうことになっている。このようにみてくると、慣習成立の契機のとらえ方は、まことに多様であるといわなければならない。カドゥリのような考え方をとるとすれば、ここに述べられる復仇権もまた、慣習法上の制度とされうるし、その他の考え方からみれば、これについての疑問も生じてくる。もちろん、その他の考え方においても、復仇の観念自体について疑問があるわけではない。観念については、復仇のなかに、まさに、国際法の制裁機能の実現をみるケルゼンのような考え方が、かなり広く認められている。疑問が生れるのは戦争に至らない武力の行使という、復仇の若干の態様に関してである。この問題を解決するためには、慣習の主たる特徴とは何かという角度から追求する方法と慣習とされているもの(putative customary international law)の成立の契機が何に求められていたかを追求する方法とが可能である。もちろん、この二つの方法は相互関連的である。あるいは循環論理的である。すなわち、何らかの特徴をもって慣習とみなしているからこそ、ある事象を慣習としているのであって、その成立の契機を求めることは、「何らかの特徴」を見いだすことになるといったように。そのような循環論理に陥らせないために、ここでは、まず、コルフ島事件における論議のなかから「復仇は慣習法上の制度である」という、一般に認められている根づよい考え方をとりだし、その実体について検討を進めるための仮設とした。

二

復仇は、国際社会における諸国家の長い接触の間に、慣行として成立した。とくに、平時における復仇は、戦時復仇が、きわめて最近になって戦争法規の成立とともにはじめて国際法上の現象として捉えられるようになったのに対して、すでに中世においても、国家間の関係において、あるいは、当時の国際法理論において、大きな役割を演じていた。[1]

もとより、この時代における復仇は、今日われわれが復仇と呼ぶいわゆる《公的復仇》とは、要求の性質、態様などにおいて、根本的な相異がある。[2] これに対する規制という点からみても、そうである。しかし、公的復仇にまつわる、その行使にあたってのいくつかの要件が、その先駆的な役割を果したとされる復仇という同名の現象のなかに辿られたとしても不思議はない。むしろ、両者の間にはきわめて密接な対偶関係が見いだせるのである。このような対偶関係にあるという理論的装束が、かえって、ある場合には、事実において要件からはずれている行為をも、復仇の名によって合理化することを許し、ある場合には、そのような行為を、国際法の名において規制し、強制しようとする国家行動を可能ならしめたのである。かつて、何らの先例も確立していなかったときに、仲裁者は、学者、良識、あるいは衡平にその根拠を求めたとコペルマナスは語っている。場合によっては、仲裁者の国内法から、あるいはローマ法からすら裁定は引きだされている。時がたつにつれて、つみ重なった裁定が国際法の原則を確定したり、その生硬さを修正したりした。こうして、その後の仲裁者が拠りどころとした一群の原理が生れでた、ともコペルマナスはいう。[3] 一四世紀から一八世紀にあらわれた復仇は、国際間の現象である。国内法原理より以上に、近代の復仇が、その理論的根拠を、前時代の復仇に求めても、当然のことと考えられよう。

前時代の復仇は《私的復仇》(private reprisal)と呼ばれた。注意しなければならないことは、《reprisal》という語は、一三世紀以降、当時妥当していた規則に従ってなされる個人の自助を述べるために用いられた[4]ということである。自助あるいは自力救済が、受けた損害に関して、広く、その充足か救済をうる方法についての一般的用語であったのに対して、**reprisal** は、中世の理論および実際において、個別的に、法的に認められた慣行に関わる語であった。

中世においては、自助が、国内法においてもなお広く行なわれていたが、[5] 国家を超えた領域においては、とくに、自助だけが国家間における唯一の権利保護の機能を営むものであった。地方的権力が拡充されていなかったから、外国貿易に従事する商人は、自己の力にたよる以外に、その保護を見いだすことができなかった。ときには、これらの人々の商品は、外国領域を通過するさい、その主権者の欲望の餌食とすらなった。地方法が効力をもつ地方ですら、外国人たる訴訟者は、地方的権力によって公正な取扱いを受けることができなかったし、また、自己の属する地方的権力の手による救済という観念もまだ一般的には認められていなかった。その結果として、個人が自助に訴えることは、奨励され拡がるようにすらなった。[6] 私的戦争が蔓延するようになったのはこの時代である。しかし、その度合いが激しくなるにつれて、そして、地方的権力の拡充ともあいまって、主権者は、自己の政治上の責任の範囲を明確にする必要を知った。一二九二年にはじまる英仏間の戦争は、この重要な契機である。この年、バイヨンヌ(Bayomne)において、喧嘩がもとで、イギリスの水夫がフランスの水夫を刺殺した。フランス側はイギリス側に「報復」し、イギリス側はさらにフランス側に「報復」[7] した。この事件に端を発した争いは、一三〇三年まで続く戦争を誘発した。ここに、君主は、その臣民の要求の正当性を検討するために、権限を与えることとの必要性を感じた。これについては、すでに、一二九五年に、エドワード一世の書簡がある。[8] また、臣民の側からいっても、真正の損害の救済を求めようとする場合に、海賊の嫌疑をうけたり、処罰をうけることのないように、強制捕獲の権限を与えられることが適切となってきた。この権限付与は、免許制度の形式をとった。私掠免状(a letter of marque or reprisal, lettre de marque ou de représailles)[9] といわれ、外国において損害をうけた個人に対して、規定された方法——通常、不法をなした団体の成員のなんびとかによって所有されている所定の価値ある商品または財産の没収——によって救済をうる権限を与えた。こうした免状を出す慣行は、なによりもまず、拡大してきた通商交易の保護として、イタリアの都市国家の間にあらわれ、[10]一四世紀の末には、西ヨーロッパにおいて、一般的なものとなった。

ここで、簡単に、私掠免状の発行形式に触れておこう。外国において損害をうけた個人は、没収あるいは捕獲の許可を請願するという形式で、特定の官吏に訴えをなすものとされていたが、この官吏は、イギリスでは大法官(御璽の保管者)であり、フランスでは請求者の居所に最も近い海事裁判官であった。[11]そのさいに、彼は、外国の裁判所に訴えをなしたが効果がなかったことを証明することが必要であった。つまり、いわゆる裁判拒否が、私掠免状発行の前提要件であったのである。多くの法律や命令がこのことを示している。たとえば、一三三二年に、パリの海事裁判所は、ある商人が、マジョルカ王の臣民に対する私掠免状を要求したのに対して、彼がマジョルカ王側の裁判拒否を立証することを怠ったという理由で拒否したし、スコットランドで、ディヴィッド・ロバートソンに与えられた私掠免状は、ハムブルグで正式に裁判が請求されるまで、その効力を停止させられた。[12]こうした裁判拒否を前提としたということは、今日のことばでいえば、地方的救済手続を経たかどうかということと関わるわけであるが、そのほかに、救済手続をつくした後の、一定の時日の経過(多くは三月乃至四月)も要件とされていた。

それでは、私掠免状の内容はどのようなものであったか。すでに、一二九五年に、バイヨンヌの市民であるBernard Dongresiliという人に対して、ポルトガル人に対する復仇の権限を与えた、イギリス王のガスコニーにおける代理者ジョンにより発せられ、イギリス王エドワード一世によって批准された文書のなかに、きわめて周到かつ綿密な要件が見いだされる。[13]この文書にみられる私的復仇を合法化するための要件は、次のようである。

(一)　請求をなさしめるに至った事情の証明をともなった一定額の請求。こうした事情とは、捕獲された時、処、その他の事情、ならびに品物の価値などのことである。

(二)　加害者の不法行為により請求が提起されたことの証拠。

(三)　外交的、法的またはこれに類する手段を用いるあらゆる実際的努力がなされたが、賠償または救正をうるのに失敗したこと。
(四)　適切な国家権威による明確かつ特殊の権限付与であること。
(五)　特定団体の成員の商品に捕獲を制限すること。
(六)　請求を満足せしめるのに十分な額プラス合理的費用に捕獲を制限すること。
(七)　完全な代償がえられれば、直ちに、捕獲は中止されること。
(八)　不当に、または請求額を超えて捕獲された商品の返還または代価支払。[14]

一二九五年のような、初期における復仇権限付与が、細目にわたって次の四世紀以上にわたって機能したあらゆる要求と仮定とを、ほとんど覆っているということは、すでに私的復仇の慣行が、いかに早くから発展していたかを示すものとして、極めて興味あるものである。私掠免状には更に、一三一六年のそれに示されるように、[15]捕獲品が、捕獲手続に従って、所定のイギリス当局——後には海事裁判所——に依管されるべきこと、捕獲品の完全な計算、あるいは、一定の消滅期限(爾後の無権限の没収は、海賊行為とみなさる)が付されていた。[16]このような私掠免状の発行権限は、宣戦の権と同じように、主権者の大権とみなされ、通常、免状は、主権者によって、[17]彼自身の臣民にだけ発行された。[18]けだし、自己よりすぐれたるものをもつものは、彼自らの権威にもとづいて、法の救正を犯すことはできないからである。それ故に、自己にすぐれたるものをもたぬものだけが法においても、事実においても、復仇を宣しえたのである。

こうした免状による捕獲権限は、次第に、慣習、法令および条約などによって、特定の個人および団体を、排除することになった。[19]商業の利益のために、主権者の管轄内において貿易に従事する外国商人の商品が、復仇からの免責をうけた事実がこれである。イギリスの法令は、ロンドンの金融業者のロムバード街を、復仇から保護した。フランスでは、ユダヤ人は、その生命、財産について免責をうけ、また、一五世紀初頭、シャルル七世は市《いち》の保護のため、これに集る商人は、復仇から免除されるべしと命令した。種々の理由で、婦女子、僧侶、学生、外交使節は、一般慣習によって、免責された。[20] ここで注目すべきことは、このような免責条項成立以前にすら、その当初からほとんど不変に、復仇による捕獲が支配者の財にではなくて、その臣民のそれについてなされたということである。これは、一部は疑いもなく、もし王室の財が捕獲されるなら、戦争の危険をもたらすということが考慮されたためであろう。[21] 私的復仇が、その根本において二国間の戦争をあくまで回避しながら、平時においてなされる救正手段であるということのきわめて興味ある特徴であって、近代の復仇の平時的性格にもあい通じるものがある。

1 H. A. Schütze, *Die Repressalie*, 1950, S.17.

2 田畑茂二郎「外交的保護の機能変化」(二・完)『法学論叢』第五三巻一二号、一二頁以下は、両者の間の「転換」を指摘した重要な論文であり、筆者も、行論の過程において、この転換を強調する。もっとも、この転換は、要求の主体、性質、態様について見られるのであって、それ以外の点において、前時代の復仇と断絶的であるわけではない。むしろ問題は、その点にこそある。前時代の復仇を検討しようとする理由はここにある。

3 Kopelmanas, Custom as a Means of the Creation of International Law, *British Year Book of International Law*, Vol.XVIII (1937), p.143.

4 この語は、最初、一三世紀に法律家によって用いられた(Ernest Nys, *Les Origines du Droit International*, 1894, p.68)。また、この語は、中世を通じて、低部ラテンのmarcaという語と、常に、緊密に結合して用いられた。一四世紀中葉の王は、letters of mark and reprisals あるいは lettres de marque ou de représalles(私掠免状)と述べている。このreprisalと結びつけられたmarcaとかmarcareという語の起源は、もう少し早く、既に、一二世紀にあらわれている。marcareとは「特権をもって捕獲する」の意味である(Maccoby, Reprisals as a Measure of Redress short of War, *The Cambridge Law Journal*, vol.II, 1924-26, p.60)。それぞれの語についての、より詳しい考証は、Grover Clark, The English Practice with regard to Reprisals by Private Persons, *American Journal of International Law*, Vol.27 (1933), pp.700-702 に述べられている。reprisalは、異なった時と処によって、慣行が非常にちがっているので、正確に定義することは難しいし、また、それがここでの課題であるわけでもない。おおよそ、次の叙述が、当時の勅令、条約、慣習からひき出された、まずもって満足すべき規定づけとされる。すなわち、「復仇権は、個人が、相手国の法的手段によって裁判をうることができないときに、自己の属する主権者の権威か、時には力によってすら、財またはこれと同等のものを、外国またはその市民からとりもどすために、彼に認められた権利である」。

5　拙稿「血讐論」『法学協会雑誌』第七〇巻一、二号(本書、五―八五頁に収録)。

6　Albert E. Hindmarsh, *Force in Peace —Force Short of War in International Relations—*, 1933, p.43.

7・8　事件の概要は、Maccoby, *op. cit.*, pp.61-62. なお、ここでは、復仇と反復仇という語によって説明しているが、私的復仇の正しい概念をつかむためには、かえって、妨げになるので、筆者が改めた。

9　一時は、二種の書状が発せられた。主権者の領土管轄権内においてだけの捕獲権限を与えた letter of reprisalと管轄外における捕獲権限を与えた letter of marque である。通常、請求者は、可能なかぎり広い範囲の捕獲権限をうるために、二通を求めた。そこで、両者を合わせたものが用いられるようになった。Cf. Nys, *op. cit.*, pp.64-65,71-72.

10　私的自助の規制は、まず、上部イタリアの都市国家ならびにハンザ同盟のように高度に発達した商業社会で行なわれた。こうした自助規制——私的復仇——から、さらに、私的復仇それ自体の制限へといった歩みが、これらの地域では急速に進められ、すでに一一九五年ごろのブレスキアとフエッララという都市国家間の条約は、二都市国家間で貿易に従事し損害を受けたさいには、債務者に対してだけ訴因をもちうべきことを定めていた。また、一四世紀には、フローレンスで、メルカンツィア(the Mercanzia)の裁判所が、ギルドの成員と外国人との紛争に対する管轄をひきうけ、通常裁判所の手続よりも、複雑でなく、かつ、時間を要しない手続を採用するまでになっていた。こうして、イタリアでは、一四世紀に、早くも私的復仇の慣行すら稀になり、一五世紀には完全に消滅した。ヨーロッパのほかの地で、一八世紀まで私的復仇の事実がつづいたのときわめて対照的である(Colbert, *op. cit.*, p.13 ff.)。

11　Hindmarsh, *op. cit.*, p.49; Maccoby, *op. cit.*, pp.62-63.

12 これらの事例は、Colbert, *op. cit.*, p.16ff. に詳しい。

13 ジョンの文書では、まだ reprisal という語は使われていない。グローヴァー・クラークは、一三五四年の Act.27 Edward III. statute 2. C. 17に représailles としてあらわれたのがイギリスの公文書に使用された最初のものであることを指摘している。(Grover Clark, English Practice with regard to Reprisals by Private Persons, p.700 および p.700, note 17, *American Journal of International Law*, Vol.27, 1933)。

14 Grover Clark. *ibid.*, pp.695-698.

15 *Ibid.*, p.698, p.705.

16 Hindmarsh, *op. cit.*, p.50.

17 もちろん、イギリスおよび後のフランスを除いては、主権者は、必ずしも、君主ではなかった。イギリスで、復仇が、君主にだけ、権限づけられるかのようにエドワード三世が述べるようになったのは、一三五三年のStatute of the Staple, p.17 であって、さらに、ヘンリー五世は一四一四年に、イギリスの大きな港ではどこでも、外国人に対する告訴を聞くために、〝休戦の管理者〟(Conservator of the truce)を任命することによって、復仇に訴えることをさけようと試みた。また、当時の一般の船乗りが、正当な復仇と考えていたかもしれないものを、彼は、厳密に、海賊行為として処罰させた。また、君主は、私掠免状によって、臣民の復仇を制限したばかりでなく、このような権限付与の自己の権利を制限することもした(Maccoby, *op. cit.*, pp.62-63)。フランスでは、私掠免状を発する特権は、一四八五年のシャルル八世の勅令によってはじめて、君主にだけ保留された。ルイ一四世による一六八一年の海事令(Ordonnance de la Marine)は、決定的に、手続きを確定した。この勅令以前には、このような特権は、GovernorやParlementに分与されていた。Colbert, *op. cit.*, p.33, note 92; Maccoby, *op. cit.*, p.64; Schütze, a.a.O., SS.22-23.

18 しかし多くの例外があった。権限は与えられたものの、遠征の資金をえることができない商人は、これらの免状を他人に売り、彼があらゆる権利を行使した。Hindmarsh, p.51, note 3; Sir Robert Phillimore, *International Law*, III, 1885, pp.30-31.

19 T. A. Walker, *A History of the Law of Nations*, 1899, p.121.

20 Colbert, *op. cit.*, p.42.

21 ただ、一五六九年 William and George Winter はポルトガルの臣民の船舶、商品ならびに、王のそれを捕獲する権限を与えられた。

これについて、コルバートは、「この異常な権限は、一部は、Winterが実際にポルトガルの公船により略奪されたという事実によって説明されよう。しかし、これは、それ自体としては、稀有のことではないから、記録にあらわれていない他の契機があったにちがいない」と述べている(Colbert, *ibid.*, p.35)。

三

こうした一四世紀から一八世紀に至る私的復仇の慣行は、同時に、国家社会の発展における変遷の局面をも表示していた。これに先立つ時代は、国内的混乱の時代であって、政治社会は、ようやくにして、封建制の停滞的影響を意識しはじめていたものの、外国における個人の利益保護のための国家による責任は、まだ、理論においても実際においても、考慮されることがなかったのである。私的復仇の慣行は、国家が、在外国民権益保護の完全な責任をひきうけて、この権益推持のためにきわめて積極的になった近代の慣行の先駆の役割を果した。混沌ともいうべき無制限の私的戦争から、規制された私的復仇への発展は、ある程度、直接的、無制限な暴力の行使を避けしめたのである。こうした私的復仇の慣行から、近代国際法に根本的な多くの規則と原則が生れてきたといわれている[1]。

それでは、私的復仇は、どのような制度で、どのような理論的構造をもつものであるか。私的復仇制度は、二つの理論的基盤の上に立つ。一つは、前述した裁判拒否の概念であり、もう一つは、共同責任理論である。裁判拒否は、前に見たように、被害者たる個人に対し、訴えをなされた外国の君主または裁判所が、悪意や無能力の故に、現実に、その裁判を拒否する場合[2]、裁判の遅延する場合[3]などのほかに、不当な判決を下した場合[4]、あるいは、こうした裁判所手続を経なくても、不法をうけた個人が自己の努力によって、不法行為者の国家から救正をうけることができないと想定される場合[5]などに妥当させられる。こうした裁判拒否のうちには、すくなくも二つの要素が含まれている。第一は、ある国家の市民または機関の、他の国家の市民または機関に対する、不法行為が存在したということであり、第二は、自己の支配者の調停にもかかわらず、不法を受けた個人に、救正が拒否されたということである。そして、このような裁判拒否があったとき、請求者の属する主権者への権限の譲渡を必要とする管轄の不履行があったものと仮定されたのである。[6]

このように、管轄および権限の譲渡を仮定するということは、いうまでもなく、絶対主権理論と完全に対立する。それ故に、私的復仇の理論と実際とは、一七世紀に、その領域内における絶対支配を要求する強力な民族国家が出現するに従って、増大する抵抗に遭遇せねばならなかったのである。

裁判拒否を管轄譲渡と仮定して、はじめて、私人たる請求者に対するこうした主権者の行為は、正当化の根拠を見いだしうる。もっとも、このときにすら、主権者は、個人の請求者が実力に訴えることを、正式に権限づけるという以上のなにごともなさなかったのである。ここで、私的復仇のもう一つの理論、すなわち共同責任理論が求められた。私掠免状によって、加害者のみならず、加害者の属する団体の一員であるならば、なんびとの商品または財産の没収の権限をも与えるという許可が与えられたが、こうした無差別的免許は、政治団体が、外国人に対する不法行為につき、生命および財産の点で、責任を負うひとびとから構成されるとの根拠にもとづいてのみ、正当化される。代理責任を意味する共同連帯のこの概念は、中世の法律家によって、はじめは私的復仇の道徳的基底として、後には、法的基底として、一般に受けいれられるようになった。[7] こうした共同責任理論は、筆者が、血讐について指摘した、受身的(消極的)連帯思想に相応する。[8] カップウスは、このことを次のように説明している。「国家的共同体内での共同生活は、個人の生命の自由なる発展のための、必然的、歴史的に与えられた前提である。個人存在の可能性は、彼に財の恒久性を保証し、彼を外部および内部の敵から防禦する社会団体の秩序によって確保される。全体への組入れから成員の受ける利益と、全体の利益のために彼に課される不利益とは照応する。国民は、その発生に自ら直接かかわりなく、しかもその履行が、明らかに、彼にとって、好ましくない義務の主体となる」と。[9]

こうした共同責任あるいは連帯の理論の意義は、それが、国家という「全体」に「部分」を融合させようとした感情に表現を与えたという点にある。それは、国家像統一のための意義を強めた。論理的に一貫性をもたせれば、それは、国民の侵害は、同時に、国家に対する侵害を意味するという観念にまで、辿ることになる。私的復仇から近代の復仇への移行は、ここに準備されていたということができるのである。こうした方向への歩みは、主権者の私掠免状の付与が本来的には自由裁量行為であったのが、次第に、保護要求に対する支配者の義務となるに至ったことにあらわれた。これによって、はじめて、間接的にだけではあったとはいいながら、公権力が、保護方策の過程に組み入れられたのである。

もちろん、私的復仇の実際が、このような二つの理論の慎重な合理化から成長したというのではない。時代に特有の諸条件が「必要な悪」として、こうした慣行を発生させ、法令、条約、法律家がこれに法的形式を与えたのである。法律家は、この不可避的事実を合理化する試みにおいて、有益な役割を演じている。なぜなら、管轄譲渡および共同連帯という二つの根本原理は、結局、私的復仇に、ある理論的制約を供するのに役立ったからである。ローマの没落につづく混沌に代って、封建制度が、比較的安定した基盤をもたらしたとはいいながら、海賊は、依然として長く、地中海商業世界に、風土病的存在であった。こうしたとき、私的自助の規制——私的復仇——は、混沌とした世界に、ある程度、秩序の要素を導入したといえるのである。

そうはいっても、筆者は、私的復仇を合法化することだけに眼を奪われているわけではない。中世および近世初期の歴史をひもとくとき、しばしば、「私的復仇」が海賊行為の別名であるかのような印象を与えていることも事実である。私掠免状の所有者は、制約されることなく公海を彷徨し、自己より弱いすべてのものに対して恣意的に免許を行使する、武装掠奪者と述べられている。事実、こうした批判が支持されうる理由もないわけではない。たとえば、一四七六年にスコットランドのジェームス四世によって与えられた私掠免状を、三五年間、海賊の目的のために用いた有名な the Bartons の事例がある。一五〇九年から一五一一年にわたるフランスとスペインとの商議は、過去二五年間、両国の国民が公海における略奪の口実として、すでに無効になった私掠免状を用いていたことを曝露している。一六五五年七月、イギリスにより発行された私掠免状は、次のような宣言により無効にされた。「それらは、略奪と海賊行為をうけ、救済をうけることのなかった商人その他に与えられた。しかし、朕は、その中のあるものが、これにかこつけて、友好関係にある君主および国家の人民の船を捕獲し、イギリスの貿易を不振にし、かつ不名誉をもたらしたこと、また通常の手続をもってしては、こうした不法を抑止することができないことを知って、一六五五年八月一日以降、すべての私掠免状が無効であることを宣言する。それ故、爾後、捕獲されたすべての船は、正当な証拠があれば、訴訟なくも、持主に返還され、かつ、これらを捕獲したものは、海賊として死刑に処せられるべきである」[10]と。

また、私的自助の法化は、それがあくまでも、自助の法化であるという点で、裁判の本質的原則との明白な矛盾を生具していることも事実である。私的復仇の全法構造は、裁判官の存在なしに、紛争の存在をもつという、この本質的に非法的な基底の上にうちたてられているのである。より正確にいえば、紛争の一方の当事者の君主が、他方の行為の合法性について決定をなす裁判官たることを僭称した。それ故に、自己の上に裁判官を戴かず、自ら裁判官たることを僭称する君主は、私人の復仇の規制者としてあらわれながらも、その規制は、君主の、そして国家の意思に委ねられているが故に、復仇が便利とみられるときには、裁判拒否が高度に弾力性ある語となることも可能であったし、現にそうなったのである。こうして、われわれは、一方で、私的復仇が、ほとんど戦争の原因でなかったのに対して、それが、しばしば、戦争に直接先行する緊張状態の中に存在する悪化の要素の中にあらわれたのを見いだす。これらの場合には、復仇が、法とはかかわりのすくない、政治的動機として用いられたことが、明らかである。一五四七年から一五四九年のイギリス・フランス間の復仇、一六五一年のイギリス・フランス間の復仇戦争（war of reprisals）[11]がこれである。

それにもかかわらず、私的復仇は、本質的には、私人の自助行為の規則として機能したということができる。ドキュメントの研究は、私人の損失の救正のために、私人に対して合法的に発行された私掠免状執行における高度の合法性を明示している。上に述べられたような無法な状態があったことは事実である。しかし、これらは例外としてあらわれたのであって、一般的には、反復仇の恐怖が、過重な行為を抑制する傾向があった。こうした過重な行為、そして反復仇は、私人間の関係を超えて、二つの国家の間の重大な緊張をもたらす。繰り返しのべるように、私的復仇は、本質的には、こうした緊張をおこさないための、私人の自助の規制としてあらわれ、かつ機能したのである。

また、復仇原理の後の発展から見て、私的復仇の非常に重要な特徴は、その行使が高度の画一性を獲得していたということである。その本質的特徴は、金銭上の請求の存在、請求者が自己の努力によって求償をうることに失敗したこと、つづいてその人民のために公正をえようとする主権者の努力が失敗したこと、そして最後に、主権者によって、損失額プラス合理的費用に相当する不法行為国の人民の財の捕獲が権限づけられたことである。ただ、復仇戦争において政治的武器として用いられるときにのみ、私的復仇は、その規範から乖離し、未来をトしえないものとなったのである。[12]

こうして、私的復仇は、その執行主体が私人でありながらも、いな、私人であるがために、これを包括する、より高次の団体たる国家が、規制要素として介在する結果として、ともかくも整序された制度たりえた。このような私人の自助規制は、国内社会において、公権力の担い手として、その意思と力を表明しはじめた国家が、その照明力を外に向け、一切の自己の主権に浴する人々に対して、その意見を主張しようとしたことの帰結であり、場所的に多少のズレはありながらも、国の内と外における私人の自助規制は、公権の成長過程のある時期において、ほとんど同時に行われたといっても過言ではない。こうした私的復仇における規制は、万一の場合における主権者の政治的責任範囲を明確にすることの考慮の意味で働いたとはいいながら、外国人に対する規制ではなくて、あくまでも自己の主権管轄に層する人に対する規制であった。そして、こうした私的復仇は、裁判拒否が示すように、属領内における外国人に対する司法管理の、主権者による懈怠と無能力に根本原因が存在した。主権者がその属地的支配権力を強めるようになると、司法における外国人の特異な差別待遇もすくなくなり、私的復仇の原因も稀少化された。さらに、こうした主権者の支配権力は、属人的にも、私掠免状の交付による規制の段階を踏み越えて、私人による復仇執行を、自己の手による執行に代置するようになるが、これも、支配そのものの性質として、異とするに当らない。こうした支配は、責任を系とする。人民に対する救正されざる損害は、国家に対する犯行を構成するという見解が受容されると、国家自身による執行行動が、論理的帰結となった。中央集権的民族国家の成立を俟ってはじめて、復仇把捉における根本的変革の基礎が存在したといわれるのは[13]、ここにその理由を見出しうる。国家権力の確立は、支配者に、被支配者に対する保護義務の意識を植えつけるとともに、国家の強力な手に援助を求めようとする被支配者の側の要求を増大させた。同時に、高揚された民族意識は、どのような些細のものであれ、外国に対する関係はすべて、国家の全体利益に影響を及ぼすとの感情を生み出した。狂熱をよりどころにした狭量な主権原理により支配された、この領域においては、それまで一般的であった個人による法行為――私的復仇――は、もはやその存在の余地をもたなくなったのである。こうして、支配権力と市民との国内関係についての啓蒙期の新しい理念と、古い復仇把握とは、結合しがたいものとなっていった。なによりも、外国人に対する自己防衛は、絶対主義的支配者の「主権権限」(Souveränitätsrecht) の侵犯にほかならなかったことであろう。[14]

こうして、復仇制度の初期にあらわれた私的復仇は、その役割を果し、歴史の中に消えてゆく。そして、国家自身によりなされる新型の復仇がこれに代る。しかし、こうした新型の復仇の出現とともに、私掠免状による旧型が完全に消滅したわけではない。私人に与えられた私掠免状の最後の例は、一八世紀の終末に見いだされる。フランスのルイ一六世は、一七七八年、宣戦以前に、イギリスの奪略者のために多くの船を捕獲された二人のボルドーの商人に、私掠免状を与えた。しかし、この時は、正式の戦争が介在し、純粋にして、簡明な復仇許可にもとづいてとられる行為を阻害した。[15] 私掠免状を発行する権利の一番最近の条約上の承認は、一七八六年のイギリス・フランス間の通商条約に見いだされる。が、この権利は、狭く限定されている。史実はさらに、一七九三年、ジェノアに対する、あるマルセイユ人への復仇許可のあったことをもつけ加えている。[16]

その後、私掠免状は、戦時にかぎって、敵の財産を海上において拿捕する権限を、私掠船 (Kaperschiff, privateer, la course) に与える国家の権能を意味するものとなった。初期中世にまでその跡を辿ることができ、復仇の問題と常に緊密に結びつけられてきたこの方式は、一九世紀前半まで保持された。[17] それは、一八世紀、一九世紀初頭の植民地戦争において、重要な役割を演じ、濫用の危険のために、激しい不信をこうむり、常備海軍力の成立とともに、次第に、廃止されたものである。[18] 一八五六年のパリ海上法宣言は、「私船ヲ拿捕ノ用ニ供スルハ爾今之ヲ廃止スル事」と規定した。

このころ、すでに、他国に対する国家の強制手段としての復仇が存在していた。しかし、旧型の復仇を早急に追求すべく運命づけられた、新型の復仇出現の重要性は、国際法学者によって、直ちには注目されなかった。たとえば、ヴァッテルは、外国において違法に捕えられた自国臣民の釈放を強制するために、外国人を拘禁したことを述べているが、その根本的重要性が何であるかに対して注意を払っていなかった。それは、私人の自助ではなくて、国家自身により、外国またはその臣民に適用された強制手段であった。別の項で、[19]ヴァッテルは、私人たる市民により執行される私掠免状によって国家が権限づけた復仇と、直接国家によりなされる復仇とをあげているが、前者がすでに死んだ方式であって、後者が重要性を増しつつあることを注目していなかった。このころすでにあらわれていた国家の他国に対する強制手段として、マッコービーが典型的な例としてあげるのは次の二つである。イギリスのクェイカー教徒の船が、フランス海岸で違法に拿捕されたため、クロムウェルが、その賠償要求の書簡を、未成年者であったルイ一四世の後見人の、フランス首相カルディナル・マゼランに送り、規定された三日の期限内に解答をうることができなかったとき、彼は、フランス船と商品を拿捕し、クェイカーのうけた損失が回復されるまで売却されるべしとの命令を与えて、二隻の軍艦を出発させた。命令は執行され、クェイカーは損害賠償をうけ、余剰は、フランス公使の処理に委せられた。この手段は、フランス側の抗議もうけなかったし、戦争をもたらしもしなかった。また、オーストリヤ継承戦役(一七四〇—一七四八)のさい、プロシャが中立であったとき、プロシャ商人がイギリス海軍およびイギリス捕獲審検所でうけた取扱を、フレデリック二世に痛烈に訴えた。フレデリック二世は、その臣民のために、多年にわたって外交的努力をかたむけたが、成功しなかった。彼は、著名な法律家 Cocceji を委員長とする委員会を任命し、イギリスの捕獲および宣告が正当であるかどうか、もし正当でなければ、どのような賠償額が妥当であるかを報告させた。この委員会は、イギリスの海事裁判所および司法裁判所が、国際法に違反し、かつ、イギリスの国璽尚書からロンドン駐在プロシャ大使に述べられていた宣言に違反して行動していると報告し、被害をうけた商人に、賠償されることが正当なりとした。委員会は、請求を検討し、二三九、八四〇クラウンから一五六、八四六クラウンに縮減し、ただ利子として、三三、二八三クラウンを加えた。フレデリックは、自分がイギリスの国民に負っていた支払債務を、商人の損害賠償に用いることを正当づけられた。彼は、委員会の報告にもとづいて行動した。しかし紛争は、一七五六年、妥協によって解決された。[20]

さらに、近代の復仇への発展の中間段階を、国家の国家に対するいわゆる一般的復仇(Generelle Repressalie, general reprisal)が形成している。一般的復仇の宣言または一般的私掠免状の交付によって、直接の被害者だけでなく、すべての国民および戦力に、外国乃至その国民の財産、および外国人を拿捕する権限が与えられるものである。ヴァッテルの、「復仇は、ほかに公正をえることが不可能なとき、国家が自ら、これをえるために国家に対して用いられる」[21]という命題は、彼が、厳密な法律的意味では、特別復仇(Spezielle Repressalie, special reprisal)という国家に権限づけられた自助手段について述べたものであるとはいいながら、この一般的復仇について語ったものとされる。[22]一般的復仇は、政治的乃至財政的な、国家の要求実現のためになされ、厳密な意味では、戦争ではない。ただ、公然たる戦争に近接しており、これを加えられる国家が、あえて戦争をなそうとするときにだけ、通常、戦争へと移行する。七年戦争も、一七七八年のイギリス・フランス間の戦争も、一般的復仇をもって始められ、両者の間に戦争が現実に宣言されるまで、長くつづけられた。[23]一般的復仇は、正式の宣言なしに戦争を始める手段としてか、現実の戦争において用いられた。アメリカ大統領ジェファソンは、正式の戦争と比べて、その利点を平和条約の形式によらなくとも、一般的復仇の宣言の取消によって、平和状態が再確立されうるという点に求めている。[24]イギリスがトルコの側に参加したクリミヤ戦争では、一八五四年三月二九日に、イギリス枢密院は、その海軍力によるロシアに対する一般的復仇を命令した。

しかし、こうした一般的復仇もまた、国家の慣行から消え去った。海戦における拿捕権は残っているが、それも、常備海軍の艦船によって、行使されるにすぎない。[25]

1　私的復仇の制度は後述するように、共同連帯および共同責任の概念にもとづいて発展させられた。この概念は、干渉の権利として、近代の強制による在外国民保護概念の基底となっている(Edwin M. Borchard, Limitation on Coercive Protection, *American Journal of International Law* (1927), XXI, p.303. また、私掠免状による財産の没収および清算を支配する法令、規則は、近代捕獲法の基盤となった(Hindmarsh, p.54, note 2., Schütze, a.a.O., S.23, Anm. 29)。

2・3・4・5　Colbert, *op. cit.*, pp.15-23.

6　Hindmarsh, *op. cit.*, p.45. 同書に引用されている Giovanni de Legnano, *Tractus de Bello, de Represaliis, et de Duello* (Carnegie Institute, 1917, Chs. 148-150, pp.322-323) によればレグナノは、復仇を「不履行の管轄を承継した」主権者の許可をえて、個人によりなされる行為の一形式とみなしている。

7　Hindmarsh, *op. cit.*, pp.46-7.

8　本書、二七頁以下。

9　Georg Kappus, *Der Völkerrechtliche Kriegsbegriff in seiner Abgrenzung gegenüber den militärischen Repressalien*, 1936, SS.14-15.

10　Colbert, *op. cit.*, p.47.

11　*Ibid.*, pp.48-49 に詳しく当時の事情を述べている。

12　Kappus, a.a.O., S.16; Hindmarsh, *op. cit.*, p.53.

13　田畑茂二郎、前掲論文、一二一―一二二頁。

14　Kappus, a.a.O., S.16.

15・16 Hindmarsh, *op. cit.*, p.53; Maccoby. *op. cit.*, p.66.

17 Wheaton, *Elements of International Law* (8th ed.), 1866, §292, note 151.この場合の、敵の公、私船を拿捕する私人の権限には、当然のことながら、私人が相手から損害をうけているかどうかには、かかわりがなかった。

18 一八三五年に、アメリカの国際法学者ガラッチン(Gallatin)は、戦時における私掠を、なお、現代の国際法上の慣行と規定していた(Schütze, a.a.O., S.23, Anm. 34)。

19 Vattel, *Droit des Gens*, II, 1863, §§346-347.

20 Maccoby, *op. cit.*, pp.65-6.

21 Vattel, *op. cit.*, §342.

22 Moore, *A Digest of International Law*, VII, 1906, §1095.

23 *Ibid.*, §1095. 現在では、一般的復仇と公然たる戦争とは、諸国家の慣行上、同意義に扱われている。

24 *Ibid.*, §1095に掲げられている President Jefferson and Lincoln, 13 November, 1808.

25 Westlake, *International Law* (2nd ed.), II, 1913, p.9.

四

復仇主体として、私人に代って、いまここに、国家が現われるようになったということは、復仇行使の慣行の形成に、重大な影響を及ぼさないわけはなかった。国家のそれと個人のそれとの相異は、自助の基底である要求を、まずその範囲について、次にその方式について、変革した。[1] 個人が復仇法の中心にあったかぎり、その課題は、おのずから純粋な財産法上の利益の保護に限定されていた。貨幣または貨幣価値に対する要求だけが、満足を要せられるものとしてあらわれた。価値賠償(Wertersatz)の思想がこの分野で支配的であったのである。それ故に、非物質的、精神的損害は、考慮されないままであった。しかし、国家による復仇の成立とともに、復仇行使の適当な原因とみなされる事由の範囲が拡大された。復仇は、なんらかの国際法規違反に対する一般的法手段にまで発展した。一九世紀の歴史は、交戦の意志なくして公然と平時に行われ、かつ、国際的非行の救正をうるためか、不法行為の再発を防止するための必要な最後的手段として、政治家たちが擁護した、多くのこうした手段を示している。これらは、中世の私的復仇と区別するために、公的または国家の復仇と呼ばれる。[2]

公的復仇は、特別の損失に対する金銭上の満足を獲得する目的――賠償――としてよりも、むしろ、強制手段として用いられた。こうした強制手段は、それ自身では、国際法違反の行為である。それ故に、近代の公的復仇ではその必要な法的前提として、相手国の国際不法行為が強調される。また国家が、こうした強制に訴えるまえに、通常の外交上および法律上の手段を尽くすべきこと、用いられる手段が、不法に相当する救正をうるのに必要以上にきびしいものであってはならないことが、一般に認められている。復仇は、通常、その実行において、不法行為国の国民の身体または財産に限定されている。こうして、近代の公的復仇の理論と実際の特徴は、その対偶点を、私的復仇のなかにみいだすことができるのである。すなわち、私的復仇において、唯一の復仇根拠として妥当していた裁判拒否は、広い意味で、法的根拠としての国際不法行為に拡張され、[3] 私掠免状のもとに規定された拿捕される財産の価値は、救正と不法行為の均衡性の要求に、そのアナロジーを見出している。そして共同責任は、近代の復仇の執行に適用されている。私的復仇も公的復仇も、利害関係当事者によって、自己のためになされる、恣意的な力の行使を基礎とした自助である。[4] どちらの場合にも、法的規制と制限を規定しようとする試みがあった。私的復仇において、こうした規制と制限は、主権者の支配力が増大するにつれて良好に保たれるようになり、それらは、行きすぎて不法に陥れば反復仇を受けるかも知れないといった危惧によって維持されてきたこと、また、こうした規制と制限の維持が可能であったのは、まさに規制の対象が、主権者の支配力の範囲内の臣民についてであったからにほかならないということは、既にわれわれのみたところである。[5] しかし、公的復仇では、それが国家間の現象として、真実の意味での国際的関係においてあらわれる結果として、そこには支配的権力による規制の要素が介在しない。それ故に、近代国際法は、あえてこうした国家の行為を規制しようとして、自助制度に固有の矛盾に直面したのである。こうした自助の法化過程には、自己の意思を軸とした各国の無制限の権利にもとづく、一九世紀の国際法体系の弱点に共通の無効性と不法性とが存在した。その基礎を当事者の恣意的行動に依存する法体系は、秩序ある社会の要請を満足せしめるのに失敗するにちがいない。が、他方、個人から国家への執行権の譲渡は、より大きな進化——国家から国際社会への執行権の譲渡——における一つの歩みを形成したと見ることも可能である。[6]

こうした国家自助は、復仇行使の態様からみて、条約の停止、あるいは、前に述べたフレデリック二世の場合にみられるような消極的復仇、船舶抑留(embargo)、平時封鎖、領土の占領のような積極的復仇にわかたれる。以下、とくに後者について眺めてみよう。

1　さらに、要求の実質についての変革、すなわち復仇主体が、単に個人から国家に移ったというだけではなくて、ここで、要求についての個人的性質が全く消え去り、国家が国家自身の損害に対する国家自身の要求を提出するという国家的な要求へとその性格が変ったことが、極めて重要な意味をもっているのであるが、この点については、すでに、田畑、前掲論文、二三—二七頁にすぐれた分析がある。

2　Hindmarsh, *op. cit.*, p.58. なお、こうした公的復仇の概念のなかに、前述したような一六、一七世紀の国家による復仇を含ませる学者もある(Colbert, *op. cit.*, p.51ff.)。しかし、この期の復仇は、国家権力の行使よりは、むしろ、不法行為国の処罰の一種として、無制限の拿捕を権限づけることを顕著な特徴としている点で、ここにあつかわれる強制手段としての復仇とは、一応区別されねばならない。一六、一七、一八世紀の復仇は、特定の個人が恩恵をうけない点、損失の証明が許可をうけるために、必要とされなかった点、拿捕が公船ならびに私船によりなされた点、予め一定額が定められていなかったという点で私的復仇と異ってきてはいたが、形式上は、私的復仇と類似したものであった。すなわち、それは、裁判拒否によって正当づけられ、港または公海における船舶、商品の拿捕によって履行されたのである。しかし、われわれのいわゆる公的復仇が、要求の範囲、実質、あるいはその履行の態様において、これらと区別されるべきことは、以下にのべられるとおりである。

3　K. Strupp, *Das Völkerrechtliche Delikt* (Handbuch des Völkerrechts von F. Stier-Somlo), 1920, S.194.
4　Hindmarsh, *op. cit.*, p.60.
5　本書、一二八—一二九頁。
6　Thomas Raeburn White, Limitations upon the Initiation of War, *Proceeding of the American Society of International Law*, 19th Annual Meeting (1925), pp.109-110.

五

《船舶抑留》(Embargo)　復仇行為をなす国は、原則として、相手国との関係において、あらゆる国際法規範を実効ならしめる。[1] それ故に、自国の港に停舶している相手国の船舶を、積荷とも、強力的に抑留することも自由である。"embargo"という語は、一般的には、財産、とくにこうした船舶の差押えまたは一時的拿捕に関わる。平時において不法行為国またはその国民の財産に、国際義務の承認を強制する手段として、embargoを適用することは、かつて多用された復仇手段である。国際法学会(Institut de Droit International)もまた、一八九八年八月二三日、船舶および乗組員の法的地位についての規則の草案において、船舶抑留を復仇の手段としてだけ認めた。第三八条、第一、二項はこうのべる。「外国船に対するembargoは、戦争に備えるといった意味でも、また、宣戦後の敵対手段としても、行なわれてはならない。それは、法違反に対する保護手段として、復仇の名によって行使される」[2]と。

さてそこで、われわれは、船舶抑留の法規範を問題とするまえに、これと似かよった若干のものとの相異を明らかにしておかねばならない。すなわち、船舶抑留は、Droit d'angarie（非常徴用権）および、いわゆるArrêt de princeと混同されてはならないことである。前者は、交戦国がとくに輸送に使用するため、損害賠償の義務を負いながら、中立船舶を抑留することであり、後者は、重要な政治上の情報の洩れるのを防ぐために、港にある中立船舶を抑留することである。[3]要するに、まえにembargoと規定した法制度は、自国船および外国船に対する出航禁止を、単に国家警察的根拠からなす国法上の船舶抑留、または民事上の船舶抑留（Civil embargo; Zivilembargo）[4]と厳密に区別されねばならないのである。前者は、後者と区別して、しばしば、敵対的船舶抑留（hostile embargo）とよばれる。一九世紀の慣行は、敵対的船舶抑留によって差押えられた船舶または他の財産が、当該国の間に戦争勃発の際には、没収されたことを示している。ここでは、なによりも、われわれは、いま、船舶抑留を復仇手段としてだけ、認めているのだということが注意されねばならないのである。また、ときに、embargoは民事上のembargoときわめて近接した意味で、復仇行為としての自国船をも含めたすべての船舶の出航禁止の意味で用いられることがある。こうした出航禁止は、民事上のembargoと区別されねばならないと同時に、敵船の抑留とも区別されねばならない。これは、一七九四年のアメリカによる対英措置である。[5]

一八世紀の後四半世紀に、イギリスは、五たび、敵対的船舶抑留を行なった。[6]一七八三年、オランダは、ヴェネチア共和国に対して、二人のオランダ人の要求を強制するため、数隻のヴェネチア船の拿捕を命令した。一七九六年、スペインは、スペイン船抑留に対する抗議として、その管轄内にあるイギリス所有の財産の拿捕を命令した。[7] 一八四〇年、イギリスは、自国と the Two Sicilies（両シシリー王国）との一八一六年の条約に違反して、後者によってフランスに与えられた硫黄独占の取消を求めるため、マルタ島にあるすべてのシシリー船の抑留を行なった。[8]

それでは、いかなる法規範が、embargoに妥当しているのか。前述のハーグの国際法学会で決議された規則の第三八条第三—五項は、次のようにのべている。「あらゆる場合にembargoは、直接、国家の名により、国家の官吏によってだけ行われうる。こうした手段の対象たるものに対しては、該手段のとられる動機および確定的期限を、できるかぎり、知らしめねばならない。それは、要求が満たされたときには、直ちに、撤回されねばならない。要求額をうけとるかわりに、embargoのなされた船舶を売却し、その代価を抑留国のものとすることにより、処理することもできる。こうした規定は、本質的に、復仇の一般的法原則に相応している。しかし、復仇主体は、常に、違法国の側における償いまたは損害賠償のないときにだけ、正式の売却手続を強いられることなしに、embargoのなされた船舶を没収する権利をもつことに注意しなければならない」と。

しかし、復仇手段としてembargoは、非常に特殊の事情においてだけ、効果あるもののようである。とくに、それが、船舶抑留よりもむしろ、出航禁止の措置を意味する場合には、そうである。これは、違法国に必要な商品の輸出に適用されるときだけ、効果がある。しかし、こうした商品の一国による独占支配の例は、きわめてすくない。さらに、外国への出港禁止の効果は、国内における貿易の犠牲と相応したものである。貿易利益を熾烈に競争している国際社会においては、国家が、より重大な強制行動を正当づけるものでない損害の賠償をうるために、自発的に、経済上の利益を廃棄することは、ありえないことである。救正をうる手段として、こうしたembargo　は、すくなくとも、〝当をえない政策〟(impolitic)[9]とみられる。事実、それは、紛争の即時調整を進捗させるかわりに、国際的苛立ちと国内的軋轢を生んだ。ここに、違法国の国際貿易に適用される一群の国家によるembargoの可能性——これは経済的孤立を招く——が、第一次世界戦争の間に認識されるに至った。[10] これは、単一の国家による出港禁止の適用により引きおこされた難点を排除した。

1　K.Strupp, a.a.O., S.186; Hindmarsh, *op. cit.*, p.64.

2　*Annuaire de L'Institut de Droit International*, vol.17, 1898, p.284.

3　現在では通信機関が発達しているから、この抑留はほとんど価値がない。実際にもほとんど行われない。参照、横田喜三郎『国際法』下巻、一九三四年、一三四頁。

4　一九世紀における、もっとも完全なcivile embargoは、一八〇七年、自国船の出航禁止を命令したアメリカの措置である。ナポレオン戦争のさい、イギリスの封鎖とこれに対するフランスの報復によって、アメリカの海上貿易は圧迫された。アメリカの中立権は無視され、外交上の抗議は無益であった。どちらかに加担することはジェファソンの原則と政策に反し、かといってアメリカの船舶、商品の略奪を傍観することも不可能であった。そこでジェファソンは強い反対にもかかわらず、議会に対して「アメリカの港からの自国船の出港禁止」を要望し、議会は早急に、アメリカ船に出港禁止の措置をとることによって、これに答えた。しかし、これは、ブラウンの言葉を借りれば、「たかだか、気温零度以下のとき、窓からどう猛なブルドックをつかみだして、凍えさせようとするようなものである」。こうした手段は、イギリス、フランスによるアメリカ船の爾後の拿捕を防止する手段としてわずかに効果があったとはいいながら、他方、貿易の一時的減少及び腐朽船の増加、放棄されたドック、商品の山積みの現象が、アメリカの側に起った。かてて加えて、カナダ、南米に貿易の販路を奪われる結果となり、農業州たるヴェルモント、商業州マサチューセッツなどにおいて、ジェファソンおよびその出航禁止政策は、低賃銀、過剰生産、貿易通商の喪失の原因として誹謗にさらされるに至った。またイギリスおよびナポレオンからはなんらの譲歩もなされず、この出港禁止は、皮肉にも、既に、拿捕されたアメリカ船の無制限拿捕の口実となった。こうして、一八〇九年三月、embargoは失効しNon-intercourse actがこれにかわった。が、これも、事実上、一八一〇年五月一日に、the Macon Bill, No.2が通過したことによって取消された。Philip

5 Marshall Brown, *International Society*, 1923, p.11; Moore, *International Arbitrations*, V, pp.4464, 4466; Moore, *Digest*, VII, pp.143-147.
このとき、アメリカは、イギリスの枢密院令に異議を唱えて、アメリカの港にいる外国行のすべての船舶の出港禁止を命令した。これは、アメリカの輸入に供給源を求めるイギリス西インド艦隊を困惑させることを意図してとられた措置である(Moore, *Digest*, VII, p.142)。

6 フランスに対して、一七七八年七月二九日及び一七九三年二月一四日。
スペインに対して、一七七九年六月六日及び一七九六年二月九日。

オランダに対して、一七九五年九月一五日。これらのあるものは、後に、宣戦布告に相当するものとみなされた。Cf. Maria Magdalena, *English Prize Cases*, I, pp.20-23.

7 M.D.A. Azuni, *Maritime Law of Europe*, Vol.II, 1806, p.349.

8 Colbert, *op. cit.*, pp.66-67.

9 George Grafton Wilson, *Handbook of International Law* (2nd ed.), 1927, p.230.

10 戦争中ドイツでは約七六万人が連合国の封鎖によりもたらされた窮乏の結果死んだと評価されている。W. Arnold-Forster, Sanctions, *Journal of the Royal Institute of International Affairs*, V(1926), p.3. これに鑑みて、連盟設立以後には「経済的ボイコット」(economic boycott)という語が、世界の他の国々との正常な通商および貿易関係から、国家を孤立させるための計画として用いられるようになった。

《平時封鎖》(Pacific Blockade)　平時封鎖は比較的新しい国際法上の現象で、復仇手段としてみとめられるかどうか最も問題とされたものである。それは一九世紀のはじめに、戦時封鎖の変型としてあらわれた。それまで、封鎖は戦時においてだけみとめられていた。それが、たまたま、戦争状態がないにもかかわらず、一九二七年、イギリス、フランス、ロシアといった当時の大国が連合して――神聖同盟の名において――、まだ「ヨーロッパ公法と協調の利益」を享受することをみとめられていなかったトルコの支配下にあったギリシア沿岸の封鎖措置を行なったことにその成立の契機を求めることができるようである。もとより、のちになってほぼ確定した平時封鎖の観念からみて、すなわち、復仇としての平時封鎖であったかどうかという点においては、このギリシア封鎖は疑惑にさらされる。正確には、復仇行為ではなくて、全くもっぱら、干渉行為として規定すべきであろう。コルバートが、「平時封鎖は、一九世紀初頭、干渉手段として発生した」[1]と述べるのも理由のないことではない。ともあれ、一般的な国際法文献は、一九〇八年に名著『平時封鎖』を著わしたホーガン[2]にしたがって、一八二七年のこのギリシア封鎖を、平時封鎖の嚆矢としている。なお、これに対しては、スウェーデンの学者ゼーダーキストは、スウェーデンとイギリスの一八一四年のノルウェー封鎖が最初の例であると異議を唱えている。[3] このとき、両国はノルウェー沿岸を平時において封鎖したというのである。ナポレオン戦争で敗北したスウェーデンの大損害を補うために、ノルウェーとの統合が提示され、大国との協議がまとまった。一八一三年の第四次対仏大同盟の当事国の協力が約され、翌一八一四年三月三日、イギリスは、スウェーデンと同盟条約を結び、有時には、スウェーデン、ロシア軍とともに、イギリス海軍の協力を約束した。ノルウェーが反乱を起したので、スウェーデンは、一八一四年四月四日、イギリスは同年四月二九日に封鎖を宣言し、ノルウェー向けのすべての船舶につき、禁制品および穀物を積んでいる場合には、捕獲され、ノルウェーから出港するすべての船舶は、旗国・積荷のいかんにかかわりなく、捕獲されるとした。[4] スウェーデンとノルウェーとの実際の敵対行為が開始されたのは、七月二七日になってからであり、イギリスは、最後までノルウェーと戦争状態に入らなかった。スウェーデンが戦争開始に備えるため、封鎖に向けていたのは常備艦隊ではなくて民有の武装船であったという点で、ゼーダーキスト自身疑念をさしはさんではいるものの、イギリスが八隻の軍艦を送っていたことをもって、この封鎖を最初期の平時封鎖なりとするのである。[5] 爾来、第一次世界大戦まで、平時の封鎖は、二二回にわたって実施されてきた。一九一四年のヴェラ・クルズ港の占領に至るアメリカの行動を封鎖措置とみるかどうかの異論をのぞくならば、その最後のケースは一九〇二年のヴェネズエラの共同封鎖であった。

この一世紀にわたって、平時封鎖は、その地位がみとめられるべきかどうか、国際法上の制度としてとりこまれるべきかどうか、封鎖の実施とそれに反発する政治家たちの間で、また、学者の間で、多くの論議をかもしだしたのである。なによりもまず、そうした論議のもととなったのは、平時において、戦争手段としてだけみとめられていた封鎖措置を行うかのようにみられたこと、いわばその雑種的な地位(Zwitterstellung)であった。別のことばでいえば、平時の封鎖が、戦時のものと同様に、封鎖の対象とされた違法国以外の、第三国にも及びうるかどうかという点であった。ウェストレークも、その「平時封鎖論」のなかで、「平時封鎖は、第三国にその効果を及ぼしうるかどうかという点で、まずもって、議論された」[6]と述べている。一八七五年に、ハーグで開かれた国際法学会で、次のような質問書が会員によせられたとき、多数が否定的であったのも、この疑点のためであった。質問書はこう述べている、「現在承認されている国際法規にしたがってなされる平時封鎖は、封鎖の侵犯を試みた船舶の捕獲と没収を権限づけた通常の強制手段であるかどうか」と。一九〇七年に公刊された『国際法』のなかで、平時封鎖を「承認された制度として十分に確立されている」[7]と述べたウェストレークも、このときには、否定的解答を与えた一人だった。その転換は、第三国への効果の不波及を前提としたものだったのである。こうした前提をぬきにしたとき、第一次世界大戦後においてすら、ブラウンのように、次のように述べることも可能であった。「国家は、とき折、〝平時封鎖〟と名づけられるものに訴える。しかし、これは、実際は、行為において平和的でもなく、また法的効果において、封鎖でもない。他の国家が、平時封鎖を、強制下にある国家との合法的貿易に対する干渉として反対していることは適切である」[8]と。

たしかに、平時封鎖は、その初期の慣行において、すこしばかりの例外をのぞいて、すべての国の船舶に、したがって第三国の船舶にも適用された。一八一四年のノルウェー封鎖でもそうであった。すこしばかりの例外とは、一八二七年のトルコに対する示威を目的としたイギリス、フランス、ロシア三国によるギリシア封鎖であり、一八三一年のイギリス、フランスによる王権簒奪者ドム・ミグエルのポルトガル封鎖、同じく二国による一八三二―三年のオランダ封鎖であった。のちには、封鎖を被封鎖国の船舶にだけ限定したイギリスも、単独でも、一八三七年のニュー・グラナダ封鎖、一八四二年・四四年のニカラガ封鎖では、第三国船舶をも封鎖の対象とした。当時、イギリスは、封鎖によって、中立国商業を途絶させることを、完全に、国際法の原則と両立するものとする立場をとっていた。ニカラガ封鎖にさいして出された命令には、次のように述べられている。「封鎖を破ろうと試みるいかなる船舶も、事実上の封鎖侵破について確立された規則にしたがって、捕獲され処理されるべし」[9]と。だから、一八三八年に、フランスがメキシコを封鎖したさいに、これを侵破した四六の第三国船舶を没収し、同じ年、アルゼンチン封鎖において、二七のモンテヴィデオの船舶ならびにイギリス国旗、ブラジル旗を掲げる多くの船舶の没収が宣せられたとき、イギリス商人が時の外相パーマーストン卿に応援を求めたにもかかわらず、卿は正式の抗議をなすことを拒否した。当時、こうした封鎖に対してなされた第三国の抗議は、右のフランスのメキシコ封鎖を非認したハンザ都市のものだけであった。[10]平時封鎖は、「戦争状態についての責任をとることなしに、弱国を痛めつけるために、フランス、イギリスによってつくりだされた唾棄すべき手段(moyen abusif)である」[11]といわれるのもこのためである。

フランスは、一貫して、第三国船舶に対するいままでの政策をとりつづけた。一八八四年の台湾封鎖にさいしてもそうであった。しかし、一八四五年から四八年にわたるイギリスとフランスの、ラプラタ河(アルゼンチン)の共同封鎖実施中から、イギリスの政策には、転換とおぼしきものがあらわれはじめた。一八五〇年に、イギリスがギリシアを封鎖したときには、封鎖はギリシア船だけを対象とした。一八六一年から六二年にわたって、ブラジル沿岸を封鎖したときにも、ブラジル水域の第三国船舶に及ぼされることがなかった。そればかりではなく、一八八四年の台湾封鎖にあたって、フランスが、封鎖を、第三国船舶にも効果あらしめようとしたときに、イギリスは、激しくこれに抗議して、フランスをして、戦時封鎖たらしめた。どうして、こうした転換が起ったのか。その事由を、ラプラタ河の封鎖の時期に求めるのが適切のようである。ラプラタ河は、一八三八年から一〇年のうちに、二度にわたって、かなりの長期間、ヨーロッパの海軍力によって封鎖された。のちの封鎖をみる背景として、第一のフランスだけによる封鎖の事実を確かめておくことが必要である。第一の封鎖は、アルゼンチン共和国に住所をもつフランス人の処遇、とくにかれらを兵役に服させようとしたことについての論議がクライマックスに達したときに行われた。事件についての外交交渉は一八三〇年から始められ、断続的ではあったが一八三八年まで続いた。外交交渉が失敗したとき、フランスのル・ブランク提督は、一八三八年三月二四日付けの、ブェノスアイレスの知事あての通告で、第一に、フランス市民に関するかぎり、アルゼンチン法と外国人規制令の適用が中止されるべきこと、条約が結ばれるまで、フランス市民に対して最恵国待遇が与えられるべきこと、第二に、アルゼンチン政府の行動のために、身体および財産に不法な損害をうけたフランス市民の損害賠償の権利がフランス政府にみとめられるべきことを求めた。これらの要求が容れられなかったので、三月二八日、ブエノスアイレス港およびアルゼンチン共和国の河川沿岸は、フランス海軍に封鎖された。封鎖の通告をうけた各国の公使および領事は、自国政府に通知するとともに、封鎖は、フランス軍艦から封鎖の通達をうけたのちに入港した船舶に対して行なわれるべきこと、現に入港中の船舶は、五月一〇日までに出航する権利を保留すべきことを要求した。一〇月一日に、アルゼンチン外相はイギリスの仲裁を求めたが、イギリス大使はフランス領事が平和的提案を拒否したと報じた。この間、フランス軍はマルチン・ガルシア島を占領し、一八三九年二月二四日には、ウルグァイがアルゼンチンに宣戦した。フランス海軍は、これを、わが〝連合国〟と述べたが、フランスは、アルゼンチンと戦争関係にあるとはしなかった。封鎖は、一八四〇年秋まで行なわれ、一〇月二九日に、両国間に、和解のための条約が調印された(この条約で、アルゼンチンがウルグァイの独立の尊重を約束した)。この間、イギリスはフランスに同調せず、公式の関心としては、パリ駐在大使をして、フランスのマルチン・ガルシア島の占領に関する意図を打診させたにとどまった。これに対して、第二の封鎖はイギリス・フランスの共同行動であった。[12] 一八四五年九月一八日に、ブエノスアイレス港およびその沿岸が封鎖されると通告された。両国が、多かれすくなかれ直接に参加していた一八二八年と一八四〇年の条約に違反して、アルゼンチンがウルグァイに対して侵略戦争を継続しているというのがその事由であった。また、ブエノスアイレスの政府の組織的計画のもとに、「今日においては、野蛮人の間だけにきりみられないような」非人道的暴行が外国人に対して加えられているということが理由とされた。封鎖は九月二四日から効力をもつものとされたが、ブエノスアイレス港からの第三国船舶の出港には、一五日間の猶予が与えられた。また、必要な場合には、封鎖艦隊の司令官の権限で、一〇月二四日まで、この期間は猶予された。イギリス外務省が、駐南米の外交官から、共同の封鎖の正式通知をうけとったのは、一二月二六日であった。

ところで、一八四六年以来外相に再任されたパーマーストン卿は、この封鎖について、微温的な支持を与えたにすぎなかったという証左がある。一八四六年末、パリ駐在イギリス大使にあてた手紙のなかで、彼はこう書いた。ラプラタ河のイギリス、フランスによる封鎖は、「最初から最後まで不法であった。ピール(首相)とアバディーン(外相)は常にローザ(アルゼンチンの独裁者—筆者註—)とは戦争をしていないと宣言していた。しかし、封鎖は交戦者の権利であって、貴下が、ある国と戦争をしていないのなら、貴下は、その国の港と交易している他の国の船舶を妨げる権利をもたない。それどころか、貴下は、自国の商船の交易をすら妨げることはできない」と。さらにつけ加えて、「私は、そのような体制から抜けでる方がよいと思う。フランスがこれにならわないならば、他の国々と問題を起すことになるだろう」と。しかし、封鎖が正式に解除されたのは、直ちにではなくて、一八四七年七月一五日であった。同じ手紙のなかで、パーマーストンはこうも述べた、「したがって、封鎖措置を互いに合法的なものとするためには、事態を両国とローザとの正式の平和条約で終結させることが重要だと思う」と。[13] 事実、一八四九年一一月二四日、ローザ将軍を元首とするアルゼンチン政府とイギリスとの条約が結ばれた。フランスは、遅れて、一八五〇年八月三一日に、レプレドール将軍とアルゼンチン政府との間に、平和条約を締結した。すぐに気づかれることは、パーマーストンのなかで、一八三八年のフランスによるメキシコ封鎖にさいしての行動と、アルゼンチン封鎖にさいしての行動との間に、思考の転換がみられることとである。どうしてこのような転換がおこったのであろうか。彼は、はじめ、保守党(トーリー)員であり、のちに自由党(ホイッグ)と手を結んだ。そしてグレイ伯の内閣で、一八三〇年から四一年まで外相を務めたが、ロバート・ピール内閣――実力を具えた最後の保守党内閣[14]――が、一八四六年、穀物法の擁護に失敗して退陣したのちに、再び自由党内閣の外相となったのである。[15] こうした彼の政治的遍歴、そして、なによりも、穀物法を廃止して自由貿易主義を採用し、さらに一八四九年には航海条令をも最終的に廃止して、イギリス産業資本の世界的優越の開幕を告げたこの時代の動きが、中立商業の擁護を軸とした新しい国際法体系を求めさせたということができるであろう。中立国の権利と責任を明定したワシントン条項が成立したのは、その後まもない一八七一年であった。[16]

そして遂に、一八八四年のフランスによる台湾封鎖に至って、平時封鎖が第三国船舶に効果を波及しうるかどうかのイギリスとフランスの考え方の相異は決定的なものとなった。フランスは、その植民政策の展開において、平時に、第三国船舶に波及する封鎖を確立することは合法であるとし、[17] イギリスは、完全に、第三国船舶に波及する封鎖は、交戦者の封鎖であるとする側に立った。フェリー内閣のもとで、フランスは、中国が条約にしたがってトンキンを明渡さなかったことに抗議して、また、フランス兵殺害の賠償を求めて、封鎖を行なった。台湾の北西岸の海上封鎖の任にあたったクールヴェ提督は、一〇月二〇日から封鎖が実施されること、荷物の積載および出港のため、第三国船舶には三日の猶予が与えられると通告した。また、あらゆる違反は、「国際法および現行条約にしたがって」処置されるとした。ロンドン駐在フランス大使ワディングトンの通告に対して、グランヴィル外相は、戦争状態でだけ交戦者にみとめられる、公海における第三国船舶の臨検、捜索を、現在までのところ(一〇・三一)、フランスも中国も行なっていないこと、現在の状況では、イギリス政府としては、通常の中立宣言をなしえないと告げた。また、封鎖の通告は、フランスに第三国船舶に対する交戦権行使の意思があるとみうけられるともつけ加えた。要するに、イギリスの立場は、フランスが中国との正式の戦争状態をみとめて、第三国船舶に対する交戦権を行使するなら合法であるが、戦争状態をみとめないのなら、第三国船舶への封鎖の波及は違法であるとするものであった。これに対して、ワディグトン大使は、フランス政府としては、第三国船舶に対して交戦権を行使する意図はないが、封鎖を実効的なものとするには、封鎖侵破をはかる船舶を、すべて、駆逐し捕獲する必要があるとするものであった。長い接衝がつづいたのちに、結局、一八八五年二月二日、グランヴィル外相は、承認された国際法規にしたがって、出入国、石炭その他の供給を「交戦国船舶」に仰ぐよう、植民地総督に指示した訓令の写しをパリ駐在イギリス大使に手交した。また、イギリス外務省は、二月一一日に、新聞に、フランスと中国との敵対行為の継続中、戦時禁制品について、公海において中立船舶を捜索する権利を含む、国際法で承認された交戦権を行使するのが、フランス共和国の意思であると発表した。四月一八日付けの在香港イギリス代将からの電信で、外務省は、フランス艦隊司令長官が封鎖を解除したとの通告を寄せたことを知った。[18] この封鎖は、一般に平時のそれとされるが、結局、二重の性格をおびていたようである。最初から、イギリスは、こんどの敵対行為が戦争状態にあたると主張した。かりに、そのはじめに、両国の間に諒解があって、封鎖を平時のものとすることができていたとしても、最後には、イギリスの態度が、フランスをして、完全な交戦者の地位をとらせたということになるであろう。イギリスのこうした態度は一八九三年のフランスによるシャム封鎖、一九〇二年のヴェネズエラ封鎖で顕著なものとなった。

後者は、イギリスが共同封鎖の当事国であっただけに、とりわけて注目される。この封鎖は、ヴェネズエラの砲艦によって、イギリスの船、積荷が抑えられ、乗組員がとらえられたこと、ヴェネズエラ内戦中のドイツに対する損害の賠償がなされなかったことを理由に、イギリス、ドイツ、イタリアの三国によって行なわれた。アメリカ国務長官ジョン・ヘイは、イギリス大使から事情を聴取して、モンロー主義に違反して、ヨーロッパ諸国が中南米諸国に武力を行使することを遺憾とするが、領土獲得の意思なく、自国民の損害の求償にかぎられるなら、あえて反対はしないと述べた。しかし、ドイツの封鎖通告が、平時封鎖ではあるが、封鎖が第三国船舶にも波及することがあるべきこと、没収はされないものの、封鎖解除までは立ち入りを禁止されると述べたとき、ヘイは、ドイツ政府に対し、ベルリン駐在アメリカ大使タワーをして、平時封鎖原理からの拡張は許されないと申し入れさせた。タワーの報告によれば、「ドイツは、はじめ、平時封鎖を行なおうと考えていたが、イギリスが warlike blockade の確立を主張した」ということであった。また、第三国に関して、「戦争でなくて warlike blockade とはどういうことか」という質疑に対して、ドイツ外相は、「正式の宣戦をする意思はないが、戦争状態は現実に存在する。warlike blockade は、戦争手段としての条件をすべて備えており、あたかも戦争が正式に宣言されているのと同じ効果をもつ」と述べた。これにともなって、アメリカ代理大使が、ドイツの回答について、イギリス外務省の意向を確かめたところ、「warlike blockade というこことばは、いわゆる平時封鎖とは矛盾するが、ドイツがイギリスにそうするよう同意を求めたものである。その理由は、国際法上の封鎖は戦争行為であるが、ドイツとしては、連邦議会の同意がなければ、戦争状態に入れないということに尽きるであろう。イギリス政府としては、この表現に反対であり、ドイツも、二日前に、国際法上の通常の封鎖であることに同意した」と回答された。またイギリス下院で答弁を求められたバルフォア卿は、「アメリカが、平時封鎖なるものがありえないと考えていることは、非常にありうることである。私も、個人として、同じ見解をとる。明らかに、封鎖は戦争状態をもたらす」[19]と答えた。また、「戦争が宣言されたか」という質問に対して、「学識経験豊かな紳士諸兄が、戦争状態なしに、他国の軍艦を捕獲したり、港を封鎖することができると考えられるだろうか」と述べた。モーアによれば、アメリカは「平時封鎖なるものがありえない」という立場はとらない、ただ、紛争の当事国でない国家の権利に影響を与えるような平時封鎖理論の「いかなる拡張も」みとめられないということであった。[20]ロンドン及びベルリンに送られた訓令の真意は、モーアの述べる通りのものであった。しかし、奇しくも、ロンドン駐在代理大使ヘンリー・ホワイトがイギリス下院の討議について寄せた報告の内容は、「イギリス政府は、〝平時封鎖というようなものはありえない〟と考えるわれわれに同意している」というものであった。[21]こうしてみると、イギリスの平時封鎖非認の考え方は、一八八四年のフランスによる台湾封鎖にさいしてのものよりも——それはアメリカの考え方とも一致するものであるが——より徹底したものになったようである。しかし、バルフォア卿の言明は、多分にあいまいなものを残しており、また、ヴェネズエラ事件が、結局、ルーズヴェルト・アメリカ大統領の示唆で、ハーグにもちこまれたということであってみれば、イギリスの公式の法的な見解ということができるかどうか疑問である。それにしても、平時封鎖が第三国船舶に波及されるものであってはならないという最低線は揺がないものである。イギリスも加わった一八八六年のギリシアの共同封鎖、一八九七年のクリート島の共同封鎖では、第三国船舶は封鎖の対象とされなかったことを附記しておこう。一九〇二年以来第一次世界大戦に至るまで、平時封鎖の性格もった復仇行為は、遂になされることがなかった。一九〇八年のヴェネズエラとの紛争で、オランダが、一九一四年のメキシコ(ヴェラ・クルズ)との紛争で、アメリカが、まさに、第三国に波及しえないということによって、平時封鎖に訴えることを断念した記録が残されている。[22]

また、学者の側においては、フランスによる一八八四年の台湾封鎖の翌年、国際法学会は、ペレルズの動議を採択して、平時における封鎖の権利を研究するための特別委員会を設立した。バルフォア卿のように、封鎖は戦争以外には許されないとして、平時封鎖の合法性を否認したゲフッケンらの有力な少数意見もだされたが、一八八七年九月のハイデルベルグ会期は、平時封鎖に関して、次のような決議を採択した。「戦争状態と別の封鎖の確定は、国際法により、次の条件においてだけ許されると考えねばならない。イ、外国旗を掲げた船舶は、封鎖にかかわらず、自由に出入しうる。ロ、平時封鎖は、公式に宣言され、通告され、かつ充分な兵力により維持されねばならない。ハ、同封鎖を尊重しない被封鎖国の船舶は、没収されうる。封鎖が中止されるさい、それらは、積荷とともに、返還されねばならない。ただし、どのような理由あるも損害賠償を必要としない」。[23]

こうした経緯に照らしてみるとき、平時封鎖は、それが第三国に効果を及ぼしうるかどうかにおいて最も問題視されつづけたことがわかる。主として、一九世紀前半においては、従来までの戦時封鎖とまぎらわしい行動がとられても怪しまれることもなかった。むしろ、ヨーロッパ協調に参加する大国の統一行動として是認すらされてきた。封鎖行動のとられる国家が、当時の、国際社会の成員として完全にはみとめられていない国々であったか、全く責任のない国家、すなわち、頻発する革命と風土病などによって、その政治上、財政上の地位が不安定な国家、または、その位置伝統からして過去においてヨーロッパの進歩から——とくに経済的、軍事的に——、隔絶していた国家であったためでもある。しかし、ヨーロッパの諸列強の帝国主義的膨張にともなって、わけても、自由貿易にその繁栄を托すイギリスの中立商業擁護の旗印のもとに、平時封鎖の理論と実際とは、制約され晶化されてきた。これを支えるものとして、ヴェネズエラ封鎖にみられるように、中立権の保護を基軸として、わけても封鎖手段の対象とされてきた中南米諸国へのその制約をはかったアメリカの役割を見逃すことはできないであろう。このようにみたときに、平時封鎖なるものを全く否定する立場をとるならいざ知らず、それを確立する過程において、はじめに側面的な問題設定をしたさいに述べたように、国際法は「国際社会における圧倒的な勢力の決意」に基礎をもつというカドゥリらの見解をみとめないわけにはいかないであろう。[24] ただ、そのさいに、十分すぎるほどに注目しておかなければならないことは、私的復仇の法化過程においてそうであつたように、平時封鎖においてもまた、その適用の範囲の「制約」において、歴史が歩まれたということである。他方、たとえ、平時封鎖においては、戦時封鎖の場合のように実力性が問題とされなかったにせよ、すでに、その通告そのものが、封鎖を「実力的封鎖状態」(état de blocus effectif) として適用するよう性格づけていた[25]のであり、したがって、平時封鎖の歴史は、それが主として、弱小国に対して大国によってなされたことを示していることも事実である。[26] 復仇が、賠償を目的とするものでなくなり、強制手段として用いられるに至った[27]ことの歴史的意味は、実に、こうした強制可能の実力を背景としてはじめて、復仇が効果的であったことにある。等しい力の国家間における、武力による復仇はほとんど稀であった。[28] このことは、その後期にみられる制約とはうらはらに、いつでも、平時封鎖が、弱小国に対する大国の圧迫手段に転化しうる可能性を示していた。自助制度そのもののもつ欠陥である。

1　Colbert, *op. cit.*, p.61.

2　A.E. Hogan, *Pacific Blockade*, 1908.

3　Nils Söderquist, *Le Blocus Maritime*, 1908, p.60.
4　*Ibid.*, p.284.
5　*Ibid.*, p.291.
6　Westlake, Pacific Blockade, *The Law Quarterly Review*, Vol.XXV, 1909, p.15.
7　Westlake, *International Law* (2nd ed.), 1963, p.16.
8　P. Marshall Brown, *op. cit.*, p.92.
9　Colbert, *op. cit.*, p.88.
10　*Ibid.*, pp.89-90.
11　*Revue de Droit International*, 1885, p.146.
12　アルゼンチン封鎖の事実については、Hogan, *op. cit.*, pp.88-94, pp.98-105 を参照のこと。
13　Washburn, The Legality of the Pacific Blockade, *Columbia Law Review*, Vol.21, pp.231-232.
14　バジョット、深瀬基寛訳『英国の国家構造』三〇七頁。
15　Carton J. H. Hayes, *A Political and Cultural History of Modern Europe*, Vol.II, 1937, pp.84-98.
16　De Visscher, *Théories et Réalités en Droit International Public* (2me éd.), 1955, p.69.
17　封鎖を効果あるものとするためには、第三国にも及ぼされるべきだとする有力な学者の議論もあった。参考のために列記すると次のようである。
v. Liszt-Fleishmann, *Das Völkerrecht* (12. Aufl.), 1925, S.444.
A. Heffter, *Das europäische Völkerrecht der Gegenwart auf den bisherigen Grundlagen*, 1888, S.242.
Poinsard, *Études de Droit International Conventionnel*, 1894, p.83.
Charles Barés, *Le Blocus Pacifique*, 1898, p.150.
A. Pillet, *Les Lois Actuelles de la Guerre* (2me éd.), 1901, pp.143-144.
J. Basdevant, L'Action Coercitive Anglo-Germano-Italienne centre le Vénezuela (1902-1903), *Revue Général de Droit International Public*,

Vol.XI, 1904, pp.423-425.

18 Washburn, *op. cit.*, pp.442-444; Hogan, *op. cit.*, pp.122-126.

19 Hogan, *ibid.*, p.55.

20・21 *Ibid.*, p.455.

22 Herbert v. Bardeleben, *Die zwangsweise Durchsetzung im Völkerrecht*, 1930, S.27.

23 *Annuaire de L'Institut de Droit International*, 9me année, pp.295-301.

24 本書、一一四—一一五頁。

25 Colbert, *op. cit.*, p.75. なおこうした実力性の概念を中心として、戦時封鎖を考察したものとして、高野雄一「戦時封鎖制度論」『国際法外交雑誌』第四三巻を参照。

26 Hyde, *International Law*, Vol.II(2nd revised ed.), 1951, pp.1662-1663 には大国に対する復仇が戦争の危険をはらむというジェファソンのことばが記載され「復仇は本質的に、強国の弱国に対する治癒剤であった」(p.1666)と述べられている。

27 二二の平時封鎖のうち、九つは、国際不法行為に相当する不法の救済を強制するためになされた。これらは復仇とみなされる。その他のものは主として、政治的もしくは人道的目的のための干渉の範疇にはいる(Hindmarsch, *op. cit.*, pp.72-73)。

28 一八七九年のチリによるボリヴィア封鎖、一八八八年のイギリス、ドイツ、イタリアによるザンジバルの共同封鎖にポルトガルが参加した二例をあげられるだけである(*ibid.*, p.73)。

《領土の占領》　相手国の領土の一部を占領するというこの手段は、国際義務の承認を強制するため、一九世紀の終り以来、大国によって、平時封鎖よりも、より頻繁に、復仇手段として用いられた。[1] それは、他国の領域で兵力を使用するもので、重大な手段である。こうした手段は、既になされた不法の救正をうるため、危険に陥いった市民に保護を与えるため、[2] 国際義務を執行する必要な窮極手段として、すなわち復仇手段として、行なわれてきた。

アメリカに例をとれば、外国にあるアメリカ市民の保護のために、一八一三年から一八九九年までに、すくなくも、四六の場合に、陸海軍の上陸が行なわれている。[3] アメリカ陸海軍の総司令官としての大統領は、外国にあるアメリカ市民の保護のために、陸海軍を使用する権限を与えられている。平時におけるこうした兵力の使用によって、議会の宣戦の権利は、侵害されることにはならない。

しばしば、地方税関の奪取および関税収入の支配が上陸軍の直接の目的であった。[4] こうした関税収入の支配は、金銭上の要求をなしている国家に、相手国に対する直接の圧力をもたらす機会と債務を回収する直接的手段を提供した。多くの場合に、負債を支払いえない小国から、他の手段によっては、債務を回収することは不可能であった。これは、西ヨーロッパ先進国によって、頻発する革命および風土病によって、その政治上財政上の地位が不安定な国家、たとえば、南米諸国、メキシコ、トルコなどに対してとられた措置であった。しかし、こうした契約上の債務回収のための兵力使用は、この制限に関する条約によって、制約をうけた。[5]

1　一八九五年以前で復仇手段として行なわれたもっとも最近の広汎な占領は、一八六一年にメキシコの義務履行を確保しようとしてなされたイギリス、フランス、スペインの連合軍のヴェラ・クルズ占領である。一八九五年以後の復仇手段としての軍事占領の例は、次のようである。

(1)　イギリスのコリント(ニカラガ)占領、一八九五年。

(2)　フランスのミチレーヌ(トルコ)占領、一九〇一年。

(3)　ミチレーヌの共同占領、一九〇五年。

(4)　アメリカのヴェラ・クルズ　(メキシコ)占領、一九一四年。

(5)　ギリシア諸島の連合占領、一九一五―一九一六年。

2　一八五三年のアメリカによるニカラガのグレイタウンの占領は好例。
3　Milton Offutt, *Protection of Citizens Abroad by the Armed Forces of the United States*, 1928 による数字。ちなみに、一九〇〇年から一九二七年までの間には、すくなくも二四回、同じ目的のために、他国への陸海軍の上陸がなされている。
4　註1にかかげられた、コリント、ミチレーヌ、ヴェラ・クルズの占領。
5　「契約上の債務回収のためにする兵力使用の制限に関する条約」(一九〇七年ハーグにて調印)。

六

これらの戦争に至らない力の行使は、一九世紀の間、国際義務を執行する手段として常に用いられ、復仇として正当づけられた。一世紀の行使ののちに、こうした手段の妥当性は、大国の間で、慣習国際法の部分とされた。復仇を用いる国家は、国際的権利執行のための、戦争に至らない必要な窮極的制裁として、これを擁護しようとも企てた。結局、復仇は、国家の存在権、自衛権、独立権のような模糊とした理論的概念から、ある支持をうけた。こうして、慣習、必要性、および国家の基本権が、平時において国家自助に訴えることを正当づけるために、求められた。新しい国際生活が、慣習を廃れたものとし、実際上の正当化を除くという可能性、法を執行する新しい、より効果的な手段が見出されるという可能性、および、基本権が常に基本義務に制約されるという可能性を、法律家はまだ考えていなかったのである。

そこでは、国際法は、国家主権原理と同意の原則という二つの強固な支柱の上に構築されていた。国家は、国際慣習法または条約法により制限されない範囲では、依然として、自己の欲することを自由になしえたし、その行動の自由を制限されるすべての事項は、排他的国内管轄事項とされたのである。国家意志を制限される範囲といえども、国家がこれに対して、明示または黙示の承認を与えないかぎり、国家に対し拘束力をもたないという、同意の原則が支配的であった。[1] しかも、こうした同意は、ある場合には、これに服従する義務と分離されても、怪しまれなかったのである。[2]

近代国際法が、主として、過去三世紀の間の国家の慣習と実行とに基づくことは、みとめられなければならない。[3] しかし、これらの原則は、あまりにもしばしば、過去になされた事実を合理化しただけであった。[4] こうして、この期における国際法が、権力政治の典型たる国際政治に従属せしめられるか、力の支配の観点から無関係の分野に制約されるかしたといわれるのも、[5] 理由のないことではない。法的権利の現実の享有が、しばしば、権力の所有に依存した結果、権力の概念が、国際政治を、そして国際法を支配したのである。[6]

国際組織のないところでは、実に、国際法と秩序の慢性的違反の懶惰な承認という以外に代るべきなにものも存在しない。こうして近代の復仇は、その適用において恣意的であり、[7] その実行において、弱小国に限定された。[8] こうした自助的制裁は、法の実に原始的段階においてだけ、許容される。それらの行使は、法と復讐の混同を許し、公平な判定をさけ、かつ国際的法体系の自由な発達を遅らせることになる。近代国際法における国家自助の継続は、個人の法関係における私讐と同じく、アナクロニズムである。

すでに、その規制のために、その行使について、内容について、しばしば、国際的な努力が試みられた。たとえば、中国との間に、一九一四年九月一五日にアメリカが締結した条約にみられるように、復仇行使以前に、仲裁裁判、調停委員会に付託することによって、平和的解決を講じようとする条約による処理がそれであり、こうした事例は、二〇世紀初頭以来きわめて多くなってきている。また、一八九九年、一九〇七年のハーグ平和会議の成果、とくに、国際紛争平和的処理条約第一条[9]によって、紛争解決のために兵力に訴えること、したがって復仇もまた、ある程度の制約をうけた。内容の規制については、すでにふれたところでもあるが、比例の原則も、こうした規制の一つである。復仇行為が相手国の不法行為と比例したものでなければならないという原則である。しかし、私的復仇が、実にその性格よりして、損害プラス費用に限定されたのに対して、公的復仇は、その最終目的として、損害をうけた自国民に、その損害を賠償するのに十分な財産の現実の捕獲を指向するよりも、むしろ、強制手段として、ある満足しうる取極めがえられるまで、継続されたの[10]である。しかも、このように、復仇の峻烈さが、すでになされた損害の範囲を逸脱しているときにすら、それは、将来予想される損害、すなわち、不法行為の反覆をさけるためというのが、復仇国側の論拠であった。

1　George W. Keeton and Georg Schwarzenberger, *Making International Law Work* (2nd ed.), 1946, pp.115-116.

2　David Mitrany, *The Progress of International Government*, 1933, p.142.

3　Manley Hudson, *International Legislation*, I, xiii.

4　前世紀末の多角的協定の数および範囲の増加は、多くの慣例にもとづく法律制度の不完全さの暗黙の承認であった(Hudson, *ibid.*)。近代世界において、慣例は、しばしば慣習として承認されるまえに、廃れたものとなった。それにもかかわらず、政治家および法律家は、復仇の合法性を確立するために、たえず、先例に復帰しようとした。

5　Keeton and Schwarzenberger, *op. cit.*, p.117.

6　Vinacke, *International Organization*, 1934, p.315. その反映として、自己保存のための、軍拡および勢力均衡が国際政治の常道であり、一九一四年ごろのヨーロッパの、そして、世界の情勢であった。

7　復仇行使の権利が、自衛権とか存在権といった窮極の概念から抽出されるべきならば、制限を論じることは、はとんど無効である。なぜなら、こうした概念は本性的に不確定なものだからである。個人の自衛は適切なアナロジーを示すものではないが、そこにおいてすら、自衛によって加えられた肉体的傷害は、prima facieには違法である。個人は抗弁しなければならないが、国家は、こうした必要のために労することはない。このように、国家の自衛権は、個人の場合にそれが相対的であるのに対して、絶対的なものとみられてきた(David Davies, *The Problem of the Twentieth Century—A Study in International Relationships*—, 1930, p.207)。

8 復仇ではしばしば、小国に対する大国の無理押しの傾向があった。一八九五年に、イギリスがニカラガに一万五千ドルの要求をしたとき、ニカラガが仲裁裁判所への付託を求めたが、イギリスはこれを拒否してコリントを占領した。またフランスとの紛争にあたって、シャムが仲裁裁判所への付託を求めたのに対して、またタンピェス事件をメキシコがハーグに出訴しようとアメリカに提議したのに対して、これらの大国はそれぞれ拒否した(Colbert, *op. cit.*, p.100)。

9 「国際紛争平和的処理条約」第一条「国家間ノ関係ニ於テ兵力ニ訴フルコトヲ成ルヘク予防セムカ為締約国ハ国際紛争ノ平和処理ヲ確保スルニ付其ノ全力ヲ竭サムコトヲ約定ス」。

10 二、三の事例をあげると次のようである。

(1) 一八五六年、非武装のアメリカ海軍の船舶に対する中国側の砲撃——人命の損失を起さなかった砲撃——に対する仕返しで、アメリカ軍は、一七六門に及ぶ大砲をもつ四砲台を押えこれを完全に破壊した。また、四〇〇人の中国人が殺され、より多くが傷ついたと推定された。

(2) 一八九〇年、数人のドイツ国民の死に責任のある犯罪人の引渡しを the Sulta of Witu が拒絶した。そこでイギリスの遠征軍が派遣され、一つの町が破壊され、七八〇人の現地の住民が生命を失った。この行動はドイツによってではなくてイギリスによってなされた。ドイツが Witu を自国の保護からイギリスの保護にうつすとの取極めがあると主張したからである。イギリスはこれを否定したものの、協調の意思があることを表明した。

(3) 五年後、ニカラガが多数のイギリス国民を裁判にかけずに、政治的暴動に参加したという理由で放逐した。交渉は数カ月にわたったが効果がなく、イギリスは、自国人に対する賠償支払ばかりでなく、一万五〇〇〇ポンドの償金の支払を含む要求を履行させるために、コリントを占領した(Colbert, *op. cit.*, p.77ff.)。

それでは、なぜ、こうした欠陥をもち、と同時にいくらかの制約を加えられた復仇が、権利実現という同一目的のために、戦争に訴えることが自由であった一九世紀に諸国の慣行のなかにうけいれられてきたのであろうか。ホーガンは、これを次のように説明している。——

近代戦争が交戦国に課した巨大な負担は、戦争からうる利益が、戦争が必然的にもたらす不利益と均衡するかどうかを考慮することを、より重要な問題とした。とくに、紛争当事国間の力の懸隔がはなはだしく、紛争がそれほど重要性のないものであるときには、そうである。小国のあるものは、事態の調整にさいし、必ずしも常には、国際法の通常の慣例にしたがわないし、救正を求められたさい、重大な損害の支払金を準備しえないという弱性をたのみに、公然と、これを拒絶する。こうした場合、大国が戦争に訴えるだけの価値のないことはしばしばのことであり、しかも、小国をして納得させ、正当な取引である国際的観点にしたがって行動するよう強制する、なんらかの手段があるべきである。通常の国内事項では、一人の市民が損害をうけるなら、かれは、国家の裁判所において救正をうけることができるが、国家間の紛争では、出訴すべきより高次の権力が存在しない。すべての国家は、理論上、平等であると想定されるし、紛争が起ったさいには、かれらは、相互間において、外交的手段によるか、仲裁裁判またはなんらかの強制手段によって、これを解決しなければならない。戦争に訴えることが望ましくないさいには、他の強制手段が用いられねばならない。そして、平時封鎖が有用性を示すのは、ここにおいてである。[1]——

この叙述の意味は、まず第一に、武力行使と別の解決方法が存在しないということであり、さらに、復仇という解決策が存在しないならば、不法をうけた国家は、必然的に戦争に訴えざるをえないということである。これは、まさに、復仇の法保護機能を端的に示したものである。なんらかの法保護機能を営む国際組織が確立されない以上、したがって、国際関係における自助の完全な消滅を考えることが不可能である以上、これらの考慮は有力な点であったし、疑いもなく、それらは、復仇権の一般的承認を助けた。

われわれは、さらに、現実に、一八八四年台湾封鎖政策を実施した仏首相Jules Ferryから、次のような復仇の利点を聞くことができる。「われわれの考えによれば、こうした手段を行うことは、三種の利点をもっている。第一は、常に、商議のために門を開いておけることである。第二は、宣言された戦争がすべてを無効にするのに反して、それは、以前の条約上の地位(この場合、われわれがいくつかの権利を獲得している一八六〇年の中国との条約および、天津条約)を存続させる。最後に、中国とのわれわれの紛争を、中立国との紛糾によって、複雑にしないことが、根本的に賢明な策であった」[2]と。

以上は、主として、復仇国側の利点である。復仇をうける国にとっても、戦争とくらべて、利点がないわけではない。[3]すなわち、復仇に屈するということは、復仇の目的としたものと別の財産割譲、要求の履行をもたらさない。ここでは、懲罰的平和条約は課されない。また、平時封鎖では、拿捕された船舶は、復仇終了後返還される。武力行使のさいには、破壊された財産に対する賠償がないが、犠牲国は、戦争からもたらされる破壊は、より大きいものであったろうとの回想に、慰藉を求める。そのために、小国は、多く、復仇を非戦的なものとみて、その圧力に屈した。ときには、一八三七年のニュー・グラナダの大統領のように、抗議を発したものもあった。[4]

こうして、公的復仇は、事実において、私的復仇がそうである以上に、戦争的(warlike)であり、戦争ときわめて近接した行為であるにもかかわらず、平和関係の枠内で活動を続ける。グロチュースが、戦争を一連の行為としてではなくて、国際関係の status として、したがって、国際関係には、二つの可能な状態、すなわち、戦争と平和が存在するだけで中間状態は存在しない(Inter bellum et pacem nihil est medium)と指摘したことは[5]、周知の通りである。復仇が、平時封鎖、領土の占領、あるいは砲撃の形をとるとき、それらが、戦争的であることに問題はない。しかし、だからといって、それらが、必ずしも、戦争状態と結びついているとは、一般に考えられない。当事国のどちらも、復仇に加わることによって、戦争することを意図しないかぎり、法的意味では、戦争は存在しない。実際においても、これを適用する諸国は、その平和的意思ばかりでなく、不法の救正を効果づけるにすぎないという意思の詳細な声明を発表してきた。[6]

それでは、こうした手段に、直接参加する国家の関係はなにか。法的意味における戦争の欠除は、平和であるのかどうか。ウェストレイクが、戦争に関するかれの書の第一章で指摘しているように、[7]復仇は、戦争と平和の線を暖昧にする傾向があった。戦争状態が交戦の意思をもってなされる戦争行為の存在によって決定されてきたと同様、[8]〝復仇状態〟すなわち準戦争(quasi-war)、および平和と戦争との中間状態(intermediate state between peace and war)[9]が、復仇手段の存在から演繹されるべきことが示唆された。しかし、こうした status の承認が復仇の実際と結びついた問題に、とくに役立つかどうか疑問である。いずれにせよ、復仇手段が、平和状態と結びついてきたことは事実である。

平等の力の国家の関係において、復仇ことに武力による復仇が、戦争への移行の危険をはらむと予想されるにもかかわらず、復仇の歴史は、戦争か平和かの二者択一が、すくなくとも被復仇国の側に、存在しなかったことを示している。[10]けだし、すでに述べたとおり、復仇は、主として、大国によって、弱小国に指向されたからである。復仇は相手国の不法行為、あるいは厳密に、条約義務不履行の場合に限られるならまだしも、しばしば、他の政策のために、すなわち、領土拡張政策の武器[11]として、あるいは、きわめて不明確な国家の名誉に対する侮辱を原因として、[12]行使されている。それにもかかわらず、一九世紀の恒常的な国際不法行為の勃発と、国際法を執行する国際機構の欠除とは、復仇行使に、似て非なる合法性を与えたと想定される。国家自助が、国際義務履行を違法国に強制する窮極の手段として、依拠されたのである。もし制裁が、国際法の効果的体系の必要部分であることがみとめられるとすれば、復仇行使と制裁問題との関係は、明らかに緊密である。復仇は、国内社会における血讐と同様に、その自助制度そのものの内包する欠陥として、一方で、法保護の機能を営みながら、他方、その行使基準の判定が当事者に、そしてその恣意性にあることのために、非難に価する。国際法が真に国際間の平和を規律する法体系であるためには、こうした矛盾が切り開かれなければならない。これが一九一九年後の国際法と国際社会に課された課題であった。

1　Hogan, *op. cit.*, pp.12-13.
2　*Ibid.*, p.124.
3　例外もないわけではない。一九一〇年、フランスが、トルコのミチレーヌの税関を奪取するに先立って、外相デルカッセは、フランスの要求を容れるのに遅滞があるときは、これに応じて、その手段がより厳しくなろうと警告を発した。サルタンが解決を延期したので要求金額が増した。デルカッセは、これを、「道徳的」軛が遅滞とともに進行したというように説明した(Hindmarsch, *op. cit.*, p.88, note 1.)。
4　Colbert, *op. cit.*, p.99.
5　Grotius, De *Jure Belli ac Pacis*(Classics of International Law), Vol.II, bk.I, ch.I, sec.2.
6　一九一四年のメキシコに対するアメリカの復仇にさいしての議会の決議。一八六一年三月一七日、メキシコに対する復仇に参加したスペイン軍の指揮官ガゼット将軍のヴェラ・クルズの人民に対する保証声明(Colbert, *op. cit.*, pp.94-95)。
7　Westlake, *International Law*, 1907.
8　「紛争を起すには二国が必要だが、戦争をなすには二国を必要としない」(A. D. McNair, *The Legal Meaning of War and the Relation of War to Reprisals*(Transactions of the Grotius Society, Vol.II, p.33)。こうした考え方は、戦争を闘争の状態とみるからであって、戦

争は一国の一方的宣戦によって成立するという一般的通念にもとづく(立作太郎『戦時国際法』一一五—一一六頁)。しかし、復仇の歴史では、こうした決定的ともされている問題にも、討究の必要なことを感じさせられる。ホーガンの叙述によれば、アルゼンチンの封鎖(一八三八—一八四〇年)のさい、アルゼンチンはフランスに対して報復状を発し、戦争行為であるから、平時封鎖とは考えられないと主張した(Hogan, *op. cit.*, pp.90-91)が、このときアルゼンチンは、宣戦していもしなければ戦争が存在するとの信念を表明してもいない。したがって、この場合はまだ、平時の復仇の初期のものに通例であった反復仇であって、この行為を宣戦と同一視することはできないかもしれない。しかし、一九一四年に、アメリカは、それが大国から出されたとすれば、当然、宣戦とみなされたかもしれない声明を無視した。すなわち、一九一四年四月二二日、メキシコ外相は、アメリカ代理公使O'Shaughnessy に対し、パスポートを手渡すさいに、次のように述べた。「国際法上、アメリカのこうした武力行使は、メキシコに対する戦争開始(the initiation of war)と理解されねばならない」(Colbert, *op. cit.*, pp.95-96)。また一九〇七年の「開戦に関する条約」の討議のさいに、中国全権は、一国が宣戦し他国が戦争を欲しないとき、事態はどのように解釈されるべきかについて解明を求めたが、こうした質疑は大国代表の困惑をひき起したにすぎなかったという。

ヒンドマルシによれば、したがって、「弱小国によって大国になされた一方的宣戦の法的効果は不確定である」(Hindmarsh, *op. cit.*, p.93, note 2)。これらの事実は、当事国が弱小国であるとはいいながら、ある意味では、国際法上の戦争の基本概念がこの限度において修正されなければならないことを示している。これはきわめて重大な点である。ちなみに、一八三一年五月二三日のポルトガルに対するフランスの復仇、いわゆるナヤド事件も戦争と復仇の特性の微妙に結合したケースである(McNair, *op. cit.*, p.33)。またハーグの「開戦に関する条約」中のles hostilitesは交戦の意思(animus belligerendi)をもつてなされる行為であって、復仇を含まないとみるのが通説であって、この語に、できるかぎり広い意味を与えようとしたウェストレークですら、復仇手段が含まれないことをみとめた(Westlake, Reprisal and War, *Law Quarterly Review*, xxv, 1909, pp.127-139)。

それでは、宣戦がなければ戦争状態はみとめられないかどうか。ハーグ条約は、この点については明らかでない。宣戦がなくても事実における戦争状態の継続が戦争を意味するとすれば、一九一四年のメキシコ外相の言さらにはアルゼンチンの封鎖すら問題となりうるだろう。

9　McNair, *op. cit.*, Appendix B, p.51 は、マックネアーの報告後、モントモレンシィ教授から、平和と戦争との中間状態という提言があったことをしるしている。

10 抵抗が長期にわたってなされ、第三国の権利が影響をうけるさいに、紛争国が、これらの中立国から圧力をうけたことはあった。

11 一八八四年の台湾封鎖、一八九三年のシャム封鎖がそれである。

12 一九一四年のアメリカのヴェラ・クルズ占領、一八五六年のアメリカの中国に対する復仇、一八六一年のイギリスのブラジルに対する復仇、一八五〇年のイギリスのギリシアに対する復仇がそれである、勿論、これらのケースの多くにおいて、国家的名誉への侮辱が単独原因とされたのではなかったが(Colbert, *op. cit.*, pp.68-69)。

《あとがき》　本稿の前半(三まで)、すなわち、『国家学会雑誌』第七六巻五・六号に掲載した部分を提出したのは、一九六二年一〇月二二日であった。いうまでもなく、一九世紀以後における復仇の成立の中核をなすのは平時封鎖の理論と実際であって、前半について筆を擱いたときには、はとんど、後半の部分についての検討も終っていた。すぐにも、続稿に手をつけられる状況であった。折も折、その翌日、日本時間の一〇月二三日、現地時間の一〇月二二日に声明されたのが、ケネディ・アメリカ大統領によるキューバの封鎖措置であった。ケネディ演説は、ことばの上では一応、キューバの「隔離」(the quarantine)を確立し、実施するアメリカの意思を示したものではあった。しかし、その措置の実体が示しているように、それは、紛れもない封鎖であった。しかも、それは、法的な意味での第三国に指向される。封鎖を、慣習法の成立の契機を探る手がかりとして、追及しようとしていた筆者にとって、事態は衝撃的であった。政治的な必要性ではなくて、法的な論拠において、アメリカ政府の、また、学者の見解を聴きたいと思った。アメリカの友人の援助によって、国務省法律顧問エイブラム・シェイエス氏の論文(Abram Chayes, The Legal Case for U.S. Action on Cuba, *Department of State Bulletin*, November 19, 1962, pp.763-765)を見ることができたのは、一二月もおしつまってからだった。その他の学者はどう捉えているだろうか。欲望はかぎりなく広がった。しかし、政治的イッシュとしての把握を別とすれば、法的な解明は、いまもなお、不十分なものである。シェイエス氏のそれにしても、あまりにも多くの問題点をはらんでいる。結局、これらの諸点についての検討は他日に譲ることとした。そして、本稿では、封鎖制度確立の歴史的過程を跡づけることに限定した。

（一九六三年四月二六日）

第二部　国際平和と安全保障

一　地域主義の偏向
二　ベトナムにおける法と政治——アメリカの諸論議をめぐって——
三　新安保条約の逐条解説
四　現代における国家体制
五　変型国家
六　原爆判決の法的問題点

一　地域主義の偏向

＊「地域主義の偏向」『国際法外交雑誌』五三巻一・二号（一九五四年）

〈まえがき〉

これは、昭和二八年国際法学会春期大会において、筆者のなした「地域主義をめぐって」と題する報告の草稿である。報告後の討論において、筆者が「地域主義」をいかに規定するかについて多くの有益な批判をうけた。そのさい、筆者は、語の厳密な意味での「地域主義」について、次のように考えていることをのべた。すなわち、これは、普遍主義と相対的なものとして、地域の特殊性を活かし、その内部における自治性を推進するものであること、その意味で、かかる自治性を通じての普遍的なものへの必然的結びつきが考えられるべきこと、こう理解していることを答えた。すくなくも、国内法的視野で考察する場合の地域主義は、このように理解されるし、国際的分野に現われる地域主義も、観念としては、国内的なものとのアナロジーで理解されていることは否定されえないであろう。しかし、ここで指摘しなければならないなによりも重要なことは――そしてこの点にこそ、報告の主眼をおいたのだが――、地域主義が国際政局において唱導される仕方には、多くの異質的ものが、このイズムそのものとして附著させられる傾きを免れないという事実である。ここでは、原型として観念されている、"Regionalism"は、大きな偏向をこうむり、ほとんど、本来の意味を喪失させられている。そして、偏向をうけた"Regionalism"が、大手をふるって国際政局を横行し、しかも、厄介なことには、ことの便宜に応じ、この偏向をうけた"Regionalism"が、前述した原型としての地域主義の観念をもつて説明されることが、非常に多いことである。では、国際政局には、オリジナル意味での地域主義は、存在しないのではないかというと、そうではない。国連憲章第八章にいわゆる「地域的取極」は、このイズムにもとづくといってさしつかえあるまい。オリジナルな意味での地域主義が全く存在しないなら、まだ始末のしようがある。国際的分野には、国内的な意味での地域主義は存在しないといいきってしまえるからである。

そこで、本稿では、憲章規定の基礎となっている原型的な地域主義を思考の背景におきつつ、国際連盟以来、現実政治に現われた種々雑多な地域主義を、そのあるがままの姿でえがこうと試みた。もとより、かかる地域主義はオリジナルなそれの偏向である。「地域主義の偏向」と題した次第である。

なお、このような偏向性を指摘するには、オリジナルなものについて、多くの文献を渉猟し、これを規定しておく必要が痛切に感じられた。そこで、この点を充足して、もっと完全なものとして、活字にするつもりでいたところ、その暇のないまま今日に至り、その間、この問題について、国際法の分野で高野雄一助教授の『国際安全保障』(日本評論社、法学理論165)、外交史の分野で深見秋太郎氏『二十世紀の外交史――集団安全保障の史的研究――』(創元社)の労作が発表された。やや異った観点からの研究として、なんらかの寄与をなしうればと思い、欠陥を認識しつつ、しかもこの欠陥の充足を他日に俟って、言葉遣いの訂正にとどめ、ほぼ報告の原文のままで、本誌に収録させていただくこととした。

一　はしがき

本稿は、主として、二つの部分よりなる。第一は、憲章起草過程において地域主義のとりいれられた諸「理由」の検討、および、そのさいの地域主義の憲章上の位置づけにあてられる。これは、さきにふれた原型として観念される地域主義を、憲章のなかに確認する意味をもつ。そしてさらに、それが、非連合国、とくに旧敵国に対する関係において占めていた比重の変動を通して知りうる地域主義の意味と機能の変化が、ここで検討される。第二は、一九一九年の国際連盟成立以来、その中に、あるいは、その外にあらわれた地域主義に対する学者、政治家の意見の概観であり、そして、その具体化であった各種の地域協定が、連盟に対して及ぼした影響とその国際政局における帰結の、回顧的判断である。

第二のものは、明らかに時間的には、第一のものに先在するものであるが、ここでは第一のものの背景として、とくに、サンフランシスコにおいて地域主義の採用を主張しつづけた仏の態度の伏線を指摘するものとして、あとさきを顛倒させてみた。たしかに、第一次大戦までは二次元的に戦われた戦争も、第二次大戦からは三次元的戦争に転化したといわれる今日、われわれの思考にも、そのような革命が行われねばならないのであり、地域主義、とくに現実の地域的安全保障機構についても、われわれは、新たな観点から眺めなおさねばならないのは勿論である。しかし、次の事実、すなわち、疑いもなく、国際連合は、国連連盟の経験の土台の上に立てられたということ、とくに、地域主義の役割もこの教訓をとり入れて連合に生かされているということ、更には、このように科学的、観念的にはコペルニクス的転回を要請される世界にあって、現実政治の枠内では、欧州防衛共同体条約を締結した諸国間においてすら、依然分派主義的傾向が強く、隣国の行動にその注意の大半を奪われているということは、なお、われわれに連盟時代における地域主義の検討を意味あらしめているものと思われる。

このような点について、バーズ・ヴィユーを試みたのち、再び最後に憲章規定に立ち戻り、地域主義をめぐる経験の試錬がいかに憲章で生かされているか、その後の地域主義の発展に偏向がないかどうか、これを検討してみたいと思う。

二　国連憲章における地域主義

周知のように、国連憲章は地域的取極に対して、著しく積極的である。憲章は、第六章「紛争の平和的解決」の第三三条で、紛争当事国は平和的解決方法の一つとして地域的取極を利用しなければならないとし、かつ、第八章に、「地域的取極」と題して、第五二条から第五四条まで三カ条の規定を設けた。もともと、ダンバートン・オークス提案でも第八章第三節が地域的取極について規定した。それによれば、地域的取極及びその行動は、国連の目的及び原則と一致することを必要とし、地域的取極に基いて執られる強制行動は、安全保障理事会の許可を必要とした。安全保障理事会は、関係国の発意に基くと安全保障理事会の付託によるとを問わず、地域的取極による地方的解決を奨励すべきものとされた。ダンバートン・オークス提案がすでに積極的である。[1] それは、地域機構の機能を世界機構の機能と並置すると同時に、後者の究極の権威を確立しようと企図しているのである。[2] このダンバートン・オークス会議の成果、すなわち「一般国際機構の設立に関する提案」が、関係主要連合国によって発表されたのは、一九四四年一〇月九日である。憲章を最終的に確定したサンフランシスコ会議が、すべての連合国の参加の下に開かれたのは、翌四五年二月のヤルタ会議による安全保障理事会の表決方法決定後の、同年四月から六月にかけてである。ここで注意すべきことは、いうまでもないことであるが、ダンバートン・オークス提案においては、未だ小国の意向が反映されていなかったということ、そして、安全保障理事会の表決方法の決定問題は、英米ソの三大国のみが関係したことで、フランスすらこの問題にかかわることがなかったということである。この国連ならびに国連憲章における大国中心主義は、後に示すごとく、単にサンフランシスコにおける討議においてのみならず、国際連盟とのバランス・シートにおいて地域主義を取扱う場合、極めて重要な意味をもってくるのである。

このようなダンバートン・オークス提案における地域主義の規定に対しては、サンフランシスコにおいて、種々の反対提案が準備された。五月一五日、ステツィニアス米代表は次のような発表をした、「多くの代表の討論の結果、提案は、地域的機関及び集団的取極と世界組織との関係を憲章で明らかにするようなされるであろう」[3] と。地方的問題解決のための地域的組織を、世界的平和機構の権威と威信を弱めずに、最大限に利用する方法をみつけることは、勿論、容易な問題ではない。だが、そのこと以上に、次の二、三の要素が、サンフランシスコでは、この問題に尋常ならざる重要性を与えたのである、第一は、クンツのいわゆる〝サンフランシスコにおけるラテン・アメリカの危機〟[4]

である。すなわち、ラテン・アメリカ・ブロックが、協同行動により、アルゼンチンを同会議に参加せしめることによって感じとった力の意識、と同時に、それが数週間前、メキシコ・シティで組織した汎米同盟および、その関係機構――チャプルテペック協定――による汎米組織の強化に関連する問題がこれである。第二は、新しく創設されたアラブ連盟の諸国が、同じく地域主義に非常な関心を寄せていたことである。第三は、ドイツの再興に備えてソ連と同盟条約を結んだフランスも、憲章の下においてソ仏同盟条約の自由な運営を確保しようとして修正案を提出したことである。フランスのこのような態度は注目すべきものである。たしかに、ブリュジエールのいうごとく、「このような態度は、一九一九年以来フランスが、英米との同盟体系の締結によって、ドイツに対する保障を要求してきたことに鑑みれば新しいものではなかった」[5]にせよ、効果的な国際行動を分裂せしめるところの旧型の同盟・反同盟の制度に落ちこませるかもしれない双務的協定に、白紙的確認(carte blanche endorsement)を与えるという現実の危険をともなったこの要求[6]は、なんらかの形で、国際機構の中において調整されねばならない性質のものであった。かかる要求は、フランス外相ビドーの「フランスは正確な保障を必要とする。国際組織が必要な決定をなす前に、われわれは世界地図から抹殺されるかもしれない」とのクレマンソー的危倶にもとづくもの[7]であり、これは、ドイツに対する恐怖と同時に、拒否権による国際執行の遅滞に対する懸念に由来するものであった。

協議の結果、英米ソ中国の四招請国から修正案が提出され、現在の憲章の規定が成立した。

まず、フランスの危惧するヨーロッパの安全保障協定というデリケートな問題は、五三条で、これに、暫定期間、旧敵国の侵略政策の再現に対し一時的効力をみとめることにより処理された。この暫定期間とは「関係政府の要請に基いて、この機構が右の敵国によるあらたな侵略を防止する責任を負うまで」の期間である。そこで、四招請国及びフランスの、ダンバートン・オークス提案の修正案にとり入れられ、一〇七条の力をえて、五三条は、一時的に、連合国政府に旧敵国に対するフリー・ハンドを与えたことになる。もっとも、同条は、周到に、このような種類の特別の相互援助条約を、恒久的世界安全保障機構の部分として承認することは、抑えている。これらの規定の結果、安全保障理事会は、枢軸国による新たな侵略を防止する責任を連合国が国際連合に与えるまで、この責任を除かれる。逆にいえば、連合国がこの責任を与えたときはいつでも、五三条の例外はなくなり、かかる地域的相互援助条約によりとられる強制行動は、安全保障理事会の許可を必要とするということである。[8] ところで、この責任の付与は任意的であり、連合国に義務づけられているのではない。そこで、この責任の付与のないかぎり、あるいは一〇七条によれば、この憲章が修正されないかぎり永久に——旧敵国が連合加盟国となったのちですら——、旧敵国は連合国の武力の脅威または行使の抑制という義務(二条四項)の例外的対象でありつづけるわけである。[9] フランスの要求の憲章への具現は、このような、いまからみれば奇妙な論理的帰結を生み出した。

つぎに、ダンバートン・オークス提案に対するもう一つのジレンマは、第七章の最後に、全く新しい規定——五一条——を挿入することにより解決された。これにより米州諸国は、安全保障理事会が急速な行動をとれないさい、または、そのような行動を不適当とみたさいに、チャプルテペック協定により、「集団的自衛」行動をとる自由をえた。この修正がなければ、ダンバートン・オークス規定は、ヨーロッパの大国が、安全保障理事会によってのみならず、米州諸国自身によりとられる行動を妨げるため、拒否権を用いる危険な可能性を残すことになったのである。

このようにして、憲章は、ダンバートン・オークス提案の地域主義認容の積極性を更に一歩進めて、地域の特殊性尊重という意味から、地方的紛争は、安全保障理事会付託以前に、地域的取極によって解決するため努力すること(五二条二項)をすすめ、地域の自治性(Autonomie)を推進する建前をとりつつ、その外部との関係を規律するものとしては、一般的安全保障機構としての安全保障理事会の役割を確信し、万一の場合、——拒否権による執行不能の場合を考えて――、個別的、集団的自衛権を規定するに止めたのである。ケルゼンのいうように、「憲章起草者が、集団的安全保障制度が、全く働かないだろうとは予想もしなかったことであろう」し、いわんや、かれらが、集団的自衛を集団的安全保障の代用品と考えていなかったことも確かである。[10] 一九四五年一一月、バーンズ米国務長官は、〝一つの世界における隣邦〟と題して、次のように述べている。「他国の権利と利益を尊重し、世界組織に適合する汎米体制と同様、地域的協定は、世界平和の構造において、強力な柱となり得る。しかし、われわれは、世界組織の代用品としての地域的協定を承認することはできない」と。[11]

これによってみても、地域的・安全保障機構を、一般的・普遍的安全保障機構に統合するための、全てのフォーミュラにおけるもっとも重要な原則は、双務的、地域的協定に対する集団的協定の優位であることがわかる。このことは、憲章が、地域的取極乃至機関を安全保障理事会の権威の下におき、いかなる強制行動も、その許可がなければとってはならないと規定すると同時に、地域的行動について、一定の事前の通報義務を設けていることにより知られるところである。個別的、集団的自衛権の行使の場合、報告は自衛権行使ののちになされるが、憲章は、ここでも安全保障理事会の権能と責任を規定している。事実上の可能性の問題と疑点はのちにふれるとして、すくなくも憲章規定そのものが、一般的安全保障機構の優位の原則に立つことは疑いえない。その唯一の例外は、前にふれた旧敵国に関する行動である(五三条、一〇七条)。以下、この例外について若干の考察を加えることとする。憲章上、旧敵国は、連合国の武力の脅威、武力の行使を慎しむという、二条四項の義務の枠外におかれている。国際連合が、これらの敵の侵略を打ち破る過程において準備され、これらの敵国の再侵略を防止する雰囲気を呼吸していた中で成立したことを考えれば、そして更に、皮肉にも、[12] ヴァンデンバーグ上院議員が四五年一月にのべた演説から知られるように、地域的取極の原因、それ故に、憲章における地域主義容認の主たる根拠が、なによりも日、独の再侵略の恐怖にあり、日独非武装化のための五大国軍事協定の締結、または、日独の信託統治地域への編入[13]が示唆されたことを考えれば、これは当然の規定であったわけである。しかし、ここに問題がある。すなわち、世界の安全と平和を確保するという憲章の建前からいうなら、これらの旧敵国が侵略されたとしたら、そのさい、連合国がいかなる行動をとりうるのか、果して、連合国が集団的自衛権の行使をすることが許されるかという問題である。理論的問題であるばかりではなく、現実の問題でもある。勿論、このようなことは、憲章起草のさいは、夢想もされなかつたことである。憲章上、二条四項の例外と考えられるのは、大別すれば、五一条と一〇七条である。この二つの規定は、互いに相背反する意味をもっている。まず、旧敵国に対する武力攻撃が一〇七条によって行われるなら、解釈の仕方では、連合国が五一条により攻撃された国を援助することは許されない。なぜなら、一〇七条は、この憲章のいかなる規定も、それ故に、集団的自衛権も、一〇七条により執られる行動を無効にし、または排除するものではないと規定しているからである。そこで、五一条は一〇七条により制限されると解される。他方、五一条もまた、「この憲章のいかなる規定も、……個別的集団的な固有の自衛権を害するものではない」と規定していることから、一〇七条は、五一条により制限されると解釈されうる。前者をとれば、一〇七条による武力攻撃のさい、攻撃された旧敵国を援助する連合国の義務は、五一条によっては制限されないにせよ、二条四項の義務と抵触することになる。たとえ、旧敵国に対し、平和条約により、連合国が憲章二条の原則を指針とすべきことを確認したとしても、一〇七条によりこれを破る連合国は、平和条約違反のせめは負うが、憲章に違反していることにはならない。「平和条約の規定は、それが、一〇七条改正の効果をもたない以上、憲章の法的地位を変更するものではない」[14]からである。

以上によってみれば、憲章は、地域主義を積極的にみとめるとともに、その活動をあくまでも安全保障理事会の統制下に置こうと努力していることがわかる。そしてその唯一の例外は、旧敵国に対するものであった。しかし、これら旧敵国は武装解除され、その新たな侵略は直ちに起されるわけではなかった。それ故に、憲章起草者自身が、その後数年にして、集団的自衛権の組織化が起る可能性があろうとは考えていなかったに相異ないし[15]、いわんや旧敵国がその組織化の一翼をにない、法的問題を提起しようとは夢にも考えていなかったにちがいない。

その後の国際政局の緊張が、憲章の建前に及ぼした影響はしかく甚大なものがあるが、その問題に移るまえに国際連盟での地域主義の経験を簡単にふりかえってみたい。

三　地域主義承認への道程

この問題を充分に理解するためには、一九一八年に立ち戻ることが必要である。そのとき、一千万人の人命と二千億ドルの通過税をとった世界戦争[16]の終末が世界にのしかかっていた。ひとびとは、同盟の存在がこの戦争の主な原因の一つだという確信に燃えていた。原則として全ての国家を構成国とする平和のための国際組織が提示されたのは、一部は、かかる同盟との二者択一的形においてであった[17]。この組織が国際連盟となったことは周知の通りである。現在の問題にとって重要なことは、連盟の偉大な立役者ウイルソンが、一九一八年九月二七日、その一四カ条の第三点において、次のように述べていることである、「国際連盟という一般的共同体の中には、連盟、同盟、特別規約ならびに了解事項といったものは、いかなるものも存在しえない」[18]と。これは、連盟だけが、そして、連盟以外のなにものも、平和を保障しえないということである。ある意味では、これは、行過ぎに対する過度の反動でもあったが、一九一四年以前的同盟の再発が、世界を再び敵対陣営に分けるかもしれないという危惧は、それ自体正しいものであった。そこで、原則としては、世界の全ての国がこれに保障を与えた。が、ウェーベルヒが一九二二年の国際法学会でのべたごとく「実際的観点からは、保障の履行は、まず第一に、同一大陸の国家に委すのが有効だ」[19]という考えもなかったわけではない。このような思考の底流との調節をはかり、かつ、米国上院に連盟規約をのませるべくモンロー主義についての留保をなすために、二一条が設けられたことはよく知られるところである。二一条は次のように規定している。「本規約ハ、仲裁裁判条約ノ如キ国際約定又ハ『モンロー』主義ノ如キ一定ノ地域ニ関スル了解ニシテ平和ノ確保ヲ目的トスルモノノ効力ニ何等ノ影響ナキモノトスル」。しかし、その後の議論からみて明らかなごとく、この規定そのものは必ずしも地域的了解を規約上明確にみとめたものとはいいがたい。モンロー主義は、グループとか取極(accord)であるよりも、むしろ、単なる政治原理なのであり、一方的、片務的主義である。[20]これに反して、アンタンテ(ententes)は、その間にそれが確立される二または数国を想定している。ブラジル代表フェルナンデス自身次のようにのべている、「規約は、その字句によれば、モンロー主義が、アンタンテの機能をもつかぎりにおいてのみ、これをみとめている。このことから次のようにいえる。利害関係ある国家一般が、これに同意する度合に応じて、規約と両立しうるのだ」[21]と。アルゼンチンの批判もこれを一方的宣言と断定している。アメリカ大統領ハーディングすら、一九二三年、「モンロー主義は、国際約定でも仲裁裁判条約でも局地的了解でもない」[22]とのべている。これによってみれば、規約二一条が、局地的了解をみとめた趣旨は極めて曖昧であり、消極的意味きりもちえないものといわねばならない。連盟それ自体は、ウイルソンの宣言の通り、明らかに普遍主義に立つものである。しかし、その後の国際政局の展開は、このような原則とは異った方向に進んで行った。オルエ・イ・アレッギの次の言葉は、この間の事情を端的に示している、「二一条は、《局地的了解》の存在と発展を正当づけようと欲することには程遠いが、本質的には、モンロー主義と規約の他の規定とを両立させるために挿入されたはずのこの規定は、予期しない結果をもった。これとともに、現実の国際組織の中に、とくに地域主義者の面から分権的現象が現われてきたからである」[23]と。

地域的協定を締結するための合理化として、二一条は、最大限の拡張解釈をうけた。さらに連盟の末期、一九三六年七月一日―三日の総会、第一会期で、フランス代表、ブルムとデルボーにより主張され定義されたごとく、局地的了解は、締約国間に、地理的地位、または、同一の利益共同体に属するということにより結ばれる諸国の連合[24]という広い解釈を与えられ、合理化された。それは、もっぱら政治的利益共同体に属するということだけで、地理的要素を奪われた条約をも包含する意味合いをもっていた。このように成文として定まった二一条も、国際政局の動きにつれ、諸国の有利に解釈されていったのであるが、また一方、連盟の当初においては、規約を補足するものとして、局地的了解の拡張を促進させようとする二一条改正のための動きが、既にして存在していた。一九二一年の二一条に対するチェコの改正案がそれである。この改正案には、かかる局地的了解が、連盟の監督のもとに結ばれ、また、その設置は、ジュネーヴ機構により推進されねばならない、という規制的条件が附帯してはいたが、改正のためのチェコの真の目的は、このような純理的な点にあったのではなく、次のような政策的な点にあったことを見逃してはならない。すなわち、ハプスブルグ王朝の再興を避け、ゲルマン――ボルシェヴィークの危険を避けるに適当なグループにより、連盟の枠内において、小協商の効果的認容をえようとすること、これがチェコの真の目的であったのである。[25]この改正案は、一九二一年総会の第一委員会の拒否により、実現されなかった。しかし、拒否されたとはいいながら、あるいは、むしろそのために、かかる動きが、厳密に考えれば明らかに連盟の枠のそとで、推進されるようになったという事実は、否定できない。このような事実を合理化すべく、拍車をかけたものこそ、実に、形式的な法万能主義にもとづく連盟機構そのものであったともいえるのである。そこで、ヴェルサイユ体制における国際政治の主流は、もともと、連盟のそとを走っていたという方が、正鵠を射た表現かもしれない。なぜなら、パリ平和会議の幕が閉じるや、その多くの仕事は、大使会議(Ambassador Conference, 1920-1931)の手に移されていたからである。ポール・マントーの言葉を借りれば、大使会議こそ、一定期間、「諸大国の欧州管理の、法律上のではないが、事実上の執行機関」となったのであり、更に言い加えうるとすれば、それは、連盟機関の権限から主要事項を引抜くべく、慎重にはかられた機関であったのである。[26] その原因は、種々の点にもとめられうる。アレッギのいうように、平和会議で、普遍主義のユートピア的夢想と慎重な現実主義的分権主義の間の正しい均衡基準の探求が省みられなかったことも[27]一つの原因である。だがここでは、なによりも、次の点を指摘するにとどめる。すなわち、戦争の惨禍をこうむったことによる至大な反省があったとはいいながら、国際政治の基調が依然として権力政治、勢力均衡の原則の上にあり、しかも、かかる基調の存在にも拘わらず、連盟機構自体が、諸国平等の原則の上に立ち、[28] 機能的にも理事会と総会との並列的権限のために、行動力豊かな大国を完全にその枠外に放逐していたことに重大な原因があったということである。連盟内での行動の不自由を満喫した大国は、自然に、その外での行動により、その欠を補うに至った。このような趨勢と地域主義の要請とが完全に一致して、分派主義的孤立主義的要素が濃化し、その後の国際政局が展開して行ったところに、連盟の悲劇をみることができる。形式的な意味では、このような普遍主義からの偏向の時期は、マクドナルド英首相とエリオ仏首相とが、主たる外交事項は、連盟を通じて処理すると協定した一九二四年の始めに終った。しかし両首相共、その後継者を拘束することはできなかった。一九二五年のロカルノ条約の締結手続がこれを示している。[29] アレッギは一九二七年にこう書いている、「ドイツの加入と規約の仲裁裁判制度を完成したジュネーブ議定書の起草により、その頂点に達した連盟の普遍主義は、相互援助保障条約が承認されたとき、重大な損害を蒙った。……ひとは、地域的協定の効用――ロカルノへと発展した傾向――をみとめた。欧州の平和安定を望みつつも、ひとは、連盟の将来に手荒い一撃を加えた。……ここにロカルノの精神――ヨーロッパ政局の帰結――がある。普遍主義者の真の精神は、もっとも分権的な個別主義により誤った道にふみ入らされた」[30]と。ここで、現在の事情と思い合わせて、米国が国際政局に占めていた地位を想起することが必要である。いうまでもなく米国は、連盟に加入せず、その枠外にあった。それ故に、米外交政策の当時における特色は、その経済政策に集約的表現を見出せる。第一次大戦が終わったとき、米国人の最初の衝動は、その連合国に、戦争は終った、かれらは自らの足で立つよう急ぐべきだと警告することであった。それ故に、レンド・リーズ援助の支離滅裂な終末があったのみならず、戦争中の借款返済が問題になったとき、米国は「ヴェニスの商人」としての役割を果した。第一次大戦の終ったとき、連合国の対米債務は、一〇〇億ドルの多額にのぼり、[31]戦後米国はその取り立て方に廻った。しかし各国は支払能力なしとし、返済をしぶったが、もっとも頑強な態度を示したのはフランスである。一九二四年仏下院議員、ルイ・マランは、次のように演説して下院で大喝采をあびた。「戦争酣のころ、各国の政治家は、共同の行動に訴えた。あるものは弾薬を、あるものは、息子の生命を、金を、与えた。そして今日、金を与えたもののみが、われわれにこういっている、〝貸した金を返せ〟と」。[32]一九二九年に始まる不況はこれに輪をかけた。結局、これは、フーバー大統領の戦時債務ならびに賠償に対するモラトリウムにより、一時中止され、再びよみがえることなく、一九三二年のローザンヌ会議で、米国拒否のうちに、終止符をうたれた。[33]「ドル外交」の著者、ハーバート・フェイスは、「一九二二年頃、アメリカの借款政策は、戦略よりも、理論ならびに原則により導かれていた。（そのかぎりにおいて）、国家財政から抽出された理論は、投資が私的ビジネスだということであった。[34]……不況に入るや、なされつつあった若干の経済援助も急速に旧に復した。いかなる場合にも財政的手段と処置だけでは、欧州と東アジアにおける深い分裂と、革命的変化の鳴動から生れた、これらの恐怖を、放逐することはできなかった。われわれの経済的主導計画が、より以上に政治的軍事的影響力の完全な行使をうけ、これと結びついていたなら、世界が鎮定されたかどうか私は知らない。しかし変化があったことと思う」[35]と回顧している。各国の政治的分野での孤立主義は、経済的孤立主義、自律主義と結びついて確固たる地位を築いて行ったのであり、連盟のそとに、ロカルノ条約、小協商、バルカン条約、バルチック連合が次々と結ばれ、二一条による局地的了解なることを主張した。それ故に、理論上は、連盟が二一条に従って締結された条約に統制権を与えられているとか、連盟は世界平和を有効に保障しうる条約きりみとめないというように想定することはできる。しかし、それは、現実に実現されるチャンスのない、レゲ・フェレンダ(lege ferenda)の考慮の上にのみ働くものである。逆に、われわれは連盟がいかなる統制権ももっていなかったということ、そして、事務局は、一八条に従って連盟国により提出される全ての条約を――たとえ、それが規約に合っていようとなかろうと――、これを登録し公表するよう義務づけられていたということを証明しうる。これが法的事情である。これに対し抗議はなされなかったし、このような法的事情は争われえないものであった[36]。それ故に、普遍的機構による統制を欠いた局地的了解は、それが真に地域主義に基くものであるかいなか極めて疑わしい。右の諸条約についても、その地域的了解性について多くの意見の分岐がみられる。あるものは、「汝の隣国と友になるなかれ、隣国の隣国の友たれ」というヴェニス外交政策の信条にもとづく旧型の同盟条約[37]ですらある。

このような動きの中にあって、地域主義の在り方に対し、学者の側からも多くの議論が提供された。概略をのべれば、次のごとくである。

一九二二年、グルノーブルにおける国際法学会は、この問題について非常に興味のある討論を展開させたが、その意見は、およそ、二つのグループにわけられうる。

一　急進的意見　このなかに、(イ)連盟の普遍性の絶対尊重をとくものと、(ロ)完全な分権主義を主張するものとがある。

二　中間的意見　この意見を、支持するひとは多い。普遍主義的考え方から出ているが、これも二つの傾向にわけられる。まず、(イ)技術的性質の分権をとくものがある。これを説明して、アッセ(Asser)は、地理による区分ではなくて、素材による区分をなすことが肝要だとしている。次に、(ロ)大陸的、地域的区分をともなった統一的社会を主張するひとびとがある。安達、ケベディ、クリーン、オリヴァー、フィリモア、ローラン等がそれである。これについて、ウェーベルヒは、「かかる組織は、連盟と緊密な関係になければならないし、またこれに従属せねばならない」と註釈している。[38]

次に、一九二六年の国際法律家連合(L'Union juridique internationale)は、アルヴァレスにより用意された報告を検討して、連盟が普遍的組織であることを再確認すると共に、同時に、同一大陸の全ての国家に拡張される場合であると、異った大陸の諸国に拡張される場合であるとを問わず、連盟が平和の確保のため局地的了解を許可していると宣言した。国際外交史学会もアルヴァレスの草案を検討、次の結論を出している。〈一七条、同一大陸または同一地域の諸国は、共同のとりきめにより、一定の問題につき、該大陸または地域において守られるべき原則または規則を確定することができる。……〉と。さらに、国際連盟仏協会連合(La Féderation des Associations français pour la Société des Nations)も、地域主義について一九二七年二月決議を発表した。なお実際分野では、フーデルストンが大陸別による連盟の区分をみとめ、アルヴァレスは、ヨーロッパ、アメリカ、アジア、英連邦の四社会、クーデンホーフ・カレルギ伯は、汎米、汎ヨーロッパ、英、ロシア、モンゴールの自律権をみとめた。[39] これらの地域主義認容の立場は、およそ、「地理性」を中心とした考え方であるが、われわれが現実の地域主義的現象の形成要素をとり出すべく努力をそそぐときには、むしろ、地域的とりきめをその設立にみちびいた契機に非常なヴァライアティがあることに気がつく。フーバーは既にアンスチィチューのグルノーブルの会期でこうのべている、「地域的グループは予定された公式によりつくられるのではない。それらは、夫々の場合に考慮されねばならない事情(条件)の結果である」[40]と。地域主義の非常に重要な要件となされるべき地理的接近性は、このように、現実のアンタンテにおいては、むしろ、背景に押しやられていたことが、ここに知られるのである。

では、これらの論議において、地域主義者は地域協定と連盟との関係をいかに考えていたのであるか。結論的にいえば、かれらは、そのさい、あくまで、これらの協定を連盟の監督のもとにおかねばならないと主張していた。それ故に、地域協定が戦前の個別的同盟体制への復帰という危険を内蔵していたにも拘わらず、これが、連盟の強固にして決定的な支柱となりうるといわれたのである。かれらの意図した地域的協定を連盟の監督のもとにおこうとした方法は、次のようなものである。まず、新しい地域的協定を構成する条約の批准を拒否する権限を理事会に与える方法、すなわち、事務局に該条約を登録することを不可能ならしめる方法であり、該グループの構成国が条約に署名する前に、連盟にその内容を知らしめるということである。[41] このような技術的統制は、たしかに、必要である。しかし、かかる技術的統制より以前に、まず考えなければならないことは、このような連盟の統制を確保するためには、大国の活動がなされうるような機構が、まず、存在しなければならないということ、すなわち、大国が機構の外におかれないということである。その意味では大国の国際機構における優位は不可欠ですらある。そうしたときに初めて、地域主義はその活動の場を与えられる。連盟末期の経験はこのことを示している。ナチ政権の権力承握と共にジュネーヴで行われていた平等主義は、より手荒な打撃をうけた。その最初の一つが、一九三三年七月一五日の四大国のローマ協定の調印であった。それは、連盟規約の枠内のものと主張されはしたが、一〇年間、英、仏、伊、独がヨーロッパ社会の内部指導者として働くことを約束しようとしたものであり、現実には正式に援用されることなく終ったが、それは、四者討議の時期の始めとなったのであり、バランス・オブ・パワー体制への復帰を印しづけた。そして、意識的に認識していたにせよ、いないにせよ、四大国協定の調印は、ミュニッヒへ、そして最後に戦争へと導いた第一歩をローマで歩んだ[42]ということを意味し、これ以後、地域主義は、レーベンス・ラウム(広域圏)理論[43]と結びつき、その拡大は規制するところを知らず、本来の機能を失った。

四　地域主義の現状

では、このような連盟の経験の試錬は、憲章ではどのように生かされているであろうか。いうまでもなく憲章規定は、大国優位の原則の上に立っている。拒否権の存在(三七条)、安全保障理事会の総会に対する優位(一二条、二四条)がこれを示している。と同時に、前にのべたように、地域主義が、はっきりと憲章上において明確な形を与えられており、これを安全保障理事会の権限の下におくべく万全の措置が講じられている。報告義務はその一つの重要な点である。連盟規約は、諸国の平等主義により、大国の活動をその外にほうり出した。そして、地域主義を明確にしなかったために、これらの大国が、地域主義の名の下に、旧型の同盟を締結し、重心をジュネーヴから他の場所に逸らし、連盟の権威を破壊し去り、遂に破局をもたらしてしまった。これに対し、連合は、このような大国が、その枠内で充分活動できるようにその優位をみとめ、地域主義も、はっきりと憲章で規定し、その統制下においた。これによってみれば、連合は、連盟よりも地域主義の機能をいかし、しかも、これを連合の統制下におくべく、非常な進歩をしたということができる。しかし、地域主義の規制という点で連合には全く欠陥がないわけではない。

五一条を中心とした問題がそれである。最近の発展を頭におきながら問題点を二、三あげてみる。問題の第一は、通報義務についてである。五一条には、第八章の地域的取極に関して規定されているような安全保障理事会に対する、事前の通報義務がない。もっとも、自衛権の行使に当って執った措置は、直ちに報告しなければならないことになっている。自衛権という性質からみれば、それに基き執られる措置は報告のしようがないわけで、当然執った措置のみが問題になるのも止むをえないことである。しかし、前にもふれたように、憲章起草者の脳裏には、五一条の集団的自衛権が組織化されるといったようなことは予想もされていなかったことであり、いわんや、この集団的自衛権の組織化のみによって、第八章の地域的取極の規定に関わりなく、地域的協定が締結されるとは考えていなかったことであろう。勿論、こうのべたからといって、集団的自衛を組織する条約の締結は、武力攻撃が発生したさい、ということは、発生したのちにのみ、許されると解釈しようとしているのではない。集団的自衛組織化のための条約締結は、自衛権の行使とは考えられず、この権利の行使の準備とみられる以上、それは、かかる準備にふれていない五一条と両立しえないものではない。問題は、集団的自衛権の組織化として出来た地域的協定は、それにより開始し、または企図している活動について、安全保障理事会に通報する義務がないという点である。もっとも、リオ条約の第五条は、集団的自衛権の行使として、着手されたか、または計画中である活動に関する完全な情報を、五一条及び五四条に従って安全保障理事会に直ちに送付しなければならないと定めている。しかし、憲章はこのような情報を要求してはいない。この意味で、ベッケットが、この点について、いささか困惑を感ずるといっているのは至当である。もちろん、私はここで、このような報告は憲章が定めていないから無用だときめつけるのではなくて、むしろ逆に、集団的自衛権の組織化としての地域的協定といったものが実現される以上、このような地域的協定も、安全保障理事会の統制下におくため、憲章の建前として、リオ条約第五条のような規定を義務づける必要があったであろうということをいいたいのである。地域的協定の内容が、集団的自衛のための地域的協定により代置されているとみられる現在、とくにこの感が深い。そうしたときに初めて、憲章が地域的協定に対して完全な統制をもっているといいうるのではあるまいか。

問題の第二は、よりコムプレックスな点であるが、最近の傾向では、集団的自衛が、ということは、これに基づく地域的協定が、集団的安全保障の代用品になっているのではないか、ということ、そしてそれから派生する問題である。憲章の規定だけからいえば、このように、集団的自衛が集団的安全保障の代用品となることすら排除していない。ケルゼンも指摘している点である。[45] 根本的な難点は、連合は、統一世界の統一した国家により用いられる機関だということから来ているのである。[46] 前に述べたバーンズ長官の演説後八年、同じく米国務長官であるダレス氏は、一九五三年三月一日夜の米国連協会第三回全国大会の開会式で、「ソ連の国連における拒否権行使の結果、地域的防衛協定が、国際的安全保障を確保するための最も実際的な手段だと思われる。現在約四〇カ国がこのような協定で結合されている」と述べている。私自身には、危険な世界情勢において、かかる体制が賢明な政治的警告ともうけとれる。そして、これが、『ドル外交』の著者もいうように、第一次大戦後の経験を生かしてのアメリカの外交政策であるという風にみることもできる。それに、サンフランシスコ会議で憲章を討議した列席者の大部分が、原子爆弾について何も知っていなかった[47]ということを考慮の中に入れねばならないであろう。しかし、こういいながらも私は、国際連盟の歴史において、名目上は規約によるものといわれながらも、実質においては明らかに、規約のそとに、これに優越するかのごとく、地域的協定が発展し、重心をジュネーヴから他の場所に逸らし、連盟の権威を破壊する傾きのあったという事実を意識している。そして私は連合の歴史における同じ経過を非常に恐れる。

1　西村熊雄「国連憲章と地方的取極」『国際法外交雑誌』第四八巻五号、二七―二八頁。
2　安井郁「国際連合と地域主義」『国際法外交雑誌』第四五巻七・八号、五六頁。
3　Hellen Dwight Reid, Regionalism under the U.N. Charter, *International Conciliation*, No.419, March, 1946, p.120.

4 Joseph J. Kunz, Individual and Collective Self-defense in Article 51 of the Charter of the U.N., *American Journal of International Law*, Vo1.41 (1947), p.872.

5・6・7 Brugière, *La Sécurité Collective*, 1919-1945, 1946, p.316.

8 H.D. Reid, *op. cit.*, p.122.

9 Hans Kelsen, *The Law of the United Nations*, 1950, pp.813-814.

10 Hans Kelsen, *Recent Trends in the Law of the United Nations*, 1951, p.922.

11 Robert Henry Hadow, A British View of Regionalism, *International Conciliation*, No.419, March, 1946, p.159.

12 ヴァンデンバーグ上院議員が、北大西洋条約成立のための契機をなしたヴァンデンバーグ決議の起草者であったことは世人の記憶に新しい。が、それより以前、一九四五年一月一〇日、同議員が地域的取りきめ(les accords régionaux)を片務的行動を発生せしめるものとして、非難したことを、知るひとはすくない。同議員は、かかる取りきめを世界秩序に有害なものとし、ポーランドとロシア、イギリスとギリシア、フランスとロシア、ロシアとユーゴの諸条約を、これに該当するものとして指摘した。そのさい、彼は、かかる取りきめの可能性、そのための原因の除去を必要とすることを強調したが、彼によるかかる原因とは、全体主義国の侵略に対する諸国の恐怖である。ここに、彼が、日独の非武装化のための五大国軍事協定を集団保障組織確立の前に締結せよとした理由がある。このとき、彼は、かかる軍事協定の締結とともに、これらの諸国の侵略のあらゆる企図を打ち破るため、宣戦なしに、米国が直ちに介入しうる許可の用意、すなわち大統領が議会にはかることなく、他の連合諸国と共同して、日独非武装化維持のため、陸海軍を用いる権限を与えられることを要求した(cf. Brugière, *op. cit.*, p.317)。

13 Frederick Schumann, Regionalism and Spheres of Influence, included in *Peace, Security and the United Nations*, 1946, p.100.

14 H. Kelsen, *Recent Trends in the Law of the United Nations*, 1951, p.918.

15 クンツ(*op. cit.*, p.873)ののべるように、五一条の「集団的自衛」を連盟規約二一条の「局地的了解」(ententes régionales)と同様、新しい同盟体制に同じ役割を演じると理解するひとがなかったわけではない。ポール・ボンクールがそれである。ポール・ボンクール(Paul-Boncour)は、五一条の定式が「侵略に対する相互援助の場合にも、一般に拡大される」ことを力説したといわれる(参照・神谷龍男「国連憲章第五十一条の研究」『国際法外交雑誌』第四九巻五号、四八頁)。

16 David Jayne Hill, Legal Limitations upon the Initiation of the Military Action, *Proceeding of the American Society of International Law*, 19th Annual Meeting (1925), p.99.

17 E.N. van Kleffens, Regionalism and Political Pacts, *American Journal of International Law*, Vol.43, p.673ff.

18 *Ibid.* Cf. Brugière, *op. cit.*, p.263.

19 H. Wehberg in the 1922 Meeting of the Institute of International Law, by Kleffens, *op. cit.*, p.674.

20 José Ramon De Orue Y Arregui, Le Regionalisme dans l'Organisation International, *Recueil des Cours*, 1935, III, Tom. 53, p.27.

21・22 *Ibid.*, p.29.

23 *Ibid.*, p.27.

24 Axel von Freytagh-Loringhoven, Les Ententes Régionales, *Recueil des Cours*, 1936, II, p.589ff.

25 Arregui, *op. cit.*, p.32ff.

26 Malbone W. Graham, Great Powers and Small States, included in *Peace, Security and the U.N.*, p.74.

27 Arregui, *op. cit.*, p.33.

28 「出来上った規約は、小国の勝利である」。Cf. Herbert W. Briggs, Power Politics and International Organization, *American Journal of International Law*, Vol.39, 1945. p.669.

29 Graham, *op. cit.*, pp.74-75; Briggs, *op. cit.*, p.670.

30 Arregui, *op. cit.*, p.15.

31 R.G. Hawtrey, Help between Nations, *International Affairs*, Vol.24 (1948), p.164.

32 Herbert Feis, *The Diplomacy of the Dollar—First Era—, 1919-1932*, 1952, p.10.

33 Hawtrey, *op. cit.*, p.164.

34 Feis, *op. cit.*, p.10.

35 *Ibid.*, p.63.

36 A. von Freytagh Loringhoven, *op. cit.*, pp.595ff.

37 Kleffens, *op. cit.*, p.672.

38 Arregui, *op. cit.*, pp.20-21.

39 *Ibid.*, pp.21-23.

40 *Ibid.*, p.79.

41 *Ibid.*, p.82ff.

42 Graham, *op. cit.*, pp.75-76.

43 Cf. Karl Haushofer, *Wehrgeopolitik*, 1932.

44 W. E. Beckett, *The North Atlantic Treaty*, 1950, p.20.

45 H. Kelsen, *Recent Trends*, p.922.

46 Kathleen D. Courtney, United Nations in a divided World, *International Affairs*, Vol.25 (1949), p.169.

47 *Ibid.*, p.168. 参照・大平善梧「国際連合と地域的協定」『国際法外交雑誌』第四八巻五号、一八頁。

二　ヴェトナムにおける法と政治
――アメリカの諸論議をめぐって――

＊「ヴェトナムにおける法と政治――アメリカの諸議論をめぐって」R．A．フォーク編『ヴェトナムにおける法と政治（下）』（日本国際問題研究所、一九七〇年）

一　大西洋を越えた論争

はじめに

一九六七年九月一三日の『朝日新聞』は、ロンドン発の白井特派員による記事のなかで、ヴェトナムの戦争にアメリカが介入していることの合法性をめぐり、英米両国間で興味ある国際法論争のかわされていることを紹介した。論争の場は『ロンドン・タイムス』紙投書欄であった。アメリカにおける論議の伏線ともなるから、紙面に則して紹介しておこう。

『タイムス』の社説

ことの起こりは八月一五日付の同紙の「ワシトンの錯誤」(The Washington Fallacy)と題する社説に始まる。当時ジョンソン米大統領は、ヴェトナムへの四万五〇〇〇人の増兵と、戦闘期間中の所得税の一〇パーセントの割増を行なった。ヴェトナム反戦の世論が巻きおこり、四一パーセントの人々がおよそヴェトナムに派兵すべきでなかったと考え、五六パーセントの人々がヴェトナム戦争が謬着状態にあるか、敗戦に直面していると確信するようになっていた。タカ派の共和党領袖、ジェラルド・フォード下院議員は北ヴェトナムの完全封鎖、爆撃の強化、増派を主張しているが、マンスフィールド、ジャヴィッツ、ロバート・ケネディなどのハト派はもちろん、サイミングトン、ジョン・クーパーなどのかつてのタカ派の上院議員たちすら、平和的なアプローチへの転換を求めている。こうした状況のなかで、「ジョンソン大統領は、彼の求めるものを決定しなければならない。彼が解決を求めるなら、そしてそれが求めるべき唯一の意義あるものと考えられるが、彼は公然かつ現実主義的に、つまり、第一段階として、北爆の停止、戦闘規模の南への縮小という計画を追求しなければならない」。

ノエル＝ベーカーの賞讃

この社説について、ノーベル平和賞受賞者であり、日本でも『軍備競争』(前芝確三・山手治之訳、岩波書店)の著者として知られているノエル＝ベーカー(Philip Noel-Baker)労働党下院議員が、八月二四日付の投書欄に、「アメリカ政策の錯誤」(The Fallacy in American Policy)と題して投稿した。

この投書は、社説が全世界の多くの人々、アメリカのすくなからぬ人々を鼓舞したであろうとし、まず、ウ・タント国連事務総長のノース・カロライナのグリンスポロ・コロシアムにおける三週間前の演説に触れる。この演説で、ウ・タントは、ヴェトナムにおける戦いが決してイデオロギー戦争ではないこと、解放戦線もハノイも、一七七六年にジョージ・ワシントンとその部下たちがそうであったように、国家の自由のために戦っていること、アメリカ空軍の爆撃は停止すべきであり、戦争は終結せしめられねばならないこと、中国ができるだけ早い機会に国連に議席をもつべきであること、などを述べた。

この会場にはさして進歩的とは思えないアメリカ人八〇〇〇人がいたが、初めから終わりまで、演説に対するいささかの不同意のつぶやきもきかれず、演説が終わってから起立したままの拍手が数分にわたり、ウ・タントが手でこれを制してもなおしばし鳴りやまなかった。これこそアメリカに大きな変化が起こったことの重大な証左だとノエル＝ベーカーはいうのである。

もう一つの証左は、本書を生みだすきっかけともなったフォーク教授の編集になる、一一人の著名な学者の書いた『ヴェトナム戦争と国際法』(佐藤和男訳、新生社)という最近の書物によって提供されている。この書物には、ヴェトナムにおけるアメリカの政策が、国連憲章、東南アジア条約、一九五四年のジュネーブ協定、一般国際法の義務違反であることがきわめて詳細に示されている。また、これらの学者たちは、戦争が隣の北ヴェトナムという「外から」、南ヴェトナムという主権国家に加えられた「武力攻撃」によって発生したという伝説をうち破っている。「私は、多くのアメリカ人から、なぜ英労働党政府は、その指導者たちがヴェトナムにおけるアメリカの政策に反対もせず、全世界の情勢に生みだしている危険な結果に組みするのかと問われた。『タイムス』紙の社説は、彼らアメリカ人にも喜びを共にさせたことだろう」。ノエル＝ベーカーはこう絶讃した。

ジョンソン大統領がラジオ・テレビ放送で「北爆を、一部を除き停止する」との特別声明を発表したのは、それから約七カ月後の一九六八年三月三一日であった。なお、同大統領は、この特別声明の最後で、その年に予定されていた次期大統領選への不出馬を表明した。

バクスターの反論

右のノエル＝ベーカーの投書にアメリカのハーヴァード大学の国際法の専門家、R・R・バクスター(Baxter)教授が噛みついた。九月五日付の「アメリカの行動──ヴェトナムにおける戦争──の合法性」という投書がそれである。

バクスター教授の反論の第一は、「アメリカのヴェトナム政策に関する法律家委員会諮問機関」(Consulative Council of the Lawyers Committee on American Policy Towards Vietnam－以下「法律家委員会」と呼ぶ)を結成した先の一一人の国際法学者の全員一致による声明がアメリカの国際法学者の大多数によって表明されている見解ではないということである。アメリカ国際法学会の会員数が国内居住者だけでも二〇〇〇人あまりであることを考えれば、さらにまた、この委員会にハーヴァード、エール、コロンビア、ミシガン、シカゴ、カリフォルニア、ペンシルヴァニアの法学部のただの一人も入っていないことをみれば、クィンシー・ライト(Quincy Wright)とか、ハンス・モーゲンソー(Hans Morgenthau)教授など尊敬すべき人々が名を連ねていたとしても、この声明をもって全体をおしはかっては困るというのである。

もっとも、アメリカの紛争への介入の合法性は声明なり請願にサインしたか、これを拒否したりした数によっては決められないとしながら、アメリカ国際法学会、国際法協会アメリカ支部、アメリカ法律家協会の会合や多くの雑誌の論文でこの問題は賛否両論の立場から十分論議されてきたのであり、「沈黙の謀議」などあったはずがないとする。

そして、バクスターは、介入の合法性の根拠として、およそ次の二点をあげる。第一点は、ヴェトナムが依然一つの国家であるか、それとも、いまや事実上二つの国家ないし政治組織に分割された地域とするかによって判断が異なってくるとしつつ、どちらの場合にも介入の合法性が立証できるとする。第一の仮説、すなわち、ヴェトナムが依然一つの国家であるとするとき、アメリカは、アメリカおよび多くの諸国の承認している唯一の合法政府がヴェトコンおよび北ヴェトナムがひき起した敵対行為に対しみずからを守るのを援助しているわけであり、合法政府が暴動、反乱にさいし外国に援助を求めるという権利は国際法上一般に承認されているとする。反乱に直面した政府にこうした権利を否定することは主権の侵害になろう。もう一つの仮説、すなわち、紛争がヴェトナム民主共和国という二つの事実上の国家によって戦われている国際的なそれであるとするとき、アメリカとヴェトナム共和国とは、国連憲章第五一条と慣習国際法上の固有の自衛権を行使していることになる。短い文章なので正確には論評できないが、ここでバクスターは、アメリカの場合には憲章第五一条上の集団的自衛権、国連加盟国でないヴェトナム共和国の場合は、慣習国際法上の個別的自衛権を行使しているという使いわけをしているようである。こうした使いわけをしても、アメリカの集団的自衛権行使のための論拠である憲章五一条では、「加盟国に対する武力攻撃が加えられたとき」となっているので、問題が残ることになる。この点に先手を打つかのように、バクスターは次のように言う。「外国における武装集団の活動に国家が支持を与えたり、激励したりすることは、第五一条の意味する『武力攻撃』であり、攻撃された国家の側に自衛権が生じることは受容されている原理であり、わけても社会主義諸国によって受けいれられている原理である」。こうして、ヴェトコンを激励し支持することによって、ヴェトナム民主共和国が隣に対して武力攻撃を行なったと帰結する。

第二点として、バクスターは、アメリカもヴェトナム共和国も、一九五四年のジュネーブ協定に違反したことがないとする。それは、どちらの国家もこの協定の当事者ではなかったし、かりに当事者であったとしても、協定に予定された選挙（南北ヴェトナムにおける統一総選挙は、ジュネーブ会議最終宣言――いわゆるジュネーブ協定――第七項により、一九五六年七月に行なわれるものとされていた―筆者注）を行なえなかったということが、ヴェトナム民主共和国の側に、ヴェトナム共和国を震撼させるにいたったような暗殺やテロ計画を支持する権利を生じさせたということはできない。

そして最後に、バクスターは、アメリカがヴェトナム共和国の援助要請に答えたことが当をえた政策だったかどうかは別問題だとしつつ、「一部の国際法学者は、アメリカの東南アジア政策に対する敵意から、みずからの政治信条に法を合わせるようになったのでしょうか」と結論した。

このあたりの議論のありようは、洋の東西を問わないとの感を深くさせられる。

ノエル＝ベーカーの応酬

九月一二日付の投書欄で、ノエル＝ベーカーがこのバクスター見解を攻撃した。ノエル＝ベーカーが一一人の学者たちの意見を反論しがたいもの(unanswerable)としたが、やはりバクスターは反論できていないというのである。

ヴェトナムは依然一つの国家であるという第一の仮説をとった場合に、バクスターは、アメリカが内乱に介入していることを認めつつ、アメリカがアメリカその他の国が認めた唯一の合法政府に援助しているのであり、こうした援助を行なう権利は国際法上一般に承認されているとするが、ノエル＝ベーカーは、それでは、ハンガリーの場合はどうだと言う。ハンガリーは一九五六年に多くの国に「承認され」ていたのであり、あのときソ連がとった行動は慣習国際法上、合法とされるというようにバクスター教授は言おうとするのかと開き直った。

ノエル＝ベーカーは、慣習国際法が国連憲章によって補正され、ときに改廃される必要を認めつつ、憲章第二条三項、四項が、明白に、アメリカのヴェトナム内戦に干渉することを禁止しているとする。ここに、第二条三項とは、「国際紛争を平和的手段によって国際の平和及び安全並びに正義を危くしないように解決しなければならない」と規定する。ところが、国際紛争の平和的手段(peaceful means)による解決というだけでは、厳密な法律上の議論では疑義が残らないわけではない。一九三一年の満州事変のような、あるいはこのたびのヴェトナムにおけるような、宣戦されない武力行使(法技術的には戦争に至らない武力行使―use of force short of warという)は、平時における解決手段をとったまでである。すなわち平和的手段によって解決したのであって、あえて違法とはいえないと逃げられる恐れがある。国連憲章はこの点をも配慮して、周到に、第四項が「すべての加盟国は、その国際関係において、武力による威嚇又は武力の行使を、いかなる国の領土保全又はその政治的独立に対するものも、また、国際連合の目的と両立しない他のいかなる方法によるものも慎まなければならない」と規定した。第一の仮説については、彼の論点はほとんど干渉論に集中し、さらに第二条七項が国内事項不干渉を義務づけていることに触れ、国内政治に関する内紛への干渉をいましめ、この内紛が国際平和を危くするというなら、憲章第三九条により、これに対処する行動をとれるのは、もっぱら安保理事会であると説く。また、バクスターと同じくハーヴァード大学の権威者で、国連代表でもあったベン・コーエン(Ben Cohen)博士の所説を引用して、ノエル＝ベーカーは、国連の許可なしに内戦に介入できる権利を、介入する国、させる国といった個々の国家に認めるということは、憲章から魂を奪い去ることだとする。

また、ヴェトナムに二つの国家があるという第二の仮説について、バクスターはアメリカとサイゴンが憲章第五一条と慣習国際法上の自衛権を行使しているとするが、彼は不幸にして第五一条を引用していない。ここでは、自衛権行使国の安保理事会への速かな報告義務と、安保理事会が必要と認める行動をとる権能と責任がいささかも害されていないことが想起されるべきであるとする。

ノエル＝ベーカーは、アメリカがヴェトナム干渉のために国連の認可(sanction)を求めたか、また「必要と認める行動」をとるよう国連に要請したことがあったろうかと反論、これらが立証されないかぎり、第二の仮説の場合も、アメリカは第二条三項、四項に明白に違反しているという。

さらに、彼は、アメリカが一九五四年のジュネーブの最終宣言の当事者ではなかったとのバクスター見解に対し、アメリカが単独宣言のなかでこの最終宣言の第一項から第一二項に関し、憲章第二条四項の規定に従い国際関係において武力による威嚇または武力の行使を慎むと宣言したことをあげ、この第一項から第一二項には、前述した自由選挙、外国の軍隊・軍事基地の撤去、ヴェト・ミンに対する完全な恩赦が規定されていたことに言及する。そして、ジョンソン大統領みずからがジュネーブ協定に基づく平和的解決を望んでいることをあげる。

最後の二つの論点では、ノエル＝ベーカーに多少の弱点があると考えられる。第五一条の自衛権規定は、まさしく、国連の許可なり認可がえられなかった場合の「隠れ蓑」的な規定であり、事前の許可を前提としないで、行動できることを予想させ、安保理事会の行動の枠の外で機能しうる例外規定である。したがって、問題の力点は、なによりもまず、自衛権行使の要件が存在していたかどうか、そして彼も指摘している安保理事会への速かな報告義務が果たされていなかったことにこそおかれるべきであった。

最後の論点では、ノエル＝ベーカーはアメリカの単独宣言を国際法上拘束力のある宣言（a declaration binding in international law）と把握しているが、一方的宣言をそのように解するには疑義がある。また、かりに拘束力ありとしたとしても、アメリカの宣言の内容には、「合衆国は、前記の諸協定を侵害するような新たな侵略に対しては、重大な関心を寄せ、かつ、これを国際の平和及び安全に重大な脅威を与えるものとみなす」との、「侵略」のとり方いかんでは、いずれにも藉口の余地のあることばが付加されていたことを見逃すわけにはいかない。ここでは、むしろ、将来の問題として、ジュネーブ協定に基づく平和的解決を望んでいるとのジョンソン大統領の宣言の政治的意味をこそ、逆説的にでも評価しておくべきではなかったか。

二　アメリカにおける論争

バクスター教授の見解のなかで、ヴェトナムに対するアメリカ政策の合法性の根拠が、一つには合法政府の援助要請、二つには集団的自衛権に基礎づけられていることをみたが、これらは、ひとしく、アメリカの介入の国際法上の根拠に触れたものである。この点に関する論争は、本書に関連して後に詳しく述べるが、そのほかに、ドミノ理論といわれる政策上の考え方がある。また、アメリカ憲法上大統領の権限だけでヴェトナム派兵ができるかどうかという国内法上の論議もある。まず、これらの二点について説明しておきたい。

ドミノ理論

ドミノ理論、別名、将棋倒し理論なるものがヴェトナムに関してもっとも克明にあらわれたのは、アメリカの北爆開始直前の一九六五年一月二三日に、ウィリアム・P・バンディ(William P. Bundy)極東担当国務次官補がミズーリ州ワシントン商業会議所で行なった「アメリカの南ヴェトナム・東南アジア政策」と題する講演においてであった。

彼は、「どうしてわれわれは南ヴェトナムにかかり合うようになったのか」とみずから問題を提起したあと、歴史に教訓を求め、朝鮮でのアメリカの行動が次の三つの要素の上に成りたっていたという。(1)いかなる種類の侵略に対しても、早いうちに正面から対抗しなければならない。そうしないならば、あとになって、より困難な事情のもとでこれに対抗しなければならなくなるという事実の認識。われわれは一九三〇年代における満州、エチオピア、ラインランド、チェコの教訓を再び学んだ。(2)周辺の島といった形で表わされているアジアの防衛線は、われわれの重大な利害を十分明確にせず、これらの重大な利害はアジア本土における行動によって影響をうけるという事実の認識。(3)力の真空状態は将来侵略を招くものであり、侵略を割の合わないものにするためには強固な政治力と経済力と軍事力が現地に存在しなければならず、必要な場合には外部の強国が援助し、介入する意思があることを実証しなければならないということの認識。

ドミノ理論なり政策なりの簡明な要約といえよう。こうした考え方に立って彼は言う。

「東南アジアが共産支配下に陥れば、中共と北ヴェトナムの膨張主義的共産政権の勢いと力、したがって太平洋における自由世界の立場全体に対する脅威は著しく増大する」。

「南ヴェトナムで共産主義が勝利を収めることは、必然的に共産主義の圧迫に対する近隣諸国の抵抗力を弱め、軍事力に支持された強力な破壊活動に対して、いっそうそれを無力化することになるということである。いわゆる〝民族解放戦争〟の旗印をかかげた侵略は、世界中に、その威信を高め、威嚇力を増すことになり、それだけ脅威をうけている多くの国が希望を失い、反発力をなくし、抵抗しようという意思を打ち破られてしまう。これらの国々の将来は、極めて重大である」(アメリカ政策シリーズ、No.34)。

こうした基調は、当然のことながら、北爆開始後四月七日の「東南アジアに対する計画」(同前、No.36)というジョン・ホプキンス大学におけるジョンソン大統領の演説にも貫かれている。「われわれはまた、大きな利害関係が危機にひんしているから同地にいるのである。ヴェトナムからの撤退が紛争を終結させるなどと、誰も考えてはならない。そのようなことをしたならば、戦闘はいろいろの国で再開されるであろう。われわれの時代の核心的な教訓は、侵略の野望は決して満たされることがないということである。一つの戦場から撤退することは、次の戦場に備えることを意味するに過ぎない。聖書の言葉をかりるならば、われわれは欧州でもそうであったように、東南アジアでも、〝ここまで来てもよい。越えてはならない〟と言わなければならないのである」。アメリカが世界の憲兵であるという自負は、月を経るにしたがって強まった。この年七月二八日には、大統領は、「アメリカを武力で敗北させることはできないと共産主義者に認めさせることを、わが国の第一目標とする」と不退転の強硬決意を語り、一二万五〇〇〇人へとアメリカ軍を増兵することに踏みきった。

ヴェトナム戦争がアメリカに本格的なインパクトを与えはじめたのはこのころからである。

北爆開始時の法理

アメリカは一九六五年二月七日に北爆を開始した。それは皮肉にも、コスイギン＝ソ連首相の北ヴェトナム訪問のさなかに行なわれた。しかし、ホワイト・ハウス当局の発表に明らかなように、まだ、控え目のものだった。ヴェトコンがプレイク、トゥイ・ホア、ニャチャンにあるアメリカ軍基地を攻撃したことに対する報復として、ドンホイ、ビンリンという北ヴェトナムの一七度線近い南部地帯を攻撃したとリーディ報道官が発表した。また、スチブンソン米国連代表が安保理事会に通告したところでは、アメリカ空軍の行動が南ヴェトナム空軍との「共同の報復攻撃」であることと、この攻撃が南ヴェトナムに対する要員と武器を供給する北ヴェトナムの地域に注意深く限定されたことを強調した。〝ヴェトコンは北の出店〟という観念をとりながら、後述する「トンキン湾事件」と同様に、限定的、共同の報復(正確には復仇、以下同じ)行動であることを力説したのである。北爆第二波は八日、第三波は一一日に行なわれたが、そのあとで表明された国防総省の非公式見解はこの共同的性格をとくに裏づけている。ドンホイに対する八日の第二回爆撃では、悪天候のため十分に目的を達しなかったし、南ヴェトナム基地から発進した南ヴェトナム空軍機が途中から引き返したため、事実上はアメリカ空母から飛び立った米軍機のみによる爆撃の形となった。このため、第三波では南ヴェトナム空軍を主力として、米軍機の援護により、両軍の共同作戦であることを改めて示すとともに、攻撃目標の七〇パーセントを破壊してヴェトコン補給基地をつぶす所期の目的をほぼ達成した。こう述べている。合法政府の要請による行動であることを立証しようとした表明と考えられる。

派兵人員もまだ限られていた。ジュネーブ休戦後軍事援助顧問団を構成していたのは六八五人だった。一九六二年に軍事援助司令部に改組されて一万二〇〇〇人に増員され、北爆開始半月前のバンディ演説のさいに二万三〇〇〇人だった。六月一六日、マクナマラ国防長官は、記者会見で、三週間内に七万―七万五〇〇〇人に増強し、新たに空輸師団設置を発表した。そして大統領による増兵発表だった。急速なエスカレーションをここにみる。

北爆開始後の二月二七日に、米国務省は、第二次ヴェトナム白書ともいうべき「北からの侵略――北ヴェトナムの南ヴェトナム征服作戦の記録――」を発表し、北ヴェトナムの攻撃行為を実証しようとした。しかし、その内容のずさんさは、アメリカの『ニュー・リパブリック』誌が巻頭論文で次のように批判したほどだった。「白書は説得力なく、矛盾にみちたものである。ヴェトコンの七五パーセントは北ヴェトナム出身だとしているが、白書にあげられた一九人のヴェトコン捕虜のうち、一六人は南ヴェトナム出身者ではないか。また白書は、昨年ヴェトコンによって一三五九人の市民が殺された、といっているが、昨年ナパーム弾で二万人の村民が殺されたことを無視している」。この記事は、三月一二日の『ワシントン・ポスト』紙広告欄にモーゲンソー＝シカゴ大学教授、ウエッジ＝プリンストン大学教授らの共鳴者の名前とともに全文が転載された。

この白書が法的にみて重要なのは、「ヴェトナムでは、一つの共産主義政府がその隣国の主権国民征服のために計画的に乗り出した」ということばにも示されているように、バクスター教授のいう「二つのヴェトナム」という第二の仮説を立証しようとしている点である。このことは、白書が巻頭に「〔ヴェトナムにおける〕われわれの目的は国外から指揮命令されている攻撃のもとにある勇敢な国民の自由の防衛と擁護を支持することである」との二月一七日のジョンソン大統領のことばを掲げている点にも明らかである。こうした立論の上に立つ以上、三月八日付の国務省の覚書「北ヴェトナムに対するアメリカの行動の法的基礎」にみられるように、北爆は集団的自衛権の正当な発動であるとの帰結——その当否について論争が行なわれるのだが——が生まれてくる。この帰結と、北爆開始時における合法政府の要請を根拠とした立論との間には、かなりの混乱がみられるといわねばならない。

早くも三月には、大学の教授、助教授、そして学生たちが、ヴェトナム介入の基本的事由をめぐってティーチ・インを繰りひろげるが、そこでの討論の焦点は、法理論的な問題に対してよりは、より多く心情的、政策論的なものにあてられていたということができるだろう。国際政治、大国のヘゲモニー、国際的な均衡などの大問題の背後に、スタンレイ・ミレットが言うように「ヴェトナム人の真実が横たわっている。それはヴェトナムの民衆にとってきわめて苦しい真実だ」(「アメリカは自ら問う——全米ヴェトナム討論会——」『世界』一九六五年七月号)。

アメリカ憲法上の問題

みずからの大学でこうしたティーチ・インを組織した哲学者、ジョン・サマービル(John Somerville)ニューヨーク市大教授は、「ヴェトナム戦争はアメリカ憲法違反である」(『朝日ジャーナル』一九六五年八月二二日号)と告発した。彼がなによりも強調したのは、宣戦の大権は議会にあって大統領にあるのではないという、アメリカ憲法のだれしも知っているはずの単純明快な規定である。アメリカ政府は南ヴェトナム政府の要請によって軍を派遣しているというが、

「撃たれたら撃ちかえせ、……もっと撃たれたら、もっと撃ちかえすために正規の軍隊を派遣する――これこそ戦争状態に入ること――」が、外国政府の要請だけで、議会にもかけることができないほど緊急でもないのに、つまり自衛でもないのに、許されようわけがない。それは、宣戦の権限と義務を議会からはく奪するものだ、と彼は言う。かりに、「アメリカ政府は、たとえばヴェトナムのような特殊の地域に、国連憲章ないし国際法に違反することが起っているとみなすとしても、アメリカみずからが法の審判者になることは、法的にも実際的にも正当化されない」とも言う。この宣戦権はく奪の批判は、第三者からではなく、息子たちを自国の兵士として戦わせるよう求められている、そしてアメリカ憲法への忠誠を誓っているアメリカ人の立場からみているという点で注目されよう。

もっとも、この議論は、法的には、思わざる伏兵ともいうべき文書、あるいは憲法の解釈論によって退けられている。前者は「トンキン湾決議」であり、一九六六年一月二八日、上院外交委員会における実質上のヴェトナム公聴会の冒頭で、フルブライト上院外交委員長の質疑に対し、ラスク国務長官は、一九六四年八月のアメリカ議会の上下両院合同決議によって、大統領は南ヴェトナムのために必要と思われるどんな措置でもとる権限を与えられていると答えた。

この事件は、一九六四年八月二日と四日にアメリカの駆逐艦がトンキン湾の領海外をパトロール中、北ヴェトナムの魚雷艇によって攻撃されたとして、損害の報告がまったくなかったのに、アメリカが魚雷艇の基地のあるいくつかの村を攻撃し、数隻の魚雷艇と五カ所の港湾施設を破壊したというものであり、北ヴェトナムの領土にはじめてアメリカの兵力が直接行使された事件である。

この事件のあと、八月七日に、アメリカ議会は、下院で賛成四六〇、反対なし、上院で賛成八八、反対二という圧倒的多数で、ジョンソン大統領に白紙委任したともいえる広い権限を与えた決議(参考資料をみよ)を可決した。そこで、アメリカのヴェトナム政策を批判する学者でもこの点は認めており、クィンシー・ライト教授は、「およそ大統領には議会の同意や宣戦布告なしに軍隊を使用する権限が憲法上広く認められていることを考えると、この論争はあまり重要とは思われない」(本訳書、上巻、一八頁)とする。また、フォーク教授は、大統領が軍事力投入の権限をもつことは認めるものの、むしろ問題は、そうした軍事力投入が国際法に合致していることが条件なのであって、国際法違反の軍事行動をしているなら、それこそ、大統領による違憲の権限行使という点にあるとして、アメリカの行動が国際法に合致しているかどうかという点に問題を切りかえしている(本訳書、下巻、三四―三五頁)。

本書の生いたち

ところで、最初の本格的な法理論的批判は、前述の「法律家委員会」が作成した「ヴェトナムに対するアメリカの政策」と題した法的覚書で、一九六五年九月二三日に上院に提出された。主として、ヴェトナムの状況が憲章第五一条上の個別的・集団的自衛権発動の要件を備えていないこと、アメリカの行動がジュネーブ協定違反であること、東南アジア条約でも許されていないこと、アメリカ憲法違反であること、などを述べたものであった。

この覚書およびこれがもたらした反響に対処するため、委員会の提起した諸問題を論破しようとして、国務省法律顧問局は、「ヴェトナムの防衛へのアメリカの参加の合法性」という法的覚書を一九六六年三月四日に発表した。これは、国務省法律顧問レオナード・C・ミーカー(Leonard C. Meeker)が準備したもので、三月八日に上院外交委員食に提出された。

「法律家委員会」は、この覚書を弱点の多い、しかも宣戦されない戦争を正当化することのできない文書と考えたが、国際法や国際関係の専門家だけが周到かつ権限ある解答を作成しうると考えた。そこで、本書の編集者であるフォーク教授ら一一人の学者に委員会の諮問機関に加わってもらって、一九六七年一月一五日付の『ニューヨーク・タイムス』紙に「アメリカのヴェトナムに対する干渉は違法である」という声明を発表、同時に、この声明を理論的に基礎づけた、ノエル＝ベーカーの絶讃した『ヴェトナム戦争と国際法』を公刊した。

右の国務省覚書を契機として、ヴェトナム戦争を国際法的に分析した論文が、アメリカの法律雑誌にあらわれはじめた。

プリンストン大学のフォーク教授が『エール法律雑誌』一九六六年六月号に「ヴェトナム戦争におけるアメリカの役割と国際法」(本訳書、下巻)を書き、シカゴ大学のクィンシー・ライト教授が『アメリカ国際法雑誌』一九六六年一〇月号に「ヴェトナム情勢の法的側面」を書いた。いずれも、アメリカのヴェトナム介入を批判した論文である。

これに対し、政府のヴェトナム政策を支持する論文として、前記の『エール法律雑誌』にバージニア大学のネイル・H・アルフォード二世(Neil H. Alford, Jr.)が「北ヴェトナムにおけるアメリカの軍事介入の合法性――より広い視野」を書き、『アメリカ国際法雑誌』一九六七年一月号にバージニア大学のジョン・ノートン・ムーア教授が「南ヴェトナムに対する軍事援助の合法性」(本訳書、上巻)を書いた。

そのほかに、次章「本書の構成」で明らかにするように、覚書批判が反論を呼び、また再反論を呼ぶという形で賛否の論があいついだ。こうした批判に関して、フォーク教授が批判の在り方について次のように自問自答しているのは適切である。「人はよく次のことをいう。ヴェトナム戦争に対するアメリカの介入の法的位置づけというような、異論の多い、漠然とした問題には、国際法学者はあまり立ち入らない方が得策ではないだろうかと。私は、こうした疑問を抱くことは当然であり、またそれを公に提起することは大きな意味を持つと考える。しかし、これに対する私の答えは、はっきりと否である。法学者というものは、多くの(すべてではないにしても)扱いにくい法律問題を解明してゆくという、重大な責務を負っている。こうした法学者の試みを通して、外交政策上の問題をめぐる一般的な論争の中でよくみられる、法律問題について独断的な解明が否定され、あるいは少なくともそれに重大な疑問が投げかけられるのである。学問的にものを考える国際法学者は、権威ある答えを出そうとするよりは、適切な疑問を提起することによって、いっそう大きく貢献することができる」(本訳書、下巻、三六頁)。

ともあれ、本書に収録されている論文と記録類は、ヴェトナム戦争に関する多くの論文のなかから、アメリカ国際法学会の内乱研究委員会(Civil War Project)によって集められた。この計画の議長でありかつ本書の編者になったのがフォーク教授である。こうした収集や出版の目的は、ヴェトナム戦争に対するアメリカの参加の法的性格や、それが世界秩序に及ぼす影響などについて、読者にさまざまな重大問題についてあい対立する見解を提示し、法理論的、学問的な問題について客観的に読者の熟考を迫ることにある。その意味では、批判的見解だけを集約した前記の『ヴェトナム戦争と国際法』とは性格を異にする。

法的な分析にさいして、およそ三つの点で見解は対立している。(1)事実問題に関する対立。たとえば、民族解放戦線の結成はどの程度に北ヴェトナムに扇動され、支配されているか。また民族解放戦線はどの程度に北ヴェトナムに支配されているか。いつ、そしてどれだけ、北ヴェトナムはヴェトコンに人員を浸透させ、物資を供給したか。(2)事実が特殊の法的結果を生みだしたかいなかについての対立。たとえば、南ヴェトナムは国家かどうか。もしそうならいつからか。紛争のどの段階からヴェトナムにおける戦争は「内戦」とみられるか。サイゴンの政府は一九五四年のジュネーブ協定をどの程度守らなければならないか。ジュネーブ協定に違反することが、南北ヴェトナム、アメリカ、解放戦線にどんな権利・義務関係を生じさせるか。(3)北ヴェトナムに対するアメリカの行動を集団的自衛権の合法的な行使であると正当づける世界秩序の存在に関する対立。たとえば、一七度線の南北を問わず、ヴェトナムでアメリ力が軍事力を行使することを、法律上の先例とする方がよいか、国際法違反とする方がよいかという論争。

これらの論議は必ずしも独立させることはできないが、収録された諸論文の法的問題の核心ということができる。

三　本書の構成

本書は四章から構成されている。第一章は「法的研究の枠阻み」と題され、ヴァッテルによる「内戦論」、ジョン・スチュアート・ミルによる「不干渉雑感」、その他現代の学者による「干渉の道徳と政治」、「アメリカと民族解放戦争」など基本的・基礎的問題を集めている。

第二章は「法的視野」と題され、次の諸論文を収めている。

エリオット・D・ホーキンス：「ヴェトナムにおけるアメリカの行動によって提起された国際法の諸問題へのアプローチ」——本書のための書き下し論文で、問題点の指摘に重点をおく。したがって、第二章の問題提起の意味をもつ。

ジョン・ノートン・ムーア：「南ヴェトナムに対する軍事援助の合法性」——本訳書、上巻。

クィンシー・ライト：「ヴェトナム情勢の法的側面」——本訳書、上巻。

ウォルフガング・フリードマン：「ヴェトナム戦争における法と政治—論評」——本訳書、上巻。

ジョン・ノートン・ムーア：「ヴェトナム戦争における法と政治—フリードマン教授に対する回答」——本訳書、上巻。

レオナード・ミーカー：「ヴェトナムと自衛の法理」——国務省の法的覚書をとりまとめた法律顧問がピッツバー

グ大学法学部で行なった講義。

第三章は「世界秩序の視野」と題され、次の諸論文を収めている。

ディーン・ラスク：「国際関係における武力の規制」——国務長官としてアメリカ国際法学会年次大会で行なった演説であるので、本訳書の資料に収めた。

ウ・タント：「報告と演説からの抜粋」——国連事務総長として、一九六六年九月一八日に第二一回総会で行なった年次報告からの抜粋。

ネイル・H・アルフォード二世：「北ヴェトナムにおけるアメリカの軍事介入の合法性—より広い視野」——「要請による援助」という国務省の議論は、南ヴェトナムでかりに政府を名乗る集団が公式の撤退要求をしたときに対抗できなくなる弱点があるとしつつ、したがって、アメリカは、正面から反共的な連邦政府を支持するか、南ヴェトナムを国際管理にするよう要求するか、南ヴェトナム政府の動揺を防ぐため軍事力を強化せよとする。

リチャード・A・フォーク：「ヴェトナム戦争におけるアメリカの役割と国際法」——本訳書、下巻。

ジョン・ノートン・ムーア：前論文と同題——旧フォーク教授の批判に対する回答である。

リチャード・A・フォーク：前論文と同題——旧ムーア教授に対する回答である。

トム・J・ファラー：「内戦に対する干渉—ささやかな提案」——公然としたものであろうと、軍事顧問、義勇兵によるものであろうと、外国人の用兵作戦への参加の一律禁止、具体的にはその土地の軍の支援のために外国が兵力を使用することの禁止という提案。

ラルフ・ホワイト：「ヴェトナムに対する侵略という誤認」——どちらの側にも、かつてヒトラーが行なったような冷血な征服行為といった意味の侵略はなかったという前提から出発すべきだという心理学者としてのユニークな議論。

第四章は「参考資料」で、本訳書の下巻にほとんど訳載した。

なお、訳載した諸論文の要点を摘記すべきかとも考えたが、ある範囲までのものについては、田畑茂二郎、松井芳郎両教授の筆になる「ベトナム戦争とアメリカの国際法学界」(『世界』一九六八年四月号)に手ぎわよくまとめられているし、なによりも、論文それじたいから読みとることが大切だと思い直して割愛した。

ただ、論争の本格的な契機となった国務省の法的覚書は、当然のことながら、クィンシー・ライト、フォーク教授らの批判の素材になっているので訳出しなかったものの、やはり論点だけは掲載すべきだと思うので次に記しておく。そして最後に、紙数の都合で割愛を余儀なくされたが、第三章の後半の、フォーク論文に関する、フォーク対ムーアの論争の焦点を、編者であるフォーク教授の示唆にしたがって、摘記する。

国務省覚書

国務省の法的覚書は五つの論点からなる。本訳書上巻の第一ページでクィンシー・ライト教授はこの覚書が五二ページにわたると記しているが、国務省文書(Department of State Bulletin)で一六ページ、本書原文で二一ページのものでそう大部のものではない。

第一点は、「アメリカおよび南ヴェトナムは武力攻撃に対する南ヴェトナムの集団防衛のための国際法上の権利をもつ」という命題で、七つの項目によって論拠づけられている。(1)南ヴェトナムは共産主義者の北ヴェトナムからの武力攻撃を加えられた。(2)国際法は武力攻撃に対する個別的、集団的自衛権を認めている。(3)国連の加盟国であるといなとを問わず、個別的、集団的自衛権は南ヴェトナムの場合にも適用される。この項はさらに二つに分かたれ、(イ)南ヴェトナムは自衛権をもつ。(ロ)南ヴェトナムが国連加盟国でなくともアメリカはこれを防衛する権利があるとする。(4)個別的、集団的自衛権は南ヴェトナムが独立の主権国家であるといなとを問わず、これに適用される。(5)アメリカは国連に対する義務を果した。(6)国際法は武力攻撃に対する自衛手段をとるに先立つ条件として、宣戦を求めてはいない。(7)第一の命題の結論。

第二点は、「アメリカは、南ヴェトナムが北からの共産主義者の侵略を防衛することを援助すると約束した」という命題で、三つの項目により論拠づけられている。(1)アメリカは一九五四年のジュネーブ会議後に約束した。(2)アメリカは東南アジア防衛条約によって南ヴェトナムを防衛すべき国際的義務を負った。(3)アメリカは南ヴェトナム政府に、より以上の保障をした。

第三点は、「アメリカおよび南ヴェトナムの行動は一九五四年のジュネーブ協定上正当づけられる」という命題で、四つの項目により論拠づけられている。(1)協定の文言。(2)北ヴェトナムは当初から協定に違反した。(3)アメリカの軍人と装備の導入は正当づけられる——相手側の重大な協定違反は、違反国がその義務を尊重するようになるまで、こちら側に、義務遵守を保留させうるという国際法原則——。(4)南ヴェトナムはジュネーブ協定の選挙条項の履行を拒否する正当な事由があった。

第四点は、「大統領は南ヴェトナムの集団防衛のため全アメリカ軍に命じうる権限を掌握している」という命題で、四つの項目により論拠づけられている。(1)憲法第二条による大統領の権限は最近のヴェトナムにおける行動を含む。(2)東南アジア集団防衛条約は大統領の行動に権限を与えている。(3)一九六四年八月一〇日の上下両院合同決議は南ヴェトナムの集団防衛に対するアメリカの参加に権限を与えている。(4)議会による宣戦は南ヴェトナムの集団防衛に対するアメリカの参加のための要件ではない。

これらの論点をふまえて、結論(第五点)として、この法的覚書の到達した「合法性」が導かれているのである。

以上で、論争の本格的な契機になった文書について概説したが、最後に、ヴェトナム戦争が終結したというその時でも、その先の将来において問題になりうる諸点をふまえたフォーク対ムーア論争に触れておきたい。

フォーク・ムーア論争

フォーク教授のアメリカのヴェトナムにおける軍事行動が国際法違反であるとの所説は、この下巻に掲載された論文を読んでもらえば明解であるがムーア教授の批判との関係で摘記すれば次のようになろう。彼は、北ヴェトナムの民族解放戦線への援助を「武力攻撃」として性格づけるのは不正確であり、また賢明なことでもない、と言う。ヴェトナムで行なわれていたのが「内戦」であり、それが主として国内勢力の対立に由来するというのが彼の基本的な考え方である。アメリカの介入が、南ヴェトナムに対する北ヴェトナムの軍事攻撃に対する集団自衛だという主張がもし有力な先例として承認された場合には、国際戦争と内戦の区別をなくす方向に道をあけることになるだろう、と言う。さらに集団自衛ならば、国連への真正の報告がなされなければならないが、それが「みせかけ」だけにとどまっているとも言う。「戦場で勝利を手にすることが不可能になったとき、アメリカは話合いのテーブル上で勝利を求めてやっきになる」(本訳書、下巻、二〇頁)。また、集団自衛だというなら、過剰防衛であってはならない――均衡性を忘れてはならない――とも言う。そのほかに、フォークは、アメリカがヴェトナム防衛を公約しているとか宣誓しているとか言うが、宣誓としての公約は法的義務としての公約に必然的につながることはないという批判とか、前述した、大統領が国際法違反の行為を行なうことはアメリカ憲法違反とか、北ヴェトナムのジュネーブ協定違反を言うこととアメリカの行動との関連などについて、痛烈な批判を展開した。

これに対して、ムーア教授は皮肉にも同じ題目で、直接、フォークを批判した。大きな論点ともいえるものは二つである。一つは当初からアメリカが交渉を求めつづけてきたということ。力によって価値の拡張を達成しようと望んでいるハノイとか、ヴェトナムについてアメリカ人が国家の力の行使と外交政策の目標についてきびしい問題を自省しなければならないなら、北ヴェトナム人もまた重大な国際的変化の手段として武力を行使したというきびしい問題を自省しなければならないといった表現に、彼の考え方が鮮かに投影されている。もう一つは、南ヴェトナムも北ヴェトナムもそれぞれ政治的統一体という立論の上に、合法政府への援助は正当であり、反乱軍への援助は許されないというのが圧倒的な数の学者の定説であるということ、ここでフォークの内戦論批判が行なわれている。かりにヴェトナムが内戦であったとしても、内戦理論でアメリカの行動を非難するのは、あまりにも単純化した議論であるとも、反乱軍への援助は、合法政府への援助よりもいっそう危険な結果を招くとして、一九五四年以降のヴェトコンの増強と北ヴェトナムの関係に関して事実を検証してもいる。また、彼は、本訳書、下巻五ページにみられるように、武力闘争の三つのタイプを分析した。ヴェトナムを国内抗争で、その成行きが実質的に外国の関与から独立している第三のタイプと捉えるが、そのさい、フォークは、第二のタイプ、すなわち、スペイン内乱のように、一または二以上の外国が支配をめざし国内抗争に実質的軍事介入を行なうものについて、この種の軍事力行使を相殺する軍事行動は、その国内領域に限定しなければならない、とした。しかし、北ヴェトナムという「外からの侵略」が南ヴェトナムに加えられ、これにアメリカが反撃しているとするムーアは、国内領域に限定した軍事行動でなければならないという点において、フォークがなんらの論拠も示していないと批判する。ムーアにおいては、フォークとちがい、ヴェトナムも朝鮮との相似形で捉えられている。ムーアの批判は、フォークが、(1)一方的にヴェトナムの事実を構成していること、(2)防衛目的の武力行使を恣意的に制限していること、(3)実定法叙述の仮面をつけて、立法論を行なっていること、に向けられた。

この批判に、フォークも同じ題目で答えた。ムーアとは異なった世界秩序論を示すことがこの論文の目的であるとして、アメリカのヴェトナムにおける存在という大きな法的な問題に判断を下すこともさることながら、ヴェトナムの先例が国際法秩序の将来に与える政策上の意義が重大だとフォークは言う。なぜならば、ヴェトナムの紛争は、なにが侵略で、なにが許されうる防衛行為かといったことから起こりうる国際的な暴力の規制に有害な結論を出しているからである。ムーアのような見解によれば、実質上拘束されない国家の判断が野放しにされる。国連憲章は国家の一方的判断を制限するべく、自衛についての挙証責任をこれを行使する国に負わせているし、完全な外からの侵略という第一のタイプの闘争以外には、防衛という名の第三者の軍事行動を国境外にまで拡げてはならないとの制限は、関係国の関与によって連鎖的に国内抗争を国際戦争に発展させないためであるとして、前論文同様、朝鮮とヴェトナムとのちがいを詳説している。ちなみに、彼は、ここで、闘争の分析の結論として出した三つのタイプ以外に、世界的次元での有効な国際組織の武力行使(タイプ第四のイ)、地域的次元でのそれ(タイプ第四のロ)を追加、国連が有効かつ集団的に動きえない今日のヴェトナムは、これには入らないとする。大きな論点は、当然のことながら、ここでもヴェトナム戦争が第三のタイプの闘争――国内抗争――だとする点である。ムーアのいうように、ジュネーブ協定が南北ヴェトナムの分割を予定してはいないこと、またムーアは北ヴェトナムの一七度線を越えた武力行使を、国境を越えたものとするが、ジュネーブで「五六年の選挙」をとり決めたのは、戦闘部隊の南北への再配置とヴェトミンの北への撤退の代償としての政治取引きの結果であって、この「統一選挙」の選択をしたことは、ここでも、紛争が第三のタイプのそれであることを示していると、フォークは言う。さらに、反乱軍へのひそかな援助を、武力攻撃と捉えることができないこと、これに反撃しうるとしたとしても、反撃が国内に限定されるべきことを実証する。さきの国務省覚書を再論し、大きな戦争を行なっているさなかにこうした論争が民主的に行なわれたこと、この論争が世界秩序の要件について論議をかきたてたことを評価している。なお、大統領のアメリカ憲法上の権限に関しては、ムーアが裁判所の判例を引用して、行政府が国際法に従わなければならないとの憲法上の義務はないと述べたこともあってか、国際社会のような分権社会においてはなによりも国家の自制が必要なのであって、そうした視点から、国際法違反の武力行動に対して裁判所がはっきりとした態度を示せというのにとどまった。

最後に、アメリカの自省とともに、北ヴェトナムも自省せよというムーアの結論を、フォークは、こう批判する。第一に、この議論は一見公平そうにみえて実体はそうではない。ムーアは、ウ・タント国連事務総長の、ヴェトナムは基本的には政治的方法によってのみ解決される政治問題だとのことばを引用しているが、ウ・タント言明のより多くがアメリカを非難していること、彼の前提条件はまずアメリカが北ヴェトナム内で行なっている戦争を止めよといっていることをつけ加えるべきである、第二に、ムーアは、北ヴェトナムとアメリカとが取引きしうる公平な立場にあると錯覚しているようだが、両国のスケールの大きなちがい、そしてなによりも、アメリカが遠く離れて安穏にこの戦争を戦っているのに対して、戦争の破壊的衝撃が北ヴェトナム国内に直接集中されているのを見逃がしていると指摘した。

終わりに

わたくしたちとして、ヴェトナムにおける戦いは、どんな理由によるものであれ、止めてほしいと思う。その理由も、あるいは根拠もつきとめなければならないと思う。その奥にある深い理由を探ぐれば探ぐるほど、実は、今日のヴェトナムの問題は、今日だけの問題にとどまるわけではないことを知ることになる。それこそが、この書物が、その章別として、法的視野、世界秩序の視野というようにわけた理由だと思う。つまり、ヴェトナムをめぐる法理、あるいは世界秩序観として述べられているものは、いつの時代になっても、少なくとも、分権的な世界が構成されている体制では、古くして新しい課題なのである。

参考資料

一九五四年のジュネーブ協定(ヴェトナム関係)　国際関係における武力の規制＝ディーン・ラスク
北ヴェトナムの攻撃を非難するステイーヴンソン(アメリカ代表)の演説
トンキン湾(東南アジア)決議
北ヴェトナム爆撃に関するアメリカの見解
ハノイの四項目
ワシントンの一四項目

三　新安保条約の逐条解説

＊「新安保条約の逐条解説」『法律時報』昭和三五年九月号（一九六〇年）

序　章

（一）新条約の生いたち

日米新安保条約の正式の名称は、「日本国とアメリカ合衆国との問の相互協力及び安全保障条約」である。旧条約の改定という意図から「安保改定」と呼ばれたが、法的には、旧条約の手直しといった態のものではなく、その名の通り、まさしく新条約として成立した。

岸内閣による旧条約の改定交渉は、内閣の成立後半年、一九五七年六月の岸・アイク会談にさかのぼるが、こんどの条約交渉が具体化したのは、一九五八年六月の第二次岸内閣成立直後である（日米安全保障等特別委員会議録—以下安保特委議録と呼ぶ、昭和三五・三・一五藤山外相）。藤山・マッカーサーの交渉開始の瀬ぶみ的な予備会談が、七月初旬から数回にわたって行なわれ、この会談には「常時」ではないにしても、岸首相も加わっていた。このころ、金門、馬祖をめぐる台湾海峡の危機が高まっていたし、レバノン、イラクをめぐる中近東情勢は悪化し、「中東危機」は八月八日から二一日までの国連緊急総会のそ上にのせられた。この総会から戻った藤山外相は八月二九日に外務省にマ大使を招き、再度の訪米前の最終的打ち合わせの予備会談を行なった。それまでに、条約改定の方式として三つの方法が考えられていた。一つは新条約方式、二つは旧条約の部分的改正方式、三つは交換公文による旧条約の補正方式である。藤山・マック最終会談から、九月三日の藤山外相の再度の訪米のための出発までの間に、岸首相をまじえた三者会談が開かれ、その席上、新条約方式が望ましいと岸首相から述べられた(安保特委三・一六)。第一三回国連通常総会は九月一六日から開かれたが、それよりまえ、九月一〇日にワシントンについた藤山外相は、一一日午後の米国務省で行なわれたダレス国務長官との会談の結果、アメリカ政府が安保条約改定のための交渉を行なうことに同意したと発表した。会談は翌一二日にも行なわれ、この日、藤山・ダレス共同声明が発表された。九月二六、七日の日本の新聞には、アメリカからの電報(とくにＩＮＳ通信)として、新条約と内容のあまり異ならない条約草案なるものが報道された。条約改定のための第一回日米会談は、一〇月四日、東京において、岸首相、藤山外相、マッカーサー大使が出席して始められた。社会党は「警職法騒動」直後の一一月一四日、改定交渉中止の党声明を発表した。日米交渉は一九六〇年一月六日の第二回の公式会談で妥結し、調印式が一月一九日午後(日本時間二〇日午前)ワシントンのホワイト・ハウスで行なわれた。日本側は岸首相、藤山外相、石井自民党総務会長、足立日商会頭、朝海駐米大使、アメリカ側はハーター国務長官、マッカーサー大使、パースンズ国務次官補の両国全権が、それぞれ、新条約およびその関係文書に署名した。

新条約は、条約第八条にもとづき、憲法第七三条の規定により、第三四国会において、条約の「締結について承認を求めるの件」（この議案提出方式から、「修正権」論議がおこった）として国会の承認を求められた。藤山外相は、二月九日、改定趣旨の説明を行ない、二月一一日、新条約関係議案を審査するため、「日米安全保障条約等特別委員会」が設置された。安保特別委は、二月一三日に第一回の会議を開き、五月一九日まで三七回の会議をもった。この日、委員会における質疑打ち切り、強行採決が策され、本会議において、自民党だけで五〇日間の会期延長を可決したあと、質疑、討論が省略されたままに、一二分間で、新条約の承認は議決された。六月一九日午前零時、憲法第六一条の規定により、新条約は自然成立した。

また、アメリカでは、六月七日、上院外交委員会は新条約に関し聴聞会を開き、一四日、同条約を賛成一〇、反対なし、欠席二で採択。上院本会議は二一、二二の両日にわたって開かれ、賛成九〇、反対二、棄権一、欠席七で新条約を承認した。それから七時間後の二三日、日米両国は東京で批准書の交換を行ない、新条約は、第八条にもとづき、他の関係文書とともに、同日効力を発生した。

（二）　賛否両論の振幅

正式交渉開始から批准書交換まで二一カ月、この間、新条約を推進しようとする人々と阻止する人々のあいだで、国論は三つにわかれた。ここに記す逐条解説は、これらの人々の新条約に対する見解と、安保特別委の会議録などを参考として述べられる。解説に先だち、まず、新条約に対する世論の基本的な構図を描いておくことが必要であろう。「五月一九日」以後は、安保新条約をこえて、つまり、新条約に対する賛否の意見をこえて、多くの人々が、岸内閣の総辞職と国会即時解散を要求する国民運動に結集したが、新条約そのものに関しては、その性格の捉え方のちがいから、人々の態度は多様であったということができる。

日米安保体制の強化の必要性を強調し推進しようとする人々と、安保体制の打破と中立への指向を明示する人々とを、それぞれの極とすれば、この多様性は、新旧両条約の比較論にその焦点をしぼることができる。旧条約の不平等性と従属性が世論の集中攻撃をうけてきたことは周知の事実であり、それだけに、新条約を「推進」しようとする人々も、本来の意図が、日米「安保体制の強化」にあったにせよ、すくなくとも、改定のジャスティフィケーションとしては、強化の力点を、日米という二つの国家の友好関係におきかえ、『改善』というレッテルを貼ることによって条約内容を「説明」(その妥当性は後に示す)することに意を砕くほかはなかったのである。藤山外相の新条約の趣旨説明に当って述べられた五論点〈①国連憲章との関係の明確化、②アメリカの日本防衛義務の明定、③事前協議、④日米の政治・経済上の協力、⑤期間の設定〉は、まさしく、こうした発想の枠内のものである。日本に課された「新たな義務はまったくない」と説明されている。これに対しては、後に逐条的にみるように、これらの諸点が旧条約を本質的に変えるものではなく、むしろ、説明とは逆に、日本に課された「新しい義務」が新条約の本質として問題であると法的側面における追及がなされるとともに、そのような条約を日本政府の「自発的同意」(グロムイコ覚書、一・二七)によって締結する日本の外交姿勢と極東における緊張の造出が政治的角度から激しく非難された。つまり、旧条約の改善どころか、重大な改悪であるというのである。新旧両条約の比較論は、およそ、この二つの考え方を軸としている。

その間にはさまって、新条約は旧条約の改善でも改悪でもない、実質的にはほとんど変わらないという考え方がある。この考え方は二つにわかれる。一つは改定反対論である。実質的に変わらないのに、あえて、ソ中両国を刺激してまで改定を行なう必要はないとする。他の一つは、改定黙認論である。実質的に変わらないのだから、なにも騒ぎたてるには及ぶまいというのである。第三四国会における条約審議において、藤山外相の五命題の妥当性が次第に弱められ、「新しい義務」が論争の中心点として登場する過程において、この考え方が意想外な拡がりをもつようになった。急激な変革を望まない――新条約不承認が日米関係の破壊をもたらすという宣伝の浸透――「現状維持的ムード」と、改定反対論による現時点における大戦争ぼっ発の不可能性の強調が、新条約に対するこうした微温的な態度の醸成に役立っていたということができる。

ここでとくに問題としたいのは、そのさいにおける法――国際法――と事実との関係についての誤った考え方である。そこでは次のように考えられている。条約第五条にいう、在日アメリカ軍基地に対する武力攻撃のさいの日本の共同行動について、政府は、そのような武力攻撃は、日本の領土、領空、領海の侵害をともなう行為で、固有の自衛権を発動する状況にほかならないと無理な説明でこじつけようとする。しかし、このような共同行動は旧条約のもとでも当然行なわれるであろう行為を義務化しただけにすぎないのではないか。所詮、国際関係は力関係――大国の意思を頂点とするハイアラーキーである、こういうのである。この力関係論からは、およそ、二つの帰結が導きだされる。一つは、法的義務の明定にかかわりなく、小国日本は大国アメリカの意思に従属せざるをえない。旧行政協定第二四条の非常時における日米の協議義務の存在は、いっそうこの傾向をアクセレートする。これが第一の帰結である。しかし、共同行動をとる――共働する――という事実の推定には、共働しないという事実の推定もあわせ考えられることはいうまでもない。事実上そうするであろうというパースペクティブの場合には、事実上そうしないかもしれないというパースペクティブも予定されている。このような場合、必ずそうすべきだというパースペクティブを固定化――法的義務の明定――させることは、それだけ、そうしないという可能性を剥奪することになる。つまり、一定の状況下において傍観者たりうる可能性が失なわれたことになり、共働ないし共犯の可能性を増加させたことになる。力関係は、まえの事実上の関係においてよりも、あとの法律上の関係において、より強く確定的に働くものであることを知らなければならない。こうした認識は、力関係論の第二の帰結にとくに関係する。第二の帰結は次のようにいう。国際関係は、力関係だから、国内法とちがって、国際条約の場合には、法的義務といっても、どれだけ拘束力をもつか疑わしい。事実上行なわれるであろうことを義務として明定したからといって、過大視するには及ばないと。この考え方はきわめて素朴な力関係論である。われわれも、国際法と国内法を同一のレベルで分析すべきだという考え方はとらない。国際法の分析にあたって、力の要素を重要視すべきことはいうまでもない。しかし、この考え方は、素朴な力関係論を「一般化」しているという点で誤っている。問題なのはいずれが力ある国家であるかである。力関係が働きうるのは、大国が小国に対する場合においてである。大国が小国に明確な法的義務を負わせたさい、小国が、義務といっても国際間の約定だから拘束力は弱いと述べる藉口の余地はまったくない。この場合においてこそ、大国の法的主張は十二分に現実化されるのである。したがって、小国が大国に対して負う義務を、国内法とくらべて一段と弱い拘束力をもつのが国際法であるという一般論の適用において測定することは、重大な誤りを招くことを知らなければならない。

(三)　新条約の構成

新条約とともに、その締結について国会の承認を求められた附属文書は、つぎの三つである。

(1)　条約第六条の実施(事前協議)に関する交換公文
(2)　吉田・アチソン交換公文等に関する交換公文
(3)　相互防衛援助協定に関する交換公文

そのほかに、次の二つの附属する文書があり、国会審議の参考文書とされた。

(1)　相互協力及び安全保障条約について(沖縄に関する)合意された議事録

(2)　安全保障協議委員会の設置に関する往復書簡

これらと別の独立の系列に属するものとして、「新条約第六条に基づく施設及び区域並びに日本国における合衆国軍隊の地位に関する協定」が国会の承認を求められた。この協定は、旧条約の行政協定に代わるものであり、旧協定が政府間協定であったのに対して、新協定は「国家間の協定」であるという理由で、国会の承認を求められた(安保特委議録、三・一五、一一―一三頁)。新協定に附属する二つの文書が〈参考〉とされた。なお、〈参考〉とされた四つの文書は、すべて(訳文)として記されている。

ここでは、おもに、その締結について国会の承認を求められた新条約と事前協議関係文書を解説する。

新条約の逐条解説

この条約は、前文および一〇カ条からなる。旧条約は「安全保障」条約であったが、この条約は「相互協力及び安全保障」条約である。日本語の名称は、「相互協力」と「安全保障」の二区分にわかれるかのように構成されているが、英文からみても、アメリカが諸国と締結しているそのほかの相互防衛条約の関連からみても、「相互的」(mutual)という語は協力と安全保障の両者にかかるということができる。なお、協力については、条約本文中、「経済的」協力の意に用いられているほか、武力攻撃に抵抗する能力を個別的に及び「相互に協力して」維持し発展させるというように述べられている。名称の「相互協力」は経済上、安全保障上の両者をおおうものである。経済的協力の挿入は、相互安全保障をカモフラージュするという意見があるが、これについては第二条で述べる。

▼前文

一般に、前文には、条約締結の主体、由来、目的、趣旨などがつけられるが、この前文では締結の主体、目的、趣旨が述べられている。五項からなり、各項でとり扱われている主題は、つぎの通りである。①政治関係、②経済関係、③国連憲章の目的と原則に対する信念と平和の願望の再確認、④個別的又は集団的自衛権の確認、⑤極東の平和と安全の維持への関心。

内容は、国連憲章成立後の各種の安全保障条約の前文と較べて、とくに述べたてるものはない。だいたいにおいて、北大西洋条約の前文にそのフォーミュラをみいだしたものである。このうちでとくに注意すべきことは、「両国が国連憲章に定める個別的又は集団的自衛の固有の権利を有していることを確認」したことである。旧条約では、これに関する措辞は、「国連憲章は、すべての国が個別的および集団的自衛の固有の権利を有することを承認している」という間接的表現にすぎなかった。それを直接的表現に改めたという点で注目される。日ソ共同宣言も同文の規定をもつ。ただし、こうした自衛権言及規定は、他の同種の安全保障関係条約では類例がない。

それなのに、なぜ、こうした規定をもうけたのか。日本が、主権国として、国連加盟国として、集団的自衛権をもつことはいうまでもない。これは、国際法上の権利関係における側面においてである。しかし、問題なのは、日本国憲法とくに第九条が集団的自衛権をもつことを認めているかどうかである。この権利の中核的観念は〈他国の自衛行動に対する援助〉である。しかし、岸首相によれば、「海外に出て締約国もしくは友好国の領土を守る」のが「集団的自衛権の最も典型的なもの」であり、これは「観念上は持っておるけれども、〈憲法九条というものの規定から考えまして〉事実上行使できない」ということになる（安保特委議録、四・二〇、二一頁）。ここでは、すくなくとも、海外に出るか出ないかが集団的自衛権の「典型」かいなかを計る尺度になっているのであって、このことは、いわず語らずのうちに、「日本国の施政下の領域における」他国の自衛行動に対する「援助」——他国を守ること——も、最も典型的なものではないにせよ、集団的自衛であることを認めていることになる。この考え方は、いまのところは、政府によって公認されていない。むしろ、次にみるように、どんでんがえしをされているのである。しかし、憲法第九条における集団的自衛権解釈における突破口的発想の用意としてみれば、注目すべき考え方である。「いま」は、のちに第五条で詳しくみるように、この場合、他国を守るのではなく自国を守るにほかならないという「理由」で、個別的自衛権の発動として説明されているのである。してみれば、「いま」は、なお、海外に出る出ないにもかかわらず、他国を守るという観念をもちだすこと自体、政府もまた、憲法第九条とあいいれないと考えているとみてよかろう。それなら、集団的自衛権を持つと確認したこの規定はまったく無意味なのかどうか。それ自身、自己撞着ではないのかどうか。これに対する解答として、集団的自衛権の最も広義な解釈——アメリカが日本の区域外に武力行動するさい、日本の施設・区域を提供すること——(安保特委議録、五・七、二七頁)が用意されている。しかし、そればかりであろうか。集団的自衛権を広義にとれば、この規定が意味があり、狭義——通常——の解釈をとれば無意味になるということだけであろうか。ここに、この条約の法的側面における最も重要な問題がひそんでいるが、この点は、第五条その他においてさらに詳しくみることにする。

▼第一条

この条項は二つの項からなる。

第一項は紛争の平和的解決と武力の行使の原則的な禁止を定めている。国連憲章第二条の七つの原則の第三と第四に照応するもので、まったく同じ文言である。アメリカが他の国々と結んでいる同種の条約には、すべて記されている。日米両国が国連加盟国である以上、憲章上当然の義務規定であり、日本が国連に加盟した（一九五六・一二）のち、加盟以前の旧条約調整のため結ばれた「日米安全保障条約と国際連合憲章との関係に関する交換公文」（一九五七・九・一四）の該当条項と同文である。その意味から、旧条約の改善と誇示しうる規定ではない。

第二項は他の平和愛好国と協同して、平和維持機構としての国際連合を強化することに努力すると述べられている。この規定は、アメリカの結ぶ同種条約には例がない。甲説はいう。条約の有効期間に関する規定（第一〇条）からみても、国連の安全保障措置をもって日本の本然の安全保障体制と考え、そのような体制の実現を座して待つということではなく、積極的にそのような国連の強化に努力することを本項は約束したものである（「新しい日米間の相互協力・安全保障条約」『世界の動き（特集一一）』外務省情報文化局、一一頁）と。乙説はいう。ここにいわゆる「平和愛好国」とは、どのような国を考えているのか、アメリカ中心の自由主義陣営流の国連強化を考えているのではないか（座談会「日米新安保条約の逐条的検討」『法律時報』昭三五年三月号（一九六〇年））と。国連憲章第四条の加盟適格要件にみる平和愛好国という理念からみれば、乙説は邪推ではないかと疑わしめる点がある。しかし、当初における政府の国会答弁はこの邪推を正当とするかの感を与えていた。藤山外相は、第二項挿入の意図をきかれてこう答えた、「平和を愛する国と一緒になっていく、アメリカとも、あるいは自由主義陣営の人たちとも平和をともにしていきたい、こういう意味でございます」と。しかし、追及された過程で、国連加盟国はすべて平和愛好国と認め、その代わりに、ここにいわゆる平和愛好国という観念のなかに、中華人民共和国が入らないという重要な考え方が岸首相によって示された（安保特委議録、四・二〇、一二頁以下）。この場合、中国が実際に平和愛好国であるかどうかという判断はまったく別の次元でとり扱われる。このような奇妙な解釈を示したのは、この観念に中国をとりこむことは、直接には、これによって、中国の国連加盟支持を約束する結果になることをおそれたためであろう。しかし、その反面において、この規定の解釈は、この条約と国連非加盟国、とくに、中国との関係に微妙な問題を投げかけるという結果におちこんでいる。

▼第二条

前段は締約国の政治関係について定め、後段は両国間の経済上の協力関係について定める。前段は、「締約国は、その自由な諸制度を強化することにより、これらの制度の基礎をなす原則の理解を促進することにより、並びに安定及び福祉の条件を助長することによって、平和的かつ友好的な国際関係の一層の発展に貢献する」と規定する。北大西洋条約第二条とほぼ同文であり、東南アジア防衛条約第三条、米華条約第三条にも同じ趣旨の規定がある。「自由な諸制度」とは、藤山外相の説明によれば、政治的には「民主主義」、経済的には「自由貿易主義と申しますか、自由主義の制度」、つまり、自由主義、民主主義の政治、社会体制を意味する。改定交渉中、マッカーサー大使が一九五九年一一月一三日に、日米両国の共通の目標として演説で示した見解――「日米両国民とも法律順守の基礎に立つ民主主義政府を信奉し、特殊集団が法律、民主主義諸原則に違反して実力行使、脅迫を行なおうとするのを阻止する」――が示唆的である。「これらの制度の基礎をなす原則の理解を促進する」とは、藤山外相によれば、政治的、経済的に自由主義の政策がとり行なわれる、その基礎になる自由主義という原理を、「十分に、理解をお互いにしていくことであること、申すまでもない」。その含意はかなり広い。また、広狭いずれにも説明しうる余地のある措辞である。そこで問題なのは、いずれかの国が、特定の事態を自由な諸制度の「弱化」をもたらすと認めたさいの処理である。政府も確認したように、そのさいには、第四条に規定する「協議」に付される。北大西洋条約第四条に規定する協議は、「締約国の領土保全、政治的独立又は安全が脅かされていると締約国が認める」という特定の条件にかからしめられている。そのほかの条約実施に関する協議は合議体たる理事会で行なわれる。条件づけにおいて異なり、さらに、二国間のすぐれて力関係の作用する場合における協議とはその性質を異にする。同文の規定をひきうつしたというだけにとどまらない意味がここにある。したがって、政治・経済体制に対する内政干渉の合法性を用意したという批判は正当である。

後段は「締約国は、その国際経済政策におけるくい違いを除くことに努め、また、両国の経済的協力を促進する」と定める。政府が改善の五論点の一つにあげている規定である。その意味を次のように説明する。「二国間の安全保障上の協力関係は、政治上および経済上の友好、協力関係の広範な基礎の上に立つ場合においてのみ、真に強固でありうるからである。本条が設けられた趣旨もまさにそこにある」（前掲・外務省資料、一二頁）と。さらに続いて、新条約の名称に「相互協力」という字句が入れられたのは、もっぱらこの第二条が設けられたゆえである（前掲・一三頁）として、すでにふれた「安全保障」上の協力と「相互性」の意味をぼかしている。抽象的な経済協力が望ましいことはいうまでもない。要は、協力についての具体的な在り方である。これに関連して、「国際経済政策におけるくい違い」の内容をどう理解しているかが問題となる。藤山外相はいう、「この場合におきます国際経済の食い違いは、単純に二国間の貿易上の問題ばかりでなく、諸般の問題がもちろん含まれておると思います」（安保特委議録五・一〇、三四頁）。そうだとすると、日中貿易問題に日本が積極的になったとしても、アメリカが承認を与えないかぎり、二国の間に食い違いは生じる。だが、この点になると、藤山外相は反転して、「日本自体の見解によって進める」と矛盾した論理をくり返すだけである。

この条項全体については、次のような評価がある。一つは、以上のようないくつかの論点を内蔵しているが、条項自体が義務規定でなく、しかも、日本側から申し入れされたといわれる経済委員会の設置が実現していないことからみて、単純なうたい文句であるか、名称についてみたように、本条約の軍事的性格を薄めるための働きをもつにすぎないとするものである。もう一つは、この条項は、「まことに明瞭に、安保条約の改定……に際しての、日本の国際上の立場を述べた」ものとみる。これによれば、「日本はあくまでもアメリカとの親善友好の関係を尊重し、政治的にも経済的にも、また思想的にも（藤山外相の含意よりさらに広い―筆者）、いわゆる自由国家の陣営に属することを宣言するにひとしい」（気賀健三「安保条約の経済問題」『安全保障体制の研究』下）として評価されている。同じ見方に立ちながら、この条項を評価ではなくて、批判的にみる見解も成り立つ。すなわち、日本独占資本における過剰投資、設備過剰をはじめとする諸矛盾を、アメリカ資本主義との経済協力関係のなかで軍事的に再編成することにより解決し、日本資本主義の再展開をはかろうとする意図の表明にほかならないと。

国会の討議を通じて、条項の前段に関しては、論点がかなり明らかになってきたが、後段に関しては、条文にあらわれない意図や思惑がからんでいるので、ここに述べたような諸批判は深く追及するすべがないままに終わってしまった。

▼第三条

本条は防衛能力の維持・発展に関する規定で、いわゆるバンデンバーグ決議の趣旨をとり入れたものである。旧条約でも、前文で、日本再軍備の促進が期待されていた。一九五四年の「日本国とアメリカ合衆国との間の相互防衛援助（ＭＳＡ）協定」の第八条では、旧条約上の軍事的義務の履行の決意が再確認されるとともに、「自国の政治、経済の安定と矛盾しない範囲で」、「自国の防衛力及び自由世界の防衛力の発展と維持に寄与」すると規定された。本条では、さらに、「個別的に及び相互に協力して、継続的かつ効果的な自助及び相互援助により」、武力攻撃に抵抗するそれぞれの能力(自衛隊だけが能力ではない。MSA協定で明示しているように、人力、資源、施設及び、一般的経済条件が含まれる)を維持し発展させると約した。これによって、日本再軍備の性格がより明確にされたのである。

この点に関して、アメリカと他の諸国が結んでいる同種条約の類似規定とは、二つの点で異なっているとされる。第一の相異点は、これらの条約の一般的な型としては、「単独に及び共同して」とあるが、ここでは「個別的に及び相互に協力して」となっており、また「個別的及び集団的能力」と書かれているところは単に「それぞれの能力」とされているという点である。外務省の発行した前掲の本条約解説書は、その理由について、いみじくも、次のようにいっている。「これは〝共同〟とか〝集団的〟とかいうと、いかにも、日米両国が一体となって防衛能力を維持・発展させるものであるかのごとき印象を与えるということからそうしたわけである」(傍点筆者)。問題なのは、印象のいかんではなくて、実体がどうであるのか、どうなるのかである。現在においてすら、自衛隊は在日アメリカ軍と一体的なものであり、従属的な地位におかれている。国会審議によって明らかにされたように、たとえば、ガソリン貯蔵量一つを例にとってみても、ランニング・ストックだけ(防衛の現実の段階では三日分程度)、弾薬についても、ある弾種については数カ月分、ある弾種は数日分という。また、自衛隊の施設、兵舎などの費目関係予算の分析から、自衛隊の大部分がアメリカ基地に間借りしている事実――「間借りの自衛隊」――が明らかにされた(安保特委議録、四・一九、一七―一八頁)。

それでは、この条項でどうなるのか。さきの解説書は、「各自の自衛力の涵養について相互に協力し援助する」ことが本条の趣旨にほかならないという。ここでとくに留意すべきは、単純な「自助及び相互援助」ではなく、「継続的かつ効果的な」それであるということであり、能力を「維持」するにとどまらず、「発展」させる義務が規定されているということである。この点に関しての政府の説明は、岸首相によれば、「何かアメリカからこの防衛計画を押しつけて、それの線でもって締結国の相手方に必ずやらせるというような趣旨のものではない」ことになり、藤山外相によれば、「何かアメリカ側から押しつけられて、新らしい内容のある義務を引き受けたものではないということを申し上げておるのであって、われわれは日本国民として当然持つべき自衛力を充実していくということは、当然のことでありまして、これを宣言しておるもの」となる(安保特委議録、四・五、九―一四頁)。これではまったく無意味な規定ということになる。だから、改定点としてあげなかったのだと「藤山外相の論理」は教える。しかし、法律にせよ、条約にせよ、規定を意味あるものとして解釈すべきことは解釈論の常識である。「新らしい義務を引き受けたものでない」、「自主的に判断する」というこの論理も、二つの点において、宣言的規定でないことを暴露している(ハーター米国務長官の上院外交委における本条約に関する声明(六・七)でも、能力の維持と増強に努めることを「誓約している」と述べている)。第一には、最低限度ではあるが、日本が自主的に軍備縮小することは条約違反と認めざるをえなかったことである。藤山外相は次のようにいう、「世界的な軍縮が、条約の形あるいは取りきめの形でできまして、そうしてやって参ります場合には、当然これは条約に違反しておりません。しかし、そういう取りきめもできないで、日本だけが、軍備はもう理想的に全廃すべきだ、だから自分は漸減的にそれをやるのだということであれば、この条約の趣旨に相反しておりますす」(参議院予算委議録、三・一一、四頁)と。これでどこに自主的判断がありうるのか。本来そのような自主性はないのである。この条約の実施――いうまでもなく第三条の実施を含めて――に関して随時協議するという「相互的判断」と「協議」とが、第四条ではっきりと規定されている。これが宣言的規定でないことを示す第二の点である。第四条の協議事項に第三条が入るということは、条約のコンテキストにおいての当然の解釈である。しかし、岸首相、藤山外相は、第三条だけは、第四条の条約の実施に関する協議事項でないような、あるような、なまくら答弁を繰りかえすにとどまった。論旨を推しはかれば、協議することは認めざるをえない、しかし、「協議によって承認を得てやるという問題ではない」ということなのであろう。のちに述べる「事前協議」とは逆に、協議における拘束力の不存在を述べざるをえない点に「その場しのぎの答弁」の苦しさがある。問題なのは、このような防衛力の維持と発展の義務を「協議」のなかにもちこみ、「相互的な判断」を下されるということであり、そこにおいてこそ、はじめに述べたような力関係がすぐれた働きを示すということである。

さらに、このような方向において日本再軍備が形づくられるということは、憲法上の最大の論争点である自衛隊合憲・違憲論に、「合憲性」に向かっての重大な布石をしいたとみられるおそれがある。一九五九年一二月一六日の砂川事件に関する最高裁の判決は、旧条約を、「主権国としてのわが国の存在の基礎に極めて重大な関係をもつ高度の政治性を有するもの」として、司法裁判所の審査になじまないとした。この判旨をたどれば、旧条約、ＭＳＡ協定の場合に考えられるよりもさらにいっそう強く、本条において、自衛隊が「高度に政治的な」本条約に基礎をもつという判断の下されるおそれがでてくる(もっとも、このことは、判旨の枠づけのなかにおいての仮定であり、自衛隊に法的効果を与えたとみられる本条約そのものの違憲性を追及する方途は、より根本的なものである)。そのさいに、逆に、政府答弁が抗弁となりうる基礎を備えているということができるであろうか。

アメリカと他の諸国が結んでいる同種条約の類似規定と異なるとして述べられる第二の相異点は、「憲法上の規定に従うことを条件として」という留保に関係するとされる。この点に関しては、二つのことを述べておけば十分である。一つは、日本国憲法下、歴代内閣がとってきた憲法、とくに第九条の解釈と態度に対するおおうべくもない国民の不信であり、二つは、より根本的な問題として、右に示した最高裁判決においてみられるように、憲法による条約解釈というよりも、条約による憲法解釈という倒錯した法的状況が形成されていることからもたらされる強い懐疑である。これらによって、この留保は完全に信憑性を欠いている。

▼第四条

本条は、条約の実施に関する協議と、脅威が生じた場合の協議との二つについて規定する。

条約の実施に関する協議は、「随時」、つまり、「いずれか一方の要請があるときはいつでも」行なわれる。協議事項は条約の実施に関する事項のすべてをおおう。協議機関(安全保障協議委員会)の設置に関する往復書簡によれば、「両政府間の理解を促進することに役だち、及び安全保障の分野における両国間の協力関係の強化に貢献するような問題で」、「安全保障問題の基盤をなし、かつこれに関連するもの」が検討される。駐留アメリカ軍の装備や配置(第六条の実施)ばかりでなく、自衛隊のそれも協議される。さらに、安全保障問題そのものではなくても、その基盤をなし、かつこれに関連するものであれば、どちらかの認定によってすべて検討されるべき事項となる。日本全体が日米相互安全保障体制のなかに組みこまれたとされるのはこのためである。いままでの行政協定でも協議規定(第二四条)はあった。しかし、それは、後に示す本条の後段に関する「非常時」における協議であったことからみれば、この規定は、『往復書簡』の内容とあいまって、「協議」の名において、非常に広汎な、重大な内容をとりきめた規定であり、条約の実施について、「十分に日米間で意思の疎通をはかってゆくという趣旨」(西村熊雄『改定新版・安全保障条約論』一三七頁)どころのものでないことがわかる。

つぎに、さらに問題を含んでいるのは脅威のさいの協議である。「日本国の安全」ばかりでなく、「極東における国際の平和と安全」に対する「脅威」が生じたときは、日米両国のどちらからでも協議を求めうると規定する。北大西洋条約第四条では、「締約国の領土の保全、政治的独立又は安全」に対する脅威、つまり締約国の安全に限定されている。これに対して、この条約上、アメリカ軍は、第六条も規定するように、日本の安全以外に、広く「極東の平和と安全」

の名目で駐留しているばかりでなく、日本も協議によって極東の安全に対する責任の重要な一翼をになわせられている。のちにみるように、事前協議——疾病の自覚——で日本の自主性を確保しえたという反面において、病巣は残したままなのである。

また、脅威の内容、認定者についても問題がある。まず、脅威であるが、米韓、米比条約では、このようなあいまいな「脅威」ということばでなく、はっきりと、「外部からの武力攻撃」と規定する。単純に武力攻撃であるばかりでなく、「外部からの」それであると限定しているのである。それとの関連において考えれば、外部からの脅威も、内部からの脅威もその内容に含まれるべく、また、「スキをみてお化け」と考えさせる広い漠然とした内容のものである。したがって、ここにいう「日本国の安全に対する脅威」とは、藤山外相もまた、「むろん間接侵略というものは日本の平和と安全に影響を及ぼすわけでありますから、含むとわれわれは解釈している」(安保特委議録、四・六、三頁)。それなら、旧条約の内乱条項を削除したという「うたい文句」はどこにいってしまったのか。藤山外相によれば、外部からの働きかけによって起こった内乱と純粋の内乱とがあり、後者を削除したということである。しかし、旧条約もまた、「純粋の内乱」について規定したものではない。旧条約は「一又は二以上の外部の国による教唆又は干渉によって引き起された」内乱及び騒じょうと規定する。これでは、旧条約上内乱と規定されているものと新条約にいわゆる間接侵略はまったく同じものであり、独立国に不都合だと政府・自民党みずからが認めた内乱条項はそのまま残っていることになる。ここまでくると、藤山外相のいう内乱条項の削除とは、観念や内容の問題ではなくて、字句の削除ということだけになる(「ここにちゃんと『大規模の内乱及び騒じょう』という——従って、そういう意味において、この内乱条項を削除したということを言っても差しつかえないと思っております」(藤山外相、安保特委議録、四・一一、一〇頁)というたわごとのような答弁)。しかも、脅威というあいまいなことばに置きかえたことによって、外部からの教唆または干渉によって起こされたものでない事態についても、間接侵略とみなしうる余地――「認定の恣意性」――が生まれた。

さらに、脅威を誰が認定するか、協議後どのような行動にうつるのか、まったく不明確である。政府の答弁が「協議の結果両国がいかなる措置をとるか国内法または国際法にまかされておるわけ」(林法制局長官、安保特委議録、四・二〇、二〇頁)だという繰り返しでは、すでに協議というものの性格について述べたように、アメリカの認定と行動が基本になるというおそれをぬぐいさることはできない。旧条約の「日本政府の明示の要請」という基準すらなくなっている。「安全保障協議委員会」の構成は、日本側では、日本側を主宰する外相のほか防衛庁長官、アメリカ側では、アメリカ側の議長たる駐日大使のほか軍事、防衛事項に関する同大使の首席顧問たる太平洋軍司令官(在日米軍司令官が代理となりうる)である。

▼第五条

本条はこの条約の中核をなす規定であって、武力攻撃が発生した場合の日米両国の相互防衛義務を規定する。政府も本条を「この条約の中心的な問題」と観念しているが、それは、日本に対する武力攻撃をアメリカの集団的自衛権あるいは個別的自衛権の発動により防衛する――藤山外相のいうアメリカの日本防衛義務の明定――という考え方においてである(安保特委議録、四・二〇、二〇頁)。

二項からなり、第一項において、各締約国は、いずれか一方に対する武力攻撃が、自国の平和及び安全を危うくするものであることを認め、共通の危険に対処するよう行動することを宣言している。これに二つの限定――合憲性の抗弁――がつけられている。一つは、条約地域を「日本国の施政の下にある領域」にかぎったことであり、他の一つは、行動を「自国の憲法上の規定及び手続」に従うべしとかぎったことである。

内容にはいるまえに、政府が本条においてとる基本的な考え方を示しておきたい。政府は、旧条約の最大の欠陥を、「不平等性」としてではなくて、「片務性」――アメリカの日本防衛義務の欠如――として説明し、したがって、その明定を本条約の「中心的な」改善点と評価した。旧条約についても、たしかに、締結当時の政府はアメリカが日本を守るという重大な義務を負った（参議院の特別委員会における西村条約局長答弁、昭二六・一〇・三〇）と説明してきたが、明文上定められていなかったことから危険があった。それを明定したことによって国民の不安をとりのぞいた。このような論旨である。これに反して、日本の行動義務に関しては、日本の施政下にある領域におけるアメリカ軍に対する武力攻撃を、日本領域侵犯論（個別的自衛権）にひきもどし、日本領域が侵された場合、自国の固有の自衛権を発動することは当然であり、本条約により「新らしい義務」を負ったとは毛頭考えられないとする。

ここで問題なのは、アメリカ軍基地防衛のための軍事行動を日本自身の個別的自衛権に基づくものといえるかどうかということである。自衛権とは、急迫な、そして不正な侵害が、自国および国民の権利・利益に加えられたさい、これに相応する範囲で反撃を加えうる権利である。ここには、侵害が急迫にして不正なものでなければならないということ、国家、国民の権利・利益がおかされたという事実、反撃と攻撃との対等性（相応性）という諸要件がある。これらの諸要件によって政府の自衛権法理を分析すると、いくつかの矛盾がみいだされる。第一の矛盾は、アメリカ軍に対する攻撃が日本自身に実害をもたらすとはかぎらない場合のあることである。領土は侵されないが領海内にあるアメリカ軍艦だけが爆撃され、被害をうけるという事態も想定（安保特委議録、三・一五、一八頁）される。アメリカ軍の特定の基地だけ選択的に攻撃される場合もあろう。しかも、こうした基地や軍艦は、日本の領域内とはいえ、治外法権のもと特殊な法的条件下にある。岸首相が沖縄の施政権の一部――戸籍――返還に関連して、施政権の本質を全面的施政権と規定づけていたから（安保特委議録三・一六、六頁）、基地、軍艦は首相のいう全面的施政下ではないと争われた(同上、四・六、七頁以下)。そこで、政府は、「実害論」に対して、いままでの説明――日本の領土、領空を侵さないで攻撃することはできない。したがってそれは日本に対する攻撃であるという論理――に加えて、「武力攻撃」に、単なる「領土侵犯」から、「組織的な、計画的な武力の行使によって、他の国に対する侵略の行なわれたその事態」と限定を加え、さらに、侵略を「一国が一国に対して武力をもって組織的、計画的に、不法にその国を侵すという場合」と限定した(同上、三・一五、一九頁)。

しかし、このような限定、とくに武力攻撃を「不正な」侵略とする観念は、国会審議で述べられた政府答弁に一貫していたということはできない――第二の矛盾。むしろ、逆に、こうした観念を前提とせずに成りたっていたのが、本条における武力攻撃に対する共同行動である。そもそも、政府は、体制的に、駐留アメリカ軍が日本を作戦・補給の基地として「極東の平和と安全」の名で、「正・不正を問わずすべての」戦闘を行ない、その結果として日本の基地に攻撃が行なわれるという場合を想定していない。アメリカの行動は正当であり、アメリカは不法なことをするはずがないという前提観念によりかかっている。つまり、「日米の結託関係」にもとづく基地攻撃の可能性に対する法的説明を用意していないのである。したがって、U2型機事件(ソ連領土内偵察中の米機の撃墜事件)が起こったのちのこの問題をめぐる国会審議においては、高橋条約局長もこの間の事情を、次のようにはっきりと認めざるをえなかったのである。「領空を侵犯したのみならず、攻撃を加えた場合、それは、こちらのアメリカ側が違法な武力攻撃を向こうに加えたわけでございます。そういうことは、この条約では全然前提にしておりません。これはそういうふうな違法なことをこちらからやる、アメリカがやる場合はどうだということは、この条約にそういうことを規定することは、われわれの考えの外でございます」(同上、五・一一、一二頁)。それにもかかわらず、アメリカが領空侵犯をしたために加えられる基地攻撃なのか、それともアメリカが違法な「攻撃」を加えたことに基づく基地攻撃であるかの判断以前において、つまり判断中止の状態において、藤山外相によれば、「いかなる理由であろうとも、日本の基地がたたかれれば、日本は個別的自衛権を発動する当然の権利をもっております」(同上、五・一一、一二頁)ということになる。ここに至って、いままでみた、武力攻撃に対する限定も、侵略の概念規定も、すべてがかなぐりすてられているのである。これを、どうして、個別自衛で説明できるのであろうか。これこそ、まさに、自衛の法衣をまとった同盟観念そのものといわなければならない。

ところで、最初に記した合憲性の抗弁を用意した二つの限定に言及しておこう。第一の条約地域を「日本の施政下にある領域」にかぎったことについては、それ自体では、個別的自衛の法理を正当化できないことについてはすでに述べたが、関連する問題を一つつけ加えておく。この規定により、現在日本の施政下にない北方諸島や南方諸島は条約地域からのぞかれた。問題なのは、合意議事録において、アメリカ軍の極東における最大の軍事基地沖縄について、その「地位」の問題が条約交渉の過程で討議の対象とされなかったことがとりわけて明記されたことであり、それでいながら、返還の時期と方法に関して、つまり、いかなる時期であるとを問わず、アメリカが施政権の一部たる防衛に関する権利だけにかぎって日本に返還するという意見表示があった場合において、防衛のみにかぎった日本の主権発動を認めることは憲法違反でないという政府答弁(同上、五・七、一七頁)がなされたことである。

つぎの「自国の憲法上の規定および手続」に関して、「規定」については日本憲法第九条をさし、「手続」については、日本国憲法には開戦手続がない関係上、もっぱらアメリカの憲法の手続をさす(同上、三・一一、一二頁、林法制局長官)。もっとも、共同行動をとるに当たっては、自衛隊の防衛出動の要件——国会の承認——を規定する自衛隊法第七六条の手続を経ることを排除するものではないとされる(同上)。ただし、その場合にもなお、「第五条の規定は日本国全体についての効力があるわけでございまして、日本政府のみがこれに拘束されるわけでございません。日本の国会も裁判所も、すべてこの条約が拘束する範囲においては拘束されるわけでございます」――「国会の自衛隊法に基づく御決議も、この第五条の精神を受けてなされること」――(同上、四・一一、一五―一六頁)という循環論の上に、条約は法律に優先するという考え方が語られているである。したがって、自衛隊法の手続を排除するものでないという考え方が、まったくのその場逃れの答弁であったことがはっきりしている。

最後に、ここにいう、行動することを「宣言する」とは、必ず行動するということを宣言した「大きな強い決意の表現」であるとされる。北大西洋条約第五条の「援助することに同意する」よりはいくらか弱い表現であるが義務規定ではある。アメリカの場合には、憲法手続上、国会の承認が要件になり、日本の場合には、こうした手続が用意されていないというちがいがある。

本条第二項は、武力攻撃およびその結果として執ったすべての措置の国連安保理事会への報告義務と、措置を終止すべき要件を定める。前段で武力攻撃に対する行動を規定している以上、国連加盟国にとって当然の義務を規定したものである。

▼第六条

本条は、旧条約をひきついで、アメリカ極東戦略のための全土基地体制を規定する。

第一項は、アメリカ軍の施設、区域の使用の許与と駐留の目的を定める。旧条約では、前文で日本がアメリカ軍の駐留を「希望」し、第一条で日本側からアメリカに三軍を「配備する権利」を許与し、アメリカがこれを「受諾」する形式がとられたが、本条では「施設・区域の使用を許す」という形式になっている。全土基地体制の実質は変わらない。第一項のこの形式だけからみれば、アメリカ軍の常時駐留を明記したものとはいえないともみられる。しかし、第五条の「いずれか一方に対する攻撃」という観念の存在と事前協議における域外出動規制という考え方からみれば、条約全体の建前としては、常時駐留を前提としたものであることはいうまでもない。このアメリカ軍の駐留目的として、本条は、「日本の安全」のほか「極東における国際の平和と安全の維持」に寄与するためと規定する。

すでに、前文と第四条でもみた通り、問題なのは、このいわゆる「極東条項」である。第六条はひとえにアメリカ軍の「出動」目的ではなく、「駐留」目的を規定したものであると規定づけながらも、政府は、アメリカ極東戦略の前線基地日本の「危険性」が鋭く追及されるにつれて、条約の「無害性」を国民に印象づけるために、四苦八苦、二転三転しながら、二月二六日、「新安全保障条約にいう『極東』の観念」という統一見解を発表した。ここで「極東の範囲」として規定されているのは、「両国の共通の関心の的となる」極東の区域であり、この条約に関するかぎり、「在日米軍が日本の施設及び区域を使用して武力攻撃に対する防衛に寄与しうる区域」、端的にいえば「防衛区域」である。この区域は、「大体において、フィリピン以北並びに日本及びその周辺の地域であって、韓国及び中華民国の支配下にある地域を含む」。この防衛区域と、この区域に対して武力攻撃が行なわれ、米国がこれに対するため執ることのある「行動の範囲」は、「その攻撃又は脅威の性質いかんにかかるのであって」、「必ずしも前記の区域に局限されるわけではない」、つまり、両者は、別々の観念として成りたっているというのである。ここで問題なのは、第一に、極東条項の存在の危険性をある程度認識しながら——だから事前協議の構想が生れた——、アメリカ極東戦略基地の一環としての日本の地位を国民からおおいかくそうとしてきた政府の態度であり、第二に、この統一見解の後段で、アメリカの「行動の範囲」が、防衛区域に対して「武力攻撃が行なわれ」た場合だけにかぎられず、防衛区域の安全が「周辺地域に起こった事態のため脅威されるような」場合にも、防衛区域に局限されないと述べられていることである。「極東の範囲」にいわゆる防衛地域——この条約上の問題——と、アメリカ自体の「行動範囲」が一応、純然たる法的側面においては切り離すことが可能であるとしても、この切り離しを可能とする現実感覚が国民のなかにどれだけ用意されていると政府は考えているのだろうか(政府自ら、はじめは、両者のおおむね一致論を唱えていた)。アメリカの行動は国連憲章にもとづくとの政府の説明にもかかわらず、武力攻撃に対してばかりでなく、脅威といった漠然たる事態に対するアメリカの「行動」——憲章、本条約第五条との関係があるので、規定づけが必要——が「極東の範囲」に限定されないというのであれば、一般には、「極東の範囲」の限定が無意味であると受けとられるのは当然すぎることである。前者は一般論、後者はこの条約上の問題といった見解を、説明もなしに、自らの解釈の混乱と不統一のさなかにもちだしても、国民に対しては、「無害性」ではなくて「危険性」を印象づける効果をもつにすぎない。改定趣旨に関する「説明上の論理」と配慮を逸脱したこの統一見解は、解釈の不統一で周章狼狽した政府に対して、急ぎアメリカからとり寄せられた解釈の臭いが強い。結局問題なのは、第六条が、駐留目的を規定したにほかならないという政府の説明にもかかわらず、法的には、極東条項を旧条約そのままに規定したことであり、実質的には、日本がアメリカの極東戦略の最大の根拠地としての役割をふりあてられていることである。この危険性は、とうてい、事前協議といった、のちにみるような実体のない手続によっては救済されないものである。

第二項は「施設及び区域の使用並びに日本国における合衆国軍隊の地位」が、旧行政協定に代わる別個の「協定」と、合意される「他の取極」によって規律されると定める。「他の取極」に該当するものとしては、さしあたり、事前協議に関する交換公文がある。ほかの合意議事録や交換公文などは地位協定の下部協定として地位協定に包含される。

▼第七条

本条は国連憲章とこの条約との関係を定める。憲章上の「締約国の権利・義務」と国際の平和と安全を維持する「国連の責任」の二つがこの条約に優先すると定める。国連憲章第一〇三条は、国連憲章の側から、締約国の憲章上の義務が他の国際協定に基づく義務に優先すると定めるが、本条はその裏返し規定である。条約の側からみるという関係で、憲章上の締約国の権利(集団的自衛権をさすという解釈がある)も規定されている。後段で、平和と安全を維持する「国連の責任」がとくに規定されているところから、事前協議で国連軍の行動を枠づけるということ自体許されないのではないかとの疑問がある。これについては、憲章第二条第五項(「すべての加盟国は、国際連合がこの憲章に従ってとるいかなる行動についても国際連合にあらゆる援助を与え、且つ、国際連合の防止行動又は強制行動の対象となっているいかなる国に対しても援助の供与を慎まなければならない」)上、二つの解釈がある。一つは、国連の行動に対する加盟国の援助義務、侵略国に対する援助避止義務が加盟国に当然課されているとするもの、もう一つは、当然にではなく加盟国が決定しうるとするものである。前者をとれば、上に示した疑問は正しいし、後者をとれば、正しくないということになる。ここでは詳しくは立ち入る余裕がないが、国連憲章は、第二条の原則論だけで解釈すべきでなく、その実体規定から加盟国の具体的権利義務が確定すると考えるから、後者を正当とする。

▼第八条

本条は批准と発効の手続について定める。この条約は、両国のそれぞれの「憲法上の手続に従って」批准されなければならないこと、発効は両国が東京で批准書を交換した日に効力を生じるとする。国内法上の手続の瑕疵が条約の効力にどのような影響を及ぼすか。国際間の法的安定性の上から、いったん締結された条約が違憲手続により無効とされるのは好ましくないとする意見がある。しかしこの考え方は、国内の民主政治の要請から締結に対する国民の意見の参与がみとめられるようになってきた事実に対する認識を欠く。ただし、無効を主張しうるためには、瑕疵が重大にして——たとえば手続事項における瑕疵でなく、実体的なそれ——、相手国も相当の注意をもってすれば当然知りうるような、明白なものであることが必要である（参照、田畑茂二郎『国際法』（岩波全書）二八六頁以下、高野雄一『国際法概論』二二五頁以下）。

▼第九条

本条は、旧条約の失効について規定する。この条約が「新条約」として締結された結果、旧条約は本条約の発効のときに効力を失うと定める。

▼第一〇条

本条はこの条約の有効期間を定める。

第一項は、日本区域における国際の平和と安全の維持のため十分な定めをする国際連合の措置——国連が日本に対して特別な安全保障機構たりうる場合も含む——が効力を生じたと、日米の両国政府がともに認める時まで効力をもつ。旧条約の第四条の規定の一部と変わりがない。一方の国の政府だけがこのような国連の措置が効力を生じたと認めても、他方の国の政府が認めなければ条約の終了が問題になりえない。終了の時期は両国政府の主観的判断の合致にかからしめられている。

第二項は、第一項の要件が満たされるといなとにかかわらず、一〇年間効力を存続したのちは、終了を望む一方の国の意思を相手国に通告しさえすれば、この条約は通告後一年で終了すると規定する。最少一一年の条約の存続期間を定めた規定である。旧条約第四条が終了の時期を、三つの要件に関する両国の主観的判断の一致にかからしめていた点と比較して、期限を定めたこと（その点からいえば期限は短かいほどよい）は条約の重要な改善と評価する見方も、一一年にわたって、日米関係、実は日本のアメリカに対する軍事従属関係を規定したと非難する見方もある。一〇年の期間は成立後一九六〇年で一一年経った北大西洋条約（一九四九・八・二四発効）の二〇年の期間とみあわせ、アメリカの全世界戦略体制にそって、終了の時期を合わせたとみるのが妥当であろう。期間一一年の評価はひとえに政治的判断が入りこむので、ここでは、法律的問題を一つ示しておく。前にも触れたように、旧条約第四条は終了について二つ定めた。一つは本条約第一項と同じ内容のもの、もう一つは、「日本区域における国際の平和と安全の維持のため十分な定めをする（国際連合の措置に代わる）」――条約の日本文はこの修飾句がかかるように読めない――個別的安全保障措置もしくは集団的安全保障措置について、第一項と同じく両国政府が効力を生じたと認めた時である。個別的安全保障措置とは日本の自衛力増強であり、集団的安全保障措置とは二国または数カ国間の安全保障措置である。ところで、この二つの措置が終了の要件から除かれたということになれば、これらがそろって、この条約規定に組み入れられ、規定の必要がなくなったと認められているということでなくてはならない。

政府も、集団安全保障措置が第五条に組みいれられたことを認める。しかし、個別的なそれについては、第三条に組み入れられたのではなくて、この条約の存続期間中に、とうてい、日本の自衛力増強がこの要件づけに該当するほどにならないという前提から除かれたと説明する。後者については、条約締結者の意思の内側に立ち入る問題で水掛け論になるおそれがある。だが、第五条がとってかわったとはっきり認められた前者については問題がある。締結当時述べられたように、バンデンバーグ決議との関連で日本に「ただ乗り」は許されないので、つまり、当時の岡崎外相のことばによれば、「相互防衛規定が入らないときは、米国の日本防衛の義務をはっきりさせる、いわゆる義務づけることが困難であ」ったので、旧条約が生れた。したがって、旧条約第四条に、個別的もしくは集団的安全保障措置が効力を生じたと認められたら、この条約の効力をなくしてよいという規定が設けられたということができる。個別的なそれは、前記のように、政府が否定しているから問題からはずしておくが、こうした経緯からみれば、どのようにみても、集団的安全保障措置を表現したものと政府のいう、第五条は、相互防衛規定を定めたといわねばならないわけである。そこまで論理がたどられると、第五条は日本の新しい義務を認めたものでないという政府説明は壁にぶつかり、旧条約も集団安全保障措置であったという、旧条約第四条の規定の意味をまったくずらした答弁がなされ、新条約を旧集団安全保障措置より、「もっとよりよい」ものにしたといった態の答弁がくりかえされたにとどまった(参照、安保特委議録、五・七、二〇頁以下)。

以上、第一〇条は、旧条約第四条と比較検討するとき、新条約の本質に触れる問題点を含んでいることだけを指摘した。

▼条約第六条の実施に関する交換公文

この交換公文は、「事前協議」について定める。交換公文に規定したのは、藤山外相によれば、「特定の問題について抽出して、特に、事前に協議するということを明らかにさせる意味において、われわれとしては、交換公文にそういうものを摘出して書きますことが適当であろうという考えを持ってやったわけで」ある。しかし、実は、「特に抽出する」といったことではなくて、第六条で、「極東の範囲」についてみたように、アメリカ軍の行動それ自体に限定を加えないままでおきながら、ただし、戦闘作戦行動を日本から行なう場合は、この事前協議の主題にしようという、条約第六条の補註の性格をもっているのが、この事前協議条項なのである。改定交渉のはじめから、「駐留米軍の出動に日本も意志表示」(『朝日新聞』一九五九年九月一一日)という形で、改定の中心的項目としてとりあげられていた。

「事前協議の主題」とされのは、「合衆国軍隊の日本国への配置における重要な変更」と「同軍隊の装備における重要な変更」ならびに「日本国から行なわれる戦闘作戦行動のための基地としての日本国内の施設及び区域の使用」である。

事前協議の主題とするとは、事前に協議するということである。話し合うというにほかならない。話し合った結果、相手がいやだというのに拘束することはできない。「協議」と「合意」との相異はそこにある。にもかかわらず、政府は、ことばは協議であっても、「日本がノーといった場合に、それに反した行動をアメリか側がとらない、こういう解釈であることが両国の交渉されておる人々によって承認され」た(岸首相、衆院予算委、二・八)と述べ、条約の署名と同時に行なわれた日米共同コミュニケにより、米国政府は事前協議にかかる事項について、日本政府の意思(ウィッシエズ)に反して行動する意図のないことが保証されたとした。政府は、はじめのうち、この保証を法的な約束であるかのように印象づけようとつとめていたが、国会審議では、はっきりと法的効力をもつものでないことを認めた。もっとも、アメリカ上院における新条約審議でも、アメリカもまた、協議が同意を意味するものとして取り扱われていることを認めるに至っている。法的には問題のあることばだが、そのような解釈の一致があるということでないと、他日に禍根を残すおそれなしとしないが、この解釈がつらぬかれることを期待したい。

問題なのは協議の対象である。改定交渉中伝えられていたものと異なって、右に記した対象は、いわば「縛る」実体を欠いてしまっているからである。

まず、規定それ自体からいえば、はじめ喧伝された、「配置」と「装備」における変更は、「重要な」変更と規定されたことによって、その対象をいちじるしく限定された。第一に、配置における重要な変更、装備における重要な変更ということばは抽象的な規定で具体的な規定ではなく、そのときどきによって変わりうるおそれがある。国会における答弁によれば、前者は、新たに一箇師団を日本に配置するというようなこと、後者は、①核弾頭、②中、長距離のミサイルの持ち込み（期間が短くても含む）、③ミサイル基地建設の三つ」（赤城防衛庁長官、衆院予算委、二・一九）とされている。ただし、ピストルが弾と銃身を合わせてその働きをもつということからわかるような、核装備における重要な問題である核弾頭と核運搬用具の切り離しが行なわれ、核運搬用具――銃身――の持ち込みについては規制をうけていない。これでは核弾頭だけ持ち込めば、いつでも使用しる状態を回避することはできない。第二に、事実の認定の問題がある。日本側が右のような事実ありとし、アメリカ側が事実を否定したのでは、協議のもとがなくなってしまう。このさい、日本側の調査権はなく、調査しようとしたさい、現行法においてすら、刑事特別法の機密保護、あるいはMSA秘密保護法の適用の問題がある。結局、アメリカ側の申し入れをまってはじめて協議が行なわれるということである（安保特委議録、四・一九、二頁以下）。第三に、日本側が反論の決定的根拠として、どのような協議基準をもちうるかが問題である。たかだか、国民的反情にとどまるが、それすら、「日本自衛隊装備の近代化方針のすすむにつれて、もはや妥当性を失ないかけている」（祖川武夫「新・安保条約の検討」『法律時報』昭三五年三月号（一九六〇年）、三一頁参照）。

以上三つの問題は、そのまま極東全域に対する出動についてもあてはまる。ここでも、協議の対象は、域外出動一般から「戦闘作戦行動」に限定された。ここに戦闘作戦行動とは、戦闘任務を与えられた航空部隊、空挺部隊、あるいは交戦国への上陸作戦部隊が、行動の「基地」として日本の施設・区域を使用する場合にかぎられる。ここには、「基地」という条約上規定づけのない概念が突如としてはいりこんでおり、問題を残すが、それより注目すべきことは、この公文の文言をあきらかに無視して、日本政府が、移動（二段とび出動）や補給活動を事前協議に含まれないと、わざわざ認めてかかっていることである（祖川武夫、同上）。アメリカの戦略体制の転換から、まえに前線戦争基地であった日本が、今日では、最前線の補給基地、すなわち、朝鮮、沖縄、台湾に対するそれに転換していることを考えあわせれば、その意図がどこにあるかわかるであろう。この意味から、こんどの条約に、「在日米軍」——日本に配備された軍隊——の観念が失われていることに注意を払わなければならない。

こうしてみれば、協議も合意もかわらないという解釈が確定してくる過程で、協議対象がどれだけ骨抜きにされてしまって意味のないものになったかがわかるであろう。さらに、これらの問題にかぶせて、「事前協議」の制度的欠陥が摘発されなければならない。まず、国内的には、協議体制そのものへの国民の意思の反映が認められないままに——国会承認が要件でなく、内容の公表すら行なわれない——、事態の発生とそれに対する即応と決定(実質的な宣戦にひとしい効果)がなされるおそれがある(安保特別委議録、三・一六、三七頁、四・一四、一五頁以下)。対外的には制度の存在そのものが、アメリカ軍の出動の事実のすべてに、日本が積極的協力の姿勢をとったかのような虚構の設定を許す結果になる。ここに、協議制そのものの欠陥と危険性があるのであり、ミサイル戦においてナンセンスだとされる事前協議が、ナンセンスだけにとどまらない意味がある。

四　現代における国家体制

＊「現代における国家体制」『岩波講座　現代8』(岩波書店、一九六四年)

一　「国家」体制――伝統的なもの

問題の所在

今日、「国家」とか「政府」という概念は、だれにもなじみ深い日常の概念である。一般には、だれも、「国家」を他の社会組織とたやすく区別することができるし、ある特定の時期に国家を代表して公式にまた当局者としてその意見を述べることのできる官僚群(政府)と、どのような時期にも同一性をもっているものとされる統一体(国家)とのちがいをたやすく識別することができるであろう。国家は政府、領土、人民の変更があっても存続しつづける。たとえこれらの変更が重大なものであって重要な結果をもたらす場合でも、そうである。私たちは、今日のアメリカと一七八九年のアメリカとがどんな点で類似しているかを述べることはむずかしい。それにもかかわらず、それが「同一の」国家であると認めているのである。フランスは、その植民地が独立し、領土と人民の重要な変更があってもなお、フランスでありつづける。キューバは、カストロ革命によって、その政府が、社会・経済体制が、そして政治の方向が変わっても、キューバでありつづける。

こうした共通の慣行や概念が広く知られているにもかかわらず、時折、困難な問題がもちあがり、この特性がぼかされる。いままでの国家が存在しなくなり、新しい国家が存在するようになる。その過程は一様ではなく、その消滅、成立の時期をいちがいに規定することはできない。たとえば、ウクライナ、白ロシアは、いまもなお国家であるかどうか。二つのドイツがあるのか、二つの朝鮮があるのか、それとも、二つの政府をもった一つのドイツ、一つの朝鮮なのか。同じ問題は、中国に関しても争われている。オーストリアは一九四一年に存在していたかどうか。フランスはどうか。存在していたとするなら、どのような官僚群が政府を構成していたのか。

こうした諸問題は、各種の文脈のなかで問われうる。そして、質問の目的が明らかでない以上は、明確には答えることのできない性質のものである。国際法は非常に一般的に国家の義務を規定しているから、事実状況が「国家」なり「政府」なりという抽象的なものを規定している方式や理念と遊離しているときに、問題が起こってくる。ただ一つの定義が各種の目的を満足させるということはある。そして、法原理に用いられていることばが、一般の概念や慣行を映しだしているさいには、意思伝達や分析がうまくいく。しかし、定義や規則が現実の世界情勢にいちじるしく不適当となったなら、別の規則や定義が考慮されることも必要となる。定義からいえば、国家はただ一つの政府をもつ。現実には、その地位(status)を主張する二つ以上の官僚群がある。政策決定者は、そのさい、直ちに、二つの国家があるとか、一方の政府が正統政府であると決定しなければならないわけではない。哲学者は国家の真の要素に関心をもつ。政策決定者は、そうした探求に関心をもつよりも、むしろ、どんな事実状況からどんな結果が生まれてくるか、またどうしてそうなるのかに関心をもつ。彼は、「国家」とか「政府」とか、領土権、条約といった抽象的なことばに述べられている規則を形成し支配しようと求める。このとき、法規範は事実と政策とを結びつける仲介者《なかだち》の役割を果たす。だから政策決定者は、まず第一に、法規範の働く範囲とその通用を決定するためには、つねに、事実状況と法規範の目的との両者を注目していなければならない。

そして第二に、法規則というものは、それがもたらす結果をあらかじめ画定しているということを知る必要がある。政策遂行のために、政策決定者が法規則を適用したときには、事実状況からもたらされる結果は、おのずから法規則の画定した限界のなかで定まってくる。したがって、政策決定者は、特定の事実が規則の構想しているものであるかどうかをつねに検討しなければならない。この検討のためのメドとなるものは、規則によって枠づけされている政策にとって、規則を適用することが役に立つのか、適用しないことの方が効果的なのかといった考慮である。しかも、事実状況が変化するにつれて、規則そのものが時代遅れになり、規則が最初形成されたときに意図し、役立つものとされていた政策に不向きになることもあるといったことも留意しておくべきである。

国家や政府の概念は、国際法の理論や原理に基本的なものである。通常、国際法とは、諸国家の関係を支配する一連の法則と考えられている。その規則の多くは、超国家機構や政府間機構がまだ設立されていなかった「勢力均衡」の政治体制のもとで定立された。この体制の安定性は、国家の平等・独立・主権を包含する規範によって補完されていた。今世紀における国際関係の政治構造の変化がこうした基本的な原理や、さらに理論そのものの再検査と再構成を求めたとしても、驚くべきことではないであろう。現代における国家体制の変貌をみつめるにあたって、これまで国家が国際関係においてどのようなものとしてとらえられ規定づけられてきたか、からはじめる。

国際法の主体としての国家

通常、国家は国際法の排他的な「主体」であり、個人や他の団体は「客体」であるといわれる。その意味は、国際間の法規は国家だけを拘束するということである。これらの法規が個人の権利や義務を規定することはある。しかし、個人関係を支配すべく実効性をもつのは、国家法機構や国家法の支配を通じてだけである。個人は、国際法が破られたとして訴えるべき場所をもたない。国内裁判所で、個人が、請求の基礎に国際法を用いることはできる。しかし、それも、彼の主張する法規が国内法に変形されているという理論に基づいてのみそうできるのである。請求が外交経路を通じてなされる場合にも、外国がその個人の属する国家の、国際法上の権利を侵害したことを理由に、請求は提起されるのである。

このように国家の概念が国際法にとって中心的であったのは、ひとえに、民族国家が国際政治体制にとって中心的であったからにほかならない。民族国家の政治権力は、集団の同一化と非人格的・抽象的なシンボルに対する忠誠とを創造し培養し、そしてこれらの同一化と忠誠とを領土的支配の体制のなかに組み込んだ政治的エリートたちの能力に負うものであった。「勢力均衡」体制においては、国家のいちじるしい特徴は、思想的に他者からの隔離をはかること、外部の自己に優越する政治体からの自由を求めることにあった。「勢力均衡」をめぐる大国のあいだの流動定まらない同盟への要請と、弱国の無差別的な簒奪を相互に防止しあうことにみいだされた共通の利害とは、政治的エリートたちの関係を固定しようとした永続的な諸取決めを生みだした。外部の権威からの自由が、なかでも最も本質的なものであった。国家は、同一の形式的な権利を所有し、同一の形式的な義務に従うという意味で、形式的には平等であった。もちろん、これらの規範を形成し、解釈し、執行する過程で、大国が重要な役割を果たしたことを、いちおう括弧のなかにくくっておいた上でである。こうして、国家は、他者の形式的な支配に従うようになったときに、国家ではなくなるという考え方が生まれてきたのである。たとえ、国家が、人民と、かなりの程度の地方的な自立性、一定の行政的責任能力範囲といった国家たるの特性を備えていても、形式的に他国から独立でないなら、それは国家ではない。属領、保護領、植民地といった他の自治体と国家とを区別するものは、これらがすくなくも、ある程度の外部の政治体から支配を受けているという形式上の関係である。

「国家」概念の原型は、いうまでもなく、一六世紀以降数世紀にわたって形成されたヨーロッパの民族国家である。それは血縁よりはむしろ地理によって組織され、政府という下部組織をもつ体制であった。神聖ローマ「帝国」とか教会とかの中世的統合が次第に分解したとき、地理的範囲内にある人々の忠誠は、地方的首長へのそれから、支配的エリートによって利用され操作される抽象的なシンボルへと移しかえられた。人口移動がさほど行なわれなかった時代の人々は、ナショナルなものの一員であるといった、シンボルへの同一化によって社会的連帯性を獲得した。このシンボルへの同一化にあたって、共通の文化・言語・伝統・体験といったものが補完的に機能したことはいうまでもない。ここでは、外部のものは、集団を脅かす異国人であり、したがって、集団は防衛手段の組織化をナショナルなエリートに託した。他の同一化要素が存在する範囲では、それらが、より大きいナショナルなものへの統合の素材を形成した。イタリアとかドイツといった概念は、これらの国々が一九世紀後半に統一国家になるまえに存在していた。支配的なエリートたちは、その地理的範囲内で、人々に忠誠を求めた。かれらは、民衆にこの忠誠を浸透させるために各種のテクニックを用いた。地理的範囲内の権威の階層である政府組織のなかで、支配的な君主は、個人および下部集団に対して、ナショナルな政府の主権を認めさせようとはかった。より効果をあげるために、軍隊はナショナルなものとされ、ナショナルな官僚制が拡大され、ナショナルな規範が裁判所で通用された。政府という支配の媒体機関の支配をめぐってかなりの争いがあったことは事実である。しかし、そうした過程のうちに、ナショナルな感情の焦点である抽象的な忠誠と抽象的なシンボルとが、社会は、そして国家は、政府という下部機構に劇的な変化があっても、なお生きつづけるという考え方を生みだしたのである。

国家は、政府を構成する人あるいは政府そのものが変わっても、継続性をもった社会的存在である。政府は、最も重要なものではあるが、国家の一つの側面にすぎない。国家は、個人が社会において社会的な行動者であると同様に、国際的体制における権利・義務の帰属者である。国家は、国際的体制において最も重要な活動者であり、実質的には、長期間にわたって唯一の活動者であったのであって、国際的な法原理において中心的な役割を演じてきた。

国家が国際法の唯一の活動者であり主体であるというのは、もっぱら、その領土内ではその国家によって執行される法規範以外に執行可能な法規範が存在しなかったからであり、また、他国がその国家に強制しうる法規範が存在しえなかったためである。これは、ナショナルな政府が、その領土内で法執行機構の独占をはかり、そうした権威を弱める取決めには力をもって抵抗しようとしたからであった。そうはいっても、国内における支配的エリート（たとえば君主）の絶対的権力については異論がなかったわけではない。たとえばフリードリッヒ大王ですら彼自身を彼の国家の「最高の僕」と称した。しかし、支配的エリートと他の国家の支配的エリートとの関係、すなわち国際関係――当時の王朝関係（interdynastic relation）――では、彼もまた、「臣民」と「領地」の上に権威をもつ者として語った。すなわち、「臣民」や「領地」は、一身上の、または王家の都合によって勝手に処分することができると考えられてきたのであるし、また実際にそうしたのであった。

今日における国家の定義は、なお、こうした歴史的事情を反映している。たとえば、一九三三年のモンテヴィデオ条約の第一条はこう定めている。「国際法の主体たる国家は、次の要件を備えていなければならない。(1)定住する住民、(2)一定の領土、(3)政府、(4)他国と関係を開きうる能力」。この要件を文字通り解釈すると、現在、国家とされているものでも該当しないものがでてくるおそれがある。イエーメンは国連の加盟国で、国連では、加盟を許されるのは国家だけにかぎられているが、ごく最近まで(一九六二年九月二七日革命で共和国が誕生するまで)、この国には通常の政府が存在しなかった。また、国家と認められたときにはまだ、イスラエルには住民は定住してはいなかった。国連加盟国である白ロシアやウクライナが、他国と外交関係を開くことができるとはだれも考えないであろう。

こうしてみると、たとえ条約化されたもので理論上の要件よりは権威があると考えられるにせよ、これらの要件には問題がある。モンテヴィデオ要件をいちおう整理すれば、はじめの三つは事実上の要件ともいうべきもので、理論上も、実際上も、だいたいにおいてこれまで認められてきたものである。第三の政府という要件については、その権力が地方的なものでなく、領域一般に対して及ぶものでなければならないと考えられてきている。もっとも、そのさいに、政府が他国の権力支配の傀儡であってはならないこと、つまり自主的な政府でなければならないという要件づけもなされてきたが、諸国家の実行において必ずしも首尾一貫した考え方がとられているかどうか問題である。どのような要件でもそうであるが、要件づけのきびしさはその国家性を争い否認しようとする場合にだけ表面化するものである。たとえば、パナマ共和国は、パナマ運河建設をもくろんだアメリカが、そのコントロールが意のままに働かないコロンビア共和国から、援助を与えて一九〇三年に独立させた国家であり、逆にいえばアメリカの操縦のきく政府であり、アメリカはパナマとコロンビアとの闘争がつづいているあいだに早くもパナマを承認した。これに対して、一九三三年に満州国の設立が宣言されたとき、アメリカは、「不戦条約の約束と義務に反する方法によって引き起こされた……事態」を承認しないと主張したが、それは、実際には、日本が操縦する国家であるからという理由に基づいていた。したがって、一般的には、「自主的」という要件について、いつの場合にも、一律に、実質上の支配という標章を適用することは、非常にむずかしいといわねばならない。

ところで、第四の要件は、国家性の事実上の要件というものではなくて規範的な要件である。しかも、この要件は循環論理的で堂々めぐりに導く。これは、国家たるの事実上の要件をみたしているものが、国家であるから外交関係を開くのか、それとも、そうした能力をもつから国家であるのかといったことに想念をめぐらせばわかることである。この要件があてはまるのは、他の点では事実上の要件をみたしているが、外交関係はほかの機関に握られているといった場合、たとえば、アメリカの州とかカナダの州、保護領、従属国などである。こうしてみると、国家たるの要件は、結局、一定の住民と一定の領土を実効的に支配する政府という事実上の要件ということになる。こうした定義は、いわゆる「承認」が語られるときには、いつでも想起されるものである。しかし、ひとたび問題がもちあがったときには、ほとんど実効性のないものともされる。とくに、現代においてこうした問題が起こっている。そこでは、法理論そのものには規定されていない非法的、イデオロギー的な規範基準がもちだされているのである。また、現代においては、一方で、これまでの諸国家の統合が現実課題となり、他方で、これまでに類例をみない新独立国家の誕生という事実が発生している。私たちは、こうした事象をおしつつむ現代の国家体制をどうとらえるべきであろうか。

二　変化

モーゲンソーのいう五つの変化

これまでの世界は、ほとんどヨーロッパを基軸として展開してきた。世界の事象の決定はヨーロッパでなされてきた。世界の国家体制とは、実は、ヨーロッパの国家体制そのものであった。非ヨーロッパ世界は、ヨーロッパ国家体制に対して、孤立を保つか、あるいはもっぱら従属の関係においてしかとらえられなかった。つまりは、非ヨーロッパの諸民族は、ヨーロッパ諸国と接触するかぎりにおいて、かならず支配されてきたのである。非ヨーロッパ世界の財は、ヨーロッパ諸国にとっての力と富の源泉であった。そうした意味で、その配分をめぐってヨーロッパ諸国の敵対の原因となってきた。ヨーロッパ諸国の植民地競争は、結局はヨーロッパを中心とした勢力関係であり、ヨーロッパの「勢力均衡」が世界的に拡大されたものであった。こうした基本的な事実を背景として、その事実とそれにまつわる闘争を限界づけることを意図した国際法も、その普遍妥当性が主張されたとはいいながら、その本質において、ヨーロッパの公法であった。この意味で、一九世紀における最も著名な国際法学者であったモーゼルとマルテンスが、ともに、その国際法論に、「ヨーロッパ国際法論」と名づけていたことが注目される。そして、そうした国際法が非ヨーロッパ世界でもヨーロッパ世界と同等の価値をもつべきものとされてきたことが記憶されねばならない。ヨーロッパとは異質の、非キリスト教国であったトルコがヨーロッパ世界への参加が認められるようになったのは、ようやく一八五六年のパリ条約によってである。それまでもトルコは、ヨーロッパ諸国と条約を結んでいなかったわけではなかったが、このとき、はじめて、トルコは、「ヨーロッパ公法と協調の利益に参加すること」を認められ、国際法団体の一員としての、地位と資格を恩恵的に認められるようになったのであった。そうすることがヨーロッパの一般的利益に合致すると考えられたためである。これとほぼ時を同じくして、中国も(一八四二年)、日本も(一八五四年)、ヨーロッパ世界との関係を開くことになったが、周知のように、両国とも、ヨーロッパ世界の構成員と平等の資格においてその地位を獲得したわけではなかった。結ばされたものは、いわゆる不平等条約であったのである。ヨーロッパ公法と協調の利益に参加することが、「恩恵」であればあるだけ、その資格にふさわしい形式を備えることが至上命令と受けとられたのであり、適応状況の造出が、あるときは迎合の姿勢で、あるときは背伸びの態勢で熾烈に求められたのであった。それは、ヨーロッパの支配の適用と対応との関係にほかならなかった。こうした関係、そしてその土台となった国家体制は、今日ではもはや跡形もない。

ハンス・モーゲンソー教授は、『世界政治と国家理性』[1]において、五つの急激な変化が、この国家体制の終わったことを示していると述べている。私なりに要約してみよう。第一には、ヨーロッパの国家体制の世界的な体制への変貌である。このヨーロッパの勢力均衡から世界の勢力均衡への変化は、アメリカが対外政策の理念として、ヨーロッパと西半球の相互の政治的独立を外交の原則としたとき(モンロー宣言)にはじまり、日本が一九〇四年―五年の日露戦争を通じて、世界的規模における権力闘争に参加するに及んで完成した。こうした進展の総決算は、すでに、その名の通り第一次「世界」大戦において明確なものとなり、第二次世界大戦の戦後処理過程において、アジアの大部分が解放され、それらが独立した要素として世界政治の舞台に登場したことにおいて、いっそうきわだったものとなった。彼はこう述べている。「かつて、アメリカの植民地が、十八世紀および十九世紀において立ち上がったように、植民地という一枚の質札にすぎなかったアジアは、いまやヨーロッパの旧主人から独立したのみならず、独立するとともに、世界の出来事の上に積極的な役割をもつにいたったのである」。この変化のインパクトはのちに触れられよう。

第二の変化は、ヨーロッパ国家体制の量的な拡大よりもっと重大なものであって、その質的な変化である。それは、いわば、ヨーロッパ国家体制の実質的な崩壊を意味する。ヨーロッパは世界における政治的優越性を喪失し、政治的重心はヨーロッパから非ヨーロッパ的な地域に移った。第二次世界大戦の終結以来、ヨーロッパ世界と非ヨーロッパ世界との関係は逆転し、勢力の中心は、本来的にはヨーロッパでないワシントンとモスクワに集中した。

第三の変化は、同等のあい似た多くの国々がその平均的利益を求めてその均衡を目標としてつくりなしていた体系から、二つの極からなる政治的世界に置きかえられたことである。のちに、「分極化」(bipolarization)として検討する現象の出現である。

第四の変化は、第三の変化の必然的な系であって、アメリカおよびソ連の勢力と比較して、イギリスの勢力が没落したことである。イギリスは、過去四世紀のあいだ、圧倒的な海軍の優越性と大陸から離れた島国であるという地理的な特性を利用して、ヨーロッパ国家体制の均衡者（バランサー）の役割を果たしてきた。イギリスは、海外貿易によって生存してきた国家として、「世界が繁栄し、貿易が自由に行なわれ、平和が維持され、秩序と平穏が世界を支配し、国際法が尊重され、そしてまた国際的義務が守られる」[2]ことが、既得の権益の保持のために、不可欠のものであったからである。しかし、今日において、もはや、イギリスは、このような役割を果たす能力をもたない。そればかりではない。ほかのどの国も、いまや、この点についてのイギリスの役割を継承することができなくなった。イギリスによって果たされてきた機能そのものが消滅してしまったのである。

第五の、そして最後の変化は、ヨーロッパの没落にともなって、白色人種と有色人種との関係に根本的な変化が起こってきたということである。近代においてヨーロッパが政治的・経済的な優越を保ちえたのは、わけても有色人種を支配してきたことの結果であった。しかし、こうしたヨーロッパの支配は終わり、被支配者はみずからの土地の主人たることを高らかに宣言した。ヨーロッパ諸国の力の源泉は枯渇した。ここに、有色人種は支配の対象としてではなくて、平等の交渉者として登場したのである。

こうした国家体制の変化は、ひとことでいえば、「分極化」ということばでくることが許されるであろう。この分極化はどう理解されるべきか。そうした国際政治の構造変化のなかで、しばしば説かれる相互依存と独立への志向とはどう関係づけられるか。これらを以下に眺めてみよう。

分極化

一般には、現代の最大の変化、そして最大の問題は、熱核エネルギーの導入からもたらされた、と考えられてきている。しかし、前にもみたように、国際関係という視角からみるなら、変化というこの事実の先触れの意義を国際社会の分極化にみることがより正確であろう。原子科学が現段階に発展する以前にすら、すでに、二つのブロックへの力の集中が世界的に大きなかつ深い影響力をもっていた。ついこの間まで、そして本質的には今日もなお、相互に恐怖と不信を抱きあってきたこれら二つの抗争する国家が存在しなかったとしたら、熱核エネルギーの罪悪性も、人類に対して今日のような不吉な問題を提起したかどうか。

世界の分極化は長い漸進的な歩みの帰結であった。過去四、五世紀に、世界の国家の数には消長があった。時代を経るにしたがって、その数は、統合の結果として減少した。ヨーロッパやアメリカの歴史は、ドイツ、イタリア、フランス、オランダ、そしてアメリカで、統合過程のうちに、いままで国家であったものが、自発的に、あるいは強制されて、一つの単一体のなかに組みこまれていったことを、明白に示している。三十年戦争末期に、ドイツには、九〇〇の主権国があった。近代的な意味での国境画定を行なって近代国家体制の礎石をきずいた一六四八年のウエストファリア平和条約では、これらが三五五にされ、一八〇三年には二〇〇に、一八一五年には三六に縮減された。[3]こうした国家の数の減少傾向は、歴史の主な流れを決定した大国についてもいえる。勢力均衡体制は、これら大国の変動たえない提携関係であった。大国の数が多ければ多いほど、力の組合せが多くなり、政治的イッシューの処理に柔軟性が強まった。一八世紀に指導的な国家は六カ国であった。そのとき以来、国際政治は、通常いわれている六大国、五大国、四大国、そして三大国によって支配されてきた。今日のように、「二つの超大国家と、そしてそれに最も近い程度の力をもつ競争国とのあいだにおいてさえ、非常に力の不均衡がある」[4]状態は、史上はじめてあらわれたものである。一九六三年八月の部分核停条約の締結以来、米ソの和合、中ソの対立、そして中仏の接近は、かなりの程度に、二つのブロックそれぞれのなかでの多元化の傾向を助長しようが、分極化の現象それ自体を突き崩す力の結合の余地はない。

分極化のなかの同盟国

この分極的な闘争は、世界の権力過程にある他の国家の役割を、それぞれに結びつく重要な同盟国の役割へと転化させてしまったが、同盟国といっても、それ自体で決定的な、独自の力をもつものではない。一九五六年一一月のスエズ運河の危機は、英仏といったかつての大国が今日演じている役割の地位を、当事者にとっては胸痛むほど明白に示した事件であった。この年一〇月三〇日に、英仏は、イスラエル、エジプトの戦闘を武力によって調停することを名目にスエズ運河地区に派兵した。翌三一日にアメリカは、国連安保理事会に決議案を上程、イスラエルを侵略者と断じ、イスラエル軍の戦闘停止、エジプトからの即時撤兵、すべての国連加盟国のイスラエルへの援助中止を求めたが、英仏は拒否権でこれを葬った。一一月二日に国連緊急総会でアメリカから提案された停戦決議案が圧倒的多数(賛成六四、反対五、棄権六)で採択されてからも、英仏はこれにしたがわず軍事行動をつづけた。一一月五日、ブルガーニン・ソ連首相は、英仏およびイスラエルの三国首脳に覚書を送り、「もしも、あらゆる近代兵器をもち、またこれらの兵器をロケットでおくることもできる大国が貴国を攻撃したとしたら、貴国はどのような事態におかれるであろうか。われわれは武力に訴えても侵略者を除き、戦争をやめさせる決意である」と警告した。アイゼンハワー米大統領に対しても、「米ソで共同作戦をとり、国連の決定にしたがって侵略を阻止したい」と申し入れた。アメリカは、中東への新たな兵力導入を国連憲章違反とし、ソ連覚書は、世界の視聴をハンガリーからそらそうとするものとして拒否した。英仏の軍事行動は翌六日もつづいたが、国内の反対運動はいよいよ激しく、米ソの予想外の強硬な態度に、イーデン首相の動揺は激しくなった。そしてイーデンに、ついに停戦へふみきらせたのは、六日朝の、マクミラン蔵相の、ポンドの売却・流出が激しく、全イギリス経済が危機に見舞われているという報告であった。モレ仏首相も停戦に同意させられた。[5]

分極化の頂点にいる大国の政治家の心理構造を映しだした発言として、もう一つの例をあげよう。米上院共和党の指導者ノーランド上院議員は、こう示唆したといわれる。「ソ連がハンガリーから退くと約束するならば、また、北極圏全体に対する査察プランを含む一九四七年のロンドン軍縮討議を受けいれるならば、ノルウェーはＮＡＴＯから脱退してもよい」。[6] 問題なのは、このとき、ノルウェーの意見も、同じく北極圏に至大な利害関係をもつ中立国スウェーデンの考え方も、まったく聞かれることがなかったということである。こうした体験は、多かれ少なかれ、今日の同盟諸国が分極化のなかで味わっているものであり、これら同盟国の今日における地位と役割を象徴しているといえるであろう。

分極化と熱核兵器

今日、冷戦における両極の対立の重要な側面が、熱核兵器の生産にあることは事実である。少量の熱核兵器も広範な土地を居住不可能にしてしまう。アトリー卿および軍事専門家リデル・ハートによれば、(五メガトンから一〇メガトン位までの)少量の水爆でも、イギリスを住むことのできない土地にしてしまうだろうと語った。[7] この新兵器の禁止について国際法はなにもまだ規定していないし、核「実験」の停止は取り決められたものの、その保有に関してはなんらの合意の進展もみられていない。たしかに、いわゆる通常兵器についてすら、慣習国際法が問題を完全に解決したわけではなかったにせよ、これらの兵器について合意がもたらされないということと、熱核兵器の使用、さらには保有の禁止について合意ができないということのあいだには、同様に論じることのできない問題——人類生存の問題——がかかっている。

ところで、熱核兵器と分極化とは、どのようなかかわりあいをもっているであろうか。最初の原爆が製造された直後、トルーマン米大統領が、アメリカの優越的地位を保持するために、原爆の秘密を保持しようと意図したことは事実である。また、イギリス（今日ではフランスも）が水爆を保有するに至ったとき、米ソの水爆独占を破って、イギリスが分極的闘争のリーダーとして立ちあらわれ、いまや、世界の分極化は、三大国の闘争へと変化したという考え方が表明されたことも事実である。たとえば、『デイリー・エクスプレス』紙（右寄りの新聞—引用者注）と『デイリー・メイル』紙の歓喜にみちた論評は、こう述べていた。「『世界史の最も重大な出来事の一つ』を経て、イギリスは『その独立を再獲得した』。いまやイギリスはふたたび『大国』になったのであり、もはや『アメリカの核衛星国』ではない」[8]。この表現を重大なものと受けとるのはまちがっているかもしれない。それにもかかわらず、これらは、イギリスの願望の特徴的なものとはいえるであろう。一九五七年五月一日の『ニューヨーク・タイムス』紙は「どのみち、イギリスの水爆実験は、この国に、第一級国の地位を回復させるだろう」と述べた。しかし、水爆を保有したというそのことだけで、国家の地位を指導国に高めたと考えることは、どのようなものであろうか。イギリスの同盟国としての比重が増大したことはたしかであろう。しかし、超大国たるの地位は水爆の保有以上のものにかかっている。イギリスは人口、資源のとぼしさをかこっている。今日のイギリスでは、熱核兵器は、ひとえに、抑止戦略兵器の機能と効果を期待されているが、一九六三年九月末、年次大会を前にして、一九六四年の総選挙を戦いとると自他ともに目されていたイギリス労働党党首ハロルド・ウィルソンは、「一九六〇年代のすえまでには、イギリス独自の核抑止力をなくしたい(obsolete)」[9]とまで語った。他方で、彼は、イギリスの繁栄を求むべきは科学革新にこそあると説いて、歴史的ともいうべき「科学革命」[10]を提唱したのであった。

分極化とアジア、アフリカ諸国

このような分極化のなかで、歴史上かつてみない数多いアジア、アフリカの新興諸国の地位と役割は、どう理解されるべきであろうか。

この問題を理解するためには、次の三つの点を検討することが必要である。第一には、なによりもまずこれらの国々が国際舞台に迎えられた歴史的な経緯である。第二には、これらの国々が世界の政策決定過程、とくに国際組織において、圧倒的な数の優位をもっていることである。そして第三には、第二の問題の論理的帰結ということになるが、これらの国々が国際組織、とくに国際連合を支持し信頼しているということである。

これらの国々が政策決定過程に参加したのはごく最近の現象である。アジア諸国についてそうであり、わけてもアフリカ諸国については、ここ数年の出来事である。周知のように、現在のアジア諸国の多くは、第二次世界大戦が終わるまではほとんど独立国ではなかったし、古い国々も日本をのぞいては、その意見が尊重されるほど強力ではなかった。たとえば、今世紀のはじめから一九一九年の国際連盟設立にいたるまでの政策決定的な重要な国際会議の参加国を例にしてみよう。それらは、一八九九年と一九〇七年の三回のハーグ平和会議であり、一九〇八一九年のロンドン海軍会議であった。第一回ハーグ会議の二六の参加国は、第二回のそれでは四四カ国になったが、その内訳は、ヨーロッパが二〇カ国、南北アメリカが一九カ国、アジアは五カ国にすぎなかった。日本、中国、ペルシァ(いまのイラン)、シャム（いまのタイ）、トルコであった。ロンドン海軍会議は、戦時における海上法と中立の問題を取りあつかい参加国もすくなかったが、アジアで参加したのは日本だけであった。[11]

国際連盟の原加盟国とされたのは四五カ国で、アジアの諸国は、日本、中国、シャム、ペルシア、インド（当時はなおイギリス帝国の一員）、ヘジャーズ（Hedjaz—現在のサウジ・アラビアの土侯国の一つであり、一九二七年にサウジ・アラビアに併呑された。連盟規約の署名国であったが、批准していない）であった。そののち、トルコ、イラクが一九三三年に、アフガニスタンが一九三四年に加盟を認められた。アフリカ諸国で原加盟国はリベリア、一九二三年にエチオピア、一九三七年にエジプトが加盟国となった。国際連盟の加盟国であった国は六四カ国（そのうち、脱退した国と除名された国が一七カ国）で、ヨーロッパが二八カ国、南北アメリカが二三カ国、アジアは八カ国、アフリカは四カ国、そのほかは大洋州のオーストラリアとニュージーランドであった。

アジア、アフリカ諸国は、第二次世界大戦後あいついで独立すると、ほとんどただちに国際連合に迎えられ、そして、連合機構の構造変化を引きおこしていった。

国際連合は、一九四五年一〇月に成立したが、そのとき、原加盟国は五一カ国で、内訳は、ヨーロッパ一四カ国、南北アメリカ二二カ国、アジアが九カ国、アフリカが四カ国、それに大洋州の二カ国であった。その後の五年間に、九カ国（アフガニスタン）、ビルマ、インドネシア、パキスタン、タイ、イスラエル、イエーメン、アイスランド、スウェーデン）の加入が認められたが、そのうち七カ国がアジアの国々であった。米ソの冷戦は、その後、加入問題を暗礁に乗りあげさせ、ようやく一九五五年一二月に、「一括加入」方式で、一六カ国の加入が認められた。カンボジア、セイロン、ヨルダン、ラオス、ネパールのアジア五カ国、アフリカのリビア、およびアルバニア、オーストリア、ブルガリア、フィンランド、ハンガリー、イタリア、アイルランド、ポルトガル、ルーマニア、スペインの一〇カ国で

第2-1表　国連加盟国地域別一覧

（1964年2月現在）

地域別	原加盟国	新加盟国	合計
アジア	9	17	26
アフリカ	4	31	35
ヨーロッパ	14	12	26
アメリカ	22	2	24
大洋州	2	0	2
合計	51	62	113

第2-2表　新加盟国一覧

（1964年2月現在）

地域別	1954年まで	1955年一括加入	1956-58年	1960年	1961年	1962-64年2月	合計
アジア	7	5	2	1	1	1	17
アフリカ	0	1	5	16	3	6	31
その他	2	10	0	0	0	2	14
合計	9	16	7	17	4	9	62

あった。その後、アジア、アフリカの七カ国（一九五六年一二月一二日にモロッコ、スーダン、チュニジア、一九五六年一二月一八日に日本、一九五七年三月八日にガーナ、一九五七年九月一七日にマラヤ、一九五八年一二月一二日にギニア）が加入し、一九六〇年秋の総会では、いっきょに、独立した一六のアフリカ諸国とキプロス（アジアと算定されている—外務省国連局調べ）が、一九六一年秋の総会で、四カ国（シエラ・レオネ、モーリタニア、タンガニーカのアフリカ三国と外モンゴール）、以後九カ国（ジャマイカ、トリニダード以外はアジアのクウェートとアフリカの六カ国）の加入が認められ（シリアは、一九六〇年二月にエジプトと合邦してアラブ連合として統一されたが、のちに分離したために一九六一年秋の総会で、加盟国の地位の復活が認められた）、一九六四年二月現在の国連加盟国は一一三カ国、そのうち、アジア、アフリカ諸国は前者が二六カ国、後者が三五カ国で、合計六一カ国を占めるに至った（**第2・1表**参照）。あとから加盟した国の数は六二カ国だが、そのうち、アジア諸国が一七カ国、アフリカ諸国が三一カ国、合計四八カ国、新加盟国の八割弱がアジア、アフリカ諸国という高い比率を示している。これを図表にしてみると、**第2・2表**のようになる。

国連に加入することは、これらアジア、アフリカの新興国にとって、民族解放、独立の闘争の輝かしい勝利のあらわれとみられた。他の新国家と同様に、国家成立のはじめにおいて、これらの国々は、国際社会の名誉ある完全な権利をもった成員として承認されることを主たる目標とした。この承認は、国際機構に迎えられることによって完全なものとなるとみられていた。また逆に、今日の国際機関の威信は、一部は、かつての従属国家、植民地に対して、介入、調停、援助提供などによって、国際機関が独立への手をさしのべたことに負うものであった。

これらの諸国は、国連の機関に参加し、各国がただ一票の投票権を行使する総会に臨むに及んで、グループとしての威力、つまり、数の上でかれらがどれだけの重みをもつものであるかを十分に認識するようになった。一九五五年のバンドンにおけるアジア・アフリカ諸国会議は、わけても、国連におけるこれらの国々の結束を固める上に貢献した。アジア、アフリカ諸国は、相互に議長をまわりもちしながら、グループとして、多くの問題について意見を交換しあっている。アジア地域に東南アジア条約機構が設けられたり、国連における個々の問題に対する投票にあたっての行動様式をみると、必ずしも、アジア・アフリカ・ブロックの団結の固さを過大評価することができない面もないわけではない。それにもかかわらず、これらの国々のグループ形成を否定することはできないし、信託統治地域の問題など植民主義とかかわる問題について、これらの国々の支持なしには、三分の二の多数票を獲得しえない事実を重要視しなければならない。なによりも、これらの国々は、国連の存在によって、その行動によって利益をうる国々であり、その強力な投票権力の認識の上に立って、国連機構の熱烈な支持者であることを知らなければならない。いずれは加入するであろう国としては、英仏の属領であって独立を期待されているアフリカ、中米の国々のほかに、Ⅳ章（編者注―本書次章に「五　変型国家」として収録）に「変型国家」としてとらえられているドイツ、朝鮮、ヴェトナムがあり、中華人民共和国も異なった角度から、すなわち代表権問題としてではあるが、加盟国たるの地位が争われていることは周知のとおりである。こうして、国連における新興国家群、そして非ヨーロッパの国々の比重は、こんご、さらに重くなっていくことであろう。

これらの国々のうちあるものは、イギリス連邦あるいはフランス共同体と、そのメンバーとしてか、あるいは別の形式において結びついているが、分極化をになう米ソのどちらかにコミットしている国はすくない。ケイプランは、こうした多数の非同盟諸国と国連のような普遍的機構を考慮に入れて、分極化およびその国際体制を、緩やかな分極化あるいは緩やかな分極的国際体制と規定する。[12] すでに述べたように、非同盟諸国はその弱体性を最終的には国連によって補われ、そこに地位強化の橋頭堡をみいだしているから、非同盟諸国と国連との運命的連帯関係は緊密である。分極化は、究極的には力によってその優位性が決定される体制でありながら、そうした決定が人類全体をダモクレスの剣の下におく性質のもので、最終的な力が対決的な形で行使されることが避けられねばならないかぎり、分極化の頂点にある超大国の「説得」の努力は、国連における非同盟国に、そしてときに同盟国や自国民に対してすらも向けられねばならないであろう。そのとき、なによりも各ブロックは、国連それ自体の利益を自己の利益に従属させようとはかるであろう。それに成功しない場合には、他のブロックに対抗するために数において圧倒的な非同盟諸国の支持を動員して、他のブロックの利益を国連それ自体の利益に従属させようとはかるであろう。ここに、国連における非同盟諸国の存在意義が光を放つことになる。また、国連のような国際機構が存在しなかったとしたら、分極化の様相は今日とはまったく異相のもの――完全に世界を分けた対決?――であったであろうと想定することにおいて、国連の存在意義が重視される。これらの事実は、いままでの国家体制から分極化へといった一般的変化のその内側にいま胎動しつつある変化である。それは、特殊的変化と呼ぶべきものではあろう。そしてなお、一般的変化に代替するものではないにせよ、今日以後ますます強く、一般的変化の構造を揺さぶる要因として働くことであろう。このことを理解するためにも、私たちには、現在の国連その他の国際機構の座標を規定しておくことが必要である。

1 ハンス・モーゲンソー、鈴木成高・湯川宏訳『世界政治と国家理性』創文社、一九五四年、四四頁以下。

2 元英国外務省事務次官ストラング卿「英国外交政策の基本」『英国はこう考える』第九巻二号(I)、駐日英国大使館広報部、一九六四年二月、七—八頁。

3 Georg Schwarzenberger, *Power Politics, A Study of International Society* (2nd ed.), London, 1951, p.104.

4 モーゲンソー、前掲書、四八頁。

5 『国際年報』(一九四五—一九五七)日本国際問題研究所、一九六一年、三二四—三二五頁。

6 J. J. G. Syatauw, *Some Newly Established Asian States and the Development of International Law*, the Hague, 1961, p.5, footnote 13.

7 *Ibid.*, p.6.

8 *Ibid.*, p.8, footnote 22.

9 *The Guardian*, Oct. 11, 1963.

10 イギリス労働党党首ウィルソンは、スカーボローで開かれた一九六三年労働党年次大会の二日目(一〇月一日)の席上、「イギリス労働党と科学革命」(『中央公論』一九六三年一二月号に全訳が掲載されている)と題した注目すべき演説を行なった。これは、一九六〇年から一九七〇年代の半ばまでの約一五年間が、過去二五〇年間の産業革命をしのぐほどの技術革命の時代になるであろうことを予見し、この技術的発展の時代をわれわれのものとしよう、そのためには、科学者の養成とその尊重、アメリカへの「頭脳の流出」の阻止、その対策として科学的研究成果を効果的に生かしうるようイギリス産業を再編成しようと説いたものである。かれは「科学と社会主義の結婚」を提唱することによって、イギリスの停滞からの脱出をめざし、イギリスの地位の維持と向上のためのヴィジョンを掲げて、イギリス国民に対して未来像に向かっての前進を説いたのである。

11 Syatauw, *op.cit.*, p.14.

12 M. A. Kaplan and N. D. Katzenbach, *The Political Foundations of International Law*, NewYork, 1961, pp.50-55.

三　国際機構の座標

国連は超国家的か

話を国連からはじめよう。政治家や学者のなかには、国連を超国家的な(supranational)機構であると考える人がかなりの数にのぼる。かつて、一九四三年、国連の礎石をきずいたモスクワ会議からの帰途、当時のアメリカ国務長官ハルは、「新しい国際機構(国連)は、権力政治の終焉と新しい国際協力時代のあけぼのを意味するものである」と宣言した。また、一九四九年、ときのイギリスの国務大臣ノエル＝ベーカーは、下院で行なった演説で、「イギリスは権力政治を抹殺するために、国連の諸機関を利用する決意をもっている」と述べた。いままでの国家体制――勢力均衡体制――の基底になっていた権力政治構造に、国連がとって代わるというように考えたわけである。

また、学者のなかに、国連それ自体に現代の世界でも国家的な政治機能が認められていると考える人々がいる。その根拠になっているのは、だいたいにおいて、次のような考え方である。第一には、一九四九年四月一一日に国際司法裁判所が全会一致で採択した勧告的な意見が根拠になっている。この意見は、イスラエルとアラブの紛争の国連調停官であったベルナドッテ伯と停戦監視官スロ大佐が、一九四八年九月一七日にイスラエル領域内で殺害された事件[1]に端を発し、国家でない国連が国際司法裁判所に出訴する権利があるかどうかを総会が諮問したのに答えたものである。これまでは、国際的出訴能力はもっぱら国家だけの権利であり機能であると考えられてきた。裁判所は、この意見のなかで、国連に出訴能力を認めた。だからといって、国連も国家であると述べたわけではない。しかし、この意見を有力な根拠として、国連の出現はいままでの国家体制に「革命的変化」(die revolutionäre Neubildung)[2]をひきおこしたのであって、国連は超国家的な機構であるか、すくなくも「国家連合」(confederation―条約に基づいて複数の国が結合し、弱い共同機関を設け、それが外交関係の一部その他の委ねられた特定の機能を処理するもの)[3]であると述べられた。第二には、国連それ自体が、安保理事会を通じて、決定を行なうことができるし、国連憲章が「加盟国は、安保理事会の決定をこの憲章にしたがって受諾し、かつ履行することに同意する」(第二五条)と規定していることが根拠になっている。ケイプランは「理事会」が行動する範囲は非常に限られている。そして拒否権もある。さらに、なされた決定が憲章に〝したがって〟いるかどうか争われる可能性がある。しかし、それにもかかわらず、超国家的決定(supranational decision making)の発達は、一般的傾向を表示している」[4]と述べている。この発想は、もうすこし昔の出来事に根ざしたものである。一九三一年に、オーストリアがドイツと関税連合を結んだが、この行為は、オーストリアが国際連盟理事会の同意なしに「独立」を移譲してはならないという一九一九年の平和条約に違反していないかどうかが常設国際司法裁判所に問われた。裁判所は、このとき、八対七の多数で、関税連合はオーストリアの独立と両立しないと述べた。ケイプランは、関税連合のような、緩やかな形の連合を結ぶことすら国家の独立性が問題なのだから、いわんや、今日のような国際組織、あるいは、共同体の一員となることは、国家たることと両立しない、つまり、その国家は国家性の一部を失っているのであって、その国家の参加している国際組織は超国家的なものと考えられねばならないといったロジックで語っているのである。

国連はインター・ナショナルなもの

はたしてそうであろうか。安全保障理事会の「決定」のうちで、なんといっても加盟国にとって最大の利害関係をもつものは、国連が強制措置、すなわち制裁行動を行なう場合の決定である。加盟国は、この決定に拘束されるかどうか。国連の憲章違反の国家——侵略国——に対する制裁の現実の発動は「国連軍」によってなされる。そして、この国連軍は、安全保障理事会と加盟国とのあいだの特別協定によって提供されることになっている(国連憲章第四三条)。ところが、この種の協定はまだ一つも成立しておらず、したがって憲章上でいう正式の国連軍は実在していないのである。そればかりではない。より本質的なのはこの規定にみられる考え方である。国連憲章は、その「原則」(第二条第五項)では、すべての加盟国は、国際連合がとるいっさいの行動に対してあらゆる援助を与えなければならないと規定するが、この第四三条では、加盟国それぞれがその意思に基づいて特別協定を結ぶことによって、はじめて加盟国に対しての具体的な義務化が形成されることになっているのである。つまり、国家意思を基軸とした考え方がこの条項を貫いているのである。かつて、こうした考え方に関して国際連盟時代に特筆すべき事件があった。

連盟では、その規約で、違法な戦争をした国には制裁を科すという建前になっていた。規約第一六条はこう定めていた。規約上の「約束ヲ無視シテ戦争ニ訴ヘタル連盟国ハ、当然(傍点引用者)他ノ総テノ連盟国ニ対シ戦争行為ヲ為シタルモノト看做ス。他ノ総テノ連盟国ハ、之ニ対シ直ニ一切ノ通商上又ハ金融上ノ関係ヲ断絶シ、自国民ト違約国国民トノ一切ノ交通ヲ禁止シ、且連盟国タルト否トヲ問ハス他ノ総テノ国ノ国民ト違約国国民トノ間ノ一切ノ金融上、通商上又ハ個人的交通ヲ防遏スヘキコトヲ約ス」。この制裁条項における「当然」(ipso facto)という考え方がのちに問題とされた。一九二一年の総会は、この条項の「解釈決議案」を採択した。まず第一に、ある国が規約違反の戦争行為を行なったかどうかは、加盟国各自が決定する。かりに、加盟国がある国の戦争行為が規約違反だと認定したとしても、その国がここに規定されている制裁を科すかどうかは、その国の判断によって定められる。このような内容の決議であった。規定の建前は根底からくつがえされて、制裁措置の実効性は加盟各国の意思にかかることになったわけである。こうした経験の上に、国連憲章は据えられているのである。第四三条の文脈はこうした思考系列において理解されなければならないものである。

それでは、国際社会の構造変化にもかかわらず、国連は、いままでの国家体制において考えられた「国家」を基軸としているといわねばならないのであろうか。私には、国連を超国家的と規定しようとする論者が、いままでの国家体制における「国家」を、あるいは国家主権を、あまりにもその形式的完結性においてとらえすぎているのではないかと懸念される。形式的には、国家は、一九世紀においてすら平等であり独立のものと考えられてきた。したがって、その体制はインター・ネーションの関係としてインターナショナル（国際的）な体制と規定されたのであった。しかし、一九世紀には、あるいは二〇世紀においても、今日の国連のような国際組織があらわれるまでは、法の前の平等と、世界の一般的利益が問題とされる討議に平等に参加しうることとはきびしく区別されていた。国家の平等は、実際には、大国による指導に屈服させられていたという歴史的事実は枚挙にいとまがない。今日においてもなお、そうした発想に基づく考え方が浮動していることはすでに指摘したとおりである。大国はかれらのあいだの協定を成立させるために、あるいは平和を確保するという名目で、必要なときにはいつでもその見解を小国におしつけてきたのである。大国が、ときに、二流の国にも討議への参加を認めたことは事実である。しかし、こうした二流国への敬意は、平等を承認したためではなくて、大国間の政治関係の安定化のためであった。[5] こうした体制を、どうして、ことばの正しい意味において、インター・ナショナルな体制といえるであろうか。現在の国連を超国家的ととらえようとする人々は、かつての体制を「国際的」と規定することにおいて、変化した現状を「超国家的」と呼ばざるをえなくなっているのではないか。視点をどこにおくかが重要である。かつての状況との相対的なちがいといえるであろうが、現代の状況においてはじめて、国家の独立と平等を基底とした、真に「国際的な」体制への移行がなされつつあるというべきであろう。このようにみたときにはじめて、新興国家における独立と主権の主張の真実の姿を、あたたかいまなざしをもって見つめることが可能になるし、また社会主義国家における国家主権を軸とした国際法の理論への理解の道も開かれるのである。つまり、私たちにとって必要なことは、いままでの国家体制が崩れ去ったということからただちに、これと密着していた国家主権を破れ草履のように捨てさることではなくて、まったくその逆に、新しいよそおいをこらした、新しい内容の、国家主権の在るべき地位を認めることである。

新興国と既存の法体制

政治の体制は移り変わり転換する。それにもかかわらず、既存の法の体制と体系は、この変化に追いつくことができないままに、ときに、新興国にとって軛《くびき》と感じられることもある。新興国は無茶をいうという声がきかれる。また新興国が「確立された」国際法規に違反したという非難(たとえば、条約破棄、国有化の実施、外国人権益の保護違反など)と、これに対する怒りが示されることがある。その違反とされた事情を検討すると、大別して、二つの場合があるようである。一つは、新興国の側に誤解があったり経験がなかったための違反である場合である。もう一つは、既存の、いわゆる確立された国際法規に、新興国が憤懣を抱いており、これに対して不承認の態度をとっている場合である。新興国の知識階級の人々が法曹界に興味をもっているということは、相当程度共通していることがらである。わが国の明治初期の「法律書生」もこの例にもれない。しかし、通常、かれらの目的は政界に入ることか、あるいは国内法の勉強に向けられていたのであって、国際法にではなかった。なかには、独立以前の植民地時代に世界政治にかかわることがあったとしても、国際法を実際に用いるということはほとんどなかった。そのために、第二次世界戦争の結果、急激な独立を達成してみても、これらの国々には、国際法に習熟した専門家がきわめてすくなかったという事情がある。ここに、これらの国々が他国と接触・交渉するに当たって、いままで慣習とされてきたもの、明白な国際法現にそごすることがあったという理由の一つがある。

別の理由、すなわち既存の国際法に対する憤りには、いくつかの要素がまじりあっている。だいたいにおいて、これら新興国の独立の達成は、強い民族運動に支えられた長い闘争の結果えられたものである。激しいナショナリズムは、なによりもまず民族国家の利益を主軸においているから、当然のことながら、外の世界の利益を考慮にいれることはむずかしくなりがちである。これらの国々にとっては、国際的な利益という名において、獲得した独立がふたたび「支配」にさらされることがむしろ恐れられているのである。これらの国々の歴史は、ついこのあいだまで被支配の歴史であったのである。政治的独立という至上の目標を達成することがすべてであるといってもいいすぎではない。独立の達成は、ナショナリズムの終焉を意味するものではなかった。その後においてもなお、ナショナリズムの精神がこれらの新興国を支配し、国際的なイッシューでも、ナショナルな利益が優先する。こうして、ナショナルな主権が強調されるのである。

また、ナショナリズムは、国家の政治的独立のほかに多くの目標をもっている。土着の文化・伝統の再興、他面において〝外来のもの〟の排斥がうたわれよう。まさにこの点で、キリスト教的、ヨーロッパ的な伝統に根ざす現行の国際法体制にある種の憤りが燃やされたとしても不思議ではない。しかも、かれらにとっては、現行の国際法体制には、その非難のすべてがあたっているわけではないにせよ、かれらに対する支配の道具であったという忌わしい回想がからんでいるのである。

さらに、ヨーロッパ的、キリスト教的な伝統を欠いている多数の新興国の出現は、国際法における遠心的な傾向を強めることが考えられる。今日発展している世界の相互依存関係は、「世界的な」事態の展開に有利に働くであろうが、この相互依存関係は、イデオロギー的なものであるよりは、むしろ物質的なものである。サイアトウはこう述べている。「相互依存は、多くは物質的なそれであることがつねに記憶されていなければならない。イデオロギー的には、世界には、強い地方的・地域的感情の結果として、より多くの自決と、より多くの『主権』をという別の傾向がある」。[6]この傾向は、いままでの法体制の強化の方向には向かわないおそれがある。それだけに、ここに、なにが国際間の法であるかを、新旧国を問わず、すべての国家がみずからの意思であらためて確認し実証する機会を与えた慣習などの条約化のための国際会議(国連の主催のもとに開かれた国際会議で、海洋法に関する条約が一九五八年に、外交関係に関するウィーン条約が一九六一年に成立した)の重要な意味があった。武力による威嚇とその行使によって争いの最後の結着がつけられる体制のもとでは、先駆者——大国——の力が、あとからの国々を既存の国際法体制に組みこむという形で発揮されることが可能であり、したがって、あとから国際法秩序に組みいれられた国の側での背伸びか従属かによって問題の解決がはかられた。今日における新興国の主権主張をそうした体制との対比において考えることが必要である。

獲得した独立を、名目的、形式的なものとしないためには、それを実質的な内容のあるものとするためには、ここ当分のあいだ、新興国が「主権」のとりでを固めることは、新興国にとって必要であるばかりでなく、世界の平和にとって、そして国連の存立基盤を強固にする上でも必要である。ソ連科学アカデミー『国際法』は、「主権の原則を守る必要性」をこう述べる。「国際関係において主権の原則をたゆみなく守ることは、平和の敵がしばしば示そうとしているような、国々の協力の妨げになるものではなく、かえってそういう協力によい成果をもたらして協力をうまくおし進めるのである。主権の原則を守ることは、国家にとっても、自由にその権利を行使し、みずから自由意思により国際法上の義務を負い、さらにその義務の履行を保障させることにもなる。主権は、強大な帝国主義諸国が弱小国に不公正な協定を押しつけようとするくわだてに対して、弱小国を守る確実な手段である」。[7]国連憲章もまた次のように規定している。この機構は「そのすべての加盟国の主権平等の原則に基礎をおいている」(第二条第一項)。

独立と統合

この一見矛盾しているかにみえる二つの動きが同時に生起していることに、現代の世界の複雑さがあるといわれる。しかし、この二つは決して矛盾した現象ではない。両者は、その目標とする点において、また因果の関係において深く結びついている。一方は、支配と貧困と疾病からの解放を目ざし、帝国主義のもとに体験した運命の共同体という意識がくみあわされ、栄光に向かうためにはなによりもまず、独立を必要とし、他方は、失われた栄光の回復をはかるためにはなによりも統合を至上命題とする。ともに、それぞれの国々のおかれた状況において「前進」するために歩むべく課された動きである。現象的な矛盾をいうまえに、与件と発展の段階が根本的に異なっているということを、まず認識しなければならない。しかも一方の「統合」が、その媒体をいくつかあげることが可能であるにしても、わけても、他方の「独立」によってゆりうごかされた事実を否定することはできない。茂木政はダイナミックな筆致でこう述べている。「植民地をとられたヨーロッパ！　これは、補給線を断たれた軍隊にもひとしい。だいたいヨーロッパの高い生活水準を支えていた大きな源は、アジア、アフリカの広大な植民地だ。直接植民地から利益を吸収してきた旧植民地所有国がそのことを意識していることは、ふしぎではないが、植民地をもっていない国までそれを感じていたのがヨーロッパだ。激烈な植民地争奪戦を演じながら、片一方では、植民地はヨーロッパの共通財産という考え方が、強くヨーロッパ各国人の頭を支配していた」[9]。しかも、ヨーロッパは二つのブロックの政治的、経済的、そして思想的な支配の危機にさらされていた。人々の心には「ヨーロッパに輝かしい未来が再び来るのか、われわれの文明は、エジプトやギリシアのように死物として残るのではないか」[10]という暗い考えがのしかかっていた。こうして、歴史のなかに、うたかたのように現われては消え、消えてはまた現われたヨーロッパ統合の思想は、ＥＥＣという形で、ヨーロッパ世界それ自体の二つのブロックへの分裂と植民地離脱という二つのまったく新しい、かつ切迫した現実のなかから生みだされたのであった。そして、それは、その発生においてマーシャル・プランを基盤とし、反共的要素を多分に備えながら、不死鳥のように立ち上がるにつれて、分極化の現状への挑戦の声を高めている。そして、独立した新興国に対しても、既存の実質的な経済的相互依存体制を橋頭堡にして、新しい結合に向かって、くさびを打ちこもうとしている。笠信太郎はこう述べる。「ＥＥＣが、政治的結合の性格を強めると同時に、その結合がもし世界的な広がりをもつ可能性をもつならば、そこからやがて世界の連邦的な結び付きへと進みうる可能性が想見されるということである。しかし、それと同時に、ＥＥＣの将来が必ずしもそういう風には進まないで、中途でその発展が停滞するときは、かえって世界を大きな、そして抜き難いブロック化に導くという、もう一つの可能性がそこにあるということも決して忘れてはなるまい」。[11] その分かれ道のゆく手を定めるものは、旧植民国グループであるＥＥＣ、わけても最大の植民国家であったフランスが新興国に対してどのような姿勢でインパクトするか、またこれに対して新興国がどのように反応するかにかかってこよう。ここで、まず、現代における最もユニークな経済統合体制であるＥＥＣそのものを概観しておくことが必要であろう。

ＥＥＣ

ヨーロッパ経済共同体(European Economic Community—通称ヨーロッパ共同市場)は、ヨーロッパの経済的統合ばかりでなく政治的統合、つまりヨーロッパ統合の具体的な表現とみなされ、その実体もこのことを示している。ＥＥＣは、一九五七年三月二五日に、西ドイツ、フランス、イタリア、ベネルックス(ベルギー、オランダ、ルクセンブルクの三国)のあいだに締結された共同体を設立する条約によって設けられ、関係国の批准をへて、一九五八年一月一日に成立した国際機構である。それは、国連のいわゆる地域的機関でも専門機関でもない。その意味で、国連の体系のそとに発生した機構である。

ＥＥＣの直接の目的は、共同市場と各国の経済政策の調和を通じて参加国の経済の安定ならびに発展を図る（ＥＥＣ条約第二条）という経済的なものである。しかし、この機構は、一九五二年七月にフランスのシューマン外相の提唱のもとに、おなじメンバーで発足したヨーロッパ石炭鉄鋼共同体（ＥＣＳＣ）の拡大と考えられており、そのときすでに「ヨーロッパ連邦へ向かう第一歩」（シューマン）といわれたように、単なる経済的地域機構以上の意味が認められている。現に、一九六一年七月一八日には、ＥＥＣ六カ国の首脳がボンに会合し、諸共同体（ＥＣＳＣ、ＥＥＣ、ＥＵＲＡＴＯＭ＝ヨーロッパ原子力共同体）を設立する条約中に内在する政治的統合への意思を具体化することを決議した。この年二月の第一回の首脳会議がなんらの具体的な結論をえずに散会したことからみれば一歩前進とみられよう。この最終コミュニケは、ボン宣言といわれる。しかし、一九六二年四月の外相会議では、オランダとベルギーが、政治同盟建設の要件として、イギリスの同時参加を条件としたため、フランス、西ドイツ、イタリアと意見が対立し、政治統合の問題は、目下のところ、暗礁にのりあげてしまっている。

政治統合への道の中心的な争点は、ド・ゴール仏大統領の構想とこれに対するほかの五カ国の反対にある。ド・ゴール構想は「諸国家のヨーロッパ」を主張する。各国が主権を保持しながら政治協力を行なうという考え方である。ド・ゴールは「国家」だけが政治の唯一の実体であって、ヨーロッパ連邦という抽象的なもののために各国が主権を放棄することはできない、フランスは連邦的な国家のなかに埋没することを望まないとする。ド・ゴールの考える政治共同体は、首脳会議にすべての権限が集中され、その下に閣僚会議と事務局としての政治委員会を置き、ヨーロッパ議会は諮問的な性格をもつ、そして決定はすべて全会一致で行なわれ、各国が拒否権をもつとされる。

これに対して、スパーク、アデナウアーらのヨーロッパ主義者は、政治共同体においても、経済三共同体と同様に、いわゆる超国家的な統合方式をとりいれようとする。この方式は多数決による決定を前提とし、各国の主権が、ある場合には制限されることを肯定する。

こうした対立に加えて、設立されるべき政治共同体が経済問題や防衛問題を取り扱いうるかどうかについても意見は完全に分かれている。ド・ゴールは、NATO体制内のアメリカの指導権に批判的であり、防衛をヨーロッパの独自の枠のなかに取りこもうとする。また、経済も政治の一部である以上、重要な経済政策は当然政治共同体で扱うべきであるとする。ほかの五カ国は、防衛についてのNATO内のEEC六カ国によるブロック化と、なによりも、一国の「拒否」を通じての共通の権能の侵害とその支配を懸念する。また経済三共同体との重複をおそれる。[12]

政治統合への道は、経済統合の実績をもってしてもこのように険しい障害に妨げられており、一九六三年一月二八日のブラッセルにおけるイギリスの加盟要請の拒否は、この問題を、より遠い時間のかなたへとおいやってしまった。いわゆるド・ゴール構想は、この年二月二二日に締結された独仏協力条約にその片影をみせているにすぎない。

こうした政治統合における対立をよそに、EECは、加盟国間の関税、輸出入制限の撤廃、共同体外諸国に対する共同関税、通商の共同政策、加盟国間の人・役務・資本の自由移動、雇用の改善と生活水準向上のためのヨーロッパ社会基金の設立、資源の開発と経済の拡大のためのヨーロッパ投資銀行の設立など、経済的な国境のとりこわし作業を順次着実に実現している。EECは一九六二年から第二段階に移行したが、注目すべきことは、第一段階での取決めが全員一致でなされたのに対して、この移行にともなって、多くの政策が多数決できめられることになったことである。各国の主権よりも、EECそのものの主権といった考え方がとられる段階になってきたことを示すものである。

また、EECは、執行機関として加盟国の大臣から構成される理事会と、加盟国の合意で選ばれる委員会を設けているが、このうち委員会は完全に各国政府から独立した機関であり、その議決は、各国政府の意向と関係なしに、機構それ自体の利益に基づいてなされることになっている。また、手続の上でみれば、現実の執行は各国政府の善意にまかされているとはいうものの、EECの決定が、直接、国内企業あるいは個人に及ぶとされていることは注目すべきである。ロバートソンによれば、ここにこそ、「超国家的権力の本質」があらわれているとされる。[13] 超国家機関は、特定の事項について、これまで、ライン河川委員会やいくつかの国際行政機関にみられたものではある。しかし、国家の動脈ともいうべき経済的活動に関して、しかも、これほど大規模な活動範囲について設立されたのははじめてである。EECがこれまでの世界経済構造を根本から変革したといわれるのも、また、EECがアメリカ、ソ連とならんで、世界経済における「第三の巨人」として登場したといわれるのも、こうした土台の上に立って活動がなされてきたことによる。

ユーロ・アフリカ共同体[14]

ところで、この経済共同体の新興諸国への経済的インパクトはどのような形をとって、どんな結果をもたらしているであろうか。それは政治的インパクトに転化するものでないといえるであろうか。

EECは、まず、その条約の第四部(第一三一条―第一三六条)に、「連合」という制度を作って、フランス、ベルギー、オランダおよびイタリアなどの海外領土とEECとの結びつきをはかった。この制度に基づいて、両者のあいだに、関税の自由化と経済援助を二本の柱とする有効期間五年の連合協定が結ばれた。その後、アフリカにおける連合地域はほとんど独立した。その数は一九に及ぶ。協定の満了を前にして、これらの独立国は、ギニアを例外として、一九六三年七月二〇日に、カメルーンの首都ヤウーンデで新しい協定を結んだ。一九六三年の二月から三月にかけてレオポルドヴィルで開かれた国連アフリカ経済委員会(ＥＣＡ)第五回総会で、国連事務次長のドゥ・セーヌは、仮調印されていたこの新協定を「工業国と低開発国とのあいだの新しい経済的結合と呼びうるものの一つの表現である」とした。この新しい結合が「ユーロ・アフリカ共同体」(Communauté euro-africaine)と呼ばれている。参加一八カ国は全アフリカ独立国三五の過半数を占め、そのうち一四が旧フランス領であることが注目をひく。その他のアフリカ諸国のなかにも、ＥＥＣ向け輸出について差別的制限を受けることを防ごうとし、ＥＥＣと特別の関係をもとうとする動きが高まっているといわれる。まずナイジェリアが一九六三年九月に、ＥＥＣ委員会に対してＥＥＣと自由貿易地域協定を締結するために交渉したいと申し入れ、それに刺激されて、ケニア、ウガンダ、タンガニーカの東アフリカ三国も連合関係にはいる意思を表明し、その可能性を検討するための予備会議が、一九六四年二月一〇日からブリュッセルで開かれるといった情勢である。[15]

連合制度そのものの目的は、この制度の対象となる国・地域の「経済的・社会的発展を促進し、ＥＥＣ全域とのあいだに密接な経済関係を樹立すること」(ＥＥＣ条約第一三一条第二項)であって、経済的結合そのものに向けられている。しかし、そのようにいいきってよいものであろうか。アフリカ諸国の「連合」に対する対応の仕方のなかに、その解答がうかがわれるが、ジャクソン女史の次のような指摘は、この問題をみるにあたってきわめて示唆的である。「アフリカでは、歴史的な偶然の結果、イギリス連邦とＥＥＣとの対決が、物理的に最も直接的であり、また潜在的に最も破裂的である」。[16] 大まかにいえば、アフリカ諸国は、ＥＥＣに連合している旧フランス領諸国と、これとの連合を望まないイギリス連邦諸国の二つに分かれている。すでにその徴候があらわれているように「ブリュッセルの決裂」以後も、イギリスが「将来可能であるかも知れないＥＥＣとの協定への道を開けておくこと——加盟交渉の再開と円満な妥結を不必要にむずかしくするようなことは何もしないこと——全般的にヨーロッパの政治的・経済的連合を押し進めるために積極的な役割を果たすこと」[17]をいまなお政策としている以上、この分裂そのものが早晩形を変えることが予想されるが、逆にいえば、アフリカにおけるこの分裂と対立が、イギリスのＥＥＣへの加盟拒否の重大な要因の一つになっているのである（**第２・３表**参照）。

第2-3表　アフリカ諸国の対ＥＥＣ関係一覧

グループ名		国名	EECとの連合関係
カサブランカ・グループ		アラブ連合	×
		ガーナ	×
		ギニア	(×)
		マリ	○
		モロッコ	(×)
		アルジェリア	○
モンロヴィア・グループ	ブラザヴィル・グループ	ルワンダ(旧ベルギー領)	○
		カメルーン	○
		中央アフリカ	○
		チャド	○
		コンゴ(ブラザヴィル)	○
		ダホメー	○
		ガボン	○
		象牙海岸	○
		マダガスカル	○
		モーリタニア	○
		ニジェール	○
		セネガル	○
		トーゴー	○
		オート・ヴォルタ	○
	非ブラザヴィル・グループ	コンゴ(レオポルドヴィル)	○
		エチオピア	×
		リベリア	×
		ナイジェリア	×
		シエラ・レオネ	×
		ソマリア	○
その他		ブルンディ	○
		ケニア	×
		リビア	(×)
		南アフリカ	×
		スーダン	×
		タンガニーカ	×
		チュニジア	(×)
		ウガンダ	×
		ザンジバル	×

〔備考〕(×)は、現在はEECと連合関係にないが、かつてこの関係にあった国（ギニア）、あるいは、EEC側から連合の設定をオファーされている国を示す。アルジェリアは、EECとの関係が一種の連合と考えられるから、(○)とした。

対応の型

まず、連合制度に反対する諸国のいい分を整理すると、およそ、次のような型に分けられよう。第一の型は、連合という形の経済的結合は、両者の格差がはなはだしいだけに、実は平等の立場に立った連合ではなくて、経済的な従属を、ひいては政治的な従属をもたらすという主張である。アフリカのナショナリズムは、かつての支配者であった西ヨーロッパとの対抗をその推進力としている。なによりもアフリカにとって、大切なのは平等関係の確立におかれるべきである。ギニアのMody Sory Barryは、ＥＣＡ第三回総会でこう述べる。「ギニアにとって、連合などは問題外である。ギニアだけは、一国がかつての支配者とのきずなをすべて断ち切らないかぎり、その国が従属の地位から脱け出せないという事実を知っていた」。アラブ連合のEl-Bannaは、ＥＣＡ第四回総会で「連合を選ぶ諸国に約束されている援助と投資は条件つきのものであって、その条件とは、連合することをアフリカ諸国にすすめているヨーロッパのグループに、これら諸国が統合されるということである」と論じた。この変型として、なお進んで、ＥＥＣの連合制度を、西ヨーロッパのアフリカに対する新しい浸透と支配の手段であると規定する考え方がある。ギニアのSike Camaraは、ＥＣＡ第四回総会で次のように述べた。「ヨーロッパの帝国主義国による経済グループ、通貨圏および軍事地帯の結成は、単にネオ・コロニアリズムあるいは温情主義であるのみならず、浸透と支配の手段であり、断固否定されなければならない」。共産圏諸国による批判も、だいたいにおいて、この型に属する。

第二の型は、「連合」することは、アフリカ諸国とヨーロッパ諸国とのあいだにある、経済的・技術的格差の現状を固定し、格差の恒久化をもたらすという主張である。その根拠として次のような諸点があげられる。(1)アフリカ諸国は、現在は第一次産品（ココア、ヤシ、落花生、木材、石油など）の供給国であるが、その近代化のためには、工業化を達成しなければならない。しかし、工業化を目標としている過程において、関税の相互引き下げを考える「連合」に加わるということは、圧倒的な西ヨーロッパ工業との関係において、本来保護を必要とするアフリカ工業を不利な地位におとしめるものである。これによって、アフリカ諸国の経済の多角化・工業化が阻害される。(2)しかも、工業化の過程においては、消費財に対する欲求抑制などかなりの耐乏生活が必須であるのに、富めるヨーロッパ諸国商品の流入とそのデモンストレーションは、不相応な消費物資の購買をあおることになり資本蓄積を遅らせる。(3)第一の理由の系ともいうべきものであるが、「連合」はアフリカ諸国の現在の貿易構造を恒久化し、諸国が目標とする貿易構造の多角化を困難にする。(4)アフリカ諸国との貿易においてヨーロッパが必要とするものは、第一次産品以外のものではありえない。このことは、必然的に資本と労働の流れに影響を与える。アフリカ諸国がヨーロッパの求める商品の生産にだけ専心するということになれば、資本はその事業にもっぱら流れることになろうし、またその生産性向上の結果生じることが予想される余剰労働力は、結局、ヨーロッパの労働市場の餌食になりかねない。そうなっては、アフリカの国家統一とその統合への努力はむなしくなってしまう。(5)「連合」は、アフリカ自体がもっている域内貿易拡大の努力、アフリカ共同市場設立への道を、苦難にたえながらも切りひらいていこうとする努力を阻害し、アフリカの経済的、ひいては政治的分裂を導くおそれがある。このような諸理由に基づいて、第二の型の主張が形成されている。

第三の型は、ＥＥＣが反共的色彩を濃くしている以上、これと「連合」することはアフリカ諸国が外交の基本原則としている中立主義に背反するという主張である。アフリカ諸国は、それがカサブランカ・グループであるか、モンロヴィア・グループであるかを問わず中立主義をとっている。ＥＥＣに連合した結果、ＥＥＣに連合できない国よりも優遇されるということになれば、どのブロックに対しても公平な態度をとることを要請されている中立の原則に違背することになる。中立主義国として、反共ブロックにコミットするような態度はとれないというわけである。一九六二年九月の第一一回イギリス連邦首相会議で、ガーナは、イギリスがＥＥＣに加盟しても、これと連合しないという徹底した態度をあきらかにした。

それにもかかわらず、なぜ、ギニアをのぞく旧フランス領諸国がＥＥＣと連合するようになったのか。マズルイは、フランスの伝統的な植民政策、わけても各植民地経済のフランスへの同化政策を強調する。フランスは、これら諸国とフランスとの経済の一体化――経済統合――の上に植民地体制を築きあげたのであって、「連合」はこの経済統合の継続であり、しかも、フランスの文化面での同化政策の成功が、これら諸国に「連合」受けいれの心理的抵抗を感じさせることがなかったという。そして、イギリス系諸国がより大きい主権的尊厳を基底としていることとのちがいを説く。この指摘は、ブラザヴィル・グループのなかに、旧フランス領諸国ばかりでなく、言語によって結びつく親近感もあって、旧ベルギー領のルワンダが加わったということからも、正しいであろう。もっとも、「連合」への好意的反応のより重大な理由は、フランス系諸国の経済体制そのものが完全な従属のそれとして規定づけられており、旧植民国家からの分離・独立を達成しながらも、なお、この国との連繋なくして生存が不可能な体制とされていたことにあるであろう。そして、「連合」への抵抗を構成していた理由づけが、実は、裏返せば、第一次産品に依存する以外に、目下のところ、国家体制を確立する道をみいだすことのできないこれらの国々の実体を浮き彫りにしているということができるであろう。それは、もとはといえば、アフリカの貧困に根ざすものであり、ヨーロッパの繁栄の土台石になった今日のアフリカの姿なのである。アフリカは立ち上がった。しかし、その独立と国家建設を長期的な展望と構想のなかでわがものとするか、今日の消費のなかに明日の糧をもそそぎこんでしまうか。国々の対応は様々な形で示されている。後者の道を行くとき、変形された支配と従属は現実のものとなろう。この自覚は次第にアフリカ諸国自身のものとなっている。そのきざしは、すでに、アフリカ統合の礎石をしいた、一九六三年五月にアディス・アベバで開かれたアフリカ諸国元首会議の設置する「アフリカ統一機構」(ＯＡＵ)にあらわれている。その実現の過程では、諸ブロックの勢力の葛藤が織りなされるであろう。しかし、独立まもないアフリカ諸国にとって、平等の主権を基盤にしたアフリカ人の手による統一への方向以外に、輝かしい未来は開けないであろうし、世界の平和もないであろう。

1　前掲『国際年報』(一九四五―一九五七年)、八頁。
2　A. Verdross, *Völkerrecht*(3tte Auflage), Wien, 1955, S.449.
3　H. Lauterpacht, *Oppenheim's International Law*(8th ed.), London, 1955, Vol.I, p.423.
4　Kaplan and Katzenbach, *op.cit.*, p.93.
5　C. de Visscher, *Théorie et Réalité en Droit International Public*, Paris, 1955, pp.67-68.
6　Syatauw, *op.cit.*, p.11.
7　ソ連科学アカデミー、安井郁監修、岩淵節雄・長尾賢三訳『国際法』(上巻)、日本評論新社、一九六二年、一〇四頁。
8　ヨーロッパ統合の原因として、ゴア・ブースは、(1)緊迫感、(2)西ヨーロッパのドル不足、(3)東西貿易の困難、(4)独仏闘争の終結、(5)実際的理由、をあげる。ビントシェドラーは、(1)ヨーロッパの弱体化、(2)共産主義拡大への恐怖、(3)アメリカの圧力、(4)フランスの努力、(5)ドイツ問題、(6)ヨーロッパにおける新しい戦争の防止、(7)ヨーロッパ諸国の経済的弱体化、(8)テクノロジーの発達、を指摘する。また、グーアマータイは次の四原因、(1)ソ連からの攻撃の恐怖、(2)テクノロジーの進歩による生産合理化の必要性、(3)アメリカの援助、(4)西ヨーロッパ文明を通じての均一性、をあげている(筒井若水『欧州統合と英国』外務省欧亜局英連邦課、一九六一年、七頁)。
9　朝日新聞社編『EEC教室』朝日新聞社、一九六二年、二二頁。
10　同前、一〇二頁。
11　同前、二―三頁。
12　外務省経済局経済調査室『EECの発展と展望』日本国際問題研究所、一九六三年、七一―七六頁。
13　A. H. Robertson, Legal Problems of European Integration, *Recueil des Cours*, the Hague, 1957, Vol.I, p.147; 筒井、前掲書、二四―三七頁。
14　この項は、外務省アフリカ課の川崎晴朗氏の論稿に負うところがきわめて大きい。図表も氏が作製したものを氏との話し合いで今日的にすこしばかり改めたものである。氏に感謝したい。もっとも、整理および意見は私個人のものであって、氏とはなんらかかわりがないことを明らかにしておく。参照、川崎晴朗「〝ユーロ・アフリカ共同体〟の性格について」『アジア経済』一九六三年第八号、アジア経済研究所、二四―三六頁。川崎晴朗「ユーロ・アフリカ共同体の開放性について」『アジア経済』一九六三年第九号、一六―三九頁。

15 「経済気象台・アフリカ諸国の動向」『朝日新聞』夕刊、一九六四年二月一一日。

16 現代の国家体制としては特異なもので触れるべきであったが、紙幅の都合で割愛する。参考文献、田畑茂二郎『国際法Ⅰ』(法律学全集第五五巻)、有斐閣、一九五七年、三一八―三三九頁、『英国はこう考える』第九巻第一号(Ⅰ)、駐日英国大使館広報部、一九六四年一月、*What is the Commonwealth?*, Her Majesty's Stationary Office, London, 1962.

17 前掲『英国はこう考える』二〇頁。

五　変型国家

＊寺沢一・上杉重二郎・斎藤孝・蝋山芳郎の四氏が共同執筆した「Ⅳ　変型国家」『岩波講座　現代８』（岩波書店、一九六四年）のうち、寺沢先生が担当した「１　概説」のみを収録した。

一　概　説

冷戦の落し子

現代の世界において、私たちが冷戦の構造について語る場合に、きまって焦点になるいくつかの地域がある。冷戦がその様相を濃くするときにはその発火源として、冷戦体制やその構造の転換がうたわれるときにはいつかは消しとめなければならないが、なおくすぶりつづける埋れ火のような存在として。それらは、ドイツであり、朝鮮であり、ヴェトナムである。それらの地域は、冷戦の結果として、事実において、二つに分裂し分断されている。そして、二つに分断されているという事実が、ときに、冷戦の原因を形成している。それらは、まさしく「冷戦の落し子」である。

こうして、これらの地域は、冷戦構造が完全に解体するまでは、それがみせかけの解体にとどまるあいだはいつまでも、国際政治上の重大な争点であり、国際法上も、その地位(status)について、その国家的な性格について、多くの紛議の種をまくことであろう。いってみれば、これらの地域の分裂や分断の状態が解消され、さまざまなインテンションによっていろどられているとはいいながら、これらの地域の人々の統一への志向が充足されたときにはじめて、冷戦構造の完全な解体を宣することが許されるであろう。

ポーランド分割との対比

これらの地域の様相を、歴史上著名なポーランド分割に対比させる考え方がある。これらの地域には一つの国家だけが存在するのであって、支配下にない領土は奪われているものであるとする点において。そして、現在の状況はとくに異常ではないという。ここにポーランド分割とは、一七七二年、ロシア、プロシア、オーストリアがそれぞれ隣接するポーランド領を分割併合したのを手はじめに、最終的には、一七九五年に、これら三国が第二回の分割後残っていたポーランドの残部を分割し、三次にわたる分割によってポーランドを完全に滅亡させた史実をさす。しかし、第一にまず、ポーランド分割は、隣接する諸列強による分割であり、分割された地域が諸列強の領土に組みいれられた——併合された——のであって、完全に分割されつくすまでのあいだ、ポーランドという一つの国家の継承性が確保されていたという点において、ここで取りあつかっている諸地域とは事情が異なる。今日でもなお、これらの地域のある国家がみずからの国家権力の正当性と他方の疑似性を主張することは可能であるし、現にそうした主張も行なわれている。しかし、どのような意味においてにせよ、疑似性を申し立てられている部分が、他の別の国家によって併合されたということはできないであろう。なによりもまず、これらの地域にあるのは一つの国家なのか、一つの国家のなかに正統政府と非合法な政府といった二つの政府があるのか、あるいは二つの国家が存在するようになったのか、といった問題自体がポーランドの分割では考えられなかったということを知る必要がある。ここに今日の問題のもつ特異性がある。第二に、ポーランド分割とのちがいは、今日の事態では米ソを中心とした世界的な規模での対立の結果として、分断の様相がグローバルに広がっているという事実である。第三のちがいは、わけても重要なちがいであって、分断されている諸地域の人々が、その方法や目標のちがいはありながら、ひとしく、同一の民族意識のもとに、統一への志向を強く打ちだしているという点である。

ヤスパースの爆弾宣言

こうした情勢のなかで、一九六〇年八月一〇日、西ドイツのテレビ・インタヴューで、高名な老哲学者カルル・ヤスパース教授がドイツ再統一問題について発言した。この発言は西ドイツ人にとっては爆弾的なものであった。彼は、東西両ドイツの再統一はすでに「非現実的」であること、再統一という要求はビスマルク帝国を基準としてその復活を望む考え方であること、したがってドイツ再統一を訴えることは無意味であると発言したのである。さらに、彼は、ドイツ統一のアピールがもし意味があるとすれば、それは東ドイツ住民のための自由を望むことだけである、と述べた。[1]

西ドイツ思想界の良心とも指導者とも見られているこの老哲学者の発言は、たちまち、西ドイツに大きな反響をまきおこした。この反響の強さこそ、西ドイツの人々の統一への志向の強さを裏づけるものであったといえるであろう。与党のキリスト教民主同盟からも、野党の社会民主党からも激しい反論を浴びた。のちに詳しく触れられているように(「2・二　西ドイツ」の「西ドイツの地位」の項参照)、西ドイツは再統一を前提とした暫定的状態にあるという建前がとられているから、ヤスパース教授の統一無用論は、現在の西ドイツの与野党の一致した国是に一八〇度の転換を求めるものであった。森本哲郎氏は、森の哲学者・ハイデガー教授との会見記をしるしたなかで、案内役の交通省役人エーリケ老人のことばをこう綴っている。「何といったってハイデガーは最高の哲学者ですよ。ヤスパース？　ヤスパースも高名だが、われわれは彼をベーコン哲学者と呼んでいる。敗戦で私たちが塗炭の苦しみをなめているとき、ヤスパースはスイスでベーコンを食べながら、ドイツ国民の戦争責任を論じていたからですよ。そこへゆくとハイデガーは……私には哲学はさっぱり分からないが……、ドイツでは神様です」[2]。ヤスパースはまずこうした庶民感情の抵抗にぶつからないわけにはいかなかった。彼の統一無用論がどのような反応をうけたか明らかである。ヤスパースが、こういったとき、すなわち、「この一つの、唯一の偉大なドイツは、一つの非政治的な概念である。この意識は、それゆえ、おのずから、前政治的、あるいは超政治的であった」[3]といったとき、それがどれだけ文化的な発想に根ざすものとはいいながら、彼は、自己と民衆のエモーショナルな感情あるいは願望といったものとのあいだの甚だしい距離に瞠目しなければならなかった。私たちは、こうした事象をみるにつけ、政治が民衆のなかに植えつけようと努力し、ある時間にわたって定着させたものは、それが素朴な民衆感情に根ざすものであればあるだけ、もはや政治の一時的な働きによっては、どうにもしようもないものに化している事実を想わないわけにはいかない。この点をつきつめれば、政治家の役割、そして学者の形姿に想いは及ぶであろう。

ともあれ、ヤスパースは、自己の投じた大きな波紋に直面して、さらに、その見解を詳しく説明するために「自由と再統一」(Freiheit und Wiedervereinigung)と題する一連の論文を、ハンブルクの週刊紙『ディ・ツァイト』に一九六〇年八月二六日から九月二三日まで五回にわたって掲載した。ヤスパースの思考は、現実の諸可能性、現実的思考といったものの上に打ちたてられている。ここでの問題に直接関連するものとしては、西ドイツ(連邦共和国)を以前のドイツ国家の継続であるという見方に対して、それは決して暫定的状態ではなくて、一つの、新しい国家であるという認識が基軸になっている。しかも、現実的思考といいながらも注意すべきことは、そして異常なことは、東ドイツはロシアによって併合された領域であって、ウルブリヒト政権がこれを管理しているにすぎないという。したがって、彼にとっては統一は眼中にないのである。こうした同じ視角で、東ドイツからみれば、西ドイツはどう映じるか。次項「2・一　東ドイツ」に上杉氏がとり扱っている。

なぜ「変型国家」と名づけたか

それぞれが権力の正当性を主張し、しかも、どのような形であれ、それぞれが統一への志向を強く抱いている。こうした現象は、かつて歴史上存在したことのなかったものである。

私たちは、これらの地域に本来存在していた国家、あるいは、存在すべき国家は、一つであったし、また、一つであるべきであると考える。歴史的にみれば、一つの民族と考えられるものが、二つの、あるいは、三つの国家を形成した例がないわけではない。現にスイスでは、ドイツ語をはなすドイツ人がスイス連邦共和国の重要な構成員となっている。しかし、ごく最近の時代をとってみれば、民族自決、あるいは民族の独立というイメージと結びついて、私たちには、民族は分割されてはならず、一つの国家を形成すべきであるという観念がある。とくに、人為的、人工的に分割されるということは、「民族の悲劇」だという観念がある。こうした観念にてらしてみるとき、本来一つであるべき国家のなかに、二つの政治制度が存在し、それぞれが国家権力の正当性を主張している状況自体が「変型」である。いわば、本来あるべき姿からデフォルメされた形姿である。それらは、多くの民族が陸続としてみずからの新しい国家を形成している現代において、その運動の方向とは逆行して取り残されている。冷戦のくぼみのなかに、身動きならないかのように落ちこんでいる。それは、民族の独立という現代史の大きな流れのなかで、奇型化した形姿を露呈している。この奇型性、ゆがんだ形姿を私たちは変型と呼んだ。一般的には「分裂国家」という呼称がある。この場合には、分裂してできたそれぞれの国家を指すものといえるであろう。しかし、ある特定のイデオロギー的な視角からみれば別として、そうでないかぎり、それぞれの政治制度は、国家たるの形姿と形式を備えている。[4] 他国がそれを国家とみるかどうかは「政策」の次元の問題である。私たちは、その国家的性格を問題にするような呼称をあえて避けた。そして、統一への志向を基軸にすえるかぎり、現在の状況を変型と規定した。変型国家という概念は、まさに、統一国家からディヴィエイト(偏向)している状態として考えられたものである。こうした「統一」を理念型に据えるかぎりにおいては、現在の状態それ自体ばかりでなく、分裂した状況のなかに樹立されているそれぞれの国家を変型国家ということも可能になってくるであろう。用語として熟さない変型ということばを私たちが用いたのは、こうしたイメージをできるかぎり映しだしたかったからであり、「冷戦」というアブノーマルな状況がひとえに投影されている異常さを表現したかったからである。

それでは、統一への志向は、それぞれの地域でどのように示されているであろうか。最も近い時点に焦点を合わせながら、それぞれの地域の実態を素描してみよう。

統一ドイツ

一九四五年二月のヤルタ会談の秘密議定書では、ドイツを究極的には分割することが取りきめられたが、一九四五年五月八日、すなわちドイツ降伏以後には、ドイツ分割は口にされなくなった。現在のような分裂状況は、連合国の一致したドイツ政策に基づき計画的に実施されたものではなくて、むしろ、連合国がヤルタ分割案を放棄し、ドイツを統一国家とする方が得策だと考えるようになったころから、事実上進行したものである。したがって、一九四九年九月七日に西にドイツ連邦共和国が、一九四九年一〇月七日に東にドイツ民主共和国が樹立されてからもなお、ドイツ問題をめぐる東西交渉では、[5]統一ドイツをどのような方式によって実現するかに論議が集中し、かつ対立した。ソ連は一九五二年三月一〇日に、最初の対ドイツ講和条約草案(ベルリン外相会議におけるモロトフ草案)を提出し、ドイツを統一国家とし、占領軍がドイツから撤退すること、ドイツが旧敵国を対象とする軍事同盟を結んではならないことが示されていた。なお、モロトフ外相から別に提義された「ヨーロッパ安全保障条約案」のなかで、条約への参加国はいっさいのヨーロッパ諸国で、ドイツも加えるが、統一までは両ドイツ双方を、統一されたあかつきには統一ドイツとすることが提案されていた。パウル・ゼーテによれば、「これは西欧側の反応によっては歴史的意義をもかちえたろうと思われるものであった」。[6]しかし、それから四日後、アデナウアー首相は、ジーゲンにおける演説で、ポツダム協定によって現在ポーランド領となっている旧ドイツ領のオーデル=ナイセ以東の地域に関する問題を投げつけて、ソ連提案を頭から拒否してしまった。[7]

その後、ドイツ統一への志向について東西の一致が公式に述べられたのは、両ドイツのそれぞれの軍事同盟網への組みこみが完了してまもない一九五五年七月の四大国のジュネーヴ巨頭会談においてである。巨頭会談は、同年秋に開かれる外相会議への指令のなかで、四大国はドイツ統一に対する共同責任を認め、「ドイツ問題の調整と自由選挙によるドイツ統一とがドイツ国民の国民的利益およびヨーロッパの安全と利益とに一致して達成されるべきである」ことについて合意した。しかし、この外相会議(一九五五年一〇月二七日―一一月一六日)も、なんらの成果ももたらさず、最終日に発表された声明は、わずかに十数行という短文であり、まったく無内容のものであった。

両ドイツのそれぞれの陣営内における定着が進行したのちには、統一ドイツの構想に代えて、それに至る過渡的方策として、「ドイツ連合」の構想が東側から提唱されるようになった。はじめて明確な形で両ドイツの連合案を提唱したのは、ドイツ民主共和国首相オットー・グローテヴォールであり(一九五七年七月二七日)、ソ連もこれを支持した(八月八日、フルシチョフのベルリン言明、八月一三日、ソ連・東ドイツ両国首脳のベルリン共同声明、西ドイツの五月二〇日覚書に対するソ連政府の九月七日回答)。[8] グローテヴォール提案によれば、今日ドイツには、まったく性質のちがった二つの国家が並存していることは厳たる事実であるから、両ドイツは、相互にこの事実を承認しあい、機械的に全ドイツの統一選挙を行なうことなく、その再統一については、東西両ドイツが、国際法上の条約に基づき、国家連合を形成することが、当面の具体的な方法であるというものであった。この国家連合は、両ドイツの上位に特定の国家権力を設定するものではなく、また、一方の国が他方の国を支配するというものでもなくして、単に協議的な性質をもつ全ドイツ会議にすぎない。この全ドイツ会議は、東西双方の議会代表者で構成し、協議を通じて、両ドイツの漸進的接近に役立つ方法を勧告し、議決しようというものであった。その萌芽はすでに前記外相会議のソ連の主張にあらわれていたもので。ソ連は、ベルリン自由市化の正式提案(一九五八年一一月二七日)につづいて、三度目の対ドイツ平和条約草案でも「二つの国家」の呼称を正式に示すようになった。この「二つの国家」論の上に立つ国家連合＝全ドイツ会議構想は、当時においては、東ドイツを承認しない建前をとる西ドイツによって退けられたが、問題のすりかえという議論をいちおうぬきにすれば、より原初的な形ではあるが、一九五九年五月一一日からジュネーヴで開かれた東西外相会議に、米英仏・西独間で作成された西側の対案(ハーター案)のなかに、その姿をのぞかせている。混合委員会構想というのがそれである。

一九六四年一月一六日付の西ドイツの新聞『ディ・ヴェルト』紙によれば、西ドイツが「核停」成立後の東西打診をつづけるにあたって、みずからの作成したドイツ問題解決案を議題にのせるよう西側諸国に求め、この解決案の検討は、同一五日にワシントンで開かれた米英仏・西独四国大使会議で開始された。この提案はハーター構想に基づいたもので、米英仏ソ四大国の支持に基づいて、東西ドイツの官吏によって構成される（ハーター案では、人口比により西側二五人、東側一〇人）混合委員会を設置し、(1)全ドイツ内の交通の自由の回復、(2)東西ドイツ通商の拡大、(3)全ドイツ選挙法の作製、の三問題を検討させることを予定しているといわれる。他方で、ウルブリヒト東ドイツ国家評議会議長は、同一月六日、エアハルト西ドイツ首相に手紙を送り、両ドイツが核兵器放棄に関する条約を締結することを提案したが、同議長が、「相互の承認といった威信の問題にとらわれず、ドイツ国民生存の利益に基づいて行動しなければならない」と述べた点が西ドイツの外交関係者の注目のまととなっている。[9] その行く手に起伏はありながらも、冷戦構造の地殻変動は、両ドイツの接触、そして外交の常道、すなわち交渉の可能性を強めているといえるであろう。

統一朝鮮

ここにも三八度線を境にして二つの政府が樹立されている。一九四八年八月一五日に大韓民国政府が、同年九月九日に朝鮮民主主義人民共和国政府が成立した。いずれも、自己が全朝鮮にわたる正統政府で、他方が非合法な政府、あるいは傀儡政権であると主張している。[10] こうした状況のなかで統一提案として見逃せないのは、一九六〇年八月一四日の金日成朝鮮民主主義人民共和国首相による南北朝鮮の統一のための過渡的対策としての、連邦制提案である。この年、四月革命の結果、李承晩大統領が政権から追われた。この連邦制提案で第一に注目すべき点は、自由な南北朝鮮の総選挙の実施が統一達成のための本質的な方策であると明示していることである。「いかなる外国の干渉もない民主主義的基盤の上に立っての自由な南北朝鮮の総選挙の実施が、平和的祖国統一の最も合理的で現実的な道であることは、論駁の余地のないことである」。ドイツの場合、東西の人口比は一対三であり、朝鮮の場合、南北の人口比が二・五対一である。人口比において劣勢の北から、自由選挙が提案されていることは、ドイツにくらべて特色的である。第二に注目されるのは提案の具体的内容で、それは次のように述べられている。「われわれがいう連邦制は、当分のあいだ、南北朝鮮の現状の政治制度をそのままにしておいて、朝鮮民主主義人民共和国政府と、大韓民国政府の独自的活動を保存しながら、同時に、二つの政府の代表によって構成される最高民族委員会を組織し、主として南北朝鮮の経済文化の発展を統一的に調節する方法を実施しようとすることである」。問題なのは、朝鮮の場合も、ドイツの場合と同じように、二つの国家の方式がとられるようになったのかどうかという点である。それまで、南朝鮮を傀儡政権と規定してきたいきさつからみれば、相当の変化が意味されていると考えることができる。一九五〇年六月一九日の統一提案では、こう述べられていた。すなわち、「朝鮮民主主義人民共和国最高人民会議常任委員会は、最高会議と南朝鮮の『国会』を単一な立法機関に連合する方法で、祖国統一を実現しようと、南朝鮮当局に提議しました」[11]。また、一九五四年の統一問題討議のための提案のなかでは、李承晩「政府」と規定されていた。また、一九五七年末、国連総会に、アメリカが大韓民国の加盟動義を提出したとき、ソ連は朝鮮民主主義人民共和国をも加盟させよとの対案を提出した。一九五八年二月の『労働新聞』(北)はこの対案に歓迎の意を表している。なお、一九五九年八月一五日に、駐日ソ連大使館から発行された『今日のソ連邦』のなかで、V・トルスチコフは「朝鮮停戦六周年に寄せて」のなかで、朝鮮に一つの民族が居住していると述べるとともに、あい異なる国家(ゴスダルストヴォ)が存在していると記している。こうした事実をうけて、一九六〇年、第一五回総会でフルシチョフ・ソ連首相は、つぎのように演説した。「二つのドイツ国家の連邦を創設することについて、ドイツ民主共和国政府の提案が合理的であるのと同様、南北朝鮮の連邦を創設することについての朝鮮民主主義人民共和国政府の提案も合理的である。これは二つの国家の平和的統合のよい礎石をおくための唯一の道である」。フルシチョフは、ここで、朝鮮に二つの国家が存在するという前提に立っている。こうしたフルシチョフの理解にもかかわらず、朝鮮の場合は、ドイツの場合とちがって、提案者の意図は次の点で、二つの国家方式を考えたのか、一つの国家内に二つの政府が存在すると考えているのか明確ではない。第一に、グローテヴォール提案では、明らかに二つの国家と規定されていたのに対して、金日成提案では、こうした規定が、意識的にか無意識的にかさだかでないが、避けられていることである。第二に、グローテヴォール提案は、国家連合への道として両者間の条約を基礎におくのに対して、ここでは、東ドイツを承認しようとしない西ドイツの混合委員会方式ときわめて類似的に、条約という基礎を欠き、大韓民国の承認という問題を回避しようとするテクニックのあとがみられることである。この点をメルクマールとして強調するとすれば、西ドイツ方式と北朝鮮方式とには符合をみることができるといえよう。ただ確実なことは、金日成提案が、いままでにみない強い態度で、二つの政治制度の存続に触れたことである。提案者自身によって、いまもなお、ドイツとの対比は明確にされていないから、ここで図式的に一般化する危険をおかすつもりはない。かりに、地域的にではなくて、世界的規模で、こうした対立、対峙の解消が問題になる時点においては、方式における画一性が焦点になるであろうことを指摘しておくにとどめる。南における政権の変動のあとで、平和的統一は現実の政治日程の課題とはなっていない。むしろ、南の政権の変動は、統一への求心力の破壊の方向において行なわれたものである。

統一ヴェトナム

第二次世界大戦後のヴェトナムの歴史は、北ヴェトナム、正式にはヴェトナム民主共和国が、一九四五年九月二日、日本軍の敗北した真空状態のなかで、ヴェトナム人の最初の共和国を樹立したことにはじまる。翌四六年一二月からフランスに対する独立戦争がはじめられ、一九五四年七月のジュネーヴ休戦協定で、八年にわたる硝煙がようやく消えた。しかし、その間一九四九年七月に、フランスは、阮(グエン)王朝の最後の皇帝バオ・ダイを擁立してヴェトナム共和国を成立させ、休戦は、北緯一七度線に近いソンベンハイ川で南北を分けることになった。親仏的なバオ・ダイ政権は休戦後一年たたないうちにぐらつき、一九五五年一〇月の国民投票で、当時反仏・親米的といわれたゴ・ディンディエム政権が出現した。ヴェトナム民主共和国の憲法は、一九四六年のものも、改定された一九六〇年のものも、その領土が南北ヴェトナムにわたることを明記している。南にとっても、事態は同様である。全ヴェトナム統一を志向するヴェトナム独立同盟(ヴェトミン、一九四一年結成)は、一九五五年九月に発展的に解消して、統一を望む政党・団体の間で祖国戦線を結成した。そして、南ヴェトナムの政情不穏のなかで、世界の注視を浴びたのが、一九六三年八月二九日のヴェトナムの統一・独立・中立を要望したド・ゴール仏大統領の発言である。公表されたド・ゴールの声明文は抽象的にこう述べる。「フランスは、……ヴェトナム国民が外部に対して独立し、国内的には平和と統一を保ち、近隣と協調して行動するあかつきには、アジアの現状のなかで同国民がみずからの発展と国際理解のためにいかなる役割を果たしうるかを認識するに至っている。これこそ今日において、いままで以上にフランスが全ヴェトナムに希望するところである。それを達成する手段を選ぶのは、当然のことながらヴェトナム国民のなすべきことであり、しかもただヴェトナム国民だけのなすべきことである」。ただ、この国民的努力に対して、フランスは自国の能力の及ぶかぎり、ヴェトナムとのあいだに心からの協力をはかる用意があるというものであった。この声明が、ヴェトナムの統一・独立・中立を意味するものと理解された[12]。ヴェトナム問題を解決するには、近隣諸国、わけても中華人民共和国の存在を無視することはできない。それに至る具体的な行動の第一歩が、一九六四年一月二七日の中仏共同コミュニケの発表による、フランスの中国承認という行動によって踏みだされたのである。その政治的意図の詮索には、ここでは立ち入らないが、ド・ゴール声明のなかには、変型を常態にもどそうとするための意識をありありと読みとることができる。一九六一年八月四日付の『タイム』誌はこう報じている。「南ヴェトナムのあらゆる村の住民の四分の一は共産党員であり、彼らは、強制されたというより自発的に党員となったものが圧倒的に多い。……これら農民にとって、ホー・チミン(ヴェトナム民主共和国大統領――引用者注)じいさんは依然として英雄である」。政治とは皮膚で感じとるものであることをまざまざと教えている。

1　『西ドイツの現状―ドイツ・ベルリン問題に関するヤスパース教授の見解』日本国際問題研究所、一九六一年一月。
2　森本哲郎「西ドイツ紀行(1)」『朝日新聞』一九六二年七月二六日。
3　前掲『西ドイツの現状』一七頁。
4　国民、領土、統治機織(政治組織、政府)が国家を形成する三要素である。ある国家が他の国家の権力下におかれているかどうか、政治的には大きな争点になる。しかし、事実上の影響力という点からみれば、今日完全に自由に行動できるという国は、実際には存在しない。程度の差である。一般的な基準を求めるとすれば、リーガルなそれに依拠するほかはない。
5　「外相会議とドイツ問題」『外交季刊』一九五九年一〇月、の資料が詳しい。
6・7　パウル・ゼーテ、朝広正利訳『ボンとモスクワの間―戦後のドイツ問題』岩波新書、一九五九年、三五―五三頁。
8　入江啓四郎「戦後外交と東西交渉の考察」『外交時報』一九五九年六月号、外交時報社、六頁。
9　『読売新聞』一九六四年一月一九日。
10　『解放後一五年間の南朝鮮』外国文出版社(平壌)、一九六〇年六月、参照。
11　「祖国の平和的統一にかんして」『朝鮮民主主義人民共和国第二期第六回会議主要文書』一九五九年、一七頁。
12　安藤元雄「ベトナムの統一・独立・中立」『世界週報』一九六三年九月一七日号、時事通信社、四二頁以下。

六　原爆判決の法的問題点

＊「原爆判決の法的問題点」『法律時報』昭和三九年二月号（一九六四年）

一

原子爆弾の投下は、国際法上違法な戦闘行為であるかどうか、また、もし違法であるとすれば被害者の受けた傷害に基づく財産的損害および精神的苦痛に対して、国が一定の損害金を支払えという、注目されていた原爆事件の判決がようやく下った。提訴以来八年半の歳月が流れている。昭和三八年一二月七日に、東京地方裁判所民事第二四部において、裁判長古関敏正、裁判官三淵嘉子、裁判官高桑昭らによって申し渡された判決がそれである。ここに、原告下田隆一ら五名が国を相手として請求をなしたのは、この裁判の重要な争点であり後に述べる、対日平和条約第一九条において、日本国が米国およびトルーマンに対する原告らのもつ損害賠償請求権を放棄したことは、原告らから請求権を奪いかれらに損害を与えた行為であるとみなされたからである。この裁判には、安井郁（法政）、田畑茂二郎（京大）、高野雄一（東大）の三教授が鑑定人となった。

「主文」は、「1　原告等の請求を棄却する。2　訴訟費用は原告等の負担とする。」という至って簡単なものであるが、なぜそうした結論を下したのかを述べる判決理由では、広島、長崎に対する原爆投下が国際法上違法な戦闘行為であるとし、しかしながら、原告らの請求権は国際法的にも、国内法的にも認められないこと等を述べるそれぞれの行論で、きわめて重要な法的問題点を提起している。とくに、この判決が、後にみるように、戦闘行為における軍事目標主義を基軸として、具体的な本件、すなわち、広島、長崎に対する原爆投下の国際法上の違法性を指摘したことを看過して、原爆投下一般の違法性を判示したかのような誤解なり、錯覚がみられることは、法的には、十分の戒心を要する点と考えられる。簡略化を必要とする紙面のためでもあろうが、一二月七日各紙の夕刊のとりあげ方はそのあらわれであり、その日の記者会見で黒金官房長官が述べたといわれる「原爆の投下が国際法上違法の戦闘行為とした判決」という認識、あるいは、外電が伝えたこの判決に対するアメリカの反響のなかにも、同様の誤認がみいだされる。石本泰雄「原爆判決の意味するもの」（『世界』二月号）でも、この点は明確でない。こうした問題点をも含めて、判決の提示している問題、あるいは、判決で追求し足りなかったと思われる問題を、述べてみたいと思う。「事実」については余りにも明白で争いがないことでもあるので、ここでは省略する。

二

判決理由は、一、原子爆弾の投下とその効果、二、国際法による評価、三、国内法による評価、四、被害者の損害賠償請求権、五、対日平和条約による請求権の放棄、六、請求権の放棄による被告の責任、そして、結びという七つの部分から成る。なかでも重要なのは、二、四、五の三つの部分である。

まず、「国際法による評価」において注目すべきことは、この判決では、前にもふれたように、原子爆弾そのものの国際法上の許容性がとりあげられたのではないという点である。もし原爆が、日本艦隊か陸軍部隊の頭上で炸裂していたとしたら、今日のような問題が起こっていたかどうか。あるいは、原爆あるいは水爆が限定核戦略構想の一環として、軍事作戦用に用いられたとしたら、その評価はどうであるか。判決も述べるように、原爆一般の許容性は、「国際法上重要なそして極めて困難な問題であることに疑いはない」。判決は、ここで、広島、長崎に対する原爆投下が違法かどうかの考察に、問題を限局した。したがって判決は、原告側が一般的な問題として主張しようとした「原爆投下は違法な戦闘行為」という考え方を回避したものといわざるをえない。そして、原爆投下行為について、これに関連する当時の実定国際法規を検討し、「無防守都市に対する無差別爆撃の禁止、軍事目標の原則は、それが陸戦及び海戦における原則と共通している点からみても、これを慣習国際法であるといって妨げないであろう」と述べ、広島、長崎が軍事目標そのものでなかった実態を示すことによって、こうした都市に対する原爆投下は違法な戦闘行為であると断じている。この間の論旨は明快である。それというのも、一方で軍事目標主義を軸とし、広島、長崎の状況をこれに対応させるという簡単な論理が貫かれているからだといってさしつかえあるまい。この二本の縦糸の肉づけとして、軍事目標主義は空戦に関する規則案の基本的な考え方であって、それは実定国際法(条約)ということはできないとはいえ、当時の諸国の法的な確信の表現と考えられること、すなわち「国際法学者の間では空戦に関して権威のあるものと評価されており、この法規の趣旨を軍隊の行動の規範としている国もあり、基本的な規定はすべて当時の国際法規及び慣例に一貫して従っている」と述べている。判決のいうように、この考え方が慣習法として妥当しているといってよいであろう。一歩を譲っても、「ハーグ陸戦法規」や「戦時海軍力をもってする砲撃に関する条約」からの類推解釈の可能な領域ということができよう。なお、ここで、現代の戦争は総力戦だから、戦闘員と非戦闘員、軍事目標と非軍事目標の区別などは無意味となったという議論が検討されている。昔時とちがって、最近の戦争にそのような傾向が次第に強まってゆくことは否定し難いものの、だからといって「学校、教会、寺院、神社、病院、民家は、いかに総力戦の下でも、軍事目標とはいえないであろう」と判決はいう。重要な問題点であるからもう少し判決のいうところをきこう。判決は、さらに、田畑、高野両鑑定人の鑑定意見に基づいて、次のようにも述べている。「近時に至って、総力戦ということが唱えられたのは、戦争の勝敗が単に軍隊や兵器だけによって決るのではなくて、交戦国におけるその他の要因、すなわちエネルギー源、原料、工業生産力、食糧、貿易等の主として経済的な要因や、人口、労働力等の人的要因が戦争方法と戦力を大きく規制する事実を指摘する趣旨であって、前記の(議論—筆者註)ような漠然とした意味で唱えられているものではないし、また実際にそのような事態が生じた例もない。従って総力戦であるからといって、直ちに軍事目標と非軍事目標の区別がつかなくなったというのは誤りである」と。こうして、無防守都市に対する原子爆弾の投下行為は、盲目爆撃と同視すべきものであって、当時の国際法に違反する戦闘行為であるといわなければならない、と判示する。ここで判決は、さらに、戦争に関する国際法の本質にまで立ち入り、不要な苦痛を与えるもの・非人道的なものは害敵手段として禁止されるが、他方、戦時国際法がこうした人道的感情によってのみ成立しているのではなく、軍事的必要性有効性と人道的感情との双方を基礎とし、その二つの要素の調和の上に成立しているという点に対して、重要な考察を行なっている。しかしながら、そのような要素を考慮してもなお、破壊力の巨大な原子爆弾が当時において果して軍事上適切な効果のあるものかどうか、またその必要があったかどうかは疑わしいと結論するのである。以上が、広島、長崎に対する原爆投下の国際法上の違法性を立証する判決の論旨である。判決が原爆投下の違法性の追求を広島、長崎に対する本件のそれに限局したことからいえば、これだけで十分な論理を尽していると考えられる。それだけでも、本件をきわめて周到に分析した画期的な判決ということができよう。

ところが、判決には、いくらかの論理の乱れがみられる。裁判官の苦悩のあとといってもよいであろう。それは、具体的な本件に問題を限局していながら、その行論の過程で、はしなくも、原子爆弾そのものの違法性にまで言及しているかのような筆のはしりがみられる点である。まず簡単な点から述べれば、前述の戦時国際法の本質にふれた部分で、原子爆弾を毒、毒ガスと対比し、それ以上の苦痛をもたらす残虐な爆弾であり、それを「投下した行為は、不必要な苦痛を与えてはならないという戦争法の基本、原則に違反しているということができよう」と述べた点である。その鋒先には、原子爆弾の投下、あるいは原子爆弾そのものに向けられている。まさに、原告らの提示した問題である。論理をこえて、裁判官の真情があふれでた個所ともいえよう。法論理としては批判されるべき点であり、また、人間感情として是認されもする点であろう。第二には、「国際法による評価」の冒頭において「原子爆弾投下行為が実定国際法上いかなる評価をうけるかを判断する『前提』(『　』は筆者)として」、戦闘行為に関する国際法を列挙し、新兵器の使用の許容性に言及した部分がこれに該当する。判決は、国際法上の、兵器使用の禁止とは、「直接禁止する旨の明文のある場合だけを指すものではなく、既存の国際法規(慣習国際法と条約)の解釈及び類推適用からして、当然禁止されているとみられる場合を含むと考えられる」と述べ、三鑑定人も、それらの実定国際法規の基礎となっている国際法の諸原則に照らしてみて、これに反するものと認められる場合をも、使用禁止のなかに含むと解されなければならないことで一致しているとする。たしかに、国際法の解釈も、国内法におけると同様に、単に、文理解釈だけに限定されるいわれはない。それに、戦闘行為に関する国際法として、ここに列挙されている諸法規こそ、戦争の「人道化」規定として、戦争の違法化の実定法化に先立って、おろかしくも戦争を始めざるをえない状況に追いこまれながら、なおかつ、戦争の惨害をできるかぎり限局しようとした人類の知慧の成果であった。戦争という非人間的な現象のなかで、いかにして、人間の尊厳を守ってゆくかを目標として、人間と戦争との戦いのなかで、かちとられた歴史的な成果であった。その方向からはずれ、あるいは逆行することは、歴史に対する冒涜であり、人間の進歩を否定するものである。判決がそうした考え方に基づいて「新兵器」についても禁止が妥当することを述べた論旨は、十分に納得されうるものである。ここで、判決は、「新兵器は常に国際法の規律の対象とはならないという議論」を反駁することを目的としたものであろうが、この点の主張は、そしてこの点を強調することは、実は、毒ガス、細菌学的戦争方法と同様に、原子爆弾の投下一般の否定、その違法性を衝くことになっていないかどうか。毒ガス等がなぜ禁止されるのか、その源にさかのぼって実定戦争法規の精神を説き、その類推解釈で原子爆弾の投下に言及する論法から生まれてくるのは、毒ガスの使用等と同様の、原子爆弾の投下そのものの禁止以外のなにものでもないのではないか。原子爆弾の投下一般の否定をさけ、広島、長崎への投下に限局しながら、はじめに掲げたような判決への誤解が生じるのもこのあたりに理由がないわけではない。筆者が判決における論理の乱れと呼ぶ所以である。もちろん、こう述べたことによって、筆者が判決の内容を傷つけようという意図では毛頭ない。判決に含まれる法的な問題点を提示することが目的であった。

三

ところで、米国の広島、長崎に対する原爆投下が違法な戦闘行為であるなら、被害者の損害賠償請求権はどうなるか。これが判決の次の争点である。判決はまず、「日本国が国際法上米国に対して損害賠償請求権を有することはいうまでもない」と述べる。「しかしながら」と判決はいう。原子爆弾の投下を命じたトルーマンは国家機関としてその行為を行なったのであって、国家機関たる地位にあった者は個人責任を負わないという国際法原則を述べる。この原則は、ニュールンベルグおよび東京の戦争犯罪人処罰のさいに否定されたものである。そしてなお論議のまととなっている。そこで、この原則を、ここでは、かりに認めたとしても、それはトルーマン個人の免責事由であって、国家責任そのものは残る。それをどう理解するか。判決の組立ては、ここで、一転して個人の請求権にふれる。そして、原告のいうようには、個人が国際法上一般的には権利主体ではありえないこと、一見しては、個人の権利が本国政府によって相手国に対して主張されているかにみえる場合も、請求は国家による国家のための請求であって、個人の請求権に基づくものではないことを、外交的保護制度の本質に基づいて解明する。請求をなすかどうかは国家の裁量行為だというのである。そうした角度から問題に視角を与えるならばまさにその通りだといわねばならない。その他には、個人が日米両国の国内的救済の途を求める以外に方法はないことになるが、その点でも、日本の国内裁判所による救済は、国家は他国の民事裁判権に服しないという原則からいって、また、米国の国内裁判所による救済は、主権免責の法理から、国家ばかりでなく、大統領を含めて国家の最高執行機関がその職務を遂行するに当って犯した不法行為については個人としてその責任を負わないことになっている(この部分はこの裁判所の解釈であって、アメリカの国内裁判所がどう理解するかという問題と別であることは、いうまでもない。しかし、その途も、後述する「放棄」条項によって奪われている)。したがって、原告たる個人は、日米両国の裁判所による救済をうける途はない。このように述べる。たしかにその通りである。しかしながら、そのような「裁判拒否」を前提としたところに、国家保護の機能を予定した外交的保護制度の発生の理由が存在したのではなかったか。個人が国際法世界で権利義務の帰属主体たる能力を発揮できる領域はきわめて限られている。個人の請求権は国家の請求権に没入している。ここに、国民保護のための国家の働きが期待されていたのではないか。法的には、この権利の行使の自由は国家の側にあるとはいいながら、これを相手国に向かって放棄した国家が、内において、被害者保護の実をあげないで恬然としていることが許されるかどうか。その政治的・道義的責任をよび起こすことが本訴訟の目標でもあったろう。

次に、日本国は、対日平和条約第一九条において、日本国の請求権ばかりでなく、日本国民の請求権を連合国およびその国民に対して放棄したが、ここに日本国民の請求権とはなにか。被告すなわち国側の主張によれば、外交的保護権であるという。その当否は別として、制度の性質上、保護をするかどうかは国家の裁量事項であるということからみて、日本国憲法第二九条による国家賠償義務を免れるための論理、すなわち国に対する賠償請求権を認めないという結論を妥当化するためには、この国側の主張は、結論への筋だけは通っている。ところが、この保護権は、国の裁量事項と述べたところからわかるように、そして、判決が正当に指摘したように、国の権利、国の請求権である。だから、外交保護権は、国が放棄した「日本国の請求権の中に含まれる」。こう述べたところまでの判旨は正しい。それでは「放棄した日本国民の請求権」とはなにか。判決は、それを、「日本国民の日本国及び連合国における国内法上の請求権」であるという。これも正しいといえよう。しかし、こう述べたことによって、判決はみずからを苦境に追いこんだように考えられる。ここで判決は、まず国家が統治権の作用で、国内法上の一定の手続により、国民の権利義務を設定、変更、廃止できる能力を、相手国に対しての放棄の権限に延長して考える。しかし、国内法上でも、こうした権利義務の移動は、統治権の作用とはいえ、無制限になされてよいわけではない。憲法第二九条の規定するところである。この点を判決はどう考えるのか。判決はまったく答えていない。答えるかわりに、判決は次のようにいう(むしろ逃げている)。「放棄の対象とされた国内法上の請求権もその存在を認め難いことは、既に説明したとおりである」と。この「既に説明した」という部分が、判決のいうような「存在を認めがたい」という意味のものとしては、筆者には見あたらないのである。それが、もしも、日米両国の国内裁判所による救済をさすという意味で用いられているとするならば、請求権は存在しているが、その現実の履行可能性が薄いということである。権利が存在しないということではないはずである。そうした原告らの権利行使の途をはじめから奪ったことをどう考えるのか。むしろ問題はここから始まると思うのだが、判決では、それが結論である。

判決の意義は高く評価されるものの、この判決には、以上の諸点で、法理論上割り切れなさを残している。ともあれ、この判決が、本件における原爆投下を違法としたことが、人類壊滅の危機をもたらす未来戦争を回避する道程において、原水爆使用の違法化に向かっての警鐘となることを祈ってやまない。

第三部　思索の原点——法・事実・人間

一　ゲォルグ・イェリネック『一般国家学』における「類型」考

二　ケルゼン『法を通しての平和』（紹介）

三　ケルゼン『社会と自然——社会学的考察——』（紹介）

四　横田喜三郎論——その国際法学（その一）——戦前の研究活動を中心に

五　生の問題

一　ゲオルグ・イェリネック『一般国家学』における「類型」考

＊「ゲオルグ・イェリネック『一般国家学』における「類型」考」『横田先生鳩寿祝賀　国際関係法の課題』(有斐閣、一九九八年)

一　はじめに

私が『一般国家学』という表題の書物に接したのは、第二次世界大戦も終りに近い、大学に入ってまもない、昭和一九年の一一月ごろだった。矢部貞治教授の「政治学」の講義で、ケルロイター(Otto Koellreutter)とケルゼン(Hans Kelsen)

のほぼ同名の著書を読むよう薦められた。前者は三百頁に充たない小著で、平易なドイツ語でもあり、かなりなスピードで読みおえた。しかし、"Nation"（国家）、"Volk"（民族）、"Blut"（血）といった語彙ばかりが目立つ、ヒトラーの『わが闘争』の法律版といった趣の、宣伝臭の強い、あとに何も残らない書物だった。それにひきかえ、後者は、大部であり、さらに難しい。横田先生ですら、「そのドイツ語の難解さに悩まされた」[1]と記しておられる。

折しも横田先生は、「国際法第一部」の講義、とりわけて、「国際法の法的性質」に関して、ケルゼンを引用されることしばしばであった。また、国連憲章の原案である「ダンバートン・オークス提案」を講じておられた。先生はケルゼンの著作について次のように述べておられる。「苦心しながら、難解の文章を辛抱して読んでいくうちに、論理の鋭さ、徹底さ、新鮮さ、大胆さに驚いた。理念の高く、遠大なことに、魅せられた。感銘を受けたというよりも、感激を覚えた」[2]と。それほどではないものの、こうした状況のなかで、この著書への執念をかきたてた論文があった。それは、尾高朝雄教授の「国家緊急権の問題」[3]であった。国家緊急権（Staatsnotrecht）とは、いうまでもなく、国家緊急時に、平時法の枠外に、法を超越した法、より正確にいえば、「法を破る政治」[4]がありうるかという問題である。ケルゼンの著作に、こうした問題を破砕する論理を求めた。戦中ではあり、勤労動員に、そして遂には入営となり、読了かなわず学窓を後にした。

そして、三回目に、同名の著書とめぐりあったのが、見出しのそれである。助手になって一年目、宮沢俊義教授の特別研究生・助手たちの読書会においてであった。

この著作は、後述するように、「国家的根本現象に関するすべての研究は、方法論的原理を新しい認識論的および論理的研究の結果の基礎の上に確立することから始め」[5]られなければならないとしたものである。また、「イェリネック自身はケルゼンによって『曖昧な国家形而上学から絶縁して――実証的国家の一理論、すなわちまた、厳密に法学的であって、政治的に着色されない国家学を目標とする』学派と評価されている[6]」たしかに、イェリネックのこの試みは、従来の観念論国家学と軌を一にするとみることのできないものがある。ヘーゲル、フィヒテ、さらにはリッケルトに至る系譜は、国家学の構成を、純粋に価値にかかわらしめ、現在・未来間の間隙をつなぐものとして、国家論的計画をみとめようとしている[7]。これに反し、イェリネックは、理論的科学の対象を、存在に限定している点で、前者にくらべての特性を発揮している[8]。

こうした評価がありながら、イェリネックに対しては、エミール・デュルケム、マックス・ウェバーらの社会学者から、また法学者としては、ケルゼンによって、方法論的矛盾も指摘されている[9]。

それにもかかわらず、ここに、イェリネックの「類型」をとりあげたのは、次のような契機に基づく。

一九五五年一二月に、東大を訪れた国際政治学の泰斗、ハンス・モーゲンソーを中心とした研究会がもたれた。モーゲンソーの専攻の出発点は、国際法であった。なぜ、国際法学者から国際政治学者へと転じたのかという私の質問に対して、彼はこう答えた。「国際法では、国際的諸現象(international phenomena)をdescribe(記述)しきれないからだ」と。翌一九五六年六月に、国連国際法委員会を傍聴するため、ジュネーブに滞在中の私は、同じ安ホテル・アトランティックに宿泊中のケルゼンに二回にわたって会うことができた。ケルゼンは、ここの国際高等研究所の夏季セミナーで、国際法の講義をしていた。尾高教授の訃を告げると、「私は七四歳だが、尾高は五七歳で亡くなったか」と呆然としておられた。ケルゼンとモーゲンソーの間で、国際裁判の管轄をめぐって、その義務的性質と政治的性質に関して、論争が斗わされたのは有名な事実である。そこで私はモーゲンソーの回答に触れた。ケルゼンは厳然としていわれた。「国際法は、国際的諸現象をdescribeすることを目的としているのではなく、これらをprescribeすることを目的としている」と。実は、ここに問題がある。prescribeとは「規定する。指示する」といった意味である。碧海純一教授も指摘しているように、「ケルゼンの、純粋法学は（実定法によってあたえられた）規範を体系的に記述する学問であって、みずから規範を定立する活動ではない。……法学の任務はその対象をあるがままに——すなわち、実定法をそのあたえられたすがたにおいて——認識することにあり、それを評価することではない」。[10] 同教授はこうも述べている。「ケルゼンは〝ノルマティーフ〟ということばを〝規範定立的〟—中略—という意味でなく、〝規範記述的〟という意味で使用しているようである」。「このことは、かれが純粋法学はdescriptive scienceであって、prescriptiveなものではない、と言っていることからもあきらかである」。[11] ケルゼンがモーゲンソーへの反論として述べた言葉は、事実記述でなくて、規範記述であるといった意味にとれば、矛盾はしていないのかも知れない。他方で、彼の想定した根本規範からの演繹を脳裡に描けば、prescriptive scienceではないという彼の言葉がひっかかる。釈然としないのである。あらためて、「事実の規範力」を措定したイェリネックを俎上にした次第である。

そして、こうしたデッサンは、常々、方法論、国際法理論を軽視することに警鐘を鳴らしておられる、横田先生の鳩寿を記念するよすがにもなろうし、あるいは、後学の人々の関心をさそうことにもなろう。

ついでに、ケルゼンが求め私が果しえなかった大きな課題を記しておく。それは、客観的法（Das objektives Recht）の内包の充塞である。

1・2　鵜飼信成・長尾龍一編『ハンス・ケルゼン』東京大学出版会、一九七四年、一八九頁。
3　『法学協会雑誌』第六二巻九号。
4　尾高朝雄『法の窮極に在るもの』有斐閣、一九四七年、一三八頁。
5　イェリネック、芦部信喜ら共訳『一般国家学』学陽書房、一九七四年、二二一頁。本書は引用個所によっては、原文（Georg Jellinek,

Allgemeine Staatslehre (3. Aufl.) を用いる。

6　ケルゼン、清宮四郎訳『一般国家学』岩波書店、一九七一年、XI頁。

7　鵜飼他編、前掲書、九頁。

8　リッケルト論文集『如何にして国家学は学として可能なりや』改造文庫、一九二九年、一六二頁。ここでは「価値」は次のように規定されている。「価値とは、われわれの意志をある一定の方向に運ぶ何か特殊の種類の価値と見らるべきのみならず、努力に価する目的に対して未来に存する状態たることを得るあらゆるものを意味する」。

9　リッケルト、同前、一六四頁。

10　碧海純一『純粋法学』(法哲学講座第四巻)、有斐閣、一九五七年、三一五頁。

11　同前、Kelsen, *General Theory of Law and State*, 1945, pp.63 et seq.

二　序(考察の範囲)

「先験的思惟の虚空へイカルス的飛翔を企てた死せる哲学諸体系の長い系列」[12]に対して、「科学」的哲学を、「整然たる統治と共同の事業とが個人及び全体の福祉を増大せしめている」[13]自然科学に対して、「熄むことなき無政府状態と総てを支配せんと相斗う種々の隈取をもった諸党派間の間断なき内訌」[14]状態に、整一をもたらそうと努力する「社会科学」を、確立しようとする試みは、一九世紀以来多くの社会科学者によってなされてきた。

ドイツにおいて、そして国家学において、実在する国家を対象とし、これをその実在する姿のままに理論的に認識しようとする、右の「社会科学」の分派としての「理論的国家学」は、イェリネックの『一般国家学』を中心として建設される。[15] ここにおいて、彼イェリネックは、国家研究の純粋理論性を根本義とし、「社会機能の想像上の究極目的は、おおよそ、当該学者が絶対者へと高めた偏見に」[16]すぎないと断定し、社会科学の領域からできるかぎり無条件的価値判断を排除しようと試みる。そして、「恰も大洋によって区分された両世界のよう」な、かたや「幸福な国」自然科学から他方の「精神科学」へ向って進軍してきた、「科学的統一」の旗印を、「社会科学」の領域へも導入しようと彼は努める。しかし、自然科学的統一の旗印を、そのままに、社会科学統一のそれとすることはできない。ここに激烈な抵抗を生ずる。したがって、無政府状態にある「社会科学」を分析し、統一をもたらす鋭利なメスが要求されるし、また要求されなければならない。

こうして、イェリネックは、『一般国家学』の重要な一章として、「国家学の方法論」(Die Methodik der Staatslehre)[17]という章を掲げ、方法論的研究の必要性を痛論し、新しい認識理論および論理的研究の成果の基礎の上にたつ、「方法論的原理の確立」から、今日の国家の根本現象についての、あらゆる研究が始められなければならないと断定する。[18] そして、イェリネックは、一般国家学の方法論上の特性を明らかにするために、「類型」(Typus)の概念を示し、これに重心をおいて説明を進めている。いま、ここで考察の対象としようとするのは、この「類型」であり、専らこの「類型」のみに限定される。もっとも、この「類型」に集中された諸学者の批判、あるいは後のマックス・ウェーバーの「理想型」との対比も、方法論探求の手掛りとして参照されよう。

12　G. Jellinek, *Die sozialethische Bedeutung von Recht, Unrecht und Strafe* (2. Auflage), 1908, S.3(大森英太郎訳『法・不法及刑罰の社会倫理的意義』岩波文庫、一九三六年、一三頁).

13・14　同前訳書、一一頁。

15　尾高朝雄『国家構造論』岩波書店、一九三六年、鵜飼他編、前掲書、注1、九頁。
16　大森訳、前掲書、二五頁。
17　Jellinek, a.a.O., 注5, SS.25-52.
18　Derselbe, S.27.

三　イェリネックの「類型」論

理論と歴史、この二つの領域に対して、古来、人々は、二つの反対概念を抱いてきた。それは、価値と現実、当為と実在といった二律背反のあらわれでもある。こうした二個の反対概念は、歴史家の唯名論《ノミナリズム》と哲学者の極端な実在論である。対象の本源性と概念の副次性を承認したウィルヘルム・オッカム(一三四八年死亡)を始めとして、歴史家にとっては、社会の存在する数だけ、相互に比較しえないおおくの異質的な個性が存在する。すなわち各民族は、自己独特の外貌をもち、特殊な構成をもち、法律をもち、道徳をもち、経済組織をもち、そしてこれらは各民族そのものにのみ適合するものであるために、どのような概括もほとんど不可能である。また哲学者によれば、これに反して、部族・都市・国民等の名をもって呼ばれる一切のこうした集団は、なんら固有の実体をもたない偶発的・一時的な結合にすぎない。すなわち「孤立した個人としての人間は哲学書の中にのみ存する抽象に過ぎず、人類以外に実在するものはな」[19]く、一切の社会進化を生み出すものは、人間性の普遍的諸属性である。

この二個の反対概念に、中項を見出すことが科学者にとっての急務である。われわれは、歴史上の諸社会の多くの錯綜と、人類に関する独特の、しかしながら理想的な概念との間に、多くの中間物の存在することを認識する瞬間において、右の強制的な二者択一から脱することができるのである。こうした中間物とはなにか。それは、デュルケムによれば、「社会種」[20]であり、またここに取扱おうとする「類型」である。「この社会種という観念のうちには、およそ真の科学的探求というものが要求する統一性と、諸事実のうちに与えられている多様性とが、二つながら結びついてみとめられる。というのも、種は、それを構成している全個人においては同一であり、反面、種相互においては異質だからである。いかにも、道徳、法、経済、等々の制度は、無限に可変的なものである。しかし、〔社会種という観念に拠るとき〕この諸変化も、科学的思考にいかなる手がかりも与えてくれないようなものではなくなる」[21]。イェリネックは、「この類型的要素を、国家現象および現象相互の関係に探り求めることこそ、国家および国家諸制度についての科学の課題である」[22]と論じる。イェリネックは、この類型に対して「国家学の対象」としての意義をあたえ、一般的な国家類型を「対象」として研究する点に、一般国家学の特色をみとめようとするのである[23]。

別の場所で彼自身述べているように、「科学とは諸現象を確認し、そしてそれをその最初の・それ以上分割することの出来ない諸要素に還元することであ[24]」り、「類型」はこの機能を担当する。すなわち、「類型」は、一切の個物が考慮され分析された後において設定されたものでなければ、その便益を失うのである。もし、すでになされた諸研究を要約するだけにとどまるならば、それはほとんど研究に便宜を与えることができない。分類が真に有用になるのは、その基礎となった諸属性以外の属性を分類することを可能ならしめるとき、いいかえればあらたに生じる諸事実にたいする枠組みを与えてくれる場合にかぎられ[25]」る。

そしてイェリネックの国家学の基礎を構成しているものは、因果論的認識方法と規範的認識方法、説明的考察と規範的考察、社会学と法律学との対峙である[26]。しかも彼は、神学の束縛から解放されて個人主義へと指向した思弁に対し、アンティテーゼの態度をとる。彼にとり、「正しき認識への途は十九世紀に至って始めて開けた」[27]のであり、シェッフレと共に社会法的方向に進む。こう考えてこそ、彼の「個人はいずれも国家的に、国民的に、宗教的に、経済的に、歴史的に、一言をもってすれば社会的に条件づけられているものである」[28]。「われわれは、……学を個人をもって始めず、更に彼と他の個人との間の諸関係へ踏みいり、最後に生命ある社会の立派な想定を作るのに貴重なものと認められる個人における諸関係を探求する。この諸関係こそむしろ第一のものであり、これこそ真実に実在するものである」[29]との言の重みがいっそうよく感じられるのである。

では、彼のこうした根本的態度の結果として、彼において「類型」はどのように取扱われ、またその体系において、どのような地位を占めているのか。それを次に考察して見よう。

（イ）「類型」の分類

既述したように、イェリネックは、その『一般国家学』において、因果的認識方法と規範的認識方法との区別から出発して、存在と当為を表現するものとを研究する二種の認識法則に到達した。方法論的には、これらの認識法則に二つの研究方法(die zwei Weisen der Forschung)——理想型(der ideale Typus)と経験類型(der empirische Typus)——とが相い応じている。

（ロ）理想型[30]

理想型は本質的に目的論的意義をもつ。それは存在ではなくて当為であり、故に同時に所与の価値基準である。「理想型に適合するものは善であり、自己を実現し、実在せしめる権限をもつ。理想型に適合しないものは、破棄され克服されるべきである」。[31]ここで理想型は規範的性格をもつ。それはイェリネックが解する「政治規範」に相応した意味をもっている。理想型の価値が、人間行為にとり、どれだけ大きなものであろうとも、しかしそれは、理論的・科学的認識に役立つことはすくない。「なぜなら、理論的科学の対象は存在であり、あくまでも存在に限定されており、当為ではない。そしてさらに所与の世界であって、創造されるべき世界ではないからである」。[32]あらゆる思弁と同様に、理想的国家類型の思弁もまた、主体間の一致が往々にして不可能な、主観的確信の地盤に基づくものであり、「理想型は結局、知の客体ではなくて、信の客体である」。[33]ここに、後に触れるように、イェリネックの理想型に対する根本的な態度が示されており、この態度に対する肯定・否定両論が集中されている。

（八）　経験類型

イェリネックは「だがここに、理想型に対し、経験類型がある」と別の類型をとり出し、これを分析解明することによりその姿を明らかにし、国家学により考察される類型は、純然たる「経験類型」のみであるとする。前の理想型を、質的目的論的類型と呼べば、これは量的理論的類型と名づけえよう。[34]こうした「経験類型」とはどのようなものか。かつて一九〇〇年、彼が『一般国家学』の初版においてこの類型を提示した時には、これに「平均型」(Durchschnittypus)という名称を与えており、その機能も内容はその後の版でもほとんど変化していない。そこで「経験類型」とは「平均型」に他ならないといっても誤りでなかろう。経験類型は、多様な現象の中から論理的に抽出整序されたその現象の通有徴標の複合態であり、現象自体に比して少しも高次の価値をもたない。それは帰納的方法をもって操作される存在理念であり、論理的概念である。イェリネック自身この概念をもって、マックス・ウェーバーの「理想型」にあい等しいものとしているが、これは後にも見るようにまったくイェリネックの誤解に立脚する。[35]イェリネックの経験類型は、多様な事実現象の通有性の平均によってえられる「類概念」に他ならない。だがイェリネックにとり、「国家学の課題は、その任務が個々の国家のみに研究が限定されないかぎり、国家関係にこうした経験類型を見出すことである」。[36] したがって彼は、この類型に「国家学の対象」としての地位をあたえる。しかし、類概念は、科学が対象について構成する思考形象であって、科学的認識の対象そのものではない。科学は、対象の特性を一般的に記述するために、類概念を構成する。それは、認識の目的としてではなく、認識の手段としてである。このことは、デュルケムも、『社会学的方法の規準』の中に、種の設定に関して、明白に論じているところである。すなわち、「種の構成、それはなによりもまず事実の解釈を容易にするための事実の類別化の一手段にほかならない」[37]と。イェリネックの経験類型に対する批判は次にゆずるとして、ここでは今すこし彼の言うところを追って見よう。

「理想型ではなくて、経験類型が問題なのだという認識は、所与の諸条件が非常に複雑なさいには、この諸条件をある原型そのものから形づくってしまおうとする、実際上非常に有害なドグマから守ってくれる」。[38] すなわち、イェリネックにとり、理論的概念像を、プロクルストの寝床として利用することは、科学に対する態度からいっても、方法論的に見ても、しのぶことのできないことであった。彼の、規範と実在との峻別はその全学問体系を一貫している。

ついで、イェリネックは、経験類型の学問的意義を次のように要約している。

理論的には、まず第一に「数多くの現象を集約して統一させようとする総合的要求を満足させ、この点で、学問一般の最高の目的と一致する」。[39] だが、同時に、それは個々の現象そのものの根本的把握をも目的とする。個々の現象はこのようにしてはじめて、社会過程の全領域において、それがどのような地位を占めるかという、いわば立脚点ともいうべきものを獲得するのである。類型的要素を示すことにより、政治形象の個別的特性もまた、類型には存在しない、のこりの特性として認識される。

次に実際的側面からみると、類型は「発見的原理」としてあらわれる。すなわち、個々の場合に、この類型から、個々の国家現象の生命についての結論が、大きな蓋然性をもって導きだされるからである。因果関係的に見て、同一の原因には常に同一の結果が応じるように、「同一の類型は、将来においてもまた、同じ状態なら、類似の像が形成されることを暗示している」。こうして類型は、予測として、発見的原理(das heurestisches Prinzip)としてあらわれるといいうる。

「このようにして考察された類型により国家学は探求されなければならない。国家の側からみれば、類型は、二つの科学的立場、すなわち、歴史的社会的立場と法学的立場との二つの種類にわけられる」[40]。こうして、国家の社会的本質は、歴史科学および社会科学的方法により、法的本質は、法学的方法により認識されるとする、イェリネックの有名な「国家両面説」(die zwei-Seiten Theorie)が展開される。その内容はしばらくおき、ここでは、その方法論的な問題、とくに類型論を素描した。

19　イェリネック、前掲書、注12、五四頁所載のコント学派 Blignierés(ブリニエール)のことば。
20　デュルケム、宮島喬訳『社会学的方法の規準』岩波文庫、一九七八年、一六七頁。
21　同前、一六八頁。
22・23　Jellinek, a.a.O., 注5, S.34.
24　イェリネック、前掲書、一三頁。
25　デュルケム、前掲書、一七二頁。
26　Jellinek, a.a.O., S.19ff., S.27ff.; H. Kelsen, *Der soziologische und der juristische Staatsbegriff* (2. Aufl.), S.119.
27　イェリネック、前掲書、五〇頁。

28　同前、二一一頁。
29　同前、五三三頁。
30　Jellinek, a.a.O., S.34ff.
31　Derselbe, S.35.
32　Derselbe, S.36.
33・34　Derselbe, S.36 Anm. 1).
35　Derselbe, S.40 Anm. 1).
36　Derselbe, S.37.
37　デュルケム、前掲書、一八七頁。尾高教授も次のように述べている。「類概念は、科学が対象に就いて構成する思考形象であって、科学的認識の対象そのものではない。科学は対象の特性を一般的に記述するために、類概念を構成する。それは、認識の目的としてではなく、認識の手段としてである」(尾高、前掲書、注15、一三―一四頁)。
38　Jellinek, a.a.O., SS.40-41.
39・40　Derselbe, S.41.

四　ウェーバーの「理想型」との対比

イェリネックは、「理想型」を主観的思弁に基づくもので、科学の対象たるべきものではないとしりぞけたが、この「理想型」の名称で思いあわされるのは、いうまでもなく、マックス・ウェーバーの有名な「理想型」概念である。イェリネックの『一般国家学』は、ドイツにおける理論的国家学として、社会科学の領域に金字塔ともいうべき地位を占めた。そのようなことからも、ウェーバー夫人の記す、『マックス・ウェーバー』の伝記によれば、ウェーバーは、イエリネックが用いたと同様の意味でこの「理想型」という表現を用いているという。[41] イエリネック自身もまた、ウェーバーの「理想型」を存在の理念・論理的概念として、自己の「類型」との合致を見ていることは既述したところである。ここにイエリネックの「理想型」とウェーバーのそれとの間に、われわれは相当な関連を見出すことができるのであり、また、方法論研究の一端としてもその対比が要請されるのである。

イエリネックとウェーバーの「理想型」との間には、たしかに「関連」が存在した。ウェーバーは、その「理想型」の名称を、明らかに、イエリネックの『一般国家学』からとったのである。[42] しかしウェーバーは、ただその名称のみをとったのにとどまる。この概念の機能は全くとらなかったのである。なぜなら、彼ウェーバーの「理想型」は、論理的性質のものであり説明的補助手段として構成されているからである（この二つのメルクマールから、彼の「理想型」は、むしろイエリネックの「経験的類型」と一致している）[43]。

すでに、科学認識の出発点において、イエリネックとウェーバーは互に袂をわかっている。イエリネックの因果的認識と規範的認識との二元論は、ウェーバーの説明・解釈・理解の統一的、論理的意識に相い反する。

そこで両者の関連を見るためには、イエリネックの「経験類型」とウェーバーの「理想型」とを対比することの方がより便利であり、有益であると思う。前述したように、イエリネックは、目的論的見解を完全にしりぞけ、無条件的価値判断を排除した。ウェーバーにとっても、このことはより鋭く妥当する。彼は、実在を論理的意味における理想型に論理的に比較しながらかかわらしめることと、実在を理想から評価的に判断することとを峻別する。彼にとっては、これこそ「学問的自制の最初の義務であると共に、偽瞞を防止する唯一の手段」[44]（die eine elementale Pflicht der wissenschaftlichen Selbstkontrolle und das einiges Mittel zur Verhütung von Erschleichungen）なのである。イエリネックは、評価的判断を排除することにより、理念、理想をその領域から放逐し、理想型を科学の対象とすることのできないものときめつけたが、ウェーバーも、これに対し、価値判断排撃をもって知られるものの、ある一つの「価値」を排除はしなかったのであり、むしろ、この「価値」を、より純粋に科学の領域にまで高めることにより、その理想型への道を開いたのである。この「価値」に文化現象を関係せしめてのみ、われわれは文化現象の多種多様さと因果関係の無限性から逃れることができるのである。すなわち、われわれは、文化現象を特殊の観点の下に一面的に分析し、この一定の価値にとって重要でない事象はこれを因果の系列から除き、重要な事象のみの間に一つの因果関係を構成するのである。したがって、ある事象の社会経済的現象としての性質は、その事象自身に客観的に結びついているものではなくて、むしろわれわれの認識関心の方向によって条件づけられているものであり、一定の事実の因果帰属を行う場合にも、いろいろな価値関係の下に、各々異なった系列が生ずるのである。[45] ここに、ウェーバーの「理想型」概念が、ドイツ西南学派の哲学、ことにリッケルトの「価値理念」の思想から暗示され、それを基礎として展開されたものだといわれる[46]理由を見出すことができる。ウェーバーもまた、リッケルトと同様、自然と文化、および自然科学的概念形成と文化科学的概念形成の論理的異質性という二元論をみとめた。同時に、そこから混乱した素材の科学的把握と形成という二つの運河を統一的に結びつけることによって、すなわち、概念形成を指導し、普遍的なるもの、一般的なるものを指向することによって、リッケルトとウェーバーとは深く関連している。[47] 両者の異なる点は、ウェーバーはリッケルトにより切り開かれた道を最後まで押しとおし、リッケルトがもはや論理的にではなくて、「体系」的[48]・哲学的に手をそめた問題設定を、回避したことである。そして彼は唯「論理」のみを信じて、方法論的に方向づけられ、価値体系に基づかない宇宙の探求を引受けたのである。リッケルトにとり、〝価値体系の理念〟は、歴史的生活の普遍史的考察を包含する。これに反しウェーバーにとっては、合理的——先験的基礎に基づく〝体系的〟価値哲学なるものは科学的不可能事であり、彼にとっては到る所で厳格な二元論――経験科学と信仰――が成立している。この点では、ウェーバーは、リッケルトによりも、むしろイエリネックに近いのではないか。ただ、イエリネックは、因果論と目的論の非両立を主張して「理想型」を排したのに対し、ウェーバーは逆に、両範疇の両立を頑強に主張している。このウェーバーの理論は、シュタムラーが、「目的と手段との考量または選択の概念は必然的に因果的観察を排し、正しき目的の承認すなわち、いわゆる「正しき選択」は常に普遍妥当的究極目的への個々の目的の適合によりなされうることとなる」[49] (Rudolf Stammler, Wirtschaft und Recht, 1896, S.331ff.; 小松堅太郎『マックス・ウェエバア 社会科学方法論』一九四八年、一六五頁所載)としたことに対する反ばくである。すなわち「そもそも人間の行為において明らかに手段を認識しこれが採択をなすのは常に目的により制約せられるものである。目的に対する手段の関係は一般化的因果観察にとくに親しみ易い関係である」とし、また「目的行為一般が常に評価的観察の対象たらねばならないというのは解しがたいところである。……目的行為といえども、経験的因果法則への信頼なくしては現実に行われがたく、また目的の定立はあえて当為の認識なくしてもなされうるであろう」[50]とウェーバーは述べる。ここで、ウェーバーが、シュタムラーの、社会科学をもって目的科学と解し、従ってそれを実践的評価の学に改容しようとする企てに対し、真向から反対した点において、われわれは、イエリネックが「信の客体」として理想型を排除した意図との合致を見出しうる。が、行論の示したように、イエリネックにおいては、規範と因果の両科学が対立の形でとらえられたのに対し、ウェーバーでは規範内容に関する経験的因果科学の成立しうる余地の存することが論証されている。

また、既述したように、イエリネックの経験類型は平均型に他ならないが、この点でウェーバーは注目すべき見解に達している。「この場合都市経済(Stadtswiztschaft)の概念は、観察されたすべての都市の中に事実上存在する経済諸原理の平均というようなものとしてでなく、やはり一つの理想型として構成されるのである。それは、一個の、または若干の観点の一面的高揚(die einseitige Steigerung)により、そしてこの一面的に高揚された観点に合しているところの、ここには多くかしこには少く、処によっては全く無いというように分散して存在する夥しい個々の現象を、それ自体において統一された思想像に結合することによって、獲得される」[51]というのがそれである。理想型は平均型ではない。それは「一つもしくは若干の観点の一面的高揚によってえられたものである。故にそれは、現実のうちには何処にも経験的に見出されうるものではないのである。〝理想型〟のうちに〝史的実在〟を見ようとすることほど大きな誤りはない。その意味においてそれは一個のユートピア[52]である。勿論ここにユートピアというのは、現実には存在しない矛盾のない世界という意味であって、イェリネックがその「理想型」について述べたような、よりよき世界への願望もしくは憧憬を指すのではない。ウェーバーにおける理想型は価値判断(die wertende Beurteilung)とは無関係のものであることは、繰返し彼が力説するところである。それは、〝存在すべきもの〟《模範的なるもの》の思想(der Gedankedes Seinsollenden《Vorbildlichen》)ではなくて、あくまで、純論理的意味での〝理想的〟思想形象であり、[53]なるが故に彼の「目標としてではなくて手段として、抽象的理想型の構成は考えられる」[54]という言葉がでてくるのである。このことが精密な法則の発見定立を認識目的とする自然科学より文化科学を鋭く区別する一点である。ここにおいても、ウェーバーは、「国家学の対象として」類型を考察するイェリネックと対決している。ウェーバーの「理想型」は、〝現実的なものの叙述〟ではなく、[55]〝叙述に対して明確な表現手段を与えるもの〟[56]であり、実在を比較し測定する〝概念的補助手段〟[57](als begriffliche Mittel zur Vergleichung und Messung der Wirklichkeit)である。そして、それは、〝機能の上から見ると、歴史的個体(das historisches Individuum)または、その個々の部分を発生的概念(der genetischer Begriff)において捉えようとする試みである〟[58]。たとえば資本主義精神の本質は、営利の自己目的化、すなわちその当為である。営利すべしという意識がその本質である。その当為の根拠がいずれにあるかは問題ではない。今日においては、経済価値の客観化によって、その体系の独立化によって、この当為が生れることができたが、経済がなお宗教の支配下にあった時代においては、宗教によってその当為が生み出されたことは極めて自然である。このことは今日の資本主義精神が、宗教と無関係なこととまったく衝突するものではない。はじめ、宗教によって当為と意識されたものが、後には経済の独立によって、経済価値による当為となっただけである。[59] このように、ウェーバーの理想型概念は、事物を発生的概念としてとらえるのであり、その具体的適用の述作が、『プロテスタンティズムの倫理と資本主義の精神』である。

以上述べたことにより、イェリネックの経験類型とウェーバーの理想型との異同はおおよそ掴めたことと思う。イェリネックは、無尽蔵の財を蓄積した自然科学の〝科学的統一〟に対し、文化(経験)科学の領域にもこの〝統一〟をもたらそうとしたが、その規範科学と因果科学との峻別により、両者に橋かけて〝総合〟をなしとげようという企図は、結果的には、上首尾に終らなかったといえるのではあるまいか。だが彼の試みは、従来の観念論的国家学と軌を一にするとみることのできないものがある。ヘーゲル、フィヒテさらにはリッケルトに至る系譜は国家学を純粋に価値にかかわらしめ、現在未来間の間隙をつなぐものとして国家論的計画をみとめようとしている。[60] これに反して、イェリネックは、理論科学の対象を存在に限定している点で、その前者に較べての特性を発揮している。しかし、ウェーバーはいう。われわれの観点から本質的なものとして明らかにされるもののみが、資本主義の「精神」という概念に対する唯一可能な把握である必要は決してない、ということである。これは、「歴史的概念構成」の本質に基づくことにほかならないのであって、「この概念構成のための方法としては、われわれは現実に存するものを、抽象的な類概念に当てはめようとするのではなくて、むしろ必然に特殊的・個別的傾向からはなれることのできない具体的な、発生的な関連にまとめあげようとしなければならないのである」。[61] まさに、この点は、ウェーバーの、理論と歴史、個別的認識と普遍的認識とをまったく独創的な仕事として、批判的に一致させた業績まで待たなければならなかったわけである。

〔追補〕イェリネックに対するケルゼンの批判は、枚挙にいとまないが、鵜飼教授によって、巧みに次のように要約されている。「イェリネックは、まず絶対主義的な実力国家があり、それがやがて法を作り出すことによって、その法で自分自身を拘束するという、国家の自己義務づけ論を主張した。これはしかし政治的要請であって、法論理的要請ではない。論理的には法は認識の手段であって、この法という価値をとおしてみるからこそ、はじめてそこに統一的秩序としての国家が認識されるのである。そうしてこのような統一的秩序は、政治的には、民主的なものだけではなく、絶対主義的なものであり得る、とそうケルゼンは批判するのである」(鵜飼、前掲書、七頁)と。イェリネックの方法論に対する批判は、ケルゼンによって、こう述べられる。「いまや私は、認識の方法が認識の対象を決定し、認識の対象は一つの根源から論理的に生産される、というコーエンの認識論上の基本態度の当然の帰結として、次の洞察に達した。すなわち、国家は、それが法学的認識の対象であるかぎり、ただ法でのみありうる。なぜならば、法学的に認識し、または法的に把握するということは、あるものを法として把握するということに他ならないからである」(Kelsen, *Hauptprobleme der Staatsrechtslehre* (2. Aufl.), 1923, Vorrede S.xvii)。また別の場所で次のようにも指摘されている。「認識の対象と方法とのあいだに、特別の方法は特別の対象を規定し、またその逆も行われるという、相関関係が成立するとすれば、二つの異った方向に向う認識の途上で、同一の認識対象に到達するということは不可能である。因果的観察と規範的観察とにより、同時に把握されるのは、同一の国家——物じたいとしての国家——ではありえない」(Kelsen, a.a.O., 注26, SS.106-107)。

41　岡田謙『理解社会学』春秋社、一九四九年、一七頁。

42　同前、一七頁。また、Bernhard Pfister, *Die Entwicklung zum Idealtypus*, 1928, S.138 には、次のように述べられている。「ウェーバーはIdealtypusという用語を、イェリネック——その『一般国家学』において、因果的認識方法と規範的認識方法の区別から出発して、存在と当為を表現するものとを研究する二種の認識法則に到達した——からとった。方法論的には、この認識法則に、二つの研究態度——理念型と経験的類型——とが対応している。"der ideale Typus", "der Idealtypus" は、本質的に目的論的意味をもつ。それは存在ではなくて、当為であり、それ故、同時に所与の価値基準である。〝理想型〟に適合するものは善であり、自らを具現し、定在せしめる権限をもつ。〝理想型〟に適合しないものは、破棄され、克服されるべきである。こうして、〝理想〟は規範的性格をもつ」。

43　前掲書、一七頁。

44　マックス・ウェーバー『社会科学方法論』岩波文庫、一九三六年、八六—八七頁。原文は、Max Weber, *Gesammelte Aufsätze zur Wissenschaftslehre*, 1922, S.200.

45　Derselbe, S.192.

46　ウェーバー、梶山力訳『プロテスタンティズムの倫理と資本主義の精神』有斐閣、一九四七年、二五—二六頁。Pfister, a.a.O., S.132ff. を参照。

47　Pfister, derselbe, SS.137-138.

48　ウェーバーは、リッケルトの「あらゆる認識は、当為の判断必然性に深く基礎をおく真理への義務意識の判断である」という考え方を受けついでいる。すなわち「科学的真理を欲するすべての者に、妥当することを欲するものに他ならない」(ウェーバー、前掲書、六四頁)と述べる。
　しかし、リッケルトが立てたような、「諸文化科学の『体系』は、文化科学が取りあつかうべき問題と領域との明確な、客観的に妥当する、体系化的固定という意味にすぎぬものであっても、それ自体無意味なものであろう。かような試みからは、いつも数多くの、種別のちがった、互いに異質的な諸観点の並列が——それらの諸観点の下において、その時々に実在がわれわれにとって『文化』となる。別言すれば、われわれにとって有意義であったし、かつ現にそうなのである――生れてくるだけである」という。

そして、「一つの完結した概念体系をつくり上げ、そのなかに何らかの意味で究極妥当的な組織の形で実在を総括し、さてそこから、再び実在を演繹しうるようにするのが、たとえいかほど遠い未来のことであるにせよ、文化科学の目標でありうる、という思想の無意味なこと」(前掲書、六四―六五頁)を痛論する。

49　小松堅太郎『マックス・ウェエバア　社会科学方法論』関書院、一九四八年、一六五頁。
50　同前、一六八頁。
51　ウェーバー、前掲書、注44、七三―七四頁。
52　同前、七四頁。
53・54　同前、七六頁。
55　同前、七三頁。
56　同前、八四―八五頁。
57　同前、八一頁。
58　同前、七八頁。
59　本位田祥男『経済史研究』三省堂、一九三七年、四五六―四五七頁。
60　リッケルト、前掲書、一六四頁。
61　ウェーバー、前掲書、注46、二三頁。

二　ケルゼン『法を通しての平和』（紹介）

＊「ケルゼン『法を通しての平和』（紹介）」『国家学会雑誌』六四巻二・三号（一九五〇年）

一

自然界に、時の整然たる継続があり、様々なる文化様式の変遷があり、盛衰があり興亡があるとひとしく、歴史にも一つのリズムがある。しかし歴史的昼は、大動乱大災害なくしては決して夜に変貌することができない。それは平和裡に暮れることがないのである。われわれが歴史をひもどくとき眼に映ずるものは、平和というよりはむしろ、血で血を洗う戦争の姿である。戦争こそ歴史に現われた"Behemoth"であろう。ヘラクリトスはいみじくも言っている、「戦争はすべてのものの父であり、すべてのものの王である」と。だが、戦争という無秩序な力の奔流によって蹂躪された歴史の日没時に面するとき、われわれには、到底建て直すことができない廃墟の印象が後に残るのみである。平和裡に暮れる「無言の憧憬の時」——「静かなる夜《スパコイノイ・ノーチ》」——は、われわれの前に、永遠の課題として留っているかに見える。しかしレオン・ブロアも云えるごとく、「苦しみは消え去る。だが苦しんで来たことは決して消え去りはしない」。一たび暴力に道をゆずった理性も、それが覚醒した時には、その屈辱の日の体験に身おののき、次の前進を固く約束する。われわれの二〇世紀はこの屈辱の歴史を二度までも作ったのである。誰がつくったのでもない。他ならないわれわれがつくったのである。ピエロと共に人々はファッシズムの笛に踊った。ファッシズムは生物学的精力の表示である。それは生活自体のために法律的諸形式を放棄した。それは秩序を平和を放棄した。なぜなら、法・秩序・平和は、ファッシズムにとり正に、反対物以外の何ものでもないから。かくてケルゼンはドイツを追われて、アメリカに難を避けた。この他で彼はファッシズムに対し、敢然として反抗した。彼の平和への情熱はこのことを物語っている。彼がその初期の著作〈*Die Staatslehre des Dante Alighieri*〉において、フィレンツェの市《まち》を追放されたダンテを画いた叙述は、そのまま彼にあてはまる。「彼は故郷を失った追放者であり、平和以外の何ものをもねがうことのない不安な人間である！　自分のため、わが市《まち》のため、……人類のための平和！　平和は彼の生命の憧憬であり、彼の政治体系の中心概念である」(S.17)。

さればこそ、『法を通しての平和』(*Peace through Law*, 1944)と題したこの書物には、深いドイツ的知性で鎮められながらも、その間にうつぼつとしてつきない二〇世紀文明への抗議が、平和への意欲が、吐露されている。序の冒頭に次のよう言っている。「われわれが宗教史において、原始人により彼らの神々にささげられた犠牲《いけにえ》について学ぶ時、また比較的文明化しているインディアンであるインカ族が、非常に残ぎやくなやり方でその偶像の祭壇に自分の子供たちをすらささげ、僧侶も犠牲《いけにえ》の胸をかき切り未だ鼓動しているうちにその心臓をとりだすのを黙認しているということを読むとき、またわれわれが、いかにして両親たちがそのような悲哀にみずから求めて耐えて行きうるのかを理解しようと試みて徒労に帰したとき、われらは、人間生活を保存すべき至上命令をわれわれに印象づけている、高度の宗教の祝福の下で、開化した時代に生きているという心よい意識のなかに救いを感ずる。しかしわれらキリスト教文明の人々は、事実、道徳的に弛緩してよい権利をもっているのだろうか。われわれ自身をペルーの土人とくらべて遙かに進歩していると考えてよいのであろうか。われわれの二〇世紀は人類に、技術のもっとも巨大な業績とともに、犠牲《いけにえ》が異教徒インカ族の幼児虐殺よりも遙かに凌駕している二つの世界戦争をもたらしはしなかったか。……忘却を宣告されないように、ふたたびみたび明示されねばならない真理がある。かかる真理とは、戦争は大量虐殺であり、われわれの文化の最大の汚名であるということ、そして世界平和を確保することが、まず第一になされねばならない政治的課題であり、民主政治と独裁政治、あるいは資本主義と社会主義との決定より以上に重要な課題であるということである」。

この激しい、しかも沈痛な抗議を投げつけつつ彼は考える。法の支配は拡大しうるであろうか。国際生活において、力は法に服従しうるであろうか。そしてまた戦争は国家間の関係から消滅されうるであろうか。もし国際組織が必要とされるならば、いかなる種類の組織が、永続的平和を保障する上に最大の成功の機会をもっているだろうかと。

かかる幾多の疑問に対し、彼はわれわれに解答の一部を提示している。しかしその解答は、本書が何分にも附録二五頁を合わせて一五〇頁の小冊なるため、文字通り解答の「一部」である。そしてそれはこの書より二年早く出版された『国際関係における法と平和』(*Law and Peace in International Relations*)第四講「国際法技術」を詳論したものと考えられる。後者は、第一講「法の概念」、第二講「国際法の性格」、第三講「国際法および国家」と右の第四講とから成る。そこでこれら三つのレクテュアが構成した理論構造を、具体的現実に適用して出来上ったものが本書であり、更に、その構成と内容から見て、右の両書を一本に集大成したものが、翌四五年に公刊された彼の『法と国家の一般理論』(*General Theory of Law and State* ――これに関しては、『法哲学四季報』第三号の碧海研究生の書評を参照せられたい――)だと言いうる。故に本書を理解するには、当然、右の二書、なかんずく『国際関係における法と平和』が前提とされることが必要である。もちろん本書のみでその内容を理解しがたいと言うのではない。これらの書におけるケルゼンの法理論を一応念頭においた方が理解しやすいし、またその所論の真の理解に達しえられると言うのである。なぜなら、彼の純粋法学理論は、彼のアメリカ亡命を期とするところから、ある発展の方向に進みつつあり、その限度において彼の理論は若干の修正をこうむらざるをえなくなっているからである。彼の発展方向および修正点と目される点は紙面の余裕あればふれることとし、以上のことを含みながら本書の紹介にとりかかりたい。

二

本書は二部から構成される。

第一部は、「国際紛争の強制裁判により保障された平和」であり、第二部は、「国際法侵犯に対する個人責任により保障された平和」である。これらが彼一流の極めてリアリスティックな方法で、しかも文字通り「法を通して」展開せられている。共に彼の法の本質把握の根本的態度から導き出され、法発展の形相を国際法のそれに適応せしめようとするものである。

◇

平和は力の欠除によって特色づけられた状態である。しかし組織された社会の中では、力の絶対的欠除――無政府主義の理想――は可能ではない。個人間の関係における力の行使は、それが社会に保持されることによって予防される。社会に力の独占を確立することは、強制秩序としての法の本質的特性である。原始法における自助、たとえば血讐（Blood-vengeance）は制裁の性格をもち、この意味でそれは、社会による力の独占の行使である。力の行使が集中され、中央執行権力が現われるに至ったとき、法律共同社会は国家となる。

法と力は互に排除しあいはしない。法は力の組織化である。かくて法の平和は、力の絶対的欠除――アナーキィ状態――ではなくて、むしろ、力の独占の状態――社会による力の独占――である。

ではいかにして、国際平和――国際社会における力の独占の状態――を確保するか、いかにして力のもっとも恐ろしい行使、戦争、を国家相互の関係から消滅するか。これに対し、国際条約による世界連邦国家の設立、これより以上自明な解答はないように見える。かかる示唆は、国家的平和の非常に効果的に確保されている国民国家と、世界国家との間に存すると推測されるアナロギーにその基礎をもっている。しかしこのアナロギーは、二つの理由から決定的なものではない。第一に、国民国家は、これらの論者のいうように、自由な、そして平等な個人による自発的商議でえられた協定の結果ではない。かかる社会契約説は、はるか以前に、権力説により廃棄され、おきかえられた。歴史は、平和に導くのは法の方途ではなくて、力の方途であることを教えているように見える。しかし社会契約原理が、国家起源の歴史的説明よりもむしろ、人間性の楽観的な価値判断に基いた構成であるとすれば、権力説は明らかに、過去の社会進化に対する悲観的な価値判断に影響されている。いかなる社会契約も、これを構成する力なくしては、一時的に鎮定された共同社会以上のものは設立しえないし、いかなる人間の強制的従属も、被従属者の側からの最小限度の同意なくしては、比較的永続する平和状態をもたらしえないということは当然のことである。法と力とは絶対的なアンティテーゼとして理解されてはならない。法は力の組織である（第一章、「力を通しての平和か、法を通しての平和か」)。

アナロギーは、なお別の理由の故に決定的ではない。すなわち、国際平和は世界国家の設立なしに確保されるという点で。その成員間に平和を確保するための本質的要素である力の独占は、たとえ社会の集中化が、国家の特性としての限度に到達しなくとも、可能である。

世界連邦国家設立可能の論拠として、スイス・アメリカ合衆国の例が好んでひかれる。が、かかる論は、これら連邦国家に結合された成員の間の、長い、緊密な、歴史的――政治的諸関係の存在を無視している。ただかくあれと思うことと、決定的事実に無知であることのみが、われわれに、かかる連邦国家を組織する際遭遇せねばならない巨大な困難を、過小評価することを許している。

戦術的観点から見て、たった一つ重要な問題がある。すなわちこの道に成功をもたらすためにとられねばならない次の歩みは、連邦国家でなくて国家の国際的連合のみだということである。それは、恒久的平和問題の解決は、国際法の枠の中においてのみ、すなわち、その集中化の過程において、国際社会の一般型より逸脱しない組織によってのみ、求められるということを意味する。これらの社会は、成員国家の相互関係を規制する法が、国家法的性格に改変されることなく、国際法的性格を維持しているという事実により特性づけられる(第二章、「世界国家か、国家連合か」)。

ところが、従来の国際法の特殊技術と国際関係とを仔細に検討すると、そこには種々の重大な欠陥が露呈されている。すなわち、国際社会には国家間の紛争を公正に客観的に判断するいかなる権威も存在していない。侵略されたかいなかの判断基準は各国にのこされている。しかも、法が侵犯されたかいなかの問題の客観的な検討と公平な判決とは、いずれの法律手続においても、もっとも重要な不可欠の段階なのである。そこで先のわれわれの前進の目標は更に、強制的管轄権も賦与された国際裁判所を設立する国際条約へと限定される(第三章、「国際裁判」)。

かかる方向づけはまさに、法的に世界平和にアプローチする道である。これに対して、戦争は不満足な経済的諸条件の帰結、とくに資本主義体制によるというマルキシズム理論などがあるが、これは正当でない。むしろ戦争の結果として、世界経済の不満足な地位がもたらされたのである(cf. Leonel Robbins, *The Economic Causes of War*, 1940, pp.15ff. 57)。もちろん、戦争が経済的原因をもたないというのは言いすぎである。国家の経済の利害はまさに戦争に導く。しかしそれらは根本的原因ではない(cf. Quincy Wright, *A Study of War*, 1942, Vol.II, pp.717ff., 284ff.)。ロビンスも帰結しているごとく、国際的戦争に導く国家の経済的利害の衝突を起させる窮極の条件は、独立せる国家主権の存在である。もし過去三十年の歴史がわれわれになにものかを教えたとすれば、それは経済に対する政治の優位性である。戦争の消滅は至高の問題である。それは国際政治の問題であり、そして国際政治のもっとも重要な手段は国際法である。

この点で、侵略戦争と国家的政策の手段としての戦争を禁止した不戦条約(ブリアン=ケロッグ規約)は、平和問題へのアプローチと比較考量するとき有力な論ではある。しかし規約は制裁を規定せず、また国家に、例外なくその紛争の全てを、国際裁判所の強制的管轄権に委ねることを義務づけることなしに、紛争の平和的解決を求めることを義務づけたことにより、ほとんどなにものをも保障しないこととなってしまった(第四章、「経済的接近か、裁判的接近か」)。

かかる強制的管轄権をもつ裁判所設立の示唆に対し、二つの反対がある。一は判決執行のための集中化された執行権――「国際警察軍」――の不存在の主張からなされるものである。しかし、かかる集中化された執行権をもつ連盟は、その性格よりして、もはや、「国際的」でなくて、「国家的」性格のものであり、既述の世界連邦設立論と同じく極めて非現実的である。かかる執行権の組織化は、われわれの最初の歩みでなくて最後の歩みの一つである。

われわれは次の諸理由により強制的管轄権をもつ裁判所の設立を強く要望する。第一、民主主義の根本原理たる多数決原理は、裁判所の手続においてもっとも容易に行われやすいのであり、また現に国際関係の分野における唯一の例外としてここにのみ見られたこと、第二、仲裁裁判条約が効果的であったこと、第三、法の歴史は、国内法において、法適用機能の集中化——裁判所の設立——が、法創設機能の集中化——立法機関の設立——に先行する事実を示していること。われわれは、完全に分散し自助の原則に支配されている国際法が、原始法と同じ方向に発展することを信ずべき恰好の理由をもっている。「法が制裁の社会的組織化であるなら、法の原初形式は民族間の法であったにちがいないし、またかかるものとして、一種の国際法であったにちがいない」(Kelsen, *General Theory of Law and State*, p. 334)。

強制的管轄権をもつ裁判所設立に対する第二の反対は、集中化された立法権のないことから帰結される。が、これに対する駁論は右の法の歴史の証明で足りる。また国家内の裁判所は、今日の国際法と同様、慣習と協定から発展した法秩序を適用して来たのであるし、ローマ法と英米法の歴史は、いかにして裁判判決が法を創設するかを示している。立法者なき裁判官はありうるが裁判官なき立法者はありえない(第五章、「集中化された執行権と立法権なき裁判」)。

さらに、国際裁判所の適用法規の不完全性の理由から、法的紛争と政治的紛争を区別せよとの議論が行われる。この区別は、国際裁判所の管轄から一定の国際紛争を除外することを正当づけるためになされたものであり、現実に実定国際法により律せられている国家間の一定の関係から、国際裁判を消滅しようとの意欲の表現である。なるほど私人の場合と同様、国家間のいかなる紛争も、その性格は経済的または政治的である。しかしそのことは、紛争を法的紛争として取扱うことを排除するわけではない。紛争は、内包されている利害と関連しては経済的であり政治的である。これらの利害を裁判する規範的秩序と関連しては、それは法的であり非法的である。これにつき国家裁判所と国際裁判所とに本質的相異はない。

いわゆる政治的紛争を国際裁判所の管轄権から除外することは、これらを非裁判機関を通ずる調停に従わすことによっては償われえない。解決されえない、そして平和的解決のためになんらの義務的手続をも具備していない紛争の存在以上に、平和にとって危険なものはない(第六章、「法的紛争と政治的紛争」)。

他面、国際裁判所の強制的管轄権は調停手続を排除するわけではない。これは一九二八年の国際紛争平和的処理に関する一般議定書に規定されている。本議定書は、政治的紛争をも裁判判決に付託することにより進歩を示したが、この進歩は、国家に留保を条件として、これが受諾をなすことを許す規定にあり完全に中和されている。この留保の中でもっとも問題となるのは、いわゆる「国内管轄事項」であるが、実にその性格よりして、「もっぱら国家の国内管轄に属する」いかなる問題も存在しない。いかなる事項も、国際条約の対象となりうる。そもそも、かかる規定そのものが、国際法により定められているのである。故に、事件の性格には、かかる紛争を国際裁判所の管轄権から排除することを正当づけうるなにものも存在しない(第七章、「調停」)。

モスコー会議が戦後の国際組織の基礎として「主権平等」の原則を宣言したから、次に強制的管轄権をもつ裁判所が、この原則と両立するかいなかの問題を検討することが必要である。「主権平等」という語は、おそらく、国際法の主体としての国家の、二つの一般に承認された特性たる主権と平等とを意味していよう。

オースチン一派による、最高権威としての「主権」は、規範あるいは価値領域には属せず、むしろ、因果律により決定せられる現実領域に属するものとして、「効果を生む能力」と解せられているが、これは法的存在たる国家の特性ではありえない。かかる主権概念は科学的なものでなくて形而上学的なものである。国際法における主権は、他国家の国家法によってでなく、国際法によってのみ制限され、また制限されうる国家の法的権限または能力を意味する。

また国際法主体としての国家の本質的特性を表示している「平等」という語は、現実に全ての国家が平等の権利義務をもつという意味ではない。かかることは不可能である。平等は権利義務の平等を意味せず、むしろ、権利義務に対する能力の平等を意味する。

国際連盟規約は主権平等の原則により全会一致の決議方式をとった。そのため、効果をあげえなかった。しかしここに、その手続に関し、いかなる国家もその意思なくしてまたはその意思に反して、法的に義務を負いえないという原側に従っていない唯一の国際機関がある。国際裁判所これである。不戦条約は紛争——政治的紛争も含めて——解決のために武力行使を禁止した。一歩を進めた強制的管轄権の確立は、われわれが右に定義した国家の主権平等を廃することはない。これこそ実定国際法を維持するためのもっとも効果的な手段であろう。

かかる裁判所が、適用法規として、実定国際法のみならず正義と衡平の観念を適用し、紛争国に新しい権利義務を課すことはありうる。しかしこのことが直ちに、主権平等と両立しないという帰結にはならない。実定法の解釈というものは、必ず何らかの法適用行為と結びついて、常に、多かれすくなかれ法の変更を意味しているものである。法は実にその性格よりして、動的体系であり静的体系ではない。他面裁判判決は客観的かつ公平であり、法の否定たる原則に従って発せられる政治的判決ではないのである(第八章、「平和維持のための国際組織の基礎としての国家の主権平等」)。

国際連盟の完全な失敗の原因の一はこのあたりにある。すなわち連盟は、われわれのもっとも現実的な方向とは別に、政府と議会の二元主義になぞらえて、全会一致に拘束される理事会と総会とをその組織の中心におき、多数決をとりうる常設国際司法裁判所を従的位置においたのである(第九章、「国際連盟の経験」)。

ここにわれわれは、国際連盟の経験を通し、更に国際社会の現実の冷徹なる批判を通して、強制的管轄権をもつ裁判所をその組織の根幹とし、理事会をその補助機関たらしめる、平和維持のための恒久的連盟規約(Permanent Leage for the Maintenance of Peace)を要望する機会をもつに至った。力が国際組織に効果的に賦与されればされるほど、この力は法の維持のためにのみ行使されるという保障も増加するのである。そして力の法律的行使のための唯一の重大な保障は、連盟の統率下にある軍隊——それが真の国際警察軍であるにせよ、一乃至数連盟国の軍隊であるにせよ——が、政治機関の命令に用いられるのではなく、裁判所の判決の執行に用いられるべきだということである(第一〇章、「平和維持のための恒久的連盟」)。

三

第二部は、「国際法侵犯に対する個人責任により保障された平和」と題される。戦争を防止し、国際平和を保障するもっとも効果的な手段の一は、政府の構成員として戦争に訴え、もしくは戦争を挑発することにより国際法を侵犯したものの、個人責任を確立する規則の制定である。個人責任を確立するとは、かかる個人を、国際法侵犯につき有罪なものとして処罰することを意味する。そのためには当然の前提として、戦争そのものが国際法により原則として禁止され、犯罪に対する反作用——制裁——としてのみ、みとめられるということが決定されねばならない。これはいわゆる〞正当の戦争〟(bellum justum)がみとめられるかいなかということである。この点に関し、ケルゼンは注目すべき論をなしている。すなわち彼は、実定国際法上の、「bellum justum」の観念を例示しつつ次のように結論する。「国際法が真の法と解されるかいなかは、国際法を bellum justum 理論の意味で解することができるかいなかに懸る。しかもこの理論をみとめることは、あくまでも希望であり政治的決定であり、かかる解決をジャスティファイし、われわれの望む進化を促進する傾向にある現今の国際法のあらゆる要素を、できるかぎり強化せんとの意図であって、科学的決定ではない。かかる、正当づけが、厳密な法的意味であるよりもむしろ道徳的意味であるにせよ、それは非常に重要なものである。結局国際道徳は国際法の生長を養う土壌であり、国際道徳の意味で正当と考えられるものはいずれも、すくなくも国際〝法〟となる傾向をもっているからである(Kelsen, *Law and Peace in International Relations*, pp.37-38)。

この前提是認の上に、「個人責任」に関し、更にわれわれは幾多の論証されねばならない課題をもつ。なぜなら、近代刑法における処罰が個人責任を意味するに対し、伝統的国際法の特殊的制裁——復仇ならびに戦争——は団体責任を意味するものであるから。ケルゼンの第二部における考察はここからはじまる。

◇

原始法秩序としての国際法は、実にその性格よりして団体責任主義の基盤の上に立つ。しかし国際社会の組織化と共に、その団体責任は重要な例外をもつに至った。かかる例外は個人責任を確立している。海賊行為の禁止、封鎖破壊、戦時禁制品の輸送、戦時犯罪に関する規則がこれである。かかる行為が犯された際、処罰機関が国家機関であるにせよ、適用法規が国家法であるにせよ、その行為を規定する法が国際法である以上、これを処罰する国家は国際法を執行しているのである。故に国際法は、かかる事情の下では、個人に他の国家にとり有害な行為を禁止する義務を課し、個人責任を確立していると言える(第一二章、「一般国際法により確立された個人責任」)。

また、国際法の侵犯に対する個人責任が特別国際法、たとえば国際条約により確立されうるということはいうまでもない。実例として一九二二年の「潜水艦使用に関する条約」(とくに第三条)、一八八四年の海底無線電信保護の国際条約(とくに第一一条)が既にある(第一三章、「特別国際法により確立された個人責任」)。

以上の検討により、個人責任が一般国際法に全くないわけではなく、またそれは、特別国際法——条約——によって創設されうるものであることが明らかになった。ところが目下与論の要請する戦争惹起者の処罰に関してはまだ問題がのこされている。すなわちその行為が国家行為であるという点と、かかる戦争惹起者の処罰を規定する条約は、〝事後法〟(ex post facto laws)に該当するのではないかという点で。われわれはこの問題に答えなければならない。

国家行為たる個人の行為により損傷をうけた国家は、責任を負うべき国家に対し復仇もしくは戦争に訴えうる。しかしかかる個人自身を起訴することはできない。これは、いかなる国家も他の国家の管轄権に服しないという、一般国際法によるものである。この原則には例外がないわけではない。しかしどの例外も、前者を制限する慣習国際法もしくは条約国際法の特別原則にもとづいていなければならない。そこで個人が国家行為としてなした行為のために、他国の裁判所もしくは国際裁判所により処罰さるべきであるとすれば、裁判の法的基底は、その行為の処罰されるべき国家と締結した国際条約でなければならない。ここにかかる条約は、〝事後法〟に該当するのではないかという問題がもちあがってくる。罪刑法定主義は国際法には規定されていない、しかしそれは近代法の重要な原則である。その基底は、個人が行為の際それが悪を構成するということを知らず、かつ知りえなかったなら、彼にその行為の責を負わせることは正当でないという道徳的観念である。しかしもし行為が、それをなした際たとえ法的には悪でなくとも、道徳的に悪であるなら、その行為に事後の制裁を加える法は、道徳の見地からでなくて、法的見地からのみ遡及的である。かかる法は、当該原則の基底にある道徳的観念にあい反するものではない。このことは、個人が国家機関としての資格において国際法を侵犯したことの責を負わしめられる、国際条約においてとくにそうである。条約は道徳的責任を法的責任に変形したのみである。事後法を禁ずる原則は、当然、かかる条約には適用しえない(第一四章、「国家行為に対する個人責任」)。

第一次世界大戦後、戦争責任調査委員会は、侵略戦争は直接実定法に反する行為と考えられず、また戦争開始についての要件は、単に法の対象とするには余りにも複雑なものとして、ウィルヘルム二世訴追につき消極的勧告をなすにとどまった。しかし今次大戦勃発に際しての法律的事情は、前大戦勃発の際とは完全に異なっていた。枢軸国は侵略戦争を不法とした不戦条約の締結国であった。これが審判につき法律上も事実上も重大な障碍は存在しない（第一五章、「第一次、第二次世界大戦における戦争犯罪の問題」）。

与論は、戦争惹起者に責を負わしめるのみでなく、とくにいわゆる戦争犯罪人、すなわち戦闘法規を侵犯した人を裁判することをも要求している。戦闘法規に違反する行為は、同時に殺人、掠奪、窃盗、放火などのごとき一般刑法の侵犯である。にも拘わらず適法な戦闘行為は処罰しえない。もし処罰すればその国家は国際法を侵犯しているということになる。では、なにがこれらの行為から犯罪たる性格を奪うのであろうか。一般にはこれらの行為が国際法に従って——すなわち許容されて——いるからだと答えられる。しかし国際法が許容しており、従って国際法により禁止されていない行為で、国家法が犯罪としてとり扱うものもある。たとえばA国市民がその国でB国人から物を盗んだ時、国際法はかかる行為を禁止していないし、A国にその責任を負わしめてもいない。しかしB国は、盗賊がその官憲に捕えられたとき彼を処罰しても、国際法を侵犯していることにならない。右の問題に答えうるのは、bellum justumの理論の基底の上においてのみである。そこで、一般国際法および不戦条約のごとき特別国際法で禁止された、不法な戦争にまきこまれた兵士は全て、殺人、放火などの罪を負うのではないかとも考えられる。しかし国家行為として戦争行為をなした個人は、たとえその行為が国際法違反であり、戦争自体が不法なものであっても、個人として責を負うことはない。その行為が国家行為である以上、一般国際法は、違反に対する責を集団的に国家にのみ帰せしめるからである。その結果として、戦闘法規に違反する行為であって、行為者が捕りょとして敵にとらえられ、しかもその行為が国家行為でないと認定された場合にのみ、個人的に処罰の対象となる。かかる解釈は、国家機関としてその国家の利益のために必要であると考えられる行為をなすことを、国家法により義務づけられている、個人の必要な保護である。これに対する例外は、間諜行為または戦時叛逆にみられる。これらの場合、一般国際法は犯罪人の責任のみを確立している。

かくてわれわれは次のごとき結論に達した。国家行為として戦闘法規を侵犯した人の裁判は、違反者の本国の同意をもつてのみ、すなわち戦争惹起者の場合と同様、その行為の処罰さるべき国家と締結した国際条約の基底においてのみ可能である（第一六章、「戦争犯罪の処罰」）。

多くの国際法学者は、戦争犯罪は国内法に対する刑事犯罪のみを構成し、「国内的」性格のものと主張する。たしかに、一般国際法が直接、犯罪人に対し科せらるべき刑罰を決定していないというのは事実である。しかし国際法は、その国民が軍隊の一員として戦闘法規を侵犯した国家に、犯罪人を処罰すべき義務を、またかかる犯罪人を捕りょとして捕えた国家に、処罰すべき権限を与えている。かくて国際法はすくなくとも間接的に、戦争犯罪人の処罰を規定している。刑罰の決定が国家法に委せられていることのみで、「国際的戦争犯罪の欠除」を語ることは誤つている（第一七章、「国際法または国家法の侵犯としての戦争犯罪」）。

戦争犯罪を構成する行為の審理に際し異論の多い問題がある。かかる行為は上官の命令によりなされたもので、行為者自身に責任はないとする「上官命令の抗弁」がこれである。必ずしもその行為が国家行為であることを意味しない。軍という観点からは抗弁はたしかに認容されねばならない。一九四〇年合衆国陸軍省により刊行された基礎的野外執銃教練の第三四七条は、命令によつて行為した部下の責任をみとめていない。ある国家法秩序は、命令自体が不法であり故に無効であるとき、上官命令の抗弁をみとめていない。しかし政府行為の絶対的無効は極めて稀である。またある国家法によれば、上官命令の抗弁は、命令が明白に議論の余地のないほど法に反している際にのみ拒否されうる。命令が客観的に不法で、あることでは充分でない。命令が「被疑者をも含めてあらゆる人に、一点の疑いもなく法に反していることが普遍的に知られ」ねばならない。かかる場合も極めて稀である。もし命令の不法性が国際法の侵犯に存するなら、命令が一点の疑いもなく」法に反していることが、「普遍的に知られ」ていると仮定することは不可能である。いかにして兵士は、戦闘法規に違反する命令が復仇でなく、故に許されていないということを知りえようか(国際法違反たる行為も異なる条件の下では復仇として許されている)(第一八章、「上官命令の抗弁」)。

戦争犯罪を告発されているといないとを問わず、捕りょは戦争終了後直ちに釈放さるべきである。勝利国に、平和の締結前その国家裁判所により犯罪人を審理する機会を与えるためには、国際条約——休戦協定——が戦争犯罪人引渡の規定を含むべきである。その際引渡された個人は、厳密な意味での捕りょではなく、平時に引渡条約に従って引渡された個人と同一の法的地位にある。第二次世界大戦の結末にいささかの疑問をも避けるため、国家裁判所または国際裁判所に、戦争犯罪人に対する管轄権を賦与する将来の国際条約のいかなるものにも、国家行為の性格をもつ戦争犯罪を含んだ明瞭な規定を挿入することが適切であろう(第一九章、「捕りょに対する管轄権」)。

かかる戦争犯罪人審理に最大の機能を発揮しうるのは、云うまでもなく、国際——ただに法的基底に関してのみでなくその構成に関しても国際的——裁判所である。復讐は復讐をよぶ。単なる憎悪の感情に基く裁判なら、むしろデキャン男と共に、「訴訟の論争をやめよ、忘却と希望の平和に幸あれ」と言いたい。戦争犯罪人の処罰は、国際正義の行為であるべきである。勝利者がかれら自身を、敗北者に課すのと同じ法に従わすべき際にのみ、国際正義(司法)の観念が維持されるであろう。

国際裁判所による戦争犯罪の処罰、とくに国家行為の性格をもつ犯罪の処罰は、国際法の一般的改革の枠のなかで行われるのであるなら、ますます国家的感情を傷つけるから、たしかに多くの抵抗に出会うことであろう。かかる処罰は、この研究の最初に提案されたごとき、強制的管轄権を賦与された裁判所を主要機関としてもつ、平和維持のための恒久的連盟を構成する条約の基底の上においてのみ、成功裡になしとげられる。かくて国際法による個人の直接の権利・義務ずけが増加するに従つて、国際法と国家法との境界線は漸進的に消滅する方向に進む（第二〇章、「国際刑事管轄権」）。

四

以上でごく大まかなケルゼン『法を通しての平和』の紹介を終る。この書物は彼の要望であり提案であって、決して体系的なものではない。

その結果極めて「時局性」に富んだものとも云える。この「時局性」の中に彼の根本思想が埋没している。そのためこの書物は、固定した定式といった感がないでもない。にも拘わらず、われわれはこの提案の理論的意義を過小評価することはできない。それは、原始法的自助の段階にある国際法を、司法裁判の段階へと進める道程の表示であるからである。そしてこの点に関しケルゼンは、以前よりも徹底した見解を述べるに至っている。すなわち、以前の、「国際法はきわめて原始的な法」（*Allgemeine Staatslehre*, 1925, S.126）「国際法団体はまだ原始法団体」（*Das Problem der Souveränität*, u. s. w., 1920, S.260）とした見解を一歩進めて、「原始法としての国際法」（*Law and State in Inter Relations*, p.52ff.）を分析し、血讐を中心としてヴィヴィドな興味ある見解を披瀝するに至っている。これは量子物理学者、とくにシュレディンダー（Schrödinger）の影響により、彼の拠って立つ二元論の一方の基礎たる因果律に対する反省を迫られ、応報原理（Vergeltungsprinzip）の支配する原始社会に眼を開かせられた結果でもあり（Hans Kelsen, Die Entstehung des Kausalgesetzes aus dem Vergeltungsprirzip, *The Journal of Unified Science*, Vol.VIII, 1939, S.69-130）、彼の亡命したアメリカにおいて、Wissler. Kroeber, などの高度の文化社会学により影響された結果でもある(このことについては、いずれ他の機会に詳論したい。Cf. Kelsen, *Society and Nature*, 1946)。

かかる見解は、メイン、エールリッヒ、ランベールなどにより、すでに述べられているものでもあるが、国際法の性格の真の理解のためには、かかる見解以上に重要なものはないともいえるのである。なぜなら国際法を法なりと言う時、ともすれば近代法を連想する習いなきにしもあらずで、あるからである。その結果は、意図するものとは反対に、却って国際法の法的性格を否定する論を誘導する結果になりやすい。逆にわれわれが、国際法の原始法的性格をよりあらわにすればするほど、むしろ、その近代法的な性格を明かにすることができるという逆説が可能なのではあるまいか。そして国際社会の組織化のための有益な理論を提供することになるのではあるまいか。ケルゼンは、本書及び最近の著書を通して、われわれにかかる示唆を与えてくれている。もとより示唆にとどまってその具体的な展開は見られない。これはわれわれに残された課題であり、皮肉にも、この道は、純粋法学の徹底化というよりも、その克服への道に通ずるものであろう。

(一九四九・一二・一二)

三　ケルゼン『社会と自然――社会学的考察――』(紹介)

Hans Kelsen, *Society and Nature*
――*A Sociological Inquiry*――(1946)

＊「ケルゼン『社会と自然―社会学的考察』(紹介)」『国家学会雑誌』六四巻七・八・九号(一九五〇年)

一

《はしがき》

ケルゼンのこの書は、一九四六年カルル・マンハイム(Karl Mannheim)の監修する社会学叢書(International Library of Sociology and Social Reconstruction)の一巻としてロンドンで出版された。全文が、第一部、「原始人の自然概念」、第二部、「ギリシャ神話と哲学」、第三部、「近代科学」の三部から成り、更にこまかく七章、八一節にわかれている。この書には表題のように、「社会学的考察」という副題がついている。ケルゼンが社会学の書物を書いたという事実は、かれの理論を知るひとに、いささか奇異の感を与えるかもしれない。なぜなら、自然科学的因果科学的方法の意味における、いわゆる「社会学的」考察は、彼が極力排斥したものであるからである。そこでこの書の紹介にとりかかる前に、当然ケルゼンの意味する「社会学的」という語が、いかなる意味をもつか検討が必要とされるわけである。しかし、その包含する意味が真に問題となりうるのは、論理的にはむしろ、後述するケルゼンの理論体系におけるこの書の位置づけにおいてであるので、ここでは深い意味としてでなく、単に、文化社会学的、とくに人類学的(anthropological)の意味に考えておいて差支えないと思う。

この書は全文三八〇頁余り、註がそのうち一〇〇頁以上という実に詳細、かつ丹念な研究であるので、その逐一にわたってここに紹介することは、到底不可能なことである。そこで、はじめにごく大づかみに、この書の概要を述べ、次に巨視的に、ケルゼンの理論体系においてこの書物がいかなる位置を占めるかを考察する、という二者に制約されることを許していただきたい。両問題についてもとよりであるが、とくにこの書の位置づけについては、私のケルゼン学説の理解不足から思わざる誤謬を犯すかもしれず、切に読者の御教示を仰ぎたい。

二

《本書の目標》

この書は、応報原理と因果律との関係の研究であり、同時に、原始的観念が科学的概念にメタモルフォーゼしたことを示す精神史の研究でもある。更にこの書の主要な命題は、因果性(Kausalität)という近代的概念が、その起源を応報(Vergeltung)という原始的概念にもつということである。しかしこの命題は既に、一九三九年の彼の「応報原理よりの因果律の成立」(Die Entstehung des Kausalgesetzes aus dem Vergeltungsprinzip, *The Journal of Unified Science*, Vol.I,VIII, 1939, SS.69-130)という論文に展開されたところであり、唯そのときには、かれは、「われわれは、これを民族学的資料から再構成することができる」と述べ、これを実際に再構成することなく、単に、古代ギリシャの自然哲学の資料について述べるに止まっていた。ところが、七年後に現われた本書では、この論文に、第一章、「原始人の意識」、第二章、「自然の社会的解釈」、第三章、「応報原理による自然解釈」(以上第一部)、および第二部、第四章、「ギリシャ宗教における応報観念」が加わったのである。故に後述するブスタマンテ(L. S. de Bustamante)の指摘した、ケルゼン学説の変貌――発展ともいえるが――は、既にこの論文において行われていたのであり、もしこの変貌をいうことが正しいとすれば、クラフト・フックスが一九三一年の論文(Margit Kraft-Fuchs, Kelsens Staatslehre und die Soziologie des Staates, *Zeitschrift f. öffent. Recht*, Bd. XI, Heft. 3, 1931, S.402ff.)で述べたごとく、既にそのはじめよりしてケルゼン理論に内在していたものということができる。

およそ、われわれ近代人の思考は、根本的な二元論、およびこの二元論を、世界を一元論的に見ることにより圧倒しようとする傾向により特色づけられている。二元論それ自体は、種々の形で現われている。社会と自然の区別はその一つのものにすぎない。ここでケルゼンは、「社会学的国家概念と法律学的国家概念」で展開した、「認識目的の同一性は、認識方法の同一性により制約されている」(原文一一六頁)という方法論的純粋性から、次のように述べる。「社会と自然は、それが二つの異った要素として考えられるなら、それは二つの異った思考方法の結果であり、かかるものとしてのみ、二つの異った対象である。因果原理により、相互に結びつけられる同一の要素は自然を構成し、他の、すなわち規範原理により、相互に結びつけられる同一の要素は社会を構成する」と。従来ケルゼンは、自然を支配する因果律と、社会を支配する規範原理を画然と分かち、この二元論の基礎に立って、自己の理論を押しすすめて来たのである。

しかしこの書においては、従来とすこしく趣きが異なる。すなわち、かれは、自己の二元論の一方の基礎であった因果科学的思惟方法に探くメスを入れ、これを統計的確率性(statistical probability)によりおきかえ、むしろ後に述べる一元論的構成をもって、世界を解釈しようとしているかのようである。

そこでかれの研究はまず、現在すべての生起の絶対的法則と考えられている、因果的思惟方法がいかにして成立したかにむけられる。すなわち人間の思惟過程には、「因果性をすべての生起の絶対的法則として意識しない時期が存在したこと、また因果律をもつことは決して自明なのではなく、遥かに後に、方法的に始めて、獲得されたものである」という前提にむけられる。ここにかれはいう、「この前提は正しい。というのは、今日なお生存している原始民族の思惟は、因果性の概念を全く知らない。かれらは、自然を因果的図式とは異った社会範疇に従って解釈する。かれらには、社会と異った〝自然〟は未だ存在しない」と。

およそ、文明人の思考に非常に特徴的な、社会と自然の二元論は、原始人には、全く無縁のものである。他方、近代科学は、自然を社会の一部としてでなく、社会を自然の一部として考えることにより、一元論的目的を実現しようと試みている。かくて、原始人を支配する応報原理からの、因果律の漸進的解放の過程は、精神史的観点から非常に重要な、社会科学と自然科学との関係を示す。この著作は、この問題に対する社会学的寄与として企てられているのである。

《本書の内容》

(1)　最初に、原始人にとって、感性的要素(emotional component)が、自然に対する場合も社会に対する場合も、ともに優越的地位を占めていたことが示される(第一部、第一章、「原始人の意識」)。「かれら原始人にとっては、価値概念が客観的基準にもとづくのではなく、欲望されるが故に有用であり、恐れられるが故に有害であり、それが個人利益よりもむしろ、集団利益の表明なるが故に、道徳的に善であり悪である」と。たしかにこの傾向は、原始人の内部的世界を強く支配している。カッシラーもこれにつき、「原始人の現実解釈を放射させる中心は、思索ではなくてむしろ行動である」(Ernst Cassiler, Das Mythische Denken, *Philosophie der symbolischen Formen*, Part II)とのべている。かかる理由から、因果律の概念、もしくは因果的思考への傾向が、原始人にとっては問題外のものである。たとえば、殺人の場合、かれらにとって関心のあるのは、その親族の死の原因たる事実ではなくて、それに責ある個人(もしくは集団)を、その死に責ありとして捕えうるということ、たとえ、責ある個人と死との間に、近代的観念による因果関係が絶対的に存在しなくとも、原始人は、殺人につきある個人を訴追しうるということである。原始人の思考は、因果律でなくて、かかる応報観念により占められている。

更に、このような因果的思考の欠除と共に、原始人により特徴的なのは、「自我意識の欠除」である。プロイス(Preuß)もいうように、「原始人は、自己に依存することをしない存在物である」。文明人が、ときには、神をすら人間の道具だとみとめるまでになっているのに、原始人は道具を神と考えている。原始人の生活は、宗教を無視して、また呪術を無視して考ええないものである。自信(self-confidence)の欠除もここから起ってくる。自我意識の欠除は、裏をかえせば、団体意識の優位である。このことは言語学上からも論証される。原始人は、ほとんど一人称をつかわない。たとえ使うことがあっても、「私の土地」が、そのまま「部族の土地」を意味する。このような観念から、かれらにおける殺人は、被殺害者に対する不法であるよりもむしろ、有用な成員をうばうという、集団自体に加えられた不法と考えられる。「もし人が殺されたなら、流されたのは集団の血である」。この団体意識は、また、実体化の傾向、すなわち、力、時、苦痛などという抽象的なものを、全て実体(substance)と解することと結びついている。

しかし、原始人が、その社会秩序から結果する価値を、実体として想定するという事実から、早急に、原始人が道徳的に無関心だという結論を導き出してはならない。「道徳とは、社会秩序である。……原始人と文明人との道徳の相異が、単に量的相異で、質的相異でないということは、明らかに、両者に共通の制度たる罪の告白により示される」。この点についてのケルゼン叙述は、デュルケム『社会分業論』(井伊訳、二一六頁)の原始民族と道徳性についての叙述と軌を一にしている。右の実体化の傾向は、罪が病と同様伝染性あるものとして、原始法秩序にとりきわめて重大な、「団体責任」を導き出す。

かくて原始人には、「理論的には、個人に対する犯罪は存在しない」。自己集団内においては、超人間的権威、すなわち祖先の遺霊により加えられる超越的制裁が、その秩序を維持し、集団間の関係では、血讐の形における社会的反作用がはたらく。集団の構成員にとって、祖先の遺霊という超在的な力に対する恐怖は、実に、有罪の意識をもっている人間の死をもたらすほど、大きなものである。「死はしばしばこの道徳的恐怖から起る」(Crawley, *The Mystic Rose*, I, p.176) 〝死者が生者を支配する〟。これが原始社会の典型的一般化であり、その故に過去が神聖であり、伝統主義がその処をうる。「かれらにとり、真理とは、社会秩序の拘束力そのものであり、……社会的権威が真理の源泉である」。

(2)　タイラー(Tylor)の原始文化についての有名な研究以来、ひとは原始人の自然解釈を、「万有精神論《アニミズム》」とよぶようになった。なぜなら、原始人は、自然が精神により住まわれているとか、生気づけられていると想像しているからである。原始人にとり、自然は未知のものであり、無縁のものである。「かれらは、現実を直接、人的範疇において理解する」。ここから第二章、「自然の社会的解釈」がはじまる。これはまた、思惟と存在との関係についての認識論上の問題でもある〝始めに存在ありき〟ではなく、原始人にとってはまさに、〝始めに思惟ありき〟なのである。もちろん、このことについて直接ケルゼンは触れていない。しかし行論の過程に、おのずから、かれの認識論上の立場を推察しえよう。

「原始人には区別能力が欠けている」。自我意識をもたない以上、かれらは、認識対象をかれの血縁者と等質のものとみなす。更に、対象が、生体であろうが、死体であろうが、精霊であろうが、動物、植物であろうが、かれらは、これを区別しない。たとえば、マオリ族(the Maori)は、山を親族共同体と考えている。あいあらそう二つの部族の間に平和を確保するため、一方の首長の娘が、他方の首長の息子と結婚させられる。と同時に、両部族の代表としてえらばれた二つの山もまた、結婚させられる(Elsdon Best, *The Maori*, I. 91, 129)。また社会範疇の名の下での原始人の自然解釈は、かれらが、現実にこれらの対象に対して示す行動にもあらわれている。ブッシメン族(the Buchmen)は、雨を人間とみなし、霧雨を女性の雨、強雨を男性の雨と考える。かれらは、ひとを取扱うと同様、雨を取扱わなければならないと信じているのである。またジバロ・インディアン族(the Jibaro Indians)は、雷のとき、自然の敵に対すると同様、自己の槍を天にむかってかかげ、超自然的な、見えざる攻撃者に、"Come on, we are ready to receive you!" といって挑戦するという。これらは、対象が自然事象としてでなく、社会事象として取扱われた結果である。人類学者が呪術と呼ぶものの大部分は、この自然の社会的解釈そのものである。われわれがかれらにつき、呪術的(マヂック)とか神秘的とかいうこれらのことが、かれら原始人にとっては、実に、自然の社会的解釈のきわめてナチュラルな結果なのである。「原始人には、非人格的な(impersonal)考え方はなく、人格的な(personal)考え方だけがある」。かくて、「自然事象の中に想定される人格が、実に、社会的権威を代表する。この結果として、自然秩序と社会秩序とは、同一のものである。原始人の自然に対する関係は、事実間の客観的関係の観念、すなわち非人格的力によりもたらされた、因果連鎖(Kausalnexus)の仮定にもとづくのではなくて、二人のひとの結合の観念、すなわち社会関係の仮定にもとづく。それは、けんちょな規範的性格をもつ」。かれらにとっては、は近代科学者がするように、社会が自然の一部ではなく、むしろ、自然が社会の一部なのである。

(3)　かかる原始人の自然の社会的解釈の基底によこたわる原理は、いかなる原理であるか。これが、第三章、「応報原理による自然解釈」において、展開される所論である。

「自然に対する原始人の行動を決定する根本的原理は、かれら自身およびその集団の構成員に対するかれらの行動を決定する原理、すなわち社会的応報原理で同じものである」。

ここで注意されるべきは、ケルゼンが、とくに、応報を復讐への自然的本能と考えてはならないと指摘している点である。復讐は、不法をさけるという自衛欲望のみならず、更に積極的に、不法の製造者(その関係者をも含めて)に対し、反対に不法を加えるという意思をもって、該作用がなされることを要件とする。すなわち、積極的意思を要件とする。ここで彼は次のようにのべる、「復讐への欲望において、それ自身を表明するものは、純粋に本源的な自己保存本能ではない。復讐は、社会的に決定された行為(a socially determined behavior)である」と。かくて、応報原理への従属、とくに、血讐制度への従属は、自然的本能からよりも、より多く、復讐を欲する死者の魂のイデオロギーをつくる社会的要求から出てくる。このようにみたとき、「血讐制度は、死が最古の犯罪であるのみならず、最古の社会的に組織された刑罰であることを示している」。血讐は、最古の社会規範――殺した人は殺されなければならない――を適用する。それは、もっとも明らかな応報原理の表示である。それは、この行為が社会制度により規整されるかぎり、社会構成員の相互行為を根本的に決定する。しかも、原始社会において、復讐により満足させられるのは、個人利益ばかりでなく、集団利益である。ここがまさに、外部の傷害の結果として起される、自然的防禦本能と、社会的復讐の異なる点である。前者には、主観的動機きりないが、後者には、傷害者に対する方向づけにより、客観的機能――予防――がある。またここが、予防よりもむしろ、復讐者の満足に復讐機能を見出すシュタインメッツ(S. R. Steinmetz, *Ethnologische Studien zur Ersten Entwicklung der Strafe*, Band I. S.361)とケルゼンの相異するところである。かかる観点から、ケルゼンでは、法と道徳が未分離のままに原始関係において考察される。かくてケルゼンは次の命題を確立した。「血讐は、法的かつ道徳的制度であつた」。かかる命題は、法史的研究においても、われわれは、多くのドイツ系の学者の理論から抽き出すことができる。フラウエンシュテット(Paul Frauenstädt, *Blutrache und Todschlagsuhne im Deutschen Mittelalter*, 1881, S.2ff.)しかり、プロクシュ(Otto Procksch, *Über die Blutrache bei den vorislamischen Arabern*, u. s. w., 1899, S.1)しかり。しかし、かかる命題が時と処とを問わず一般的に、果して妥当するかいなか、疑いなきをえない。すなわち、血讐そのものの初期――時代区分においてはもとより、その内的連関から割り出された論理構造内の階層においても、初期――においては、シュタインメッツやブルンナー(H. Brunner, *Rechtsgeschichte*, (Zweite Aufl.), 1906, Vol.I, S.223)の自然的衝動の型や、仏型の学者のいうような、**violence**の型があったのではあるまいか。血讐構造そのものの中に、一連の発展過程があり、ある発展段階の後においてのみ、一般的に、ケルゼンのかかる命題が妥当するのではあるまいか。

それはさておき、原始人の復讐から、応報的刑罰という、より高度の社会的技術への進歩の度合は、実に大きなものである。それは、犯罪に対する反作用が、もはや単なる自助の性格をもたないという事実に存する。にも拘わらず、ケルゼンによれば、原始人の復讐の本質的に社会的な反作用と、応報的刑罰の相異は、純粋に量的相異である。そこで、「個人あるいは集団により行使され、公平な権威により行使されなかったとはいえ、血讐が本質において法的、道徳的である以上、法の爾後の形式とそこに量的相異はない」と結論される。

応報原理そのものは、〝目に目を、歯には歯を〟の思想であり、受けた不法と加えられる不法との間には、等質性の観念が存在する。このことは、応報を一種の交換として現わさしめた。もちろん、交換を特種の応報と考える方がより正しくはあるが。かくて、オロカイヴァ人の間では、血讐は、「死者の霊魂の交換」を意味する語により叙述されている。かかる観念からすれば、応報原理は二重の性格をもつ。すなわちそれは、なんびとかにより受けた不利益は、同じ不利益により報いられねばならないのみならず、受けた利益もまた、同じ利益により報いられねぱならないことを意味する。これは、後述するギリシャ宗教、とくにソポクレスなどのギリシャ悲劇に現われる思想である。しかし、原始人の意識の前面には、後者よりもむしろ前者、すなわち不法に対する反作用をみる。応報原理は、神性(deity)に関連してもみられうる。すなわち、ある事件が、神性により科された刑罰と考えられる際には、原始人は、その事件により傷害を受けている人の救助を敢てなそうとはしないのである。

さらに、原始人は、かれらが殺されたときのみならず、社会秩序もしくは、すくなくもある規範、とくに一定の性規範が犯されたときにもまた、応報が動物により行われうると信じている事実がある。いわば、「動物霊魂の応報的機能を通じての社会秩序の保障」がここに行われる。

次いでケルゼンにより、植物、疾病および死、不幸、天災、雷、稲妻の応報原理による解釈が、物語られる。叙述というよりもむしろ、いろいろな例を挙げながら、言葉どおり物語られる。が、この原始人の自然解釈において占める決定的な点は、とくにその「神話」(myth)にあらわれる。「神話を現実の因果的説明とみなすことは誤りである。神話的思考においては、合理的要素に対する感性的要素の優位が、かくて因果的要素に対する規範的要素の先行性が、全く明らかにあらわれている」。すなわち神話は、起るべきもの、それらがあるべきものとして、事物が起るかいなかを発見するよう試みる。別言すれば、現実の事件が、原始人の有効と考える規範的秩序に相応しているか、また矛盾しているかを見出そうとする。ここに神話が、祖先の権威を背負った過去の形象として、保守的イデオロギーとしてあらわれる理由がある。更に、神話中にあらわれる応報原理は、社会秩序を保障するに役立つのみならず、実定法制度そのものを正当づける根拠ともなる。

以上、ケルゼンが第一部に展開した所説は、原始人の思惟を支配しているものが、われわれ文明人の思惟を支配しているもの――自然と社会の二元論――と異なることを、すなわち、かれらの思惟の到る処にみられる応報原理を、人類学の資料において、紙数の限られた紹介のため、ほとんどその例を挙げることができなかったが――論証したものである。かかる社会学的方法での「論証」が、真にその機能を果しているかいなか、なお検討さるべき多くの問題を残している。この書における「社会学」は、方法であるよりも、イデオロギーの考察であるとすら見える。いな、むしろ、かかる目的において――意識的にせよ、無意識的にせよ――社会学的考察を試みた結果となっている。しかしこの点については、第二部、「ギリシャ神話と哲学」における、かれによる応報観念の存在証明を簡単にみてからのべることとする。

(4)　第二部の応報観念の証明は、まず、第四章、「ギリシャ宗教における応報観念」の課題である。かくてこの課題は、ホーマー宗教の中に、すなわち、イリアッドの中に、オデッセーアの中に、遂行される。「常にそして到る処で、善は善に、悪は悪に換えられる一種の交易」としての神の応報が、ホーマーのこの二つの叙事詩の主要なモチーフであることが示される。ヘシオドスの詩においても、「法侵犯が破滅をもたらし、遵法が救済をもたらす」ことが謳われる。ギリシャ悲劇においてもしかり。悲劇の要素は、主として、個人と現行社会秩序の抵触にある。社会秩序の神聖は、劇により輝かされ、神により意思されている事実を讃美される。ソポクレースのオィディプース王でコーラは唱っている。

この法や、死すべき人類が産みしにあらず、また絶えて忘却の眠りに落ち入ることなし。
この法の中にぞ、
神は偉大にして老いを知り給わず。

古い悲劇によれば、「法と正義の真髄は、血讐から起る応報原理である」。

しかし復讐の霊、エリニェス(the Erinyes)の時代からときうつって、オリンポスの神々の時代になると、そこに決定的なメタモルフォーシスが起っている。すなわち、社会統合の漸進的過程につれて、死者の霊魂の応報的機能は、地球の女神に、オリンポスの神々に、就中、神の王たるゼウスにうつされた。この死者の霊魂信仰の稀薄化は、親族の復讐義務が贖罪金によりおきかえられたことにも示されている。「この事実はまた、血讐が原始人の本能よりもむしろ、一定の、社会的イデオロギー、すなわち、みずから復讐をなすか、親族をして復讐をなさしめた、死者の霊魂信仰にもとづいていたことを示している」。

(5) 次に考察は、第五章、「ギリシャの自然哲学」にうつる。しかし、この第五章および第三部、「近代科学」は、下村寅太郎氏により『哲学論叢』(一九三四年秋季版、一一一頁—一三〇頁)に抄録されているから、紹介はさけ、後述する「位置づけ」に必要なかぎりにおいてのみ、考察することを許していただきたい。

「初期ギリシャ哲学においては、原始人の神話的思考と同様、自然は、社会のアナロギーにより説明された。しかし、自然と社会のアナロギーは、進歩的観察の結果として、不断に弱まりつつあった。……一方における規範たる国家法と、他方における因果律たる自然法則が、全く異った二つの原理として現われはじめた。……新しい自然科学は神話の終るところから、始ったのである」。自然の考案から、すべての目的論的見地が徹底的に排除されることにより、因果律は、応報原理からほとんど完全に解放される。社会法則も自然法則も、応報の神話の桎梏から解放されたのである。本源的には、アトミストの理論で発展させられた絶対的妥当性をもつ因果性の原則は、つづいてエピクルスおよびその後継者によりとりあげられた。キリスト教の勝利の後、中世には一時、この概念は、神学の中に埋没される危険にさらされたが、ベーコン、ガリレオ、ケプラーにより新しい自然科学が見出され、自然解釈の唯一の支配的図式として、因果律は改訂されて現代に至っている。

〔因果律批判〕　しかし今日、この因果性の概念自体に対して、とくに量子物理学の立場から、因果律の危機がいわれている。これについてケルゼンは述べる、「それが正当であるにせよ、ないにせよ、この危機は、本質上既に、ヒュームの有名な因果性の信念の批判からはじまっていることを、みのがしてはならない」と。ヒュームが因果論に与えた決定的転向は、原因と結果の結合を客観の領域から主観の領域にうっしたこと、かくて存在論的問題をつくり出したことにある。より正確にいえば、自然には必然的結合の意味における因果性は存在せず、ただ事象の通例的な継起が存するのみと主張することにより、因果律を存在論的要素と認識論的要素とに分割したことにある。ヒュームの実際の功績は因果の必然性を経験的に仮定しえないという認識にあるのではなくて(それは、既にかれ以前に確立されている)、因果結合の必然性を神の意思に求めることを断念し、従来の因果性の概念一般――その必然性は確かに、規範的必然性であり、当為であったし、これが正にヒュームの時代に、因果的必然性にみとめられた性格であった――を否認した点にある。カントは、因果性を、それなくしては認識が全然不可能なる先験的範疇として説明することにより、それの必然性を救おうと試みたが、この点においては、ヒュームに対して進歩であるよりもむしろ、退歩がみとめられる。なぜなら、因果性が認識の絶対的必要条件であるという仮定は、事実において基礎づけられていない。原始人は、既述したように、全く世界を因果原理に従って認識しない、少くともカントの考えているような形態で認識しない。結局、カントの因果律批判は、ヒュームと同様、因果律を人間認識の主観的原理とすることにより、これを応報原理の継承者としてうけついだ要素から、解放したにすぎない。

その他、因果律に対し、エネルギー保存律の立場から、法律学における予防説等から、批判が加えられるが、これらはやはり、因果の等量性、非可逆性、非同時性の形で、一般の因果性概念の中にある、応報原理の克服を意味したものである。

ところで、因果律そのものに対する致命的打撃は、最近に至って確立された量子力学によるものと考えられる。しかしここで門外漢の私にできることは、結論をひき出すのではなくて、書き記すことのみである。すなわち、「力学的事象は、運動の最初の状態が判れば、それ以後の過程が予知されうるという仮定は、原子物理学の領域では、運動の最初の状態が決して一義的に決定されえないため、役に立たないものと証明された。運動の最初の状態を構成する二つの可変態(the two variables)——たとえば位置と運動量、あるいは時とエネルギー——のうち一方だけが、比較的正確に決定されうる。なぜなら、一方の可変態の正確な測定に比例して、必然的に他方の測定の不確実さをもたらし、一方の量が絶対的に正確に確定されるときには、他方は絶対的に不確定的となるからである。これが、ハイゼンベルグ(Heisenberg)により発見され、形成された〝不確定性原理〟(principle of indeterminacy)である。それ故、近代の自然科学においていわれているごとく、もし因果性の基準を予言性におき、ある出来事が確実に予言されうるとき、これを因果的に決定されていると説明するならば、量子力学の領域にはなんら因果性は存在しない、少くとも立証《ナッハワイゼン》されない、たとえ〝客観的には〟存在するとしても、これを立証することはできないであろう。

しかし、物理的法則は、決して絶対的必然性を示すものでなく、単に統計的確率性を現わすに止まるものである。……哲学の側からは、量子力学の結果が必ずしも原因と結果の連関の、絶対的必然性の意味での因果性を、確率的法則性におきかえるべきことを強制するものでないことが主張されているが、しかし、そこで挙示されていることは、単に厳密な因果性が認識の要請であるということに止まる。自然法則の絶対的必然性から統計的確率性への転換が、もっぱら不確定性関係を原理とする量子力学に帰せられるべきかいなかは措くとしても、もし因果率がもっぱら未来の予見でないとすれば、既にハイゼンベルグの発見をまたずして、因果律はただ確率性の計算のみが可能であったのである。ライヒェンバッハも既に古典的物理学における事実陳述が、確率性の概念を用いずしては、定式化されえぬことを明らかにしている」。かくて、原因と結果との間に、必然的な結合が存するという仮定は、この結合が確率的結合にすぎないという仮定によりおきかえられ、因果律に決定的打撃が加えられた。

以上が、本書のあらましの内容である。だが、次の本書のケルゼン理論における位置づけにうつる前に、そしてその位置づけをするために、是非とも述べておかねばならない彼の結語がある。すなわち、「自然と社会の二元論は、決して科学の進歩における最後の歩みではない。規範の性質の批判的分析の過程において、この二元論もまた問題となる。〝存在〟と全く異った規範の要求、すなわち、自然法則としての因果律とは別の、独立の社会法則たらんとする規範の要求は、ある理論家たちにより、その背後に、個人や集団のもっとも具体的な利益を秘めている、単なる〝イデオロギー〟なりとされた。自然と社会の二元論が、実在性とイデオロギーの二元論によりおきかえられる。近代社会学にとり、社会事象は、自然事象と同一の法則により決定される、実在の一部である。自然法則と社会法則、すなわち、自然を決定する法則と社会を決定する法則との間には、自然法則それ自身が、絶対的必然性の要求をとり下げて、統計的確率性に満足するやいなや、いかなる本質的相異も存在しない。自然が、人間の思弁の始めにおいて、社会の一部であったとすれば、今や社会は、——近代の法則概念において、因果性が応報から完全に解放されることにより、——自然の一部である」(傍点筆者)。

四

《本書のケルゼン理論における位置づけ》

(1)　本書の位置づけがなされるためには、まずかれの理論体系が明らかにされなければならない。これを、要約すれば、およそ次の六つの系にわけえよう。

1　形式論理の観点から対置された、当為と存在の二元論をとくに強調するマールブルグ学派の基盤に立つ、カント的世界観
2　とくに政治的・論理外的影響に反対するものとしての、法律的方法の絶対的純粋性
3　厳密な規範的統一性の基礎に立つ一元的法学理論
4　国家と法との同一性
5　法段階説
6　国際法優位の構成

右の中、なんといっても、ウィーン学派理論の根本的基底となるものは、当為と存在の二元論である。そして、当為

の世界を支配するものは規範である。また純粋にカント的な考え方からいえば、その本質において不可知な、存在の世界は、自然的事実の関係を支配する不可欠の原理として定立された、合理的因果性の範疇により支配されている。ところが、因果性が認識の絶対的必要条件であるという仮定は、事実において基礎づけられていない。このことは、ケルゼンにより、原始人による自然の社会的解釈に、応報原理からの因果律の解放過程に示されたところである。かくて、ケルゼンが自発的にでなくむしろ、他からの影響に屈して放棄したものは、実に、かれの二元論の一方の土台であった、この因果性原理であったのである。

(2)　なにが、ケルゼンをしてかかる変革を決定せしめたのであるか。ブスタマンテ(A. S. Bustamante, Kelsenism, *Interpretations of Modern Legal Philosophies*, 1947, p.43ff. とくに、p.44)は、二つのもの、すなわち量子物理学者たち、とくにシュレーディンガー(Schrödinger)の影響と、かれがアメリカに亡命してそこで呼吸した高度の文化社会学、とくにクレーバー、ウィスラーなどの影響をあげている。しかし私は、後者をケルゼンのかかる変革を決定づけた要因とは考えられない。なるほど、この書は、彼のアメリカ亡命後ほぼ九年目の一九四六年に出版されており、「社会学的考察」の名の下に、多くの人類学的資料に基いて構成されてはいる。しかしこの資料および方法が果して、「社会学的論証」になっているかいなか、すくなからず疑わしい。しかも、この書の理論は、一九三九年の前掲論文に既に用意されていたものである。かれにおける変革は、やはり、量子論が決定的影響となっていたといわねばなるまい。いずれにしても、これは、かれが、自己の理論以外のものから、強いられた変革である。「強いられた」という言葉から、ケルゼンの側に絶対的にこれを受けいれる素因がなかったと考えてはならない。二元論的解釈から一元論的統一への傾向は、ケルゼンの目ざす大きな目標でもあったのである。法学の帰属原理(Zurechnungsprinzip)による統一しかり、国際法優位論しかり。

いま私は、早急に「変革」といった。しかし、いかなる変革であるのか。またケルゼンは、この書に、「社会学的考察」という副題をつけている。そこで、かれにおける「社会学的」とは、いかなる意味であったか。これらの検討が必要とされるわけである。これとの関係において、本書のかれの体系における位置づけが、およそ完了することになる。

(3)　この変革を跡づけるにあたつて、再びブスタマンテに拠ろう(*Ibid.* p.45)。かれは、ケルゼンが、自然と規範世界の両者を、当為の世界の理論の基盤としての帰属原理に一致する、同一の原則により支配しようと試みたのであると主張する。そして存在の世界はもはや、当為の世界と本質的に異なるものでなく、それはむしろ、存在論的(ontological)な因子であることを指摘する。この点でブスタマンテは、ケルゼンの変革を、〃存在〃を〃規範〃へ、ひきよせることにより、一元論的統一をはかったものと解しているかのごとくである。ここで、ブスタマンテは、カルロス・コッシオ(Carlos Cossio)の言葉をとり出し、ケルゼンにおいて、二元論の放棄はあったが、ケルゼンが、法を形式として、法学を形式論理として解し、あらゆる法律外的要素、とくに政治と価値から法を保とうとした方法的純粋性において、すこしも変化はみられなかったと結論する。規範概念への包括と解すれば、かかる結論も矛盾なく行われうる。

しかし、果してこの書からかかる結論が出てくるであろうか。疑いなきをえない。なぜなら、この書の結論を、いささかくわしく前述しておいたところをみるならば、ブスタマンテとは逆に、自然と社会、すなわち存在と当為の二元論を、前者を支配していた因果律の絶対的必然性の要求をとりさげて、統計的確率性におきかえることにより、むしろ規範を、存在に近づけたようにみえるからである。それ故規範の性質の批判的分析が、要請されたのではあるまいか。だがなにぶんにもこの言葉が結語であり、忖度する術《すべ》がない。ただこの結語の「規範の性質の批判的分析の過程において」の意味内容が、ケルゼンにより一日も早くあきらかにされることを願うほかはない。ただ、もし私の右のような推測が成立しうるとすれば、この書は正に、応報原理というイデオロギーを外部から、すなわち、その「社会的存在」の側から考察したもの、またその意味で「社会学的」著作といえるのではなかろうか。かくてケルゼンの立場は、いちぢるしく、マンハイム(Karl Mannheim)の、「自我の存在拘束性」もしくは、イデーとイデオロギー省察の立場(参照、Ideologische u. soziologische Betrachtung der geistigen Gebilde, *Jahrbuch für Soziologie*, II, 1926, S.424ff.)に接近するのではあるまいか。さらに、「規範の性質の批判的分析」は、当然、その法概念の問題につき当るであろう。素朴な疑問を提出しておく。

前述せるように、この書の主要命題は、一九三九年の論文で定立された。しかし、その後にあらわされたケルゼンの書物のいかなるものにも、私の解するかぎりでは、この命題による本質的変化はみられないのである。ここに、私は当惑せざるをえない。かれの方法的純粋性の主張から、この著作を社会学的な別箇の研究とでも考えねばならないのであろうかと。そう考えるには、余りにもこの書の意味がありすぎる。だが、以上は、ブスタマンテの場合も、私の場合も、ただケルゼンの叙述から、このような結論になりはしないかと推測したままでである。ケルゼン自身は、これにつきなにも触れていない。むしろ正確には、この書物では、一元論を目ざすかれの目的は、未だ意慾にのみとどまっているといった方がよいのかもしれない。かくて、「変革」はなかったとでもいわなければならないのであろうか。読者の御教示を仰ぎたい。

ここに確実にいいうることは、この書物が、因果律そのものの絶対でないことを、そして、これが応報原理から生れ、かつ変化しつつあることを示しているということであり、人間思惟が、自然を社会よりあとに意識するようになった事実を、社会学的に示すことにより、認識論上の問題にも、興味ある実証を呈しているということである。

(一九五〇・一〇・七)

（おことわり）　これは、東大内の公法研究会の報告の概要であり、報告とこれの執筆まで、時間的に余裕がなかったため、紹介ももとよりであるが、「位置づけ」についてとくに、検討不充分であったこと、また紙面の都合で、「社会学的」の意味の考察を割愛したことをお詫びしたい。

四　横田喜三郎論

――その国際法学（その一）――戦前の研究活動を中心に

＊「横田喜三郎論――その国際法学（その一）」『法律時報』昭和三六年一月号（一九六一年）。「その二――戦後の研究活動を中心に」は、高野雄一教授が『法律時報』同号に執筆している。

はじめに

ここにしるすのは通常の人物論ではない。横田博士の学問的系譜の跡づけが主である。それにしても、博士の学問的業績はぼう大である。そのすべてを跡づけることは、この小稿のよくするところではない。その一部にすぎない。いちおう、高野教授とわたくしとで、ごく大づかみに、年代的な区分として、跡づけのメドを終戦の年に置いてその前と後とにわけた。それだけのことである。むしろ、こうした操作をしてみたあとで気づかせられたことは、どちらかといえば、前半は、博士の学問的体系の、いわば「建設期」であり、そうした角度から諸著作がものされたのにたいして、後半は、その体系のうえに立って、いろいろな問題を分析し発表された時期だということである。なかには終戦まえに書かれたものを、終戦後に著書にまとめられたものもあるが、数多い著書の大半は戦後に書かれたものである。

逆にいえば、博士の学問的な体系と立場とはほとんど終戦まえに確定したということができる。この時期は、より正しくは、昭和一六年に、のちに博士論文になった『国際裁判の本質』(岩波書店)が公刊された前後に画することができるであろう。博士の大学教授としての活動は、大正一二年のいわゆる助手論文「国際裁判の歴史的研究」にはじまるから、昭和三二年に定年で東大を退職されるまでの三四年間にわたる。ほぼそのなかばで、体系と立場を確立されたということになろう。

博士は、こういわれたことがある。「四〇歳のなかばを越しても自分の学問の体系ができないようでは学者として失格である。また、あまり早く固りすぎてもいけない」と。博士は、依頼された原稿を、編集者がサバを読んでいようとなかろうと、すべての場合に、期日どおりに書くことで有名である。学問の体系をうちたてるにあたっても、タイム・テーブルに忠実であったということができるであろう。

博士の体系と立場

博士は国際法学者である。その立場を、すでに、昭和八年に発行した『国際法』上巻(有斐閣)の、「はしがき」のなかに明らかにしている。この立場は、昭和三〇年に、「本格的な書物」として著わされた『国際法学』(有斐閣)のなかでも維持されている。つまり、若いころから現在にいたるまでの基本的な立場ということができる。そこではつぎのようにのべられている。

「第一に、純粋法学の立場である。本書はこの立場から国際法を叙述したものである。現実の国際法規を客観的に認識し、記述することに努めた。主観的に創造したり、恣意的に変更したりしない。自然法学の方法を排斥するわけである。必ずしも現実の国際法規の価値批判をしないのではない。その実際の適用を考慮しないのでもない。ただ、その場合には、それが全く異なる考察であることを明白にし、それによって法規そのものの客観的認識が誤られないことに注意した。純粋法学の要求するところは、まさにそのことであり、そのことだけである。

第二に、国際法団体そのものの立場である。本書はこの立場から国際法を叙述したものである。国際法は一つの法団体としての国際法団体の諸秩序である。個個の国家の単純な対外的の法ではない。そこで、それは国際法団体を中心とし、その立場から把握されねばならぬ。個個の国家を中心とし、その立場から考察されるべきではない」。

つぎに、この二つの立場を跡づけてみよう。

一　純粋法学の立場

博士は、自己の国際法学を純粋法学に基礎づけたばかりでなく、純粋法学そのものを日本に導入するために重要な働きを示された。歴史法学や自然法学との闘いのなかで、科学としての法律学をうちたてるべく、純粋法学の解明にもっとも意をそそがれた。したがって、昭和の初期、とくに、昭和六、七、八年には、常設国際司法裁判所の判例法の研究とならんで、それにもまして、純粋法学そのものに関する著作が圧倒的な比重を占めている。なかでも、本誌第三巻に紹介されたケルゼンの純粋法学並にその国家政治理論を、諸学者とともにまとめた『ケルゼンの純粋法学』(大畑書店、昭和七年)という著書、そのほかに、法の本質を詳細に考察したものとして、美濃部達吉博士との、法は存在か当為かをめぐっての論争として知られる「法律における当為と存在」(『国家学会雑誌』―以下、国家としるす―四五巻二、三号)、「法律の妥当性」(国家、四五巻九―一一号、以上いずれも昭和六年)、また、牧野博士の批判に答えた「法律的積極主義」(国家、四六巻七、八号、昭和七年)が著名である。一連の論文として、「純粋法学の実際的機能」(国家、第四七巻七号)、「裁判と法律」(『法学協会雑誌』―以下、法協としるす―五〇周年記念論文集、昭和八年)がある。

これらによって、博士自身のことばによれば、「純粋法学の理論の考察は一応完了したと考え」られた。このように、博士の著作の領域は、国際法学にとどまらず、ひろく、法の本質の考察におよんだ。これとともに、博士の文体とレトリックならびに論法も、ほとんど現在のものに近いものとなった。昭和五年までのそれと容易に区別できるほどである。博士の論法は緻密であると同時に、簡明である。それに、行論の過程に、かならずといってよいほど、要約がある。「このようにみてくれば」、あるいは「以上に述べたところによって」といった「まとめ」がしるされている。もとより正しい読み方ではないが、それだけをみても、博士の立論のなかばがわかるといってもいいすぎではないであろう。もっとも、博士の、より本質的な特色は、論述の精緻さそのものにある。なかばを理解したことは、全部を理解したことには毛頭ならないことはいうまでもない。これらの特色は、純粋法学、とくに、法の本質の考察にともなって発展してきたものである。右にあげた諸著作で、博士自身、純粋法学の考察のいちおうの完了を宣告されたが、これらの理論を集大成したものとして、とくに、「法律の解釈」(一、二、三)(国家、四八巻一二号、四九巻一、二号、昭和九、一〇年)に注目したい。

この論文は二つの意味で重要である。ひとつは、「法の解釈」が、法の本質の考察につらなる問題として、若いころから、博士のライト・モチーフであったことである。もうひとつは、法の科学的解釈と裁判上の解釈、いいかえれば、科学としての法律学の対象としての裁判と実践としての裁判の相異にまで言及されていることである。

まず、前者について、博士は、大正一四年に、「法律解釈の価値論的考察」(『法学志林』二七巻、一一号、一二号)を書かれた。主として、リッケルトの立場にたったものである。ここで、法律の合理性、正当性を追及し、批判的・評価的法律解釈の側にたちながら、その価値論的な意味をさぐられた。ここでのべられている批判的解釈の意味は、後年、これに加えられた意味と、すこしばかり異なる。ここでは、「与えられた法律を没批判的に解釈するのではなくして批判的に、没価値的に解釈するのではなくして価値判断的に解釈する」(同前、四六頁)ことが批判的解釈の意味であった。後年のそれの意味は、「与えられた不当な法律を正当なように解釈すること」、そのために、「法律の内容を排斥して、その代りに非法律的なものをおくこと」(『法律の解釈』(一)、一七頁)である。そうした意味で、批判的解釈は排斥されている。前者では、法の客観的価値を確定し、法に客観的価値を補足しようとするものを批判的解釈であるとしたのにたいして、後者で加えられた意味は、不当、不合理な法をも、「なんとかして正当であり、合理的であるように理解しようとする」こと、その根底において、「与えられた法律をそのまま合理的なものとして前提する」ということである。ことばは同じ批判的解釈であっても、その意味されている内容はすこしばかり異っているといわねばならない。後者の場合には、前者の意味を含む場合もあるし、ある法を、たとえそれが不当な法であっても、ジャスティファイするという、まったく逆の働きも予想されている。主として、そうした考慮のもとに、博士においては、後年には批判的解釈が排斥されるようになる。

それでは、不当、不正な法にたいする批判ともいうべきパトス的な要素が、価値判断すべてと一括的に、なぜ、とりさられるようになったのか。たしかに、すでに、博士は、「法律解釈の価値論的考察」を結ぶにあたって、二つの疑問を提示しておられる。ひとつは、主観的なるものから客観的なるものへの止揚醇化が解釈によって果して完全に行われうるかどうか、そこに、一定の論理的限界があって客観化をはばむことにならないかという疑問である。もうひとつは、主観的なるものから客観的なるものへの止揚醇化が解釈によって果して常に実際に実現されうるかどうか、批判的解釈によって、法律は実際に現実に常に客観化され、客観的価値をもつに至るかという疑問である。この疑問の強まりとともに、価値判断が排斥されるようになったのであろうか。そして、実定法を、そのままに、与えられたままに、客観的に認識しようとする法理論である純粋法学に到達されたのであろうか。ここで、ただちに、そのように断定することを許さない、博士による別の法考察が、同じころ、提示されていたことを想起する必要がある。それは、ケルゼンの『主権問題と国際法の理論』の書評(国家、三七巻一二号、一四五—一五二頁)のなかで示されているものである。このなかで、教授は、明解にケルゼンの所説を紹介されながら、純粋法学そのものにたいして、強い批判と疑問をすら提示しておられる。むしろ、積極的に、法の社会学的基礎の研究の必要性、社会学的考察への志向すら示唆しておられる。

まさに、当時、博士は、法の認識方法を求めて、「疾風怒濤」の時代にあったということができるであろう。博士は、大正一四年から三年間にわたって欧米に留学された。したがって、博士の思考の遍歴をたぐる糸は、ここで切れている。帰朝されて昭和四年に発表された「国際組織法の理論」(法協、四七巻七—八号)は、「純粋に法律学的な考察と構成という指導原理」にたった、つまり、純粋法学の方法に基づく著作である。

博士の留学されたころ、同じヨーロッパでは、国際法の社会学的な考察のために、マックス・フーバーも華々しく活躍していた（もっとも主著として『国際法の社会学的基礎』が公刊されたのは昭和三年（一九二八年）である）。イェルサレムもまた、同じ傾向を打ちだしていた。それなのに、そしてまた、法価値の別の可能性の追及に向われずに、なぜ、ほかならぬ純粋法学を指導原理とされるようになったのであろうか。前掲「国際組織法の理論」で、国際法認識にさいしての法的認識と社会学的認識とを峻別されながら、なお、「問題を社会学的にも考察して、全般的に、国際組織法の理論を完成することを将来に期しつつ筆をおく」（その後、純粋法学の徹底的な解明に力をそそがれたために、こうした角度からの考察はなされなかった。戦後まとめられた『国際法の基礎理論』に収められたこの論文では、時の経過を考慮されたのであろう、この文章は削られている。跡づけに意味があるので、とくに原論文に拠ってしるした）とのべられているだけに、純粋法学へと方向づけられた博士の動機は、思考の系譜を追ったわたくしにとって、知りたかった点である。この事情について、博士は、「純粋法学には早くから関心があった。だが、そのころは、まだ自然法学にたいする態度が決定的に意識されていなかった」と語られる。わたくしは、法価値の追及↓価値の客観性↓ケルゼンにおける「客観的法」への到達↓没価値性の理論といった図式を描いたが、博士は、自然法との対決に力点をおいて語られている。

ともあれ、帰朝後の博士は、「明確な方法論的省察の基礎の上に、実証法学の根本思想を純化し徹底させた」（『純粋法学』六七頁）純粋法学のより深い解明に向われた。そこで、「法律の解釈は法の意味を明瞭にし、内容を確定することである」とのべられる。博士自身いわれるように、「価値論的考察」にくらべれば、博士の「見解はかなり変化した点が少くない」（「法律の解釈」（一）、六頁）。この点は本質的な問題であるから、しばらく、この論文における博士の「まとめ」を引用したい。

それ(法律の解釈—筆者註)は、いかなる法律要件にいかなる法律効果が附与されているかを確定するにある。もし法律に不明確な点があり、欠缺があれば、そのことをそのままに確定する。従って、法律は常に明確な、欠缺のないものとして現われないで、不明確もあり、欠缺もあるものとして現われる。——これに対して、普通には、法律の解釈はこの不明確を明確にし、欠缺を補充すべきものとされている。しかし、このことは法律そのものからは不可能であって、法律から離れ、それから自由に、実質的な価値判断によって行われる。それは全く自由にではなく、法律が白紙に残した範囲内においてであるが、とにかく、法律そのものに基いてではなく、それとは別に独立になされる。——それで、これを法律の解釈と称することがはたして適当であるかという疑問が起る。疑を容れないことは、それが法律の意味を明瞭にし、内容を確定するものではないことである。従って、法律そのものの客観的な認識に向う科学ではない。主観的に正当な、法律としてあるべきものの考察に向う政策である。もとより、それを解釈と称することは用語の自由である。ただ、その意義の解釈は科学としての法律学ではなくて、単純な政策にすぎないことを忘れてはならぬ。ついでに、この政策としての立場を貫けば、単に法律の不明確や欠缺の場合に限ることなく、明確な法律のある場合にも、実質的に価値判断によって正当なと考えるところのものを法律であるとし、法律として取扱うべきことになる(「法律の解釈」(三)、一〇五—一〇六頁)。

こうした博士の所論は、従来の法律学の誤謬を正すことが目的である。「従来の法律学の根本的な誤謬は法律の科学と実践を混同し、科学としての法律学が実践としての裁判に奉仕すべきものときめてかかった点にある」。博士は、この誤謬を正し、法律の科学として、純粋に客観的な認識を志すところに純粋法学の意義をみいだされた。ところで、そこからさらに、裁判がかならず一般的規範である法律にしたがって行われるべきものと、博士はのべておられるのではない。むしろ、ここでは、科学としての法律学と実践としての裁判、法律学と法律的政策のあいだに、明確な境界線をしくべきだと力説される。ケルゼンの場合も、「科学に奉仕し、法律の客観的認識に努力するものであって、実践を指導し、法律の主観的政策を強制するものではない」とされる。つまり、「評価的」でないと指摘されるのである。これでは、「理論と実践とは永久にその結合点を見出すことはできない」(木村亀二『法哲学』二一八頁)ことになるのではないか。牧野博士がウィーン学派の理論を、「法律的消極主義」以上に出ないと批判されたのもこの点である。これにたいしては、横田博士は、法律学と裁判との間接的な関係と意味を指摘(「裁判と法律」四七五—四七九頁)されるとともに、「間接的にしか役立たぬ」ところに実定法の科学としての宿命をみいだされる。ケルゼンの見解はこの点で「多少の明確を欠くところがないでもないが」、「もしかりにかれが純粋法学によって認識され、把捉された法律に従ってそのままに裁判が行われるべきであると主張しようとするものであるならば、我我はそこでかれと袂をわかたねばならぬであろう」とのべられる(「法律の解釈」(三)、一一二—一一三頁)。純粋法学は、法律の科学的領域を厳格に限界づけることによって、その反面、法律の実践的領域を自由に残すことになる。こうした博士の考え方は、裁判官になられた現在、さらに、どのように現実化されるか、深い関心をそそられるが、考え方そのものについて大方の誤解のないように、とくに指摘しておく必要がある。

二　国際法団体の立場

すでにみたように、博士のもうひとつの立場は、国際法団体の立場である。「一般に法秩序によって必然的に法団体が成立する。法秩序はこの団体の秩序たるものである。国際法についても、それによって必然的に国際法団体が成立する。国際法はこの団体の秩序たるものである」。こうした国際法団体を中心とした立場である。すでに、昭和四年の『国際組織法の理論』で明確にこの立場が示され、『国際法と国内法の論理的関係』(山田教授還暦記念論文集、昭和五年)で考察された国際法優位論に、この理論はあきらかにされている。この立場を、博士は、純粋法学的認識の理論的帰結として抽出されている。ことばの正確な意味では、この「国際法団体」は、連盟、連合といった、いわゆる「国際団体」とはちがうとわたくしは考える。たしかに、現実に存在する国際団体は、博士のいわれる国際法団体の観念を、事実において、強化し、支援する働きを営む。したがって、博士の規定された国際法団体の観念と国際団体とは、その方向性において近いということができるであろう。しかし、一方は国際法団体という論理的な概念であり、他方は国際団体という事実的な組織である。同じものということはできない。こうした国際法団体の立場を、博士は、最近の『国際法学』(上巻、昭和三〇年)では、「国際社会を中心とした見方」──のちにのべるような意味からも、同一にみてよいか疑問があるが、博士自身のいわれることである──といいかえておられる。

ところで、国際法団体の立場と国際法をそのままに客観的に認識する純粋法学の立場とは、それが論理的関係において考えられているかぎり、互に独立なものではない。統一した一つの立場として把握することが可能である。したがって、立作太郎博士の『戦時国際法論』に寄せて、「国際法学における一つの完成と一つの試み」(『法律時報』三巻七号、昭和六年)に、また、「グロチウスの正戦論」(国家、五五巻六号、昭和一六年)に示されたように、正当な戦争と不当な戦争という差別戦争観が、実定法上、連盟規約においてみてもなお、とることのできない考え方であることを強くのべられる。実定法のあるがままの認識と国際法団体の立場とは、後者が法理論上の帰結であるかぎりにおいて、まったく矛盾するところがない。極端にいえば、実定法が組織化の方向に進んでいようがいまいが、それはそれとして、その実定法をあるがままに認識すること、場合によってはその遅れを認識することと国際法団体の立場とはくいちがわないわけである。しかし、ことばをわかりやすくしようとするためにいわれたのであろうが、「国際社会を中心とした見方」ということになると、いままでの国際法団体の立場とされていた場合と、すこしばかり問題にたいするアプローチが変っていることになるのではなかろうか。この場合には、論理的な立場ではなくて、どちらかというと、そこに、価値判断が入りこんでいるということにならないであろうか。つまり、この場合には、問題にたいする論理的認識という前提が薄れてしまって、論理上の問題としての法団体というよりは、国際社会中心といった理念的なものが入りこんでいるということにならないであろうか。簡単化するための用語の変更が本質的なちがいをもたらしているのではないかといった点についての、わたくしの、素朴な疑問である。

与えられた紙幅もこえているので、これ以上のべる余裕がないが、このような方法論的な立場を確定されるかたわらで、博士が満州事件と自衛権との関連を徹底的に究明され、軍部の強い反感をかったことは、あらためて述べるまでもない（「満州事件と国際法」『国際法外交雑誌』第三一巻四号、昭和七年ほか」。そして、言論圧迫の嵐のなかに、昭和一一年ごろから、以上の方法論のうえに、『国際裁判の本質』を考察され、同題の博士論文をものされたのが、昭和一六年二月のことであった）。

五　生の問題

＊本稿は未発表原稿であり、その末尾には、復員の翌年、「二二・七・二〇」の日付が記されていた。ここでは原文を尊重し、すべて元の表記のまま収録した。

生きる事の苦しさ。終戦後もう間もなく丸二年にならうとしてゐる。其の間に我々の獲たものは何であつたらう。不敗の日本、神の国日本、戦へば必ず勝つと信じ信じさせられて来た日本人にとつて昭和二十年八月十五日は夫々の人々にどんな感情をよびおこしたことであらう。当時を回想してあれ以後の我々の生活と思想の中からいろいろの貴重な記録が生まれて来ねばならぬと思ふ。今私個人のかゝる記録をつゞる亦単なる噫言ではないことと思ふ。私としてはつたない文ながら、この二年間唯この一つのことを頼みに生きて来たといふ其の手記をつゞらんとするのであるから。然し、終戦後のある意味で正にカントとは逆のゐみで主観主義から客観主義へとコペルニクス的転回とも言はるべき衝撃をうけた私として、その全部をつゞることは、今未だその過程にあるが故に、そして又、その暇もないが故に、単に〝生の問題〟にかぎつた事を許されたい。私のつたない体験の中から何ものかを抽出して下されば幸甚の至りである。

省みれば私が小学校に入つたのが満州事変の始まつた昭和六年、中学に入つたのが、支那事変の始まつた――当時日支事変と呼ばれてはゐたが――昭和十二年、憧れの二条の白線に我が青春を乱舞する学校に入つたのが大東亜戦も緒戦の戦果たけなはであつた昭和十六年、大学に入つたのが昭和十九年十月、アイウエオの最初から法学の門をくゞる迄の十数年私の置かれた環境は連続せる侵略戦争のたゞ中にあつた。今私の周囲にある蔵書を見まはしても、この十数年の時代の消長が明白に物語られてゐる。古本で求めた昭和初期の書物から遂昨日あたり求めた現在の書物との間には、一寸紙質を見ても、製本を見ても、何とその変遷は甚だしいものであつたろう。そして必要な書物を求めるにしてもたんに昭和十六年以頃を考へてみても、何と困難さを増して来たことであろう。十七年、十八年と一年増しに困難になつて行つた。そして値段も鰻上りに上つて行つた。昭和の不況時代から今に至るインフレーション史はこの書庫が如実に見せてくれる。谷崎の〝まんじ〟といふ一冊千円の本すら出てゐる。今私は本の事について語ろうとしてゐるのではないからこゝから〝本の哲学〟などをひつぱり出さうとは思はない。問題なのは私がかゝる環境におかれてゐたといふことである。

物心ついて男の子たちの憧れは兵隊さんであつた。男の子の端午の節句は武者人形でかざられてゐた。お祭りの山車にも武者人形がのつてゐた。遊びは兵隊ごつこであり、ちゃんばらであり、活動写真は活劇――時代劇――がもつとも面白いものであつた。

私は小さい時から腺病質で、その上、一人つ子ときてゐるから、わがまゝ放題、あれはいやだ、之は嫌だと食はず嫌ひ、一番好きだつたのは、甘い玉子焼とうづら豆だつた。

　之なのだから、いつも泣かされる程身体も小さく、腕力もなかつた。小学校時代の同窓会では私の泣き虫だつた話がいつも出る。腕白な男の子とはどうしても一緒には遊べない、自然女の子達とばかり遊んでその大将で喜んでゐた。小学校に入る前、竹馬の友として最も記憶に残つてゐるのは〝きよの〟ちやんといふ女の子である。今は私の家は大宮に引越してしまひ、その子の家もお父さんのお勤めの都合とかで秋田の方に行つてしまひ、私の中学一、二年迄は親同士の間に年賀状の往復もあつたが、其の後消息もわからない。私と同じ年だつたから、今はお嫁にでも行つてゐる事だろう。その子なんかとよく〝ま、ごと〟をやつたり〝お人形さん遊び〟をやつたりしたものである。今、その子の面影も思ひ浮ばない。たゞ印象に残つてゐるのは〝きよの〟ちやんの家の西洋館だつたことである。それから、もう一つ印象に残つてゐるのは、日曜学校である。きれいな帽子をかぶつた救世軍の人が、毎日曜日私の家の前の家へやつて来て太鼓をならし鈴を振りながら、きれいな声で歌を歌つた。私も小学校に行つてゐる大きい人たちと一緒に歌を歌つた。今考へれば賛美歌だつたらう。そして袋(十糎と三糎位の細長い袋でお金を入れるように懐《ふところ》が出来てゐる)に五銭か十銭入れて持つてゆき、カードをもらつて帰つて来る。このカードには上半分にきれいな色どりで福音の画がか、れて居りしたには言葉が入つてゐる。袋もカードも何処かにとつてある筈である。このカードが毎日曜に一枚々々増えてゆくのが又たのしみだつた。

　このような生活も、父の仕事の関係で大宮にうつり環境がかはると共に終わつてしまつた。そして小学校に入学した。こ、で驚いたのは、言葉のあらつぽいことであつた。〝僕〟といはずに〝俺〟といふ。私の小学校一年の時だつた。母は病で伏せて居り、外は大雪のあとだつた。私は家の門の前の雪を塵取でのけてゐた。近所の子がやつて来た。「おーい、俺と遊ばないか」私は顔を上げた。越して来たばかりの私にとつて知らない子なのはいふまでもない。「俺なんていふんぢやないの。僕といふんだよ。それに君はどこの子だい」その子は答へる。「鍛冶屋の——ちゃんだい」。「ふん、僕は〝はじめ〟っていふんだよ。……今いそがしいから又後でね」そのま、私は門の中に入つてしまつた。床に臥せつて之を聞いてゐた母は、見舞いにやつてきた伯母——母の姉——に笑ひころげて話してゐた。之は何の時だつたか遂最近も母が誰かに話してゐたので、私もよく覚えてゐる。

　このような私が小学校に入つてはよく男の子たちに泣かされた。幸、男女組みだつたので、こ、でも女の子が私の遊び相手だつた。その為、尚更男の子たちは私をいぢめる。「女の中に男が一人やーいやーい……」と囃し立てる。こんな時、母は泣いて帰つた私をなだめるのに一苦労する。小学校の一、二年を除き、六年迄、担任は全て女の先生だつた。こうしてどうやら六年経つて、縣下の一中である浦和中学へ入つた。級から二人受けて私だけ入つたので、その頃私は落ちた人にとても肩身のせまい思ひをしたものである。この私が小学校の二年頃とかに先ほど書いた伯母に「〝はじめ〟は大きくなつたら何になるの」と聞かれて「内閣そうり大臣」と答へたようである。何はともあれ志だけは大きかつたと見える。然し、このようにして力の弱かつた私にとつて力は魅力であつたことは争えなかつた。小学校五年から警察の道場に剣道の稽古にかよひ、中学に入つた時は最初から四級の腕前であつた。一年の終には幼年学校をうけて体格劣等で見事にふられた。軍人になれないことが残念なよりは皆の見てゐる所で試験官から写真をかへされる（落ちたものだけが返される）のが癪《しゃく》だつたのを今でもはつきり覚えてゐる。私たちの中学は校長の軍国熱もあつて、軍人志望の多い中学で、今年は陸士へ何人、海兵へ何人、入つたといふことを誇りとし、又元旦には、陸士、海士の生徒たちが壇上に上つて「お前達は……」などと蠻声をはりあげて帰つて行つた（白線帽は一人もやつて来なかつた）。このような空気の中にあつて上級に進むに従つて私の軍人志望の熱はすつかりさめてしまつた。私もだんだん身体が出来ていぢめるものもなくなつて来たせゐもあつたし、本を読むことが何よりすきになつたせゐもあつた。四年の時は商大の予科をうけて二次でふられてしまつた。四年で陸士に入つたものもゐた。戦争もたけなはになつて来て、五年の時には、大東亜戦争が始まつた。きれいな軍服を着てやつて来た同窓生にや、羨望の心を起しつゝも、その生活と頭脳にや、嘲笑をあびせてゐた私でもあつた。五年の終に優秀な成績で浦高の文乙に入つた。

こゝで私は眼を開いた。〝我の自覚〟である。当然、私は団体生活である寮生活、部生活（強制的に運動部に入れられたので、私は乗馬部をえらんだ）と個人との矛盾に悩まざるを得なかつた。寮にゐない日の方が多かつたかも知れない。とかく乗馬の練習も休みがちであつた。それでも一年生の部員中一番上手かつたのだから不思議である。一年はどうにか終つた。秀才と思はれてゐた級友たちが、皆私より席次が下なのでびつくりした。かくして私には外面はともかく内心に人を蔑視する心がそだつて行つた。二年（昭和十八年）の時には学徒出陣で級友が多く学窓から巣立つて行つた。志願して征つたものもゐた。私にはそれができなかつた。戦争がはげしくなるにつれて、私は文学に、理想主義の哲学に、中世の精神に沈潜して行つた。私は戦争のざんぎやくを嫌つた。然し、三年になるころには、アッツの玉砕、山本元帥の戦死などに私の心も今までのまゝではすまなくなつて来た。私も徴兵検査をうけた。第一乙であつた。自らも戦に征かねばならぬ、そして、生死を戦場にかけねばならぬ運命にあつた私は、自己の〝理想〟との結合に苦しまざるを得なかつた。戦にゆく、そして死ぬといふ、生への一分一厘の希望もない絶体絶命の運命の前に、私は次のごとき方法を以て、処した。米国の戦争目的と日本の戦争目的の何れに、自分の信ずる〝理想〟の道があるだろう。当時の情報は全て米の野望残逆をいふのみであつた。そして宗教的哲学的立場としてキェルケゴールの絶対無をとつた。私の理念の中で大日本帝国といふ国家は祖国とおきかへられた。だがわりきれぬものは天皇であつた。之について学徒出陣で征つが一級上の先輩と論じあつたことがある。この先輩の父上は今はソ連に抑留されてゐる某中将である。この議論の末に彼はかう言つた。「親父が参内し拝謁を賜つてかへつて来た時ほど、嬉しそうな顔は見たことがない」と。だがこれでは私には何の解答にもならなかつた。この先輩と入営後三ヶ月の面会で会つた時の彼の苦悩はますます私をして之に対して懐疑的たらしめた。十九年十月に私は大学に入つた。十月十日頃には特別甲種幹部候補生の入隊などあつて学園に学生の数も少なくなり図書館の人影もまばらで戦陣にある友を想ふ時、私の真理への欲求もいやさかつて、閉館八時半まで、毎日のように書物に読みふけつた。その合間に独逸人の処に通つて独逸語を勉強しつゞけた。昭和二十年一月二十五日、私にも入営の日がやつて来た。此の日迄、私のなしえたことは国家の存亡に際しての法を超越する法ともいふべき国家緊急権の問題——後に私が満州にゐる時六月末に戦時緊急措置法といふ形であらはれたのを知つた——即ち、国家の緊急時に際して法の根源ともいふべき憲法に違反しても、立法が可能か否かの理論的究明の問題に対するさゝやかな研究であつた。この時私の課題として民族国家が当然その対象となつて行き日本民族の存亡の為にといふことが私の思考の中心点となり之に実践して他民族との協和が理想社会として高天原神話を思ひえがく——中世キリスト教社会——ことによつてみちびかれて行つた。かくして軍隊生活に入つた私はそこに何を見たろう。非合理であり堕落であり腐敗であつた。だが、私は祖国の為という理想と日本民族への愛にたゞ絶対無の精神に徹せんとしてつとめた。満州にわたり、しばらくする中、五月から事務系統にまはされリルケ詩集、バイロン詩集、ハイネ詩集、源氏物語などを読む暇をえた私は美しい北満の空に浮かぶきらめくような夕暮れの茜雲《アカネグモ》に或いは、ハルピン・チューリン街にそゝり立つ大寺院にスンガリー《松花江》の流れに浮かぶ白系露人のあやつるヨットに詩心をとりもどした。余暇をみつけて詩をかきつゞけて行つた(この詩もソ連参戦部隊出動と共に焼いた)。このような平穏な生活を送る私にとつて内地からの書簡のつたへる空襲のさんれつ《惨烈》さと友の死などによつてその祖国への憂はかき立てられた。だが人はいかなる時も生きようとする。終戦をその日の中に、東満国境へ出動の途中、吉林駅で聞いた。「戦は終つた。夜の東京の街々にはひさかたぶりに電燈がともつて居ります」アナウンサーの声は遠い異国にある私の耳だを強く打つ。死すべき戦線へ向はんとした私たちに思ひがけない生への光明が輝いたのだ。ドストイエフスキーが死刑の宣告をうけてあと数分で処刑されんとした時に赦免になつたと聞くが、あの時の私にはそれ以上のものがあつたらう。たゞ(ぼう《呆》)然たるのみであつた。然し、そのすぐ後に、祖国日本、わが理想のかてとして生きて来た祖国がやぶれてしまつた。わが理想はくづれたのだという強い絶望の感情と、将校達の圧政、軍隊生活の矛盾の前に強い反省と懐疑をもつて居た自らに、之からこそ我々の理想を達成しうる世の中、力による暴圧のない世の中がやつて来るのだという希望に満ちた感情とが奇妙に交錯するのをどうすることも出来なかつた。

そして一ヶ月、此の間武装を解除された我々は何十里といふ道を東へ東へと歩いた。満州の八月末から九月にかけての宵は、零下を下り、一夜つかれはて、雨ふりの泥濘の中に朝方までの三時間程の仮睡をむさぼつた時は起きて見たら靴はこちこちにこほり足の先は痛くなつてゐた。このような生活の間、どんなに死んだ方が楽だと思つたかも知れない。しかし、私達はこの苦しみを通り抜けて必ず内地へ帰れると信じてゐた(海外で軍隊生活を送つたものでなければ解らないことであるが、海外の兵隊にとつて内地は憧れの理想郷のような感をおこさせる)。

九月初、ロシア兵の監視の下におかれ、同月十八日私達をのせた貨車は待望の内地へ向かつて、いや内地へ帰る船の出る港に向かつて発車した。だが列車の方角がおかしい。新京を通つてハルピンへ、ハルピンから満州里へと向ふ。いぶかる我々にソ連兵はウラヂオ経由と教える。我々の脳裏には終戦時に部隊長の読んだ訓示の中に「関東軍は捕虜として取扱わず」とあつたことが未だソ連連行への疑惑へのブレーキとなつてゐる(後に気づいたのだが、この訓示は陸軍刑法中捕虜は銃殺に処する旨あるので、日本軍内のみでの〝捕虜として取扱わず〟であると私は思ふ)。

だが列車は、チタをすぎると西へ向かつて走つてしまつた。疑惑へのブレーキは解けて遂に最も怖れたことが、真実となつてしまつた。しかも窓は全部開かれて居り、秘密の国ロシアのシベリヤ鉄道の路線は丸見えである。もう一生帰れないのではないかと観念した(松岡外相の随行でソ連を訪れたことのある森氏の随筆に、その時も列車の窓は密閉して外を見せなかつたとあることが頭にあつたので)。私にとつて希望は全くなくなつてしまつた。生きるかてとしてゐた理想はつひえ更に祖国へは一生帰れさうもないかも知れない。私の前途はまつくらであつた。

列車は索漠たるシベリアの平原を走つてゆく。四〇トン貨車を押入れのように二段に組み、この狭い中に六〇人からの兵隊がつめこまれてゐる。扉は外から鍵をかけられて下段は真暗らである。昼の間はむんむんと暑い。かと思ふと夜はこゞえる程寒い、防寒外套一つが我々の寝具である。出動したのが夏のこととて我々の服装は夏服のペラペラである。お互いに身体をくつゝけ合つて人の体温で温めあひながらかぢりつくように寝た。日が経つにつれて列車が奥に進むにつれて、昼間も寒くなつて来た。九月十八日に乗車したきり十月に入つても列車は西へ西へと走りつゞけてゐる。一日のうちに二、三回止る。この間に我々は急いで列車から乗びおりたり雑穀の配給をうけて飯盆炊さんする。もう少しでたけるといふ時に、乗車命令がかゝり、泡立つてゐる飯盆をあと一、二分などと見つめてゐたりすると、警備のロシア兵に銃剣でつゝかれたり、なぐられたりする。半にえでも仕方がない、之を持つてかけこまねばならない。列車がすぐ発車すればまだしも、乗車してから一時間近く出ないこともある。そんな時我々はうらめしさうに半にえの飯をながめてゐる。飯、貴重な飯だ。大抵の時は小豆か高梁《コウリャン》である。こんなのを食べて胃腸の弱つてゐる我々は皆下痢をしてゆく。然し、車内には便所もない。炊さんでとまる時にあわてゝ、草のかげに隠れるだけだ。その上、列車のとまるのも不定期だ。一日中とまらない時もある。之な日は一日中飯も食へずにひもじい思ひをしてゐねばならない。シベリヤ鉄道の線路の両側は糞で一杯である。全て日本兵の糞である。そんな時、我々は、此の先にも捕虜の列車が行つてゐるなと直観する。炊さんの時、水のある処に停まるとはかぎらない。そのため、我々は常時、飯盆に水筒に、果てはそこらでみつけたがんがら(罐)に水を一ぱいつめておかねばならない。汽車がガタンとゆれる時、寝てゐる我々の頭に水がバシャリとかゝる。ぬれることより一滴の水を失つたことの方が惜しい。その水も生《なま》でのめば必ず下痢をするといふ代物《しろもの》だ。食後にせめてお湯でものみたいが、炊さんにつかつてしまつて、沸かすべき水もない。又有つてもお湯を沸かしてゐるだけの暇がない。飯盆のわきにかければと思はれるだらうが、薪がないから飯盆の下以外に火をのばすことが出来ない。シベリア鉄道の沿線には木片《きぎれ》一ペンおちてゐない。駅の構内には枕木があるが之をとるとロシア兵に撲りつけられる。それでも無ければならないから、どうにか首尾よく盗んでくる。車内では沿線から拾つて来た犬釘(枕木をうちつける時に使ふ大きなのみのような釘)で薪割が始まる。割られた薪は我々の枕となる。バイカル湖畔をとほつてゐた時だつた。水が十分にある。こゝで停まればと思つてゐる中に夜になつて漸く停つた。どうやら炊さん出来るらしい。我々は飯盆を持つて飛びおりた。薪をほふり出す。之をもつてかけ出す。岸辺に走りよつてうちよせる水を飯盆に入れる。これだけ水があれば、とぐことも出来る。我々はのどのかはきを医すため口を湖面におしつけてのんだ。(もしわるい水で)死んだつてい、。我々はたら腹、水がのみたかつた。湖畔から鉄路への斜面へあがる時、ツルリつと、私はすべつてしまつた。飯盆を逆《さかさ》にすまいとそれでも飯盆だけは高く掲げてゐた。湖面に光があるのみでほとんど真暗である。火の燃えてゐる所に行くと、私の軍袴(ズボンのこと)には糞が一ぱいついてゐた。もう一度この斜面を下りて水で洗えばよいわけだが、どこに爆弾(糞)があるかも知れないこの急斜面を再び降りる気にはなれない。すぐ目の前にはあんなにたくさん水があるのだが。私はすつぱだかになつてふるへてゐた。バイカルを渡つ冷たい風がふきつけてくる。どうやら飯盆炊さんも終わつて車内へもどつた。二つもつてゐる班長さんから一つ借りた。それでも冷えた身体はなかなか温まらない。しかも折角たいた飯はあわてた上に暗かつたため、バイカルの打ちよせる波にふくまれた砂でジャリジャリ(この軍袴は、翌日イルクーツクで洗ふことが出来たが)で泣くにも泣けない気持ちだつた。

列車にのつてからほゞ一月、入浴は終戦後一回もしてゐない。昼間、ガタゴト汽車にゆられながら虱とりである。私は上段の窓の所にゐたのでじつと外の景色を眺めてゐた。人間は何のために生きるのだらう。こんなみじめな生活までしてどうして我々は生きてゐようとするのだらう。いつそ、死んだ方がどんなに楽だらう。先に少しの光もない、いつ故国へ父や母の膝もとへ帰れるやらわからない。死んだ方がと何度思つたかも知れない。だが私には死ねかつた。理屈はない。たゞ死ねなかつた。他の人達も同様だつたらう。かうして私たちは十月二十三日に目的地(中央アジアルタイ州フプツォフスカヤ、これとて列車から下りろといはれて始めてこゝが目的地だと解つたのである)につき十一月からきびしい寒さの中に少量のかゆでうゑをしのぎながら筋肉労働をはじめた——私はどうやら到着以来一週間に勉強したロシア語のおかげで通訳になつたのであつたが。——十一月を終へ、十二月にかゝると、榮養失調と下痢で続々と倒れて行つた。十二月の終頃から発疹チブスが蔓延した。一食一きれのパンと飯盆のふた一杯の大根の切りぼしが私たちの命の糧となつて行つた。その一かけらのパンすらない日の方が多くなつて来た。而かも労働はきつい。寒さはいたい程である。毎日の作業は外傷か熱も三十八度以上而も朝の診断の時になければ休む事は出来ない。このまゝ作業をつゞけてゐたら、必ず死んでしまふと皆感じてゐた。だんだんわざと指を機械ではさんだり寒気の中に露出して凍傷にしたりして外傷をつくるものも出て来た。指一本位生命にはかへられないと。一月から二月にかけてバタバタと死んで行つた。死体運びも間に合はず、死体安置所は山になつてこちこちに氷(凍)つてゐた。それでも毎日の作業にゆるみは許されない。能率のあがらない兵は必ず死ぬに完つてゐる。営倉にほふりこまれる。昼間の作業は朝くらいうちにおこされて、吹雪の中を工場にすゝんでゆく。夕方五時にかへると、もう真暗である。電燈もないから燈心をもやす。その油さへ中々手に入りがたい。この間《かん》にも昼間組と交替した夜の組の作業隊は工場で働いてゐる。今まで働いて帰つて来たと思ふ人が寝たまゝ、息をひきとつたり、便所や道で倒れてそのまゝになつてしまつた例もいくらあるか解らない。

志望者があまりに増えたのと春の農耕のためにつくつてゐた私達の工場のトラクター製作が一だん落ついたためか、三月になるとや、作業が楽になり、一週間ほどの休暇があつた。だが、発疹チブスはますます猛威をふるひ、三月二十日頃、三千名の中、一千五百名は死に絶え、入院、入室の患者、病人をのぞいて働ける人間は七百名ほどになつてしまつた。三月末から私も遂に発疹チブスにおかされ、四十一、二度の熱が十日程の回期をおいて、丸一月つゞき、食事はのどをとほらずほしいものはたゞ水だけ。足の太さも、丁度今の腕の太さ位になつてしまひ、目もおちくぼんで便壺にうつる自分の顔をみまがふほどであつた。隣近所の寝台では、母の名を妻の名を、子の名を叫びながら死んでゆくものが毎日のようにゐる。まぼろしに浮かぶのはふるさとのことばかりである。四月の半ばのことだつた、先に便所で倒れて死んだ戦友の夢を見てゐた私はハット目が覚め、壁に手をそへながら、便所に行つた。用を終つて立ち上がつた私は頭がグラグラつとした。倒れ、ばおしまひだ、かう直観した私はくづれるように便器と便器の間に坐つて父母よ、さらばと明るい窓の方にむいてうつ、ぷした。かくして意識不明になついてゐた私は、幸ひ看護兵に発見されて病室にかつぎこまれ打たれたカンフルにようやく目覚め、「俺はもう死ぬぞ、もう死ぬぞ」とわめきながら汗びつしよりになつてゐた。何だか眼には涙があつたようだ。その後どうやら生命をとりとめた処で又々赤痢になり六月初、病床から北鮮にまはされ、昨年十二月末どうやらほゞもとどほりの身体になつて帰国するを得た。今私は考える。人間は絶体絶命どうにも死から免れえないという処に落ちこんでもどうにかして生きぬけることは出来ないものかと、もがく。私は〝死ぬぞ〟と自分で叫びつ、、その背後に生きたい、生きねばならぬと正に必死になつてゐた。

〝死ぬぞ〟とわめいてゐる中は決して死なない。生きてさへ居れば必ず何うかになる。何時か父母にも会へるだろう――私のないあとの父母のことなどあまりにも惨めで考へられないことであつた――このような一沫の希望をかける、決して死が怖ろしくて死ぬのが嫌なのではない、死にたくないのである。未来の世では達しえられない、この現世でなければ達することの出来ないゝ執着がどうしても私を死なせないのである。如何なる急場にのぞんでも、真暗な中でも、そこから何か光りを求めようとする。ぎりぎりの場からどうにかせねばならないといふ必死の力がうかび出て来る。どうにかせねばならないといふ必死の力こそ運命の前に抗する人間の力である。この力に屈した時、希望のない死がある。運命として諦めきれぬものがある。運命論と必然論とはことなる。運命論者には、人間の主体的な活動は絶無である。そこには自由の声もきかれぬ。たゞなされるがまゝ、という諦めの力があるのみである。然し、人間は死の前に果たしてかゝる運命論者のごとき態度で接しうるであらうか。人は何時か、死ぬんだから仕方がないといひつゝも有限の生命をより長く美しく楽しく生きようとする意慾がある。然し、自殺は之と異なる。たとえその自殺をドストイエフスキーのごとく「自殺は来世があるものとして行はれるのではなく、此の世のその瞬間に永遠に留まらんが為に行はれる」(悪霊第一篇)といはふと、幸、不幸の問題は、此の世の問題であつて、留まらんとする瞬間は生きて在る中の瞬間であり、死んで虚無に帰せる者にはその瞬間の意識は解消する。我々が生きるのは、この世だけのことで、過去も未来もたゞこの一点に集中されてゐるのである。最も幸福であると信じこれを永遠に保たんがために死せんとするものにとつては、既にこれ以上の幸福はなく、否、これ以後の不幸をすら予見してゐる。だが、ともあれ、自殺にしても幸福の瞬間に死せんとするものは幸である。私の場合はあのような窮亡のどん底にあつて何としてもあの瞬間にとゞまることは出来なかつたのである。私にはこのような生命意慾があつた。そして、理想に生きることは消えてはゐなかつた。私にとつて問題なのはたゞこの世一つである。この世をよりよく生きる。かつて私の生きるかてはは祖国への愛であり、日本国民への愛であり、之をなしとげんとする処に理想を見出して来た。然し、今の私はその目的の謬つてゐなかつたのを知ると同時にその方法の謬つてゐたのを知つて愕然とした。今後の立場は〝自由と必然〟(別論文)にも少しく語られてゐると思ふが、だがほんの第一歩をふみ出したにすぎぬ。

田辺之は「絶対現実即理想」といつて居りこの言葉はオポチュニティーの擁ごの如くとられ易いが、私はこの現実の奥底を流れる底流ともいふべきものをがつしりとつかむこと。それこそ理想であると、このように解してゐる。私としては真理を真理としてあくまでもその理想を実現してゆきたい。政治には妥協はあつても、真理に学問に妥協は許されない。

生への執着、理想実現への執着によつてからくも此の世に生命を永らへた私は再生に非ずして新生を今ここに謳いうる歓喜にある。

我々は常に真理の前に謙虚であらねばならない。然し、その実行は大胆でなければならない。その為には強い内省と批判を要する。我々は運命に、権威に追随するのであつてはならない。諦めがあつてはならない、しつかりと自己の主体性を確立せねばならない。今や我々には、自由といふ武器が与へられた。いふまでもなく放縦ではない。この武器を手に、我々は現実の底を見つめねばならない。動きを洞察せねばならない。そしてそこに、我々のふむべき真実の道は何処にあるかといふことをはつきりと認識し、把握し、行動しなければならない。私としては、この希望と真理欲求の中にこそ死ぬことが出来る。我々のすゝむ道はいつはりであつてはならない。この日本も今や新生にめぐりあつた。正に革新に燃える時である。臆病であつてはならない。かくしてこそ、エロスとロゴスに仕へうるのであり、かゝる態度なくして神を拝むでも神に徹することは出来ない。安価な精神主義では、決して人は救われない。だが、私はこゝで、「人はパンのみにて生くる能はず」ということを否認するのではない。「パンを求むる者に石を与へる」の愚を批判するのである。思へば私のかつての理想主義と信じてゐたものは甘いものであつたかも知れない。ともすれば観念の遊戯でありがちであつた。然し、真の理想主義、そして唯物論に徹して来たところより、生産力の必然性の中に主体的にぶつかることから生まれてくる精神の高揚にあると信ずる。この点にこそ、生を最もよりよく生きる態度があると思ふ。一般には唯物論は唯物中心といふように考へられてゐるが、これはヘーゲル的世界精神を止揚したマルクスの立場の物質と精神とのアウフ・ヘーベンである弁証法であることが、即ちこの弁証法的把握が忘れられてマルクスは単に精神論を否定したとされるからである。成程、マルクスは、そこから何の力もわきおこつて来ない人間性を口にしつゝも人間性の本質に徹する態度にかけてゐる似而非精神主義は否定したかも知れない。が、存在によつて決定せられた意識に宿命的諦理を感じて「存在は意識を決定する」となしたのではない。プロレタリアートの悩みを自ら悩み、時代の悩みを自らの悩みとした彼は歴史の必然性を完全に把握して、我々の生きる道を、即ち、主体的にいかに生きるべきかといふことを洞察してゐるのだ。私は目下勉強中の身故、マルクスをまちがつて把握してゐるかも知れない。然し、私は私としての立場として精神と物質との弁証法を以上のように解してゐる。ともかくも、真理への道は棘《いばら》に富んでゐる。たゞ真理それのみの中にこそ、私は生きもし、死ぬことも出来る。

〔追記〕よく学生の間でもあることだが学者が唯物論をとる場合、彼は共産党だといふ。これこそ誤れるの甚だしきものであつて、科学的精神即共産党の誤謬を犯してゐる。真実に学問を求め生活を求めてゆく人々にはわかつてもらへることと思ふ。私はソ連軍のために前記したごとき目にあつてゐる。そしてその制度もいろいろと見るを得た。然し、個人的感情で学問に接することは最も恥づべきものである。たゞ私は学の真理、生の真理を見出さんとして努力する。

「人各々が真理と思ふことを云へ。而して真理は神に委せ奉れ」――レッシング――

（二二・七・二〇）

あとがき

寺沢一先生のご業績をここに一冊の著書として刊行できたことは、研究生活のもっとも初期の時期から先生のご薫陶を公私にわたって受けてきた私にとって最大の喜びとするところである。むろん本書に収録した論文は先生が書かれた膨大な文章の一部に過ぎない。しかも先生の初期の作品が多い。先生は「法と力」という国際法学にとっての根本問題に関心をもたれ、本書冒頭に収録した「血讐論」によって華々しく学界にデビューされた。先生の学問的活動の原点は、シベリア抑留時代の先生の体験をもとに復員直後に書かれた未発表のエッセイ「生の問題」に端的に示されている。本書末尾にこれを収録したのは、先生が亡くなられた後に、机の引き出しの中からこのエッセイが発見されたからである。先生はご自分の思索の原点であり終戦記念日にそっと取り出して読み返す文章があると言われていた。しかし先生のご存命中には誰もこの文章を見せていただいた者はいなかった。その意味では、この文章を公表することが先生のご意思に添うものであるかどうかは疑わしい。しかしこれを読むとき、私共は闇の底に引きずり込まれるような鬼気迫るものを感じざるを得ない。生前、常に笑顔に充ちて談論を楽しまれていた穏和な先生の心の奥底に隠されたこの闇こそ、先生の学問の原点であったように思う。

先生が学問の道に乗り出された時期は、戦後日本が国際社会に復帰し、また「力」の論理の渦巻く冷戦という現実の中で、戦後日本がどのような国家として再生していくかを問われた時期でもあった。講和問題、領土問題、そして安全保障問題といった国の運命に関わる問題が山積し、国内の世論も大きく割れていた。六〇年安保改定の問題は、先生にとっては、日本人が再び終戦期の悲劇を味わうことになるかならないかの分岐点であったのであろう。先生は国際法学の立場から積極的に社会に向けて発言を試みられるようになる。ちょうどTVが普及しだした頃でもあり、TV討論会などにおいて、先生が驚くべき記憶力をもって国連決議の採択日や決議番号、その内容に精確に言及されつつ、何が問題かを鋭く分析されたお姿は、今でも鮮明に思い出される。新聞紙上や雑誌記事などにも多くの文章を書かれた。それらは、国民が自らの頭と心で考え、国の運命を決するに際して、あの「闇」を再び覗くことにならない選択を方向づけようとするものであった。それら文章は、しかしながら、本書には採録していない。時代の流れのなかでなされた発言は、歴史家による評価にまかせて時代状況のなかにそっとおいておいた方がよいと感じるからである。ただこうした発言や文章は、先生の学問というものに対する考え方と根底において深く結びついたものであったことは、疑いのないところである。

本書に収録した論文は、その意味で、先生の国際法学の方法を直接知るために必須と思われるものに限られている。先生の国際法学の方法を一言で表現することは到底できないが、あえていえば、一方で、当時ヨーロッパを席巻していたケルゼン法学の純粋論理の体系がもつ力への共感とその純粋性への批判的対決であり、他方で、戦間期におけるモーゲンソーによる国際法学からの離脱宣言、リアリズム国際政治論への転換に対するある種の共感と反論である。時代時代を生きる具体的な人間が、法と力、規範と事実との狭間を、精緻な論理と政治の大状況の的確な感性的あるいは直感的知覚をもってどう媒介していくことができるかということ、それこそが先生の最大の理論的そして人間的な関心であったということができるであろう。それはまた先生の恩師である横田喜三郎がケルゼン的な純粋法学の方法に大きく舵を切ったことへの疑問と批判であったともいえる。先生の好まれた表現を借りれば、prescriptiveなもの(規範)をdescribe(事実として記述)すること、翻していえば、歴史的な法制度としてdescribeされるものがもつ現在にとってのprescriptiveな意味を解明すること、それは制度そのもののなかで法と力がせめぎ合う世界を学問の対象とする国際法学にとって、永遠の課題であるということである。

本書を通じて、先生のこの問題意識が後世に至るまで心ある者に読み継がれ、学界の共有財産として、それぞれの時代状況の中で新たな生命を吹き込まれていくことになれば幸いである。

二〇〇五年三月

東京大学教授

奥脇　直也

寺沢一先生略歴、著書・論文一覧

寺沢一先生略歴

一九二五（大正一四）年　一月二一日　浦和市に生まれる
一九三七（昭和一二）年　四月　埼玉県立浦和中学校入学
一九四二（〃 一七）年　三月　同校卒業
一九四二（〃 一七）年　四月　浦和高等学校文科乙類入学
一九四四（〃 一九）年　九月　同校卒業
一九四四（〃 一九）年一〇月　東京帝国大学法学部政治学科入学
一九四五（〃 二〇）年　一月　現役兵として鉄道第二連隊に入隊
一九四五（〃 二〇）年　四月　満州第四三五二部隊に転属
一九四五（〃 二〇）年　八月　旧ソ連軍に抑留
一九四六（〃 二一）年一二月　復員
一九四九（〃 二四）年　三月　東京大学法学部政治学科卒業、東京大学副手（法学部勤務）
一九四九（〃 二四）年　六月　東京大学助手（法学部勤務）
一九五二（〃 二七）年　五月　東京大学助教授（法学部勤務）

一九五三（〃二八）年　四月　東京教育大学文学部講師併任（一九五四年三月まで）
一九五三（〃二八）年　五月　国際法学会評議員
一九五三（〃二八）年　七月　北海道大学法（経）学部非常勤講師（以後、一九六五年まで毎年、一九六七年）
一九五四（〃二九）年　四月　東京教育大学文学部非常勤講師併任（一九五五年三月まで）
一九五六（〃三一）年　五月　外務省（条約局）調査員（一九五七年九月まで）
一九五八（〃三三）年　七月　名古屋大学法学部非常勤講師併任（以後、一九六〇年まで毎年）
一九六二（〃三七）年　四月　立教大学法学部非常勤講師（以後、一九六四年まで毎年、一九六六年～一九六九年まで毎年）
一九六三（〃三八）年　七月　東京大学教授（法学部勤務）
一九六五（〃四〇）年　三月　文部省学術奨励審議会委員（一九六六年三月まで）
一九六六（〃四一）年　七月　日本学術会議公法政治学研究連絡委員会委員（一九六九年七月まで）
一九六六（〃四一）年　八月　日本学術会議法律学政治学研究連絡委員会委員（一九六九年七月まで）
一九六七（〃四二）年　四月　埼玉大学教養学部講師併任（以後、一九六七、一九六八、一九八〇、一九八一年）
一九六七（〃四二）年一〇月　国際法学会理事（一九九四年一〇月まで）
一九七〇（〃四五）年　九月　国立大学協会第四常置委員会専門委員（一九七一年九月まで）
一九七三（〃四八）年　三月　埼玉県総合行政施策審議会副会長（一九八八年一二月まで）
一九七八（〃五三）年　四月　テレビ埼玉番組審議会委員長
一九八一（〃五六）年一一月　埼玉県自治紛争調停委員（一九八一年一二月まで）

一九八四（〃　五九）年　六月　文部省大学設置審議会専門（大学設置分科会）委員（一九八五年三月まで）
一九八五（〃　六〇）年　三月　東京大学を定年により退官
一九八五（〃　六〇）年　四月　獨協大学教授（法学部勤務）
一九八五（〃　六〇）年　五月　東京大学名誉教授
一九八六（〃　六一）年　七月　大宮市図書館協議会副委員長（二〇〇〇年六月まで）
一九八七（〃　六二）年　四月　獨協大学法学部長兼大学院法学研究科委員長（一九九〇年三月まで）
一九八九（〃　六四）年　一月　埼玉県総合行政施策審議会会長（一九九一年七月まで）
一九八九（平成　元）年　二月　大宮市ビジョン懇話会委員（二〇〇一年二月まで）
一九九三（〃　五）年　四月　西南学院大学法学部講師（一九九五年三月まで）
一九九四（〃　六）年一〇月　国際法学会名誉会員（二〇〇三年一一年まで）
一九九五（〃　七）年　三月　獨協大学を定年により退職
一九九五（〃　七）年　三月　獨協大学名誉教授
一九九五（〃　七）年　六月　大宮市行政改革懇話会会長（二〇〇一年四月まで）
一九九八（〃　一〇）年　六月　大宮市総合振興計画審議会会長（二〇〇〇年六月まで）
二〇〇〇（〃　一二）年　四月　大宮市情報公開・個人情報保護審査会　会長（二〇〇一年四月まで）
二〇〇一（〃　一三）年　一月　特定非営利活動法人　国連支援交流協会理事長（二〇〇三年一一月までの任期）
二〇〇三（〃　一五）年　八月一五日　逝去（享年七八歳）

寺沢一先生著書・論文一覧

I　著書・編著書

『世界　らいぶらりいしりいず』（有斐閣、一九四九年）〔共著〕
『法律学演習講座　国際法』（青林書院、一九六六年）〔共著〕
『国際問題の教室』（有斐閣、一九五七年）〔共著〕
『安保条約の問題性』（有信堂、一九六〇年、増補改訂版　一九六九年）
『高校政治・経済』（実教出版、一九五四年、全面改訂版　一九八三年）
『国際法と現代』（日本評論社、一九六八年）
『現代国際法』（有斐閣、一九七一年、新版　一九八六年）〔共著〕
『国際法学の再構築（上）』（東京大学出版会、一九七七年）〔編著〕
『国際法学の再構築（下）』（東京大学出版会、一九七八年）〔編著〕
『北方未公開古文書集成（全一〇巻）』（叢文社、一九七八年）〔編著〕
『国際法の基礎』（青林書院、一九七九年）〔編著〕

『国民法律百科大辞典』(ぎょうせい、一九八四年)〔編著〕
『国際法の基本問題』(有斐閣、一九八六年)〔共著〕
『標準国際法』(青林書院、一九八九年、新版　一九九四年)〔共著〕
『法学の基礎』(青林書院、一九九〇年)〔編著〕

II　論文・書評

「ケルゼン『法を通しての平和』(紹介)」『国家学会雑誌』六四巻二・三号(一九五〇年)〔本書収録〕
「ケルゼン『社会と自然――社会学的考察』(紹介)」『国家学会雑誌』六四巻七・八・九号(一九五〇年)〔本書収録〕
「血讐論(一)」『法学協会雑誌』七〇巻一号(一九五二年)〔本書収録〕
「血讐論(二・完)」『法学協会雑誌』七〇巻二号(一九五三年)〔本書収録〕
「地域主義の偏向」『国際法外交雑誌』五三巻一・二号(一九五四年)〔本書収録〕
「国際紛争と強力」『国際法講座三巻』(有斐閣、一九五四年)〔本書収録〕
「日ソ共同宣言と日本の将来」『別冊法律時報　日本の国際的地位』(一九五七年)
「国連国際法委員会について――その歴史と任務」『法律時報』昭和三二年三月号(一九五七年)
「国際法(現代法学の課題)」『季刊法律学』二四号(一九五七年)
「田畑茂二郎『国際法』(岩波全書)(紹介)」『国家学会雑誌』七一巻五号(一九五七年)
「海洋法に関する諸条約」『国家学会雑誌』七二巻七号(一九五八年)

「海洋法に関する諸問題」『法律時報』昭和三四年一月号（一九五九年）
「ベルリン封鎖」『外交季刊』四巻四号（一九五九年）
「海洋国際法の新発展——公海漁業」『外交時報』昭和三五年二月号（一九六〇年）
「砂川事件における法の解釈（座談会）」『法律時報臨時増刊』昭和三五年二月号（一九六〇年）
「新安保条約の逐条解説」『法律時報』昭和三五年九月号（一九六〇年）〔本書収録〕
「年間回顧——安保条約改定問題」『ジュリスト』昭和三五年一二月一五日号（一九六〇年）
「横田喜三郎論——その国際法学（その一）」『法律時報』昭和三六年一月号（一九六一年）〔本書収録〕
「国際情勢をめぐる法と政治（座談会）」『法律時報』昭和三六年一〇月号（一九六一年）
「国際法と国際政治——法と政治の接点を探る（対談）」『法学セミナー』昭和三六年一一月号（一九六一年）
「復仇制度の成立（一）」『国家学会雑誌』七六巻五・六号（一九六二年）〔本書収録〕
「復仇制度の成立（二・完）」『国家学会雑誌』七六巻一一・一二号（一九六三年）〔本書収録〕
「原爆判決の法的問題点」『法律時報』昭和三九年二月号（一九六四年）〔本書収録〕
「現代における国家体制」『岩波講座　現代８』（岩波書店、一九六四年）〔本書収録〕
「国際連合の研究一——二巻（紹介）」『国際法外交雑誌』六三巻四号（一九六四年）
「戦後日本の国際法的課題」『岩波講座　現代12』（岩波書店、一九六五年）
「安保改定と日本の防衛」『一九七〇——安保改定へのアプローチ』（読売新聞社、一九六六年）
「国際連合」『現代を考える』（読売新聞社、一九六七年）
「ヴェトナムにおける法と政治——アメリカの諸議論をめぐって」　R・A・フォーク編『ヴェトナムにおける法と政

治(下)』(日本国際問題研究所、一九七〇年)〔本書収録〕
「日中問題の法的争点」『公明』昭和四六年七月号(一九七一年)
「日中関係における台湾」『学校教育』昭和四六年一〇月号(一九七一年)
「日台平和条約の虚構性」『公明』昭和四六年一一月号(一九七一年)
「国連から帰って――中国の国連入りと日本」『学校教育』昭和四七年一月号(一九七二年)
「中国の国連参加と日本」『月刊社会党』昭和四七年一月号(一九七二年)
「国際法からみた国家関係」『公明』昭和四七年一―六月号(一九七二年)
「海と国際秩序――海は自由か」『海』(東京大学出版会、一九七二年)
「尖閣列島の領有権と大陸棚問題」『公明』昭和四七年七月号(一九七二年)
「日中戦争終結の条件」『アジア』昭和四七年七月号(一九七二年)
「日中国交樹立と日本の課題(対談)」『現代法ジャーナル』昭和四七年一一月号(一九七二年)
「世界のなかでの国益」『日本――その国益と世界』(日本経営出版社、一九七二年)
「日中共同声明の諸問題」『ジュリスト』昭和四八年三月一五日号(一九七三年)
「金大中事件と国際法」『世界政経』昭和四九年三月号(一九七四年)
「ナショナリズムと分裂国家」『世界政経』昭和四九年一一月号(一九七四年)
「朝鮮民主主義人民共和国の祖国統一政策」『朝鮮の統一と人権』(合同出版、一九七六年)
「独立と平和統一への三原則」『今日の朝鮮』昭和五一年五月号(一九七六年)
「魚と海洋法体制」『魚』(東京大学出版会、一九七八年)

「アフガニスタン問題の重大性」『国際関係研究創刊号』(一九八〇年)

"The Significance of the Afgan Problem," *The Korean Journal of International Studies*, Vol.3, No.4 (1982)

「ゲオルグ・イェリネック『一般国家学』における「類型」考」『横田先生鳩寿祝賀　国際関係法の課題』(有斐閣、一九八八年)〔本書収録〕

「故横田喜三郎先生を偲んで」『国際法外交雑誌』九三巻一号(一九九四年)

III　翻訳

W・W・ロストウ『七階からの観察——アメリカの世界戦略』(ダイヤモンド社、一九六五年)

R・A・フォーク編『ヴェトナムにおける法と政治(上)』(日本国際問題研究所、一九六九年)

R・A・フォーク編『ヴェトナムにおける法と政治(下)』(日本国際問題研究所、一九七〇年)

R・コステラネッツ編『現代技術をどうとらえるか——今日のラジカル思想』(ダイヤモンド社、一九七三年)

S・ホフマン『国境を超える義務』(三省堂、一九八五年)〔監修〕

現代国際法叢書

法と力　国際平和の模索（寺沢一著作集） 〔検印省略〕

2005年 5月20日　　初　版第 1刷発行　　＊定価はカバーに表示してあります

著者 © 寺沢一／発行者 下田勝司　　印刷・製本　中央精版印刷

東京都文京区向丘 1-20-6　郵便振替 00110-6-37828　発行所 株式会社 東信堂

〒113-0023　TEL (03) 3818-5521(代)　FAX (03) 3818-5514

Published by **TOSHINDO PUBLISHING CO., LTD**.

1-20-6, Mukougaoka, Bunkyo-ku, Tokyo, 113-0023, Japan

ISBN4-88713-616-1　C3032　

東信堂

国際法新講〔上〕〔下〕	田畑茂二郎	〔上〕二九〇〇円 〔下〕二七〇〇円
ベーシック条約集〔第6版〕	編集代表 山手治之・香西茂・松井芳郎	二六〇〇円
判例国際法	編集代表 田畑茂二郎・竹本正幸・松井芳郎	三五〇〇円
国際立法—国際法の法源論	村瀬信也	六八〇〇円
条約法の理論と実際	坂元茂樹	四二〇〇円
武力紛争の国際法	村瀬信也・真山全 編	一四二八六円
国際法から世界を見る—市民のための国際法入門〔第2版〕	松井芳郎	二八〇〇円
テロ、戦争、自衛—米国等のアフガニスタン攻撃を考える	松井芳郎	八〇〇円
資料で読み解く国際法〔第2版〕〔上〕〔下〕	大沼保昭編著	〔上〕二八〇〇円 〔下〕二〇〇〇円
在日・韓国朝鮮人の国籍と人権	大沼保昭	三八〇〇円
共生時代の在日コリアン	金東勲	二八〇〇円
21世紀の国際機構：課題と展望	安藤仁介・中村道・位田隆一 編	七一四〇円
〔21世紀国際社会における人権と平和〕〔上・下巻〕		
国際社会の法構造—その歴史と現状	編集代表 山手治之・香西茂	五七〇〇円
現代国際法における人権と平和の保障	編集代表 山手治之・香西茂	六三〇〇円
人権法と人道法の新世紀	藤田久一・松井芳郎・坂元茂樹 編	六二〇〇円
国際経済条約・法令集〔第2版〕	小原喜雄・小室程夫・山手治之 編集	三九〇〇円
国際機構条約・資料集〔第2版〕	編集代表 香西茂・安藤仁介	三二〇〇円
〔現代国際法叢書〕		
領土帰属の国際法	太壽堂鼎	四五〇〇円
国際法における承認—その法的機能及び効果の再検討	王志安	五二〇〇円
国際社会と法	高野雄一	四三〇〇円
集団安保と自衛権	高野雄一	四八〇〇円
国際「合意」論序説—法的拘束力を有しない国際「合意」について	中村耕一郎	三〇〇〇円
国際人権法とマイノリティの地位	金東勲	三八〇〇円
法と力 国際平和の模索	寺沢一	五二〇〇円

〒113-0023 東京都文京区向丘1-20-6 ☎TEL 03-3818-5521 FAX 03-3818-5514 振替 00110-6-37828
Email tk203444@fsinet.or.jp

※定価：表示価格(本体)＋税

東信堂

人間の安全保障―世界危機への挑戦　佐藤誠・安藤次男編　三八〇〇円
東京裁判から戦後責任の思想へ〔第4版〕　大沼保昭　三二〇〇円
〔新版〕単一民族社会の神話を超えて　大沼保昭　三六八九円
不完全性の政治学―イギリス保守主義思想の二つの伝統　A・クイントン　岩重政敏訳　二〇〇〇円
入門 比較政治学―民主化の世界的潮流を解読する　H・J・ウィーアルダ　大木啓介訳　二九〇〇円
国家・コーポラティズム・社会運動―制度と集合行動の比較政治学　桐谷仁　五四〇〇円
ポスト社会主義の中国政治―構造と変容　小林弘二　三八〇〇円
クリティーク国際関係学　関下稔・永田秀樹・中川涼司編　二二〇〇円
軍縮問題入門〔第2版〕　黒沢満編著　二三〇〇円

実践 ザ・ローカル・マニフェスト　松沢成文　一二三八円
ポリティカル・パルス：現場からの日本政治裁断　大久保好男　二〇〇〇円
時代を動かす政治のことば―尾崎行雄から小泉純一郎まで　読売新聞政治部編　一八〇〇円
明日の天気は変えられないが明日の政治は変えられる　岡野加穂留　二〇〇〇円
ハロー！衆議院　衆議院システム研究会編　一〇〇〇円

（現代臨床政治学シリーズ）

リーダーシップの政治学　石井貫太郎　一六〇〇円
アジアと日本の未来秩序　伊藤重行　一八〇〇円
象徴君主制憲法の20世紀的展開　下條芳明　二〇〇〇円

（現代臨床政治学叢書・岡野加穂留監修）

村山政権とデモクラシーの危機　岡野加穂留・藤本一美編著　四二〇〇円
比較政治学とデモクラシーの限界　岡野加穂留・大六野耕作編著　四二〇〇円
政治思想とデモクラシーの検証　岡野加穂留・伊藤重行編著　三八〇〇円

（シリーズ制度のメカニズム）

アメリカ連邦最高裁判所　大越康夫　一八〇〇円
衆議院―そのシステムとメカニズム　向大野新治　一八〇〇円
WTOとFTA―日本の制度上の問題点　高瀬保　一八〇〇円

〒113-0023 東京都文京区向丘1-20-6　☎TEL 03-3818-5521 FAX 03-3818-5514 振替 00110-6-37828
Email tk203444@fsinet.or.jp URL: http://www.toshindo-pub.com/

※定価：表示価格（本体）＋税

東信堂

（シリーズ 社会学のアクチュアリティ：批判と創造 全12巻＋2）
クリティークとしての社会学―現代を批判的に見る眼　西原和久・宇都宮京子 編　一八〇〇円
都市社会とリスク―豊かな社会を求めて　藤田弘夫・浦野正樹 編　一八〇〇円

（シリーズ世界の社会学・日本の社会学叢書）
タルコット・パーソンズ―最後の近代主義者　中野秀一郎　一八〇〇円
ゲオルク・ジンメル―現代分化社会における個人と社会　居安 正　一八〇〇円
ジョージ・H・ミード―社会的自我論の展開　船津 衛　一八〇〇円
アラン・トゥーレーヌ―現代社会のゆくえと新しい社会運動　杉山光信　一八〇〇円
アルフレッド・シュッツ―主観的時間と社会的空間　森 元孝　一八〇〇円
エミール・デュルケム―社会の道徳的再建と社会学　中島道男　一八〇〇円
レイモン・アロン―危機の時代の透徹した警世家　岩城完之　一八〇〇円
フェルディナンド・テンニエス―ゲマインシャフトとゲゼルシャフト　吉田 浩　一八〇〇円
カール・マンハイム―時代を診断する亡命者　澤井 敦　一八〇〇円
費孝通―民族自省の社会学　佐々木衞　一八〇〇円
奥井復太郎―都市社会学と生活論の創始者　藤田弘夫　一八〇〇円
新明正道―綜合社会学の探究　山本鎮雄　一八〇〇円
米田庄太郎―新総合社会学の先駆者　中 久郎　一八〇〇円
高田保馬―理論と政策の無媒介的統一　北島 滋　一八〇〇円
戸田貞三―家族研究・実証社会学の軌跡　川合隆男　一八〇〇円

（中野 卓著作集・生活史シリーズ 全12巻）
生活史の研究　中野 卓　二五〇〇円
先行者たちの生活史　中野 卓　三二〇〇円

トクヴィルとデュルケーム―社会学的人間観と生の意味　菊谷和宏　三〇四八円
マッキーヴァーの政治理論と政治的多元主義　町田 博　四二〇〇円

〒113-0023 東京都文京区向丘1-20-6　☎TEL 03-3818-5521 FAX 03-3818-5514 振替 00110-6-37828
Email tk203444@fsinet.or.jp　URL: http://www.toshindo-pub.com/

※定価：表示価格（本体）＋税

東信堂

（現代社会学叢書）

開発と地域変動—開発と内発的発展の相克　北島　滋　三二〇〇円

在日華僑のアイデンティティの変容—華僑の多元的共生　過　放　四四〇〇円

健康保険と医師会—社会保険創始期における医師と医療　北原龍二　三八〇〇円

事例分析への挑戦—個人現象への事例媒介的アプローチの試み　水野節夫　四六〇〇円

海外帰国子女のアイデンティティ—生活経験と通文化的人間形成　南　保輔　三八〇〇円

有賀喜左衞門研究—社会学の思想・理論・方法　北川隆吉編　三六〇〇円

現代大都市社会論—分極化する都市？　園部雅久　三八〇〇円

インナーシティのコミュニティ形成—神戸市真野住民のまちづくり　今野裕昭　五四〇〇円

ブラジル日系新宗教の展開—異文化布教の課題と実践　渡辺雅子　七八〇〇円

イスラエルの政治文化とシチズンシップ　奥山眞知　三八〇〇円

正統性の喪失—アメリカの街頭犯罪と社会制度の衰退　G・ラフリー　宝月　誠監訳　三六〇〇円

東アジアの家族・地域・エスニシティ—基層と動態　北原淳編　四八〇〇円

（シリーズ社会政策研究）

福祉国家の社会学—21世紀における可能性を探る　三重野卓編　二〇〇〇円

福祉国家の変貌—グローバル化と分権化のなかで　小笠原浩一　武川正吾編　二〇〇〇円

福祉国家の医療改革—政策評価にもとづく選択　三重野卓　近藤克則編　二〇〇〇円

福祉国家とジェンダー・ポリティックス　深澤和子　二八〇〇円

「伝統的ジェンダー観」の神話を超えて—アメリカ駐在員夫人の意識変容　山田礼子　三八〇〇円

新潟水俣病をめぐる制度・表象・地域　関　礼子　五六〇〇円

新潟水俣病問題の受容と克服　堀田恭子　四八〇〇円

ホームレスウーマン—知ってますか、わたしたちのこと　E・リーボウ　吉川徹・轟里香訳　三二〇〇円

タリーズコーナー—黒人下層階級のエスノグラフィー　E・リーボウ　吉川徹監訳　松河美樹訳　二三〇〇円

〒113-0023 東京都文京区向丘1-20-6　☎TEL 03-3818-5521 FAX 03-3818-5514 振替 00110-6-37828
Email tk203444@fsinet.or.jp　URL: http://www.toshindo-pub.com/

※定価：表示価格（本体）＋税